乡村振兴培训概要

Training Outline for Rural Revitalization

陈　义　王　琳　李　恩◎主编

中国发展出版社
CHINA DEVELOPMENT PRESS

图书在版编目（CIP）数据

乡村振兴培训概要 / 陈义，王琳，李恩主编 . 北京：中国发展出版社，2025. 3. -- ISBN 978-7-5177-1451-4

Ⅰ . F320.3

中国国家版本馆 CIP 数据核字第 2025H9Q406 号

书　　名：乡村振兴培训概要
主　　编：陈　义　王　琳　李　恩
责任编辑：耿瑞蝶
出版发行：中国发展出版社
联系地址：北京经济技术开发区荣华中路 22 号亦城财富中心 1 号楼 8 层（100176）
标准书号：ISBN 978-7-5177-1451-4
经 销 者：各地新华书店
印 刷 者：北京博海升彩色印刷有限公司
开　　本：710mm × 1000mm　1/16
印　　张：28.5
字　　数：480 千字
版　　次：2025 年 3 月第 1 版
印　　次：2025 年 3 月第 1 次印刷
定　　价：98.00 元

联系电话：（010）68990635　68990625
购书热线：（010）68990682　68990686
网络订购：http：//zgfzcbs.tmall.com
网购电话：（010）88333349　68990639
本社网址：http：//www.develpress.com
电子邮件：1944517807@qq.com

序　言

在习近平新时代中国特色社会主义思想和党的二十大精神的引领下，我们深刻认识到，乡村振兴是实现中华民族伟大复兴的必经之路，也是推动中国式现代化的重要内容和关键步骤。自从我加入吉林省乡村振兴促进会，肩负起乡村振兴人才振兴专委会主任的职责以来，深感乡村振兴之路的曲折与希望同在。踏足田间地头，深入乡村调研，我目睹了农村在党的领导下发生的翻天覆地的变化，但同时也察觉到了农产品销售不畅、投融资困难、技术创新和生产效率提升不足等诸多挑战。面对这些挑战，我由衷地产生一种动力，组织编写了这本乡村振兴培训教材，力求在地方党委和政府的指导下，为乡村振兴实践提供有价值的参考和指引，以中国的视角探索乡村振兴的实践之路，回应时代的呼唤。

中国是一个古老的农业大国。中国共产党人为解决农业、农村、农民问题，在新民主主义革命、社会主义革命和社会主义建设过程中，进行了艰苦卓绝的探索。民族要复兴，乡村必振兴。中国特色社会主义进入新时代，党中央把解决“三农”问题作为全党工作的重中之重，提出实施乡村振兴战略，并确定了战略目标和总体布局，也为乡村振兴人才的培养提供了指导原则和基本遵循。

本书面向的读者群体是与乡村振兴紧密相关的农业企业、农业合作社、家庭农场以及广大农民、乡镇干部和技术人员。我们深知，这些群体在乡村振兴过程中扮演着重要的角色，他们不仅是乡村振兴的参与者，更是推动者和实践者。

在本书编写过程中，我们紧密结合当前乡村振兴的实际情况与存在的问题，强调以工业化为主导，同时紧抓网络化和智能化的时代机遇。我们希望通过这本教材，引导读者深入理解乡村振兴的核心理念和具体要求，推动农村产业结构的优化升级，提升农业生产效率和管理水平，最终实现农业农村现代化。

本书突破了传统思维模式，以工业化为引领，运用生态化、社会化、数字化的理念，助力实践者突破乡村振兴过程中出现的种种难题，探寻成功之道。本书内容既融入了中国特色和乡土气息，又借鉴了国际先进经验和理论研究成果，适用于基层工作者、实践者、创业者及研究者。同时，本书也可作为职业资格认证的教材和大专院校的教学科研参考书。

我衷心感谢所有为本书编写和出版付出努力的学者和朋友。特别是祝业辉、郎毅怀、李贺军等长期从事“三农”工作的领导和专家，他们的贡献为本书增色不少。愿我们携手投身乡村振兴的伟大实践，为实现中华民族的伟大复兴贡献智慧。

吉林省百翔教育信息咨询（集团）有限公司董事长　陈义

目录

第一章　准确把握新时代党的农业农村政策

引　言

党的十九大确立了乡村振兴战略，并将其纳入党章，这在中国“三农”发展历史上是一个重要的里程碑。习近平总书记强调，坚持把解决好“三农”问题作为全党工作重中之重[①]。这一战略是党中央着眼全局，顺应亿万农民对美好生活新期待的重大决策部署。党的二十大报告提出了关于乡村振兴和农业现代化的重要指导方针，强调了农村地区在全面建设社会主义现代化国家中的核心地位，坚持农业农村优先发展，推动城乡融合发展，促进城乡要素的自由流动。报告指出，加快构建新发展格局，推动高质量发展，夯实粮食安全的基础，全面落实粮食安全党政同责，保护耕地红线，建设和完善高标准农田，振兴种业，加强农业科技和装备支持，保障种粮农民的收益，强化主产区农民的利益补偿机制。此外，报告提倡发展乡村特色产业，提高农民收入，巩固和拓展脱贫攻坚成果，提升脱贫地区的内生发展动力。改善农村基础设施和公共服务，建设宜居宜业美丽乡村。保持和发展农村集体经济，鼓励农业适度规模经营，深化农村土地制

① 《坚持把解决好“三农”问题作为全党工作重中之重，举全党全社会之力推动乡村振兴》，《人民日报》2022 年 4 月 1 日。

度改革，赋予农民更充分的财产权益，并完善农业支持保护制度及农村金融服务体系。

乡村振兴战略是中国新时代的重要战略之一，旨在实现农村经济发展和农民生活水平的全面提升。乡村振兴战略是实现全体人民共同富裕的必然要求。乡村振兴战略提出的背景是我国经济社会发展进入新时代，城乡发展不平衡、不协调、不可持续的问题日益凸显，需要通过乡村振兴战略来促进农村经济发展、改善农民生活水平、推动城乡一体化发展。具体原因包括城乡发展不平衡、生态环境问题突出、农业现代化的现实需要等。乡村振兴战略涵盖了加强基础设施建设、推进农业现代化、改善生态环境、发展乡村旅游等。通过这些关键举措，提高农民的收入水平，提升农民生活质量；推动城乡经济的均衡协同发展，促进城乡融合一体化发展。乡村振兴战略是推动农业现代化的重要动力，可以提高农业生产效益，推进农业现代化进程，还有助于加强生态环境保护和建设，推进生态文明建设。

党和政府为乡村振兴制定了一系列优惠政策，提供了强有力的支持。政策涉及“三农”工作的方方面面，内容丰富，针对性强。好政策可以促进农业现代化，推动农村产业转型升级，提高农业生产效益和质量，推动农业供给侧结构性改革，加快农业现代化进程，实现农业高质量发展。同时，好政策还可以鼓励农民开展特色农业、休闲农业、观光农业等新型农业经营模式，提高农业附加值和市场竞争力，促进农业产业链延伸和升级。

本章系统地解读新时代农业农村政策体系、政策特征及政策导向，帮助读者理解各项政策的出台背景、内容和实施路径。通过重点解读部分代表性政策，包括农业供给侧结构性改革、农村土地制度改革、农村产权制度和要素市场改革、农村金融、农业支持保护等政策，帮助农业从业者掌握如何获取农业农村政策支持。作为农业经济管理、公共政策、农村发展等相关专业的书籍，本书也适合农业农村工作者和广大读者阅读参考。

第一节　新时代农业农村政策体系

本节主要介绍新时代农业农村政策制定的总体目标和若干体系性内容。新时代农业农村政策体系的总体目标是实现乡村振兴，提高农业综合生产能力，保障国家粮食安全，促进农民持续增收，实现城乡协调发展。为实现这一总体目标，新时代农业农村政策体系在具体构建中细化出了若干体系性内容，如粮食安全政策、农业供给侧结构性改革政策、农村产权制度和要素市场政策、农业支持保护政策、农村基础设施建设政策、农村环境治理政策、农村金融政策、农村扶贫开发政策等。

一、新时代农业农村政策若干体系性内容

第一，粮食安全政策。确保国家粮食安全是农业农村政策的核心任务之一。通过优化粮食生产布局，提高粮食综合生产能力，完善粮食储备制度，保障国家粮食供需平衡。

第二，农业供给侧结构性改革政策。推进农业供给侧结构性改革，调整农业生产结构，提高农业发展质量和竞争力，满足市场需求。

第三，农村产权制度和要素市场政策。深化农村产权制度改革，明确农村土地、林地、草原等产权关系，推动农村产权流转和交易，激发农村发展活力。

第四，农业支持保护政策。建立健全农业支持保护制度，加大对农业的投入力度，保障农民利益，提高农业抗风险能力。

第五，农村基础设施建设政策。加强农村基础设施建设，致力于推动乡村基础设施的现代化，着力提升公共服务标准，不断改善农村地区的居住和生产环境。

第六，农村环境治理政策。加强农村环境保护和生态建设，推进农村环

境整治，实现农村可持续发展。

第七，农村金融政策。完善农村金融服务体系，创新农村金融产品和服务，解决农村融资难题。

第八，农村扶贫开发政策。实施精准扶贫政策，提高农村贫困人口生活水平，实现农村全面小康。

第九，农村社会保障政策。完善农村社会保障制度，提高农村居民福利水平，增强农村社会稳定性。

第十，乡村治理政策。加强乡村治理体系建设，提高乡村治理能力，确保农村和谐稳定。

总之，新时代农业农村政策体系旨在推进乡村的振兴发展，通过实现农业强大、农村繁荣和农民富裕，为构建全面现代化的社会主义国家构筑稳固的根基。

二、完善新时代农业农村政策体系的背景

完善新时代农业农村政策体系的背景主要有以下 4 个方面。

一是农村经济发展面临新的挑战。随着城乡融合发展的深入推进，我国农村经济发展面临着新的挑战。同时，农村劳动力不断外流，农业生产成本不断上升，农村经济发展面临着严峻的挑战。

二是乡村振兴战略的需要。乡村振兴战略是当前我国农村发展的重要战略，是解决我国农村发展问题的根本途径。在新时代，乡村振兴战略的实施需要更加注重农业农村的发展，加大对农业农村的支持力度，推动农业农村经济转型升级，提高农业经济效益和社会效益。

三是农村社会治理的需要。随着农村社会结构的不断演变，它给农村地区的社会治理带来了前所未有的新变化。新时代农业农村政策要求，加强农村治理体系建设，推进农村社会治理创新，提高农村社会治理水平，保障农

民生产生活，维护农村社会稳定。

四是农村生态文明建设的需要。随着生态文明建设的深入推进，农村生态文明建设成为新时代农业农村发展的重要内容。新时代农业农村政策要求，加强农村生态保护和建设，推动农村生态文明建设，提高农村生态环境质量，实现生态文明建设和乡村振兴的有机衔接。

三、完善新时代农业农村政策体系的现实价值

新时代农业农村政策体系完善的现实价值可以从以下 4 个方面来说明。

一是推动农村经济发展。新时代农业农村政策加大对农业农村的支持力度，推动农业供给侧结构性改革，促进农村产业转型升级。例如，加大农业科技创新力度，可提升农业生产效率与质量，推广优质农产品的种植与生产，从而增加农产品的附加值和提升市场竞争力。

二是改善农民生产生活条件。新时代农业农村政策强调提升农民生活条件，提高农民收入水平。例如，加强农村基础设施建设，提高农村交通、通信、水电等基础设施水平，改善农民生产生活条件，提高农民生活质量。

三是推进农村社会治理创新。新时代农业农村政策要求加强农村治理体系建设，推进农村社会治理创新。例如，加强基层民主制度建设，推进村民自治和法治建设，建立健全农村社会治安防控体系，提高农村社会治理水平。

四是推动生态文明建设。新时代农业农村政策要求加强农村生态保护和建设，推动农村生态文明建设。例如，加强农村生态环境保护和治理，提高农村生态环境和居民生活质量。

总之，新时代农业农村政策体系完善的现实价值在于推动农村经济发展，保障农民基本生活，推进农村社会治理创新，推动生态文明建设，实现乡村振兴和全面建设社会主义现代化国家的目标。

第二节　新时代农业农村政策特征

本节主要介绍新时代农业农村政策的特征，其主要是在当前社会发展背景下，针对农业农村发展需求和挑战，所表现出的独特属性和特点。这些特征体现了新时代农业农村政策在优先性、全面性、前瞻性和政策工具多元性等方面的特点，为推动农业农村现代化，实现乡村振兴提供了有力保障。

一、主要特征

1. 优先性

新时代农业农村政策具有优先性，体现在国家将解决“三农”问题作为全党工作的重中之重。新时代农业农村政策将农业和农村发展作为国家发展的重要组成部分，优先关注和解决农业农村问题，政府在制定相关政策时，会重点考虑农业稳定发展和农民生计改善的需要，优先确保国家粮食安全和农民生计。例如，政府加大对农业基础设施建设的投入，优先保障农田水利工程建设，提高农业综合生产能力。同时，在推进乡村振兴战略中，政府强调优先发展农业农村，确保粮食安全和重要农产品有效供给。

2. 全面性

新时代农业农村政策具有全面性，涵盖农业、农村、农民各个方面，聚焦农业和农村发展的各个领域，包括农业生产、农村产权制度、农业支持保护、农村基础设施建设、农村环境治理、农村金融、农村扶贫开发、农村社会保障等，这些政策相互配合，共同推动农业农村全面发展，形成了一套完整的政策体系。例如，在农业方面，政府推动农业供给侧结构性改革，优化产业结构，提高农业综合效益和竞争力，针对农业供给侧结构性改革，推出了一系列政策措施，包括调整农业生产结构、优化农产品品种、提高农业产业链附加值等；在农村方面，政府加强农村基础设施建设，提升农村公共服务水平，促进城乡融合发展；在农民方面，政府实施农民工市民化政策，保障农民进城落户，提高农民收入水平。

3. 前瞻性

新时代农业农村政策注重对未来发展趋势的把握，注重长远发展和可持续性。充分考虑未来发展趋势和挑战，提出一系列具有前瞻性的政策措施，为农业农村发展指明方向。例如，在全球气候变化背景下，政府提出了适应气候变化的农业发展战略，引导农业生产向节水、节肥、高效方向转变，提高农业对气候变化的抵御能力；在绿色发展方面，政府提倡生态农业，鼓励有机农产品生产，减少化肥和农药的过度使用，保护生态环境；在科技创新方面，政府支持农业科技进步，推广农业新技术，提高农业生产效率。

4. 政策工具多元性

新时代农业农村政策采用了多种政策工具、多种手段和多种措施来实现政策目标，包括法律、经济、行政和技术手段等。通过综合运用这些政策工具，政策效果更加显著，有利于解决农业农村发展中的复杂问题。例如，在农村产权制度改革方面，政府通过立法明确农村土地、林地、草原等产权关系，保障农民的土地权益；在农业支持保护政策方面，政府运用财政、税收等手段，加大对农业的投入力度，保障农民利益；在农村环境治理政策方面，政府通过行政手段推动农村垃圾分类、污水处理等工作，同时推广绿色农业技术，减少农业污染；在财政政策方面，政府加大财政投入，设立涉农专项资金，支持农业农村发展；在货币政策方面，政府引导金融机构加大对农业农村的信贷支持力度；在土地政策方面，政府完善农村土地管理制度，保障农民土地权益；在市场政策方面，政府建立农产品价格形成机制，保障农民收益。

总之，新时代农业农村政策表现出优先性、全面性、前瞻性和政策工具多元性等特征，有利于推动农业农村现代化，实现乡村振兴。

二、基于特征的政策理解原则

一是时效性。关注政策的发布日期和实施时间，确保解读内容与政策的最新版本保持一致。

二是准确性。确保解读内容与政策原文保持一致，避免出现误导和错误信息。

三是完整性。全面解读政策的各个部分，确保对政策的全面了解。

四是可操作性。解读政策的具体操作步骤和要求，以便政策能够得到有效执行。

五是动态性。关注政策的调整并及时更新。

六是实用性。针对受众，提供有针对性的解读内容，满足受益群体的需求。

七是可读性。采用简洁明了的语言，使政策解读内容易于理解，提高政策的普及程度。

通过遵循以上原则，可以更好地理解和解读新时代农业农村各项政策，为政策的有效实施提供支持。

第三节　新时代农业农村政策导向

从新时代农业农村政策导向来看，旨在推动传统农业向现代大农业转型，促进农民增收致富，促进农村产业融合，激活农村土地活力，推动农业绿色可持续发展以及建设美丽乡村。这些政策导向需要政府、社会和农民共同努力，通过制定和实施一系列有针对性的政策措施来实现。同时，还需要加强对农业农村发展的投入，完善农村金融体系，引导各方面资源向农业农村倾斜。这些政策共同构成了新时代农业农村政策的基本内容框架，为推动我国农业现代化、农村全面进步和农民全面发展提供方向指引。

一、现代大农业

推动农业生产规模化、集约化、专业化，提高土地产出率和劳动生产率。这包括推广先进的种植养殖技术，提升农业机械化水平，改善农田水利设施，以及加强农业科技创新和推广。通过推广先进的农业技术和管理方式，提升农业机械化、信息化水平，提高农业生产效率和经济效益。

1. 农业机械化推广

在政策支持下，越来越多的农民能够负担得起现代化的农业机械，如拖拉机、收割机、播种机等。这些机械设备的广泛应用大大提高了农业生产效率，减轻了农民的劳动强度，使得农作物种植和收获更加及时和高效。

2. 农业信息化管理

在政策支持下，利用好现代信息技术。比如通过安装土壤湿度传感器和天气预报系统，农民可以实时监控农田状况并根据数据分析结果作出更科学的种植决策，减少自然灾害对农业产量的影响，提高资源利用率。

3. 精准农业技术应用

通过卫星定位系统和遥感技术，实施精准灌溉、施肥和病虫害防治，既节约了资源，又减少了环境污染，同时提升了农产品的质量和产量。

4. 农业产业化经营

政府通过政策鼓励农民组建合作社或加入农业企业，实现农产品的规模化生产和品牌化销售。这种产业化经营模式有助于降低市场风险，增加农民收入。

5. 农业科技创新

在政策激励下，科研机构和高校积极研发适合我国国情的现代农业技术，并通过技术转让和推广服务，将这些科技成果转化为生产力，助推农业现代化进程。

二、智慧农业

智慧农业是新时代农业农村政策导向中的重要组成部分，它借助现代信息技术来提升农业生产效率和可持续性。利用物联网、大数据、人工智能等现代信息技术改造传统农业，实现精准农业、智慧农业，包括建立农业信息监测预警系统、推广智能农机具、发展农产品电子商务等。

1. 精准灌溉与施肥

在一些地区，农民开始使用基于物联网的智能灌溉系统。这些系统可以根据土壤湿度、作物需求和天气等因素，自动调节灌溉量和施肥时间，从而最大限度地节约水资源和肥料，提高作物产量和品质。

2. 智能温室种植

智能温室广泛应用于北方地区的蔬菜种植。这些温室装备有环境控制设备，可以通过手机应用程序远程调控温室内温度、湿度和光照强度，实现四季不间断生产，提高土地利用率和产出率。

3. 农产品质量追溯

通过运用二维码和区块链技术，用户可以借助手机扫描商品包装上的二维码来查询农产品的产地、生产过程、质检报告等信息，实现了农产品从田间到餐桌的全程追溯，增强了消费者信心，也有利于提升农产品的品牌价值。

4. 农业无人机应用

在南方一些稻米产区，农业无人机被用于喷洒农药和施肥。无人机可以根据设定的飞行路线自主作业，不仅提高了作业效率，也减少了农药对人体和环境的危害。

5. 数据分析与决策支持

农业大数据平台的建设，使得农民可以获得并自主分析各种农业数据，如市场价格、气候信息、病虫害发生率等，从而作出更加科学合理的种植决策，规避风险，提高收益。

三、农民致富

新时代农业农村政策导向中，农民致富是核心目标之一。通过各种政策手段增加农民收入，如提高农产品收购价格、鼓励农民发展多元化经营、提供职业培训和创业支持，以及推动农村产权制度改革，使农民能够分享到土地增值收益。

1. 提高农产品价格

政府通过设立最低收购价政策和农产品价格支持政策，保障农民的种粮收益，从而直接增加农民的经济收入。

2. 扶持特色农产品发展

根据不同地区的自然条件和资源优势，政策性鼓励发展特色农产品，并通过品牌打造和市场营销，提高农产品附加值，增加农民的收入来源。

3. 农村产权制度改革

通过确权登记颁证，赋予农民更加稳定的土地承包权和经营权，允许农民将土地流转或入股，从而获取租金或分红收入，增加农民财产性收入。

4. 加大农业补贴力度

政府继续加大对农业的补贴力度，特别是对种养大户、家庭农场、农民合作社等新型农业经营主体给予财政补贴，降低了他们的生产成本，提高了盈利能力。

5. 农民职业技能培训

政府组织农民参加各类职业技能培训，提高农民就业能力和创业素质，使他们能够从事更高附加值的工作，增加劳动收入。

6. 农村基础设施建设

改善农村交通、水利、通信等基础设施，为农产品的外销提供便利，降低交易成本，提高农产品市场竞争力，间接增加农民收入。

7. 社会保障体系建设

完善农村社会保障体系，减少农民因病、因灾造成的经济损失，保障农民基本生活需求，使他们能够有更多的收入用于改善生活条件。

可以看出，新时代农业农村政策导向中农民致富的传导机制是多维度、多途径的，旨在通过直接和间接的方式，全面提升农民的经济地位和生活质量。

四、美丽乡村

改善农村生态环境和居住条件，实施农村基础设施建设和公共服务提升工程，包括推进农村垃圾分类和污水处理，改善农村能源结构，提升农村教育、医疗、文化等服务水平，传承和保护优秀农耕文化。

1. 生态环境保护

政府推广垃圾分类、污水处理等环保措施，并对积极参与环保活动的村庄给予奖励，有助于改善农村环境质量，保护生态平衡。例如，浙江省的一些村庄通过整治河道、实施垃圾分类等措施，成功地打造了宜居的美丽乡村。

2. 农村基础设施建设

政府投资建设农村道路、供水、电力、互联网等基础设施，提高农村居民的生活水平和生产效率。例如，四川省的一些偏远村庄通过新建道路和桥梁，改善了交通条件，方便了村民出行和农产品运输。

3. 乡村文化建设

政府支持农村文化活动的开展，如建设文化礼堂、图书馆、体育场地等，丰富农民的精神文化生活，提升乡村社会文明程度。例如，山东省的一些村庄通过举办农民文化节、建设乡村记忆博物馆等方式，传承和弘扬了优秀传统文化。

4. 农村住房改善

政府推行农村危房改造和住房保障制度，提高农村住房的安全性和舒适度。例如，安徽省的部分地区通过实施危房改造工程，让农民住上了安全美观的新居。

5. 产业发展支持

政府鼓励和支持农村特色产业发展，如乡村旅游、手工艺品制作、特色农产品加工等，为农民提供就业机会，增加农民收入，促进农村经济多元化发展。例如，云南省的一些少数民族村落通过开发民族风情旅游，吸引了大量游客，带动了当地经济发展。

新时代农业农村政策中的美丽乡村建设导向不仅改善了农村的物质条件，还提升了农民的生活质量和幸福感，为实现城乡一体化发展打下了坚实的基础。

五、农村产业融合

新时代农业农村政策中的农村产业融合导向，强调推动第一产业（农业）、第二产业（农产品加工业）、第三产业（服务业）之间的深度融合，以优化农村产业结构，拓宽农民收入渠道，促进农村经济的多元化发展。推动农村一二三产业融合发展，支持农产品加工业和乡村旅游业的发展，延长农业产业链，提高农产品附加值，为农民提供更多就业机会和收入来源。

1. 农旅融合

以政策为导向，许多地区结合当地的自然资源和文化特色，发展乡村旅游。例如，北京郊区的一些村庄，依托美丽的山水风光和丰富的历史文化资源，开发了农家乐、民宿、户外运动等旅游项目，吸引了大量游客，不仅增加了农民的收入，也提高了当地农产品的销量。

2. 农工融合

政策鼓励农产品加工业的发展是农村产业融合的重要方面。例如，山东省的某些地区大力发展果蔬加工产业，将新鲜农产品加工成罐头、果汁、干果等高附加值产品，延长了产业链，为农民提供了更多的就业机会。

3. 农电商融合

随着互联网的普及，很多农产品通过电商平台进入更广阔的市场。例如，江苏省的一些农村地区利用电商平台，将本地特色农产品直接销售给全国的消费者，提高了农产品的销量和知名度。

4. 农科教融合

通过政府牵头，在一些地区将农业与教育、科技相结合，形成了农业科普教育基地。例如，河北省的一些农业科技园区，不仅进行农业新技术的示范推广，还成为城市居民了解农业知识、体验农村生活的场所。

5. 农物流融合

随着物流业的发展，农产品的流通效率得到提高。例如，广东省的一些农产品物流中心，通过高效的冷链物流系统，确保农产品的新鲜度，同时也为农民提供了更多的销售渠道。

六、农村土地政策

新时代农业农村政策中的农村土地政策导向，旨在进一步完善土地制度，保持农村土地承包关系的稳定，并鼓励土地流转，以推动适度规模经营，从而确保农民的土地权益不受侵害，同时探索土地股份合作等多种形式的经营方式。在新时代背景下，中国的农业农村政策不断调整和完善，以适应经济发展和社会进步的要求。其中，农村土地政策作为农业农村政策的重要组成部分，对于推动农业现代化、农村全面进步和农民增收具有关键作用。

1. 土地承包经营权的稳定与延长

中国政府强调在第二轮土地承包到期后再延长 30 年，旨在给农民提供长期稳定的土地承包经营权，鼓励他们增加投入，改善土地，提高农业生产效益。

2. 土地流转政策

为了提高土地使用效率和农业规模效益，政府密集出台多项政策，鼓励土地流转，即农户在保持土地承包权不变的前提下，将土地经营权流转给其他农户或农业企业。这有助于形成规模经营，提升农业竞争力。

3. 土地征收和补偿机制

为了保障农民的土地权益，在土地征收过程中，政府要求必须给予合理的补偿，并依法保护农民的合法权益。同时，逐步完善补偿标准，确保农民从土地征收中得到公平对待。

4. 农村集体产权制度改革

推进农村集体资产股份合作制改革，让农民成为农村集体经济组织的股东，从而享有资产收益、参与决策管理等权利。这有助于激活农村资源要素，增加农民财产性收入。

5. 土地整治和生态修复

加强土地整治工作，包括高标准农田建设、中低产田改造等，以提高耕地质量和土地生产力。同时，实施退耕还林还草等生态修复工程，促进生态文明建设。

6. 农村宅基地政策

在不改变农村宅基地集体所有制的前提下，实施宅基地所有权、资格权、使用权的“三权分置”改革，旨在优化宅基地管理，维护农民住房权益，并提高农村土地资源的利用效率。

为了适应农村土地政策的调整，我国还在不断完善相关法律法规，如《中华人民共和国土地管理法》《中华人民共和国农村土地承包法》等以法律形式明确土地政策的各项规定，保障农民权益不受侵犯。总之，新时代的农村土地政策导向是既要稳定和保障农民的基本权益，又要通过机制创新激发农村经济活力，实现农业可持续发展和农民生活水平的提高。这些政策和机制的实施，对推动农村全面进步和城乡一体化发展具有深远意义。

七、农业绿色可持续发展

新时代农业农村政策中的农业绿色可持续发展政策导向，体现了我国政府对环境保护和农业长远发展的重视。加强农业面源污染治理，推广生态友好型农业模式，鼓励有机农业和循环农业发展，提高农业资源利用效率，保护生物多样性，确保农产品质量和食品安全。

1. 绿色生产方式

推广使用有机肥料、生物农药和节水灌溉技术，减少化肥和化学农药的使用量，降低农业对环境的污染。同时，鼓励采用循环农业模式，比如农业废弃物的回收利用。

2. 生态农业发展

支持发展生态农场、有机农业示范基地等，推广生态种养模式，保护生物多样性，实现农业生态系统平衡。

3. 农业科技创新

加强农业科技研发，培育优质、高产、抗逆境的农作物品种，推广先进的农业技术和管理经验，提高农业生产效率和资源利用率。

4. 政策支持和财政投入

通过财政补贴、税收优惠等措施，鼓励农民和农业企业采取绿色可持续的生产方式。加大对农业绿色技术研发和应用的财政支持力度。

5. 绿色生态补偿

建立和完善生态补偿机制，对在农业生产中实行生态保护的农民或农业企业提供经济补偿，以鼓励他们参与生态环境保护和修复工作。

6. 农业资源保护和可持续利用

加强对耕地、水资源、种子等农业资源的保护和合理利用，实施严格的耕地保护制度，推进水土保持和土壤改良工作。

7. 农业面源污染防治

制定相关政策，减少农业生产过程中产生的污染，例如，控制农业径流对水体的影响，降低农药和化肥对环境的潜在危害。

8. 农业可持续发展法规和标准

制定和完善相关法律法规，设定农业绿色发展的硬性指标，强化农业环境监管，确保农业生产的可持续性。

通过这些政策和机制的实施，中国致力于构建一个环境友好型和资源节约型的现代农业体系，以实现农业的绿色、高效、可持续发展。这不仅有利于提升农产品的质量和安全性，也有助于推动生态文明建设和乡村振兴战略的实施。

第四节 新时代农业农村政策重点解读

新时代农业农村政策重点在于保障供给安全、优化流通体系、推动创新发展、培养农业人才、促进生态文明建设和加强基础设施及环境治理等方面，从而实现农业农村现代化和乡村全面振兴。本节对具有代表性的新时代农业农村政策进行深入的解读和分析，以帮助公众理解政策的内涵和意义，提供参考借鉴。

一、供给安全

（一）《国务院办公厅关于加快推进农业供给侧结构性改革大力发展粮食产业经济的意见》（2017 年）

1. 政策解读

随着中国经济的发展，农业面临诸多挑战，如农业生产效益不高、农业资源环境约束加剧等。为解决这些问题，中国政府提出了农业供给侧结构性改革的战略。目标是通过农业供给侧结构性改革，实现粮食产业经济的快速发展，提高农业综合效益和竞争力，确保国家粮食安全和食品安全。

主要任务：一是提高粮食生产能力。通过科技创新、农田水利建设等手段，提高粮食单产和总产。二是优化粮食产业结构。包括调整种植构成，推动粮食加工行业的进步，以及培养新的经济实体。三是加强粮食质量安全监管。建立健全粮食质量安全监管体系，确保国家粮食安全和食品安全。四是深化粮食流通体制改革。完善粮食批发市场和粮食期货市场，促进粮食资源合理配置。

为确保政策的顺利实施，国务院办公厅提出了加强组织领导、加大财政投入、完善金融服务、强化科技支撑等方面的保障措施。

总之，该政策是国务院办公厅为推动农业供给侧结构性改革、促进粮食产业经济发展而出台的重要政策文件。通过政策实施，政府旨在提高农业综合效益和竞争力，确保国家粮食安全和食品安全。

2. 受益点分析

一是提高粮食生产能力。通过科技创新、农田水利建设等手段，提高粮食单产和总产。这将使农民能够获得更高的粮食产量，从而增加收入。

二是优化粮食产业结构。改进粮食产业构成，通过调整种植策略并积极推进粮食加工业的发展，旨在提升粮食产业的附加值。这将使农民能够从粮食加工业的发展中获益，增加收入来源。

三是培育粮食产业新型经营主体。鼓励发展农民专业合作社、家庭农场等创新经营模式，旨在提高粮食产业的组织化水平。这将使农民能够通过参与合作社和家庭农场等新型经营主体，实现规模经营，提高生产效率和收入。

四是加强粮食质量安全监管。建立健全粮食质量安全监管体系，确保国家粮食安全和食品安全。这将使农民能够获得更安全、更优质的粮食产品，提高生活质量。

五是深化粮食流通体制改革。完善粮食批发市场和粮食期货市场，促进粮食资源合理配置。这将使农民能够获得更公平的粮食价格，降低粮食销售风险。

六是政策保障措施。为确保政策的顺利实施，国务院办公厅提出了加强组织领导、加大财政投入、完善金融服务、强化科技支撑等方面的保障措施。这些措施将为农民提供更好的政策支持和服务，促进农业发展和农民增收。

（二）《绿色食品标志管理办法》（2022年修订）

明确了绿色食品标志管理的目的、适用范围和基本原则；规定了绿色食品标志使用申请的条件、申请程序和核准要求；明确了标志使用的要求、变更和注销等情形和程序；规定了管理部门的监管职责、监管措施和处罚规定。由此，规范绿色食品标志使用行为，保障消费者权益；保护绿色食品生产经营者的合法权益，维护市场秩序；提高绿色食品行业的整体素质和技术水平，促进农业科技进步；为绿色食品标志使用提供明确的法律依据和监管措施，减少违法行为的发生。

二、农产品流通

2004年5月，国务院颁布《粮食流通管理条例》，旨在保护粮食生产者的积极性，促进粮食生产，维护经营者、消费者的合法权益，保障国家粮食安全，维护粮食流通秩序。

1. 政策解读

该条例分为总则、粮食收购和销售、粮食储存和运输、粮食安全储藏、粮食市场、法律责任和附则等章节，对粮食流通的各个环节进行了详细规定。通过实施该条例，维护粮食市场稳定，保护粮食生产者和消费者的合法权益。其目标是通过加强对粮食收购、储存、运输、销售和市场管理等各个方面的监管，确保粮食的质量和安全，提高粮食生产效率和供给能力，以保障国家粮食安全。具体措施包括：加强对粮食收购和销售的管理，规范粮食储存和运输，加强粮食安全储藏，建立健全粮食市场管理制度，完善法律法规体系，加强执法监管，提高行业技术水平，加强宣传教育，等等。

影响作用：一是激发市场活力，促进市场竞争。取消粮食收购资格许可制度后，更多企业可以进入市场，增加粮食市场的供应，促进市场竞争。二是强化政策性粮食管理。针对我国政策性粮食收购托底的情况，该条例加强了对政策性粮食的管理，确保政策性粮食的质量和安全，同时保障农民的收益。三是保障粮食安全。加强对粮食储存和运输的管理，确保粮食质量和安全，保障国家粮食安全。四是规范粮食流通秩序。完善粮食市场管理制度，加强执法监管，规范粮食流通秩序，保护经营者和消费者的合法权益。

总之，该条例是我国粮食流通管理方面的重要法规，对于保障国家粮食安全、促进粮食生产、维护粮食市场秩序、提高行业技术水平等具有重要的意义。

2. 受益点分析

一是规范粮食流通秩序。规范粮食收购、销售、储存、运输等环节的秩序，确保粮食流通的顺畅和稳定。

二是保障粮食安全。加强对粮食安全储藏的管理，建立健全粮食质量安全监管体系，确保国家粮食安全和食品安全。

三是稳定粮食市场。完善粮食批发市场和粮食期货市场，促进粮食资源合理配置，维护粮食市场稳定。

四是明确法律责任。明确对违反条例规定的行为的处理方式，加大惩处力度。

三、农业科技创新

（一）《2013 年测土配方施肥补贴项目实施指导意见》（2013 年）

1. 政策解读

该指导意见是由农业部和财政部联合发布的，旨在指导各省（区、市）及中央直属垦区编制项目实施方案，加快测土配方施肥技术推广普及，强化配方肥推广应用，推进科学施肥技术进村入户到田。

一是明确了测土配方施肥补贴项目的实施目标、任务和原则，包括推广测土配方施肥技术、提高肥料资源利用率、强化配方肥推广应用等。

二是规定了补贴资金的确定原则和方法，以及资金补贴环节和工作内容。

三是强调了加强组织领导、技术支撑、资金监管和监督检查的重要性，以确保项目顺利实施，达到预期效果。

总的来说，该指导意见的发布，标志着国家对农业施肥技术的重视，旨在通过科学施肥提高农业生产效率，减少资源浪费，保护环境，促进农业可持续发展。

2. 受益点分析

一是提高肥料利用率。通过测土配方施肥，使农民能够根据土壤实际情况合理施肥，提高肥料利用率，降低生产成本。

二是减少环境污染。推广新型肥料，如缓控释肥、水溶性肥料等，减少对环境的污染，保护农村生态环境。

三是提高农产品质量。合理施肥可以提高农产品质量，增加农民的收入。

四是降低生产成本。通过测土配方施肥，减少肥料浪费，降低生产成本，提高农民的生产效益。

五是提高农业可持续发展能力。通过推广测土配方施肥政策，提高农业的可持续发展能力，为农业的长远发展提供有力保障。

总之，该政策的实施，有助于提高肥料利用率，减少环境污染，提高农产品质量，降低生产成本，提高农业可持续发展能力，使农民从中获得实实在在的益处。

（二）《全国高标准农田建设规划（2021—2030年）》（2021年）

1. 政策解读

文件旨在提升农田质量，保障粮食安全。

一是提出到2022年建成10亿亩高标准农田，到2025年建成10.75亿亩集中连片高标准农田，到2030年建成12亿亩高标准农田。

二是强调科学布局、突出重点，建改并举、注重质量，绿色生态、土壤健康等原则，确保农田集中连片、旱涝保收、节水高效、稳产高产、生态友好。

三是通过提升农田建设标准和质量，改善农业生产条件，提高粮食产能。

四是强调多元化投资、后续管护和依法严管等，确保高标准农田的长期效益和可持续发展。

该规划是保障国家粮食安全和重要农产品有效供给的重要举措，各地需根据实际情况，制定具体实施方案，确保规划目标如期实现。

2. 受益点分析

一是提升粮食产能，通过改善农田基础设施，增加粮食产量，提高粮食质量。

二是增强农田防灾抗灾减灾能力，减少自然灾害对农业生产的影响。

三是促进农业绿色低碳发展，推动生态文明建设。

四是提高农民收入，通过节本增效增加农民收益。

五是优化资源配置，提高水土资源利用效率。

六是推动农业现代化，提升农业科技水平和机械化程度。

七是保障国家粮食安全，确保粮食生产的稳定性和可持续性。

（三）《农业部办公厅关于印发〈水肥一体化技术指导意见〉的通知》（2013 年）

1. 政策解读

该文件详细阐述了水肥一体化技术的定义、目标任务、技术要点以及工作重点。水肥一体化技术是通过管道灌溉系统，将肥料溶解在水中，实现灌溉与施肥的同步管理，从而满足农作物对水分和养分的需求，达到节水、节肥和增产的目的。文件提出，到 2015 年，水肥一体化技术推广总面积要达到 8000 万亩以上，新增推广面积 5000 万亩以上，实现节水 50% 以上，节肥 30%，粮食作物增产 20%。

一是目标任务。文件明确了推广水肥一体化技术的具体目标，包括推广总面积、新增面积以及预期的节水、节肥和增产效果。这些目标体现了国家对提高农业资源利用效率、促进可持续发展的重视。

二是技术要点。文件详细介绍了水肥一体化技术的5个关键环节，包括设施设备、水分管理、养分管理、水肥耦合和维护保养。这些技术要点为各地推广水肥一体化技术提供了具体的操作指南。

三是工作重点。文件提出了4项工作重点，即研发技术产品、完善技术模式、开展示范培训和构建推广机制。这些措施旨在通过技术创新、模式优化、示范推广和机制建设，推动水肥一体化技术的广泛应用。

四是保障措施。文件强调了加强组织领导、整合资源力量、强化市场监管、注重宣传引导和加强技术指导等保障措施，以确保水肥一体化技术推广工作的顺利进行。

总的来说，该文件为推动水肥一体化技术的应用提供了全面的指导和支持，有助于提高农业资源利用效率，促进现代农业的可持续发展。

2. 受益点分析

一是提高水肥利用率。通过水肥一体化技术，农民能够根据作物需求合理施用水肥，提高水肥利用率，降低生产成本。

二是减少环境污染。通过推广新型水肥一体化设备，减少对环境的污染，保护农村生态环境。

三是提高农产品质量。合理施用水肥可以提高农产品质量，增加农民收入。

四是降低生产成本。通过水肥一体化技术，减少水肥浪费，降低生产成本，提高农民的生产效益。

五是提高农业可持续发展能力。通过推广水肥一体化技术，提高农业的可持续发展能力，为农业的长远发展提供有力保障。

（四）《农业农村部关于印发〈全国智慧农业行动计划（2024—2028年）〉的通知》（2024年）

1. 政策解读

文件由农业农村部发布，旨在推进智慧农业建设，落实相关指导意见。行动计划聚焦智慧农业的重点领域和关键环节，通过政策拉动、典型带动、技术驱动和服务推动，解决农业生产管理中的难题，促进农业现代化。

包括三大行动：提升智慧农业公共服务能力、拓展智慧农业重点领域应用、示范带动智慧农业发展。目标是在2024年启动相关行动，到2026年初步形成智慧农业公共服务能力，到2028年大幅提升这一能力，并实现农业全产业链的数字化改造。政策支持方面，将通过已有的高标准农田建设、智慧农业建设等项目，形成支持智慧农业发展的合力。同时，鼓励各地探索新的政策支持体系，如智慧农业专项补贴等。

该文件强调了科技创新、数据管理和公共服务的重要性，提出了具体的行动目标和措施，以推动智慧农业的全面发展，提高农业生产效率和质量。

2. 受益点分析

一是提升农业生产效率。通过推广智慧农业技术，如环境监测、智能植保和无人巡检运输等，能够显著提高农业生产效率，降低劳动成本，提升产量和质量。

二是推动农业现代化。行动计划旨在加快农业全产业链的数字化改造，提升农业生产的信息化水平，推动农业现代化进程。

三是增强农业竞争力。通过智慧农业技术的应用，可以提高农产品的质量和市场竞争力，促进农产品出村进城，实现优质优价。

四是促进可持续发展。智慧农业技术有助于精准使用水肥药，减少资源浪费和环境污染，促进农业的可持续发展。

五是提升农业管理水平。通过建设国家农业农村大数据平台和农业农村用地“一张图”，能够更好地管理和利用农业资源，提升农业管理水平。

六是推动科技创新。行动计划鼓励智慧农业前沿技术的研发与应用，推动农业科技创新，培育科技领军企业。

七是改善农民生活质量。智慧农业技术的应用可以为农民提供更好的生产工具和服务，提高农民的收入和生活质量。

八是增强农业抗风险能力。通过智慧农业技术的推广，可以提高农业生产的抗风险能力，减少自然灾害和病虫害对农业生产的影响。

综上所述，该文件旨在通过多方面的努力，推动中国农业向智慧化、现代化方向发展，带来显著的社会和经济效益。

四、人才培育

为深入贯彻落实习近平总书记关于推动乡村人才振兴的重要指示精神，落实党中央、国务院有关决策部署，促进各类人才投身乡村建设，2021 年 2 月，中共中央办公厅、国务院办公厅印发了《关于加快推进乡村人才振兴的意见》。

1. 政策解读

该政策主要内容包含 4 个方面。

一是加大乡村人才引进力度。加大对高层次乡村人才的支持力度，鼓励高校、科研机构等人才向乡村流动，支持乡村企业、新型农业经营主体引进人才。

二是推进乡村人才培养。加大对乡村人才的培训力度，提高乡村人才的技能水平，支持乡村人才培养基地建设。

三是优化乡村人才引进政策。完善乡村人才引进政策，提高引进的乡村人才的福利待遇，吸引更多优秀人才来到乡村发展。

四是加强乡村人才培养。通过加大对乡村人才培育的投入，促进工作质效的提升。

到 2025 年，乡村人才振兴的相关制度和政策将趋于完善，各领域的人才队伍将不断扩大，能力素质将逐步提高，人才结构也将得到优化。同时，一个支持乡村发展的综合人才服务体系将基本建立，乡村人才需求将得到初步满足，基本形成一支高素质、专业化、现代化的乡村人才队伍，乡村经济发展和乡村振兴得到有效支撑和推动。具体措施包括：加强乡村人才引进政策制定和实施，提高乡村人才培养质量和效益，优化乡村人才引进和培养环境，等等。

相较于之前的政策，该意见的主要变化是：加大对高层次乡村人才的支持力度，鼓励高校、科研机构等人才向乡村流动，支持乡村企业、新型农业经营主体引进人才；完善乡村人才引进政策，提高引进的乡村人才的福利待遇，吸引更多优秀人才来到乡村发展；加强乡村人才培养，提高乡村人才培养的质量和效益。

2. 受益点分析

一是促进乡村经济发展。加大乡村人才引进力度和推进乡村人才培养，有助于提高乡村经济的质量和效益，推动乡村经济持续健康发展。

二是推进乡村振兴。优化乡村人才引进政策和加强乡村人才培养，有助于推进乡村振兴战略的实施，提升乡村发展的综合竞争力。

三是提高乡村人口素质。加强对乡村人才的培训，提高乡村人才的技能水平，有助于提高乡村人口的素质和能力，为乡村发展提供强有力的人才支撑。

四是优化乡村产业结构。推进乡村人才引进和培养，将有助于优化乡村产业结构，推动乡村产业的升级和转型。

总之，该政策对于促进乡村经济持续健康发展、推进乡村振兴战略、提高乡村人口素质等方面都具有重要的意义。

五、环境保护

（一）《中共中央 国务院关于全面推进美丽中国建设的意见》（2023 年）

1. 政策解读

该意见是指导中国未来生态环境保护和生态文明建设的重要文件。

一是强调建设美丽中国是实现社会主义现代化和中华民族伟大复兴的重要组成部分，指出党的十八大以来，中国在生态文明建设方面取得了显著进展，但仍面临诸多挑战。为此，该意见提出了全面推进美丽中国建设的总体要求、主要目标和具体措施。

二是明确到2027年和2035年的主要目标，即实现绿色低碳发展、主要污染物排放总量持续减少、生态环境质量持续提升等。

三是提出全领域转型、全方位提升、全地域建设、全社会行动等四大原则，强调通过优化国土空间开发保护格局、积极稳妥推进碳达峰碳中和、统筹推进重点领域绿色低碳发展、推动各类资源节约集约利用等措施，实现美丽中国建设的目标。

四是强调持续深入推进污染防治攻坚、提升生态系统多样性稳定性持续性、守牢美丽中国建设安全底线等方面的工作，并提出了建设美丽中国先行区、美丽城市、美丽乡村等示范样板的举措。

五是呼吁开展美丽中国建设全民行动，培育弘扬生态文化，践行绿色低碳生活方式，建立多元参与行动体系。

总的来说，该意见为中国未来生态环境保护和生态文明建设提供了明确的方向和具体的行动指南，旨在通过一系列政策措施，推动中国实现人与自然和谐共生的现代化，建设天蓝、地绿、水清的美好家园。

2. 受益点分析

一是环境保护和生态修复。减少污染方面，通过推进绿色低碳发展，减少主要污染物排放总量，改善生态环境质量。生态修复方面，加强生态保护红线管理，保护和修复重要生态系统，提升生态系统服务功能。自然资源保护方面，坚守耕地红线，严格管控河湖水域岸线和海洋国土空间，保护自然资源。

二是经济高质量发展。绿色转型方面，推动能源、工业、交通运输、城乡建设、农业等领域绿色低碳转型，增强经济发展内生动力。科技创新方面，加强绿色科技创新，提升美丽中国建设的内生动力和创新活力。产业结构调整方面，优化国土空间开发保护格局，促进产业结构调整和升级。

三是社会民生改善。城乡人居环境方面，通过美丽蓝天、美丽河湖、美丽海湾、美丽山川建设，改善城乡人居环境，提升居民生活质量。公众参与方面，鼓励全社会行动，推动园区、企业、社区、学校等基层单位开展绿色、清洁、零碳引领行动，形成良好社会氛围。

四是国家生态安全。生态安全屏障方面，通过加强生态保护和修复，提升国家生态安全水平。应对气候变化方面，积极稳妥推进碳达峰碳中和，提升国家应对气候变化的能力。

五是治理体系和治理能力现代化。完善生态环境分区管控体系，健全生态环境治理体系。提升生态环境治理能力，实现生态环境治理体系和治理能力现代化。

六是长期可持续发展。到 2035 年，广泛形成绿色生产生活方式，生态环境根本好转，美丽中国目标基本实现。到本世纪中叶，全面提升生态文明水平，绿色发展方式和生活方式全面形成，美丽中国全面建成。

总之，该意见通过一系列具体措施和目标，旨在全面推进美丽中国建设，促进经济社会绿色转型，改善生态环境质量，提升国家生态安全，推动高质量发展，并最终实现建成美丽中国的目标。这些措施不仅有助于环境保护和生态修复，还将带动经济高质量发展，改善社会民生，提升国家治理能力和国际影响力。

（二）《中共中央 国务院关于深入打好污染防治攻坚战的意见》（2021 年）

1. 政策解读

该政策由中共中央、国务院于 2021 年 11 月 2 日发布，旨在进一步加强生态环境保护，深入打好污染防治攻坚战。该政策提出了到 2025 年和 2035 年的主要目标，包括减少主要污染物排放总量、改善生态环境质量、推动绿色低碳发展等。

一是推动绿色低碳发展。推进碳达峰行动，推动能源清洁低碳转型，遏制高耗能高排放项目盲目发展。

二是打好蓝天保卫战。重点治理重污染天气、臭氧污染和柴油货车污染。

三是打好碧水保卫战。治理城市黑臭水体，保护和修复长江、黄河等重点流域。

四是打好净土保卫战。治理农业农村污染，管控建设用地土壤污染风险。

五是生态保护。提升生态系统质量，保护生物多样性。

该政策还提出了提高生态环境治理现代化水平的措施，包括强化法治保障、完善监测评估体系、加强环境风险防控等。总体来看，该政策通过一系列具体措施和目标，旨在全面提升生态环境质量，推动经济社会绿色转型，实现人与自然和谐共生的美丽中国建设目标。

2. 受益点分析

一是环境保护。通过一系列措施，如减少污染物排放、加强生态保护和修复，改善空气、水和土壤的质量，从而提升整体环境质量。

二是公众健康。改善环境质量直接优化了居民的生活环境，减少了因污染导致的健康问题，提高了公众的健康水平和生活质量。

三是经济发展。政策推动绿色低碳发展，促进产业结构优化升级，培育新兴产业，推动经济高质量发展，同时降低环境污染带来的经济损失。

四是社会稳定。通过解决突出的环境问题，减少因环境引发的社会矛盾和冲突，增强社会的稳定性和和谐性。

五是国际形象。积极的环境保护措施和成效有助于提升中国在国际上的形象和声誉，展示中国在全球环境治理中的责任和担当。

六是科技创新。政策鼓励技术创新，推动环保技术和产业的发展，提升国家的科技竞争力。

七是生态文明建设。政策的实施有助于树立生态文明理念，推动全社会形成绿色生活方式和消费习惯，促进可持续发展。

综上所述，该政策不仅有利于环境保护和公众健康，还对经济发展、社会稳定、国际形象和科技创新等方面产生积极影响，全面提升国家的综合竞争力和可持续发展能力。

（三）《农药包装废弃物回收处理管理办法》（2020 年）

该政策旨在加强农药包装废弃物的处置管理。主要内容包括：

一是适用范围。适用于中华人民共和国境内农药包装废弃物的回收和处理。

二是回收责任。农药生产企业、农药经营者、农药使用者都有责任回收农药包装废弃物。

三是回收方式。农药生产企业应当建立农药包装废弃物回收体系，农药经营者应当建立农药包装废弃物回收台账，农药使用者应当将农药包装废弃物投放至指定的回收点。

四是回收处理。农药包装废弃物应当由具备相应资质的单位进行回收处理，不得随意丢弃。

五是监督管理。农业农村部和生态环境部加强对农药包装废弃物的处置监管，对违法违规行为进行处罚。

该政策的出台，有助于加强农药包装废弃物的回收和处理管理，保护环境，促进农药行业的可持续发展。

（四）《农业农村部办公厅 市场监管总局办公厅 工业和信息化部办公厅 生态环境部办公厅关于进一步加强农用薄膜监管执法工作的通知》（2023年）

该政策旨在加强对农用薄膜的监管，防止不合格薄膜进入市场和农田，并推动农用薄膜的科学使用与回收，减少农田污染。分别从生产、销售、使用和回收等环节加强执法监管。生产环节，严格控制源头，加强行业管理，促使生产企业遵守规定，并对重点企业的生产质量进行监控；销售环节，加强质量监管，对销售市场和网络平台上的产品进行检查，依法处理销售非标准产品的商户或平台；使用和回收环节，鼓励农民和农业经营者合理使用薄膜，并及时回收废弃物，同时监督回收过程中的环境保护措施实施。这些措施共同作用于推动农用薄膜市场的规范化和环保化，从而保护农田生态环境。

六、基础设施建设

《全国现代设施农业建设规划（2023—2030年）》于2023年6月9日由农业农村部、国家发展改革委、财政部等四部委联合印发，是我国首部现代设施农业建设规划。内容以稳定产量、满足市场需求为导向，通过优化设施农业布局、适度扩大规模和改造老旧设施，提升资源利用率和投入产出效率。强化技术装备和科技支撑，不断提高设施农业的集约化、标准化、机械化、绿色化和数字化水平，构建科学、节约、高效、安全的现代农业体系，确保食品供给稳定安全。

1. 政策解读

文件规划了未来现代设施农业的发展方向，包括扩大规模、优化布局、提升科技装备水平、提高稳产保供能力等。具体任务包括：发展节能宜机的种植业、高效集约的畜牧业、生态健康的渔业以及仓储保鲜和烘干的物流设施。将实施现代设施农业提升等六大工程，提供组织领导、政策扶持等5项保障措施。目标是到2030年，全国现代设施农业规模扩大，科技装备改善，发展质量提升。计划实现设施蔬菜产量占比达40%，畜牧养殖规模化率达83%，设施渔业养殖水产品产量占比达60%，设施农业机械化率和科技进步贡献率分别达60%和70%，并建设一批创新基地，确保设施农产品质量安全抽检合格率稳定在98%。

2. 受益点分析

一是提高农业效益。通过发展现代设施农业，提高农作物的产量和品质，增加农民的农业收入。

二是优化农业结构。引导农民种植市场需求量大、经济效益好的农产品，促进农业产业结构调整，提高农民的经济收益。

三是提升农业技术水平。推广农业新技术、新品种，提高农民的科技水平，降低生产成本，提高生产效率。

四是加强基础设施建设。投资建设农田水利、农田整治等基础设施，改善农业生产条件，提高农业综合生产能力。

五是促进农业绿色发展。推广绿色农业生产技术，减少化肥、农药等农业投入品的使用，保护生态环境，提高农产品质量安全。

六是提高农民生活水平。通过发展现代设施农业，促进农民就业和创业，提高农民收入，改善农村生活条件。

七、生态文明建设

（一）《国家黑土地保护工程实施方案（2021-2025 年）》（2021 年）

1. 政策解读

该政策旨在保护和恢复黑土地资源、提高耕地质量、保障粮食安全。主要内容包括 4 个方面。

一是加强黑土地保护。实施黑土地保护工程，加强对黑土地的监管，防止黑土地资源的流失。

二是推广科学施肥技术。推广科学施肥技术，提高肥料利用率，减少对黑土地的污染。

三是提高耕地质量。通过实施黑土地保护工程，提高耕地质量，增加粮食产量，提高农民收入。

四是加大对农业的投入。通过增加对农业的投入，提高农业机械化水平，降低农民的劳动强度。

2. 受益点分析

一是提高粮食产量。通过实施黑土地保护工程，提高耕地质量，增加粮食产量，提高农民的收入。

二是降低生产成本。推广科学施肥技术，提高肥料利用率，降低生产成本，提高农民的生产效益。

三是减轻劳动强度。提高农业机械化水平，降低农民的劳动强度，提高生产效率。

四是提高农产品质量。通过实施黑土地保护工程，提高耕地质量，提高农产品质量，增加农民收入。

五是促进农业可持续发展。加强对黑土地的监管，保护和恢复黑土地资源，促进农业可持续发展。

（二）《关于推动城乡建设绿色发展的意见》（2021 年）

该意见是推动我国城乡建设实现更高质量、更可持续的绿色发展而制定的重要文件，主要内容包括：一是推进城乡一体化发展。加强城乡基础设施建设和公共服务均等化，推动城市与乡村在经济、文化、生态等方面的融合发展。二是转变城乡建设发展方式。加强城市规划和设计，推动绿色建筑、低碳出行等绿色发展方式的普及和应用。三是打造绿色生态宜居美丽乡村。加强对农村生态环境的保护和改善，推动农村生态文明建设，打造宜居、宜业、宜游的美丽乡村。四是强化政策支持。加强对城乡绿色发展的政策引导和支持，推动相关产业发展，促进城乡建设绿色发展。五是加强监督管理。加强对城乡建设领域的监督管理，严格执法，打击违规行为，保障城乡建设绿色发展。目标是到 2025 年，基本建立城乡建设绿色发展的体制机制和政策体系，实现城乡建设高质量绿色发展。主要措施包括加强规划管理、推进绿色建筑、加强农村生态环境保护、推动城乡基础设施建设、加强公共服务均等化等。

八、土地制度改革

（一）《国务院办公厅关于防止耕地“非粮化”稳定粮食生产的意见》（2020 年）

1. 政策解读

近年来，我国农业结构不断优化，区域布局趋于合理，粮食生产连年丰收，有力保障了国家粮食安全，为稳定经济社会发展大局提供坚实支撑。与此同时，部分地区也出现耕地“非粮化”倾向，一些地方把农业结构调整简单理解为压减粮食生产，一些经营主体违规在永久基本农田上种树挖塘，一些工商资本大规模流转耕地改种非粮作物等，这些问题如果任其发展，将影响国家粮食安全。为落实党中央、国务院决策部署，采取有力举措防止耕地“非粮化”，切实稳定粮食生产，牢牢守住国家粮食安全的生命线。

2. 受益点分析

一是保障农民的耕地权益。政策强调保护耕地资源，防止耕地被过度开发或改变用途。这意味着农民的耕地权益将得到保障，他们可以继续在耕地上进行农业生产活动。

二是提高农民的粮食生产收益。政策旨在稳定粮食生产，通过提高粮食产量和品质，农民可以获得更高的经济收益。此外，还鼓励发展绿色农业，提高农产品的附加值，进一步增加农民的收入。

三是提供农业技术支持。政策提出加强农业科技创新和技术推广，为农民提供更加高效、绿色的农业生产技术。这将帮助农民提高粮食生产效率，降低生产成本，提高农产品的市场竞争力。

四是增加农业补贴和扶持力度。政策强调加大农业补贴力度，支持农民发展粮食生产。这将为农民提供更多的资金支持，降低他们的生产负担，提高农业生产的积极性。

五是促进农村经济发展。政策鼓励发展农村产业，促进农村一二三产业融合发展。这将有助于增加农民的就业机会，扩大农民的收入来源，推动农村经济的持续发展。

该政策是一项有利于农民的政策，它将为农民提供更多的支持和保障，促进农业生产和农村经济的稳定发展。从影响作用来看，该政策的发布对保障国家粮食安全、稳定农业生产、推动农业供给侧结构性改革具有重要意义。通过加强耕地保护、优化农业生产结构、提高粮食生产能力等措施，有望缓解耕地“非粮化”问题，促进农业可持续发展，为国家的长期稳定发展提供坚实的支撑。

（二）《农村土地承包合同管理办法》（2023 年）

1. 政策解读

该办法规范了农村土地承包合同管理，保护农民合法权益。一是加强承包土地利用，提高土地资源利用效率。二是维护农村社会稳定，促进农村经济发展。三是为解决农村土地承包合同纠纷提供法律依据和解决途径。

2. 受益点分析

一是规范土地承包合同管理。该办法旨在规范农村土地承包合同的管理，维护承包合同当事人的合法权益，维护农村社会和谐稳定。这将有助于减少土地承包过程中的纠纷，保障农民的土地权益。

二是维护承包关系稳定。在农村土地承包经营中，应维护和发展以家庭承包经营为基础，结合集体统一管理和个体分包经营的双层经营体制，确保土地承包关系的长期稳定性和可持续性。这将有助于农民长期稳定地获得土地承包收益。

三是保障土地所有权性质。农村土地承包经营不得改变土地的所有权性质。这确保了土地的集体所有制性质，防止农民在承包过程中出现偏差。

四是提高土地利用效率。通过规范土地承包合同管理，可以提高土地的利用效率，使农民能够更好地利用土地资源，提高农业生产效益。

五是促进农村社会和谐稳定。该办法的实施将有助于解决农村土地承包过程中的纠纷，维护农村社会和谐稳定，为农民创造一个良好的生产、生活环境。

九、财税金融

（一）《农业农村部 财政部关于做好 2022 年农业生产发展等项目实施工作的通知》（2022 年）

1. 政策解读

该文件是农业农村部和财政部联合发布的通知，旨在指导各地做好 2022

年农业生产发展项目的实施工作。文件详细阐述了项目的总体思路、重点任务、政策落实与监督评价等方面的内容，强调了保障粮食和油料等重要农产品的有效供给、加强耕地保护、种业振兴、农机装备支撑保障、推动农业产业融合发展和乡村人才振兴、推进农业资源保护利用和绿色转型发展、支持脱贫地区乡村特色产业发展壮大等重点任务。同时，该文件还提出了推进统筹使用、细化实施方案、强化政策公开、严格过程管控、加强资金监管、深化绩效管理等具体要求。

一是总体思路。该文件强调以习近平新时代中国特色社会主义思想为指导，贯彻落实党中央、国务院关于“三农”工作的重大决策部署，坚持稳字当头、稳中求进，重点围绕粮食生产、产业发展、乡村建设、农民收入等方面，调整优化存量、统筹安排增量，强化政策引导、改革完善实施方式，助力牢牢守住保障国家粮食安全和不发生规模性返贫两条底线，推动乡村振兴取得新进展、农业农村现代化迈出新步伐。

二是重点任务。保障粮食和油料等重要农产品有效供给方面，通过加大粮食、油料生产政策扶持力度，统筹推进小麦促壮稳产、水稻集中育秧等措施，稳定粮食生产，提升油料产能。加强耕地保护、种业振兴、农机装备支撑保障方面，实施耕地地力保护补贴政策，强化东北黑土地保护，推进耕地保护与质量提升；开展土壤普查试点；实施畜禽良种补贴，支持国家级畜禽遗传资源保护；加快推进农机装备补短板，推进农业用北斗终端及辅助驾驶系统的应用。推动农业产业融合发展和乡村人才振兴方面，建设国家现代农业产业园、优势特色产业集群、农业产业强镇，统筹推进农业现代化示范区建设；培育高素质农民，实施乡村产业振兴带头人培育“头雁”项目，加快推进农业社会化服务。推进农业资源保护利用和绿色转型发展方面，深化落实以绿色生态为导向的农业补贴制度改革，推进农业绿色发展体制机制创新，切实保护耕地、草原和水生生物等资源。支持脱贫地区乡村特色产业发展壮大方面，支持脱贫地区发展壮大特色优势富民产业，完善产业发展支撑保障和设施条件，提升全产业链发展水平。

三是政策落实与监督评价。落实和完善"大专项＋任务清单"管理方式，确保政策的精准性、指向性和实效性。要求省级农业农村、财政部门按要求抓紧组织编制省级实施方案，明确实施条件、补助对象、补助水平、实施要求和监管措施。及时向社会发布中央财政支农政策和省级实施方案，保障涉农主体知情权和选择权。严格过程管控，加强项目执行定期调度和督促指导，确保各项数据的真实性、准确性和完整性。加强资金监管，规范补贴资金代发金融机构，加强惠农财政补贴资金发放管理，杜绝中介机构直接代理申报的资金项目。深化绩效管理，建立健全本区域项目绩效评价机制，严格奖惩措施，全面评估、考核政策落实情况。

该文件旨在确保政策的有效落实，推动农业农村现代化建设，全面推进乡村振兴。

2. 受益点分析

一是保障粮食和油料等重要农产品有效供给。通过加大对粮食、油料生产的政策扶持力度，确保粮食生产的稳定和油料产能的提升。支持畜牧业、渔业的发展，以及蔬菜、棉糖胶等的生产，保障多样化的农产品供应。

二是加强耕地保护、种业振兴、农机装备支撑保障。实施耕地地力保护补贴政策，保护和提升耕地质量。支持畜禽良种的推广和国家级畜禽遗传资源的保护，提升畜禽种业的核心竞争力。加快推进农机装备的研发、制造和应用，提升农业机械化水平。

三是推动农业产业融合发展和乡村人才振兴。建设国家现代农业产业园、优势特色产业集群和农业产业强镇，促进农业产业的融合发展。培育高素质农民和乡村产业振兴带头人，提升农村人力资源的质量。

四是推进农业资源保护利用和绿色转型发展。深化落实以绿色生态为导向的农业补贴制度改革，推进农业绿色发展体制机制创新。强化农业生态环境治理，提高地膜科学使用回收水平，促进农作物秸秆综合利用。

五是支持脱贫地区乡村特色产业发展壮大。支持脱贫地区发展壮大特色优势富民产业，完善产业发展支撑保障和设施条件。培育壮大新型农业经营主体，健全联农带农富农机制，帮助脱贫地区实现可持续发展。

六是强化政策落实与监督评价。推进统筹使用资金，确保政策的精准性、指向性和实效性。细化实施方案，确保政策落实到位。强化政策公开、过程管控和资金监管，确保资金使用的透明和高效。

七是深化绩效管理。建立健全本区域项目绩效评价机制，严格奖惩措施，全面评估、考核政策落实情况。通过绩效监控与抽查复核相结合的方式，确保资金安排的规范性和资金执行的进度。

可见，该文件在全面提升农业生产发展的质量和效益、推动农业农村现代化建设、全面推进乡村振兴方面具有很强的作用。

（二）《关于进一步加强惠民惠农财政补贴资金“一卡通”管理的指导意见》（2020 年）

1. 政策解读

随着国家对相关政策的大力推行，财政补贴资金越来越多地直接发放给受益群众，这种方式极大地方便了群众。然而，这一过程中也出现了诸如补贴项目之间存在交叉、发放不及时和不精准等问题，对政策实施的整体效果造成了一定程度的影响。为深化治理成效，进一步加强惠民惠农财政补贴资金“一卡通”管理，经国务院同意，财政部、农业农村部等七部委联合出台了指导意见。指导意见要求，贯彻落实中央有关决策部署，坚持以人民为中心的发展思想，加强惠民惠农财政补贴资金管理，提高资金使用效益和透明度，保障农民群众知情权、参与权和监督权，推进全面从严治党向基层延伸。

2. 受益点分析

从政策的效应看，指导意见的发布，有利于进一步加强惠民惠农财政补贴资金管理，提高资金使用效益和透明度，保障农民群众权益，推进全面从严治党向基层延伸，对于促进农村社会稳定和经济发展具有积极意义。同时，也将对政府部门工作作风和服务质量的提升产生推动作用。

（三）《社会资本投资农业农村指引（2022年）》（2022年）

1. 政策解读

总则明确了社会资本投资农业农村的目的、适用范围和基本原则；投资重点产业和领域明确了鼓励社会资本投资的现代种养业、农产品加工业、休闲农业和乡村旅游等13个重点产业和领域；投资方式和渠道规定了社会资本可以通过直接投资、股权合作、债券发行等多种方式投资农业农村；政策支持和保障措施明确了政府在财政、金融、土地等方面的政策支持和保障措施；监督管理规定了管理部门的监管职责、监管措施和处罚规定。

2. 受益点分析

引导社会资本投向农业农村的重点产业和领域，促进农业现代化和乡村振兴。政府对农业保险的财政补贴降低了农民购买保险的成本，减轻了农民的经济负担。提高社会资本投资农业农村的积极性和主动性，扩大农业农村有效投资。优化农业农村投资环境，激发市场活力，促进农业产业升级和结构调整。为社会资本投资农业农村提供明确的政策导向和保障措施，降低投资风险。

（四）《中国人民银行 国家金融监督管理总局 证监会 财政部 农业农村部关于金融支持全面推进乡村振兴 加快建设农业强国的指导意见》（2023年）

1. 政策解读

该政策由中国人民银行、国家金融监督管理总局、证监会、财政部、农业农村部联合发布，旨在深入贯彻落实党的二十大、中央经济工作会议、中央农村工作会议精神和中央一号文件部署要求，完整、准确、全面贯彻新发展理念，推动金融支持乡村振兴和农业强国建设。该政策提出了9个方面的具体要求，包括粮食和重要农产品稳产保供金融服务、农业科技装备和绿色发展金融支持、乡村产业高质量发展金融资源投入等。该政策明确了政策保障措施，如加大货币政策工具支持力度、加强财政金融政策协同等。

一是粮食和重要农产品稳产保供金融服务。加大对粮食生产主体的金融支持力度，促进粮食稳产增产。鼓励金融机构提供高标准农田和水利基础设施建设的信贷投放。强化对种业振兴等农业关键核心技术攻关的金融支持。

二是农业科技装备和绿色发展金融支持。提高对农业科技创新的金融支持力度，特别是对农业关键核心技术攻关的支持。鼓励金融机构支持现代农业设施和先进农机研发。加强对农业绿色发展项目的金融支持，推广绿色金融产品。

三是乡村产业高质量发展金融资源投入。支持农产品加工流通业的发展，鼓励金融机构提供相关信贷支持。推动现代乡村服务业和新产业新业态的培育发展。支持县域富民产业的发展，推动农村一二三产业融合。

四是优化和美乡村建设与城乡融合发展金融服务。加强对乡村基础设施建设的支持，鼓励金融机构提供相关信贷支持。提升新市民金融服务水平，扩大金融产品和服务供给。改善县域消费金融服务，提高消费金融的可得性。

五是强化巩固拓展脱贫攻坚成果金融支持。加大对脱贫地区和脱贫人口的金融支持力度，保持信贷投放力度不减。深化金融机构定点帮扶工作，增强脱贫地区和脱贫群众的内生发展动力。

六是加强农业强国金融供给。强化金融机构的组织功能，鼓励其提供多元化金融服务。增强保险保障服务能力，推广农业保险产品。

七是提升农村基础金融服务水平。发展农村数字普惠金融，推动金融服务向县域乡村延伸。推进农村信用体系建设，加强金融教育和金融消费权益保护。

八是强化金融支持农业强国建设政策保障。加大货币政策工具支持力度，加强财政金融政策协同。推动融资配套要素市场改革，优化金融管理政策。

该政策旨在全面提升金融服务乡村振兴的能力和水平，推动农业强国建设，不仅明确了金融机构在支持乡村振兴中的角色和责任，还提供了具体的政策保障措施，以确保各项金融支持措施能够有效落地和实施。

2. 受益点分析

一是农村金融机构可以获得更多的政策支持和资金投入，提升其服务能力，扩大服务覆盖范围。

二是农业企业和农民更容易获得贷款和其他金融服务，促进农业生产和技术升级。

三是地方政府能够借助金融工具推动地方经济发展，改善农村基础设施和公共服务。

总体来看，该政策有助于缩小城乡差距，推动农业现代化，实现乡村振兴战略目标。

十、乡村振兴

（一）《中共中央 国务院关于做好 2023 年全面推进乡村振兴重点工作的意见》（2023 年）

1. 政策解读

该文件是 2023 年中央一号文件，旨在全面推进乡村振兴，加快农业农村现代化。文件强调要坚持和加强党对“三农”工作的全面领导，坚持农业农村优先发展，坚持城乡融合发展，强化科技创新和制度创新，坚决守牢确保粮食安全、防止规模性返贫等底线，扎实推进乡村发展、乡村建设、乡村治理等重点工作，加快建设农业强国，建设宜居宜业和美乡村。

一是提出要抓紧抓好粮食和重要农产品稳产保供，加强农业基础设施建设，强化农业科技和装备支撑，巩固拓展脱贫攻坚成果，推动乡村产业高质量发展，拓宽农民增收致富渠道，扎实推进宜居宜业和美乡村建设，健全党组织领导的乡村治理体系，加强农村精神文明建设，强化政策保障和体制机制创新。

二是强调要加强耕地保护和用途管控，严格耕地占补平衡管理，确保补充的耕地数量相等、质量相当、产能不降。同时，要完成高标准农田新建和改造提升年度任务，重点补上土壤改良、农田灌排设施等短板，统筹推进高效节水灌溉，健全长效管护机制。

三是提出要推动农业关键核心技术攻关，坚持产业需求导向，构建梯次分明、分工协作、适度竞争的农业科技创新体系，加快前沿技术突破。同时，要深入实施种业振兴行动，完成全国农业种质资源普查，构建开放协作、共享应用的种质资源精准鉴定评价机制。

四是强调要强化农业防灾减灾能力建设，研究开展新一轮农业气候资源普查和农业气候区划工作，优化完善农业气象观测设施站网布局，分区域、分灾种发布农业气象灾害信息。同时，要健全基层动植物疫病虫害监测预警网络，抓好非洲猪瘟等重大动物疫病常态化防控和重点人兽共患病源头防控。

2. 受益点分析

一是农民收入增加。通过支持农业现代化、发展特色农业和农产品加工业，农民的收入来源将更加多样化，收入水平有望提高。

二是基础设施改善。加强农村基础设施建设，包括交通、水利、电力和通信等，这将显著改善农村居民的生活条件和发展环境。

三是公共服务提升。教育、医疗、养老等公共服务资源向农村倾斜，缩小城乡差距，提高农村居民的生活质量。

四是就业机会增多。通过发展乡村产业和鼓励返乡创业，为农村劳动力提供更多的就业机会，减少农村人口外流现象。

五是生态环境保护。推进农村环境整治和生态保护措施，改善农村生态环境，提升居民生活质量。

六是社会治理优化。加强农村基层治理，提升乡村治理能力，增强农村社会的稳定性和凝聚力。

总体来看，该文件的实施将全面提升农村经济社会发展水平，使广大农民直接受益，推动实现共同富裕的目标。

（二）《全国乡村产业发展规划（2020—2025年）》（2020年）

1. 政策解读

该政策旨在通过发展乡村产业，促进乡村全面振兴。规划强调了乡村产业的重要性，包括提升农业、繁荣农村、富裕农民等方面，并提出了到2025年的具体发展目标。规划指出，乡村产业涵盖农产品加工业、乡村特色产业、休闲农业和乡村新型服务业等。近年来，尽管乡村产业发展取得了积极成效，但仍面临产业链条较短、融合层次较浅、要素活力不足等问题。为此，规划提出了一系列措施，包括完善产业结构、优化空间布局、促进产业升级等，以提升农产品加工业和拓展乡村特色产业。

一是发展目标。到2025年，乡村产业体系将更加健全，产业质量效益显著提升，乡村就业结构优化，农民增收渠道拓宽。

二是现状与挑战。尽管乡村产业发展迅速，但仍面临资源要素瓶颈、经济全球化不确定性增大等挑战。规划提出了通过政策、市场和技术驱动来应对这些挑战。

三是具体措施。提升农产品加工业。通过完善产业结构、优化空间布局和促进产业升级，提升农产品加工业的质量效益和竞争力。拓展乡村特色产业。构建全产业链，推进聚集发展，培育知名品牌，提升乡村特色产业的附加值。推进空间布局优化。通过“粮头食尾”“农头工尾”等模式，统筹产地、销区和园区布局，形成生产与加工、产品与市场、企业与农户协调发展的格局。品牌培育。通过培育区域公用品牌、企业品牌和产品品牌，提升乡村产业的市场影响力。扶贫与创新。深入推进产业扶贫，利用现代科技成果改造提升乡村产业，增强乡村产业发展内生动力。

四是重要性。乡村产业是乡村振兴的基础，通过发展乡村产业，可以巩固全面建成小康社会的成果，推进农业农村现代化。

通过实施这一规划，预期到2025年，乡村产业将实现高质量发展，为农业农村现代化和乡村全面振兴奠定坚实基础。

2. 受益点分析

一是财政支持。例如，政府为农村产业发展提供资金支持，农民可以申请资金用于购买优质种苗、农业生产资料等，提高农业生产效益。

二是优化产业结构。例如，政府引导和支持农民种植特色农产品，提高农产品的市场竞争力，增加农民收入。

三是技术培训和人才培养。例如，政府组织农业技术培训，提高农民的生产技能，使农民能够采用更先进的农业生产技术，提高生产效率。

四是基础设施建设。例如，政府投资改善农村水利、交通等基础设施，提高农村产业的生产效率和产品质量，增加农民收入。

五是市场对接。例如，政府鼓励农民通过电商等渠道销售农产品，拓宽农产品销售渠道，提高农村产业的市场开拓能力，增加农民收入。

该政策有助于推动农村产业的健康发展，提高农村产业竞争力，促进农村繁荣和农民增收。

十一、社会事业发展

（一）《教育部办公厅等四部门关于加快新农科建设推进高等农林教育创新发展的意见》（2022 年）

1. 政策解读

该政策旨在全面贯彻党的二十大精神，落实习近平总书记的重要指示，推进高等农林教育创新发展，以支撑服务农业强国建设。

一是知农爱农教育。将习近平总书记关于“三农”工作的重要论述融入课堂教学，加强耕读教育，弘扬优秀传统文化。

二是紧缺专业人才培养。优化涉农学科专业结构，支持增设粮食安全、生态文明、智慧农业等重点领域的紧缺专业，服务现代农业和生态保护。

三是多类型人才培养体系。实施卓越农林人才教育培养计划，推进本硕博一体化培养，培养创新型、复合型和应用型农林人才。

四是提升生源质量。通过宣传和政策支持，吸引优质生源报考涉农专业，实施“入学有编、毕业有岗”的定向人才培养计划。

五是课程教学改革。优化教学内容和课程体系，推进新课程建设，提升学生自主学习和解决问题的能力。

六是教材建设和管理。打造高质量教材，鼓励知名专家学者参与教材编写，确保教材的思想性、科学性和前沿性。

七是实践教学基地建设。建设综合性共享实践教学基地和耕读教育实践基地，强化学生的实践能力；建立健全多元化、可持续的农林教育经费保障机制，支持农林专业和农林院校发展。

八是高水平师资队伍建设。加强教师思想政治素质和师德师风建设，提升教师教育教学能力；改进教师评价方式，促进学生全面发展，推进本科农林专业三级认证工作。

九是农科教协同育人。创新产教融合、科教融汇协同育人机制，支持建设农林类现代产业学院和国家产教融合创新平台。

十是关键核心技术攻关。在生物育种、关键农林机械装备等领域开展关键核心技术攻关，推动农业科技高水平自立自强；加强与世界一流大学和科研机构的合作，提升我国在农林领域的国际影响力和话语权。

总体而言，该政策旨在通过多方面的改革和创新，全面提升高等农林教育的质量和水平，为全面推进乡村振兴和实现农业农村现代化提供有力的人才和技术支撑。

2. 受益点分析

一是技术支持。通过加强农林高等教育和科研创新，农民可以获得更加先进和实用的农业技术和知识，提高农业生产效率和质量。

二是人才培养。培养的高素质农林人才可以为农村提供专业指导和服务，帮助农民解决生产中的技术难题，提升农业生产管理水平。

三是产业升级。推动农业现代化和产业升级，农民可以通过参与新兴农业产业，拓宽收入来源，改善生活条件。

四是教育资源。通过加强耕读教育和实践教学基地建设，农民子女可以接受到更加优质的农林教育，拓宽就业和发展渠道。

五是政策支持。该政策提出的各项政策措施，如定向人才培养计划和国家奖助学金倾斜政策，有助于吸引更多优秀人才投身农业，进一步推动农村经济发展。

综上所述，该政策通过提升教育质量和创新能力，为农民提供技术支持、人才培养、产业升级和教育资源等方面的多重支持，助力乡村振兴和农民增收。

（二）《全国畜间人兽共患病防治规划（2022—2030年）》（2022年）

1. 政策解读

该政策旨在预防和控制畜间人兽共患病、保障公共卫生安全、促进畜牧业发展。

一是明确防治目标。到2030年，基本实现畜间人兽共患病的有效防治，降低人兽共患病的发病率和死亡率。

二是加强疫情监测。建立完善疫情监测网络，提高疫情监测能力，及时发现和处置疫情。

三是提高防疫水平。加强动物疫病防控基础设施建设，提高防疫设备和技术水平，提高防疫效果。

四是加强科研攻关。加大科研攻关力度，研发新型疫苗和诊断试剂，提高防治技术水平。

五是提高生物安全管理水平。加强养殖场生物安全管理体系的建设，提高生物安全管理水平，降低疫情发生风险。

2. 受益点分析

一是保障公共卫生安全。通过防治畜间人兽共患病，保障公共卫生安全，降低疫情对人类健康的威胁。

二是提高畜牧业生产效益。防治畜间人兽共患病，可以降低动物的发病率和死亡率，提高畜牧业的生产效益。

三是提高农产品质量。健康的动物可以生产出高质量的畜产品，提高农民的收入。

四是减少经济损失。防治畜间人兽共患病，可以减少因疫情导致的经济损失，提高农民的经济收益。

（三）《中共中央办公厅 国务院办公厅印发〈关于进一步深化改革促进乡村医疗卫生体系健康发展的意见〉》（2023 年）

1. 政策解读

该政策由中共中央办公厅和国务院办公厅于 2023 年 2 月 23 日印发，旨在全面推进健康中国建设，促进乡村医疗卫生体系健康发展。

一是强调了乡村医疗卫生体系的重要性，提出了到 2025 年的具体目标，包括改善基础设施条件、提升医疗服务能力、优化人才队伍结构等。

二是提出了多项政策措施，包括优化乡村医疗卫生机构布局、强化和拓展县域医疗卫生体系服务功能、加强乡村医疗卫生体系疾病预防控制能力建设、加快推进县域内医疗卫生服务信息化、发展壮大乡村医疗卫生人才队伍、改革完善乡村医疗卫生体系运行机制、提高农村地区医疗保障水平等。

三是强调了加强组织领导、压实工作责任、加强协同配合、强化考核督导、营造良好社会氛围等方面的要求。

通过这些措施，旨在推动乡村医疗卫生体系的改革和发展，提高乡村居民的健康水平，为实现乡村振兴提供有力保障。

2. 受益点分析

一是提升医疗服务可及性。该政策强调通过体制机制改革，加快县域优质医疗卫生资源扩容和均衡布局，推动重心下移、资源下沉。这将使乡村居民能够就近获得高质量的医疗服务，减少因地理和资源限制导致的医疗服务短缺问题。

二是加强人才队伍建设。该政策提出要发展壮大医疗卫生队伍，加强适宜人才培养和引进，推动乡村医生向执业（助理）医师转化。这将有助于提高乡村医疗卫生人员的专业素质和服务能力，进而提升整体医疗服务水平。

三是优化资源配置。通过加强县域内资源整合和优化配置，改善基层基础设施条件，推进县域医共体建设，旨在提高乡村医疗卫生体系的综合服务、应急处置和疫情防控能力。这将有助于更有效地利用有限的医疗资源，提升服务效率。

四是深化体制机制改革。该政策强调推进医疗、医保、医药、医教改革协同联动，创新完善乡村医疗卫生管理体制和运行机制。这将有助于解决当前乡村医疗卫生体系中存在的体制机制障碍，激发改革内生动力，提升体系的整体效能。

五是提高农村地区医疗保障水平。该政策提出巩固拓展医疗保障脱贫攻坚成果，加大医保基金支持力度，优化农村医保管理服务。这些措施将有助于减轻农民群众的医疗负担，提高他们对医疗服务的利用水平。

六是加强疾病预防控制能力建设。该政策强调创新医防协同、医防融合机制，健全乡村公共卫生体系。这将有助于提升乡村地区的疾病预防和控制能力，降低疾病发生率，提高整体健康水平。

七是推进信息化建设。该政策提出加快推进县域内医疗卫生服务信息化建设，构建乡村远程医疗服务体系，推广远程会诊、预约转诊、互联网复诊等服务。这将有助于利用现代信息技术手段，提升乡村医疗卫生服务的智能化、数字化水平，进一步缩小城乡医疗服务差距。

八是完善收入和待遇保障机制。该政策提出落实“两个允许”要求，合理核定绩效工资总量和水平，提升乡村医疗卫生机构全科医生工资水平。这将有助于提高乡村医疗卫生人员的收入和待遇，增强职业吸引力和他们的稳定性。

综上所述，该政策通过一系列综合性、系统性的政策措施，旨在全面提升乡村医疗卫生体系的服务能力和水平，从而为广大农民群众提供更加公平可及、系统连续的医疗卫生服务，助力乡村振兴和健康中国建设。

（四）《关于加快发展农村养老服务的指导意见》（2024 年）

1. 政策解读

该政策由民政部联合多个部门发布，旨在应对农村人口老龄化问题，推动农村养老服务的发展。该政策提出了到 2025 年的具体目标，包括每个县至少有一所以失能照护为主的县级特困人员供养服务机构，乡镇（街道）区域养老服务中心的服务覆盖率达到 60% 以上，以及因地制宜推进互助养老等。

一是强调了政府引导、社会参与、集体互助和家庭尽责的原则，提出了通过拓展县级特困人员供养服务机构功能、推进乡镇（街道）区域养老服务中心建设、增加村级养老服务点等方式，构建完善的农村养老服务网络。

二是关注到了服务安全监管、医养结合、易地扶贫搬迁安置点的养老服务等问题，提出了相应的措施和要求。

三是强调了要发挥农村基层党组织的作用，激发村集体和村民发展养老服务的内生动力，引导社会力量积极参与，并通过建立健全多元投入机制、提高服务资源利用效率等方式，强化农村养老服务的支撑保障。

总的来说，该政策是一项旨在提高农村老年人生活质量、推动农村养老服务体系建设的综合性政策，对于促进农村养老服务的发展具有重要指导意义。

2. 受益点分析

一是改善农村老年人生活质量。该政策明确提出要强化农村基本养老服务供给，补齐农村养老服务短板。通过拓展县级特困人员供养服务机构功能、推进乡镇（街道）区域养老服务中心建设、增加村级养老服务点等措施，农村老年人将获得更全面的照护服务，包括失能照护、医康养结合、助餐、探访关爱等。这些举措将显著改善农村老年人的生活质量，提升他们的幸福感和安全感。

二是健全农村养老服务网络。该政策强调了构建健全的农村养老服务网络，包括县级、乡镇（街道）和村级三个层级的服务设施。这将有助于形成一个覆盖广泛的养老服务网络，确保农村老年人无论身处何地都能获得相应的养老服务。特别是通过支持县级特困人员供养服务机构和乡镇（街道）区域养老服务中心建设，将进一步提升农村养老服务的整体水平。

三是提升农村养老服务质量。该政策提出了多项措施来提升农村养老服务质量，包括加强服务安全监管、推进医养康养相结合、提高易地扶贫搬迁安置点养老服务水平等。这些措施将有助于确保农村养老服务的安全性和专业性，提升老年人的健康管理水平和服务满意度。

四是多元化投入机制。该政策指出要建立健全多元投入机制，通过财政支持、金融支持和社会力量参与等多种方式，确保农村养老服务的资金来源。这将有助于缓解农村养老服务的资金压力，促进服务设施建设和运营的可持续性。

五是激发内生动力和社会参与。该政策鼓励发挥农村基层党组织的作用，推广“党建＋农村养老服务”模式，激发村集体和村民发展养老服务的内生动力。同时，引导社会力量积极参与，支持各类社会力量投资发展农村养老。这些措施将有助于形成多方参与、共同推进的良好局面，提升农村养老服务的整体效能。

六是强化政策保障和监督。该政策明确了各部门的职责分工，提出了多项具体的政策措施，包括合理规划建设服务设施、建立健全多元投入机制、提高服务资源利用效率等。此外，还强调了加强党对农村养老服务工作的领导，营造良好的社会氛围，并强化工作督促指导。这些措施将有助于确保政策的有效落实，推动农村养老服务的持续改进和发展。

综上所述，该政策通过一系列综合性、系统性的政策措施，致力于构建一个覆盖广泛、服务优质、可持续发展的农村养老服务体系，为广大农村老年人提供更好的养老服务保障。

第五节　如何申请和利用农业农村政策支持

在当前背景下，申请和利用农业农村政策支持，需要全面了解政策内容，同时注重人才培养和技术创新，实现农业的可持续发展。申请和利用农业农村政策支持是一个涉及多个步骤的过程，包括了解政策信息、准备相关材料、提交申请、跟踪审批进度以及获得批准后的政策执行和监管。

一、了解农业农村政策的支持方向

在每年的中央一号文件以及各级政府的政策文件中，都会明确提出当年的重点工作和扶持方向。了解这些政策方向，可以更好地把握政策导向，找准自己的发展方向。首先，了解政策信息，关注政府部门发布的政策公告和指导文件，了解当前农业农村政策的最新动态。其次，阅读政策解读资料，深入理解政策内容、适用范围、申请条件和程序。要更好地了解和掌握农业农村政策的支持方向，可以采取以下办法。

一是学习官方文件。密切关注中央和地方政府发布的有关农业农村工作的官方文件，如中央一号文件、农业农村部的通知和公告等。这些文件通常会详细阐述当前的政策方向、重点任务和支持措施。

二是关注政策解读。查阅专业机构或媒体对政策的解读分析，如《人民日报》、新华社、中国农业信息网等，它们会提供深入浅出的政策解读，帮助读者更好地理解政策背景和实施细则。

三是参加培训和研讨会。积极参加由政府、行业协会或专业机构举办的关于农业农村政策的培训和研讨会，与专家和同行交流，获取一手的信息和实践经验。

四是咨询专业人士。与在农业农村领域有经验的专业人士沟通，咨询他们的意见和建议，了解政策在实际执行过程中的情况。

五是关注政策动态。通过订阅相关的政策动态信息服务，如农业农村部的政务短信、官方微信公众号等，实时了解政策的最新变化。

六是实地考察。如果条件允许，可以实地考察一些已经实施了农业农村政策的地区，直接了解当地的实践经验，看到政策在实际中的效果。

七是数据分析。研究和分析政府发布的农业农村统计数据和研究报告，从中可以发现政策支持的重点领域和未来趋势。

二、关注各类农业补贴政策

农业补贴是农业农村政策支持的重要组成部分，包括耕地地力保护补贴、农机购置补贴、畜牧水产发展补贴等。了解这些补贴政策的实施细则，可以充分利用政策红利，降低生产成本。需要注意的是，不同的补贴政策有不同的申请时间和程序，需要提前了解并按时提交申请材料。同时，应注意以下几点事项。

一是理解政策目的。深入了解每个补贴政策的目的和要求，确保自己的农业项目或活动符合政策的导向和目标。

二是关注政策变化。政策可能会有所调整，因此要时刻关注最新的政策信息，以免错过新的补贴机会或者错误地理解旧的政策。

三是了解申请流程。每个补贴政策可能有不同的申请流程，包括申请时间、所需材料、审批程序等，要提前了解并做好准备。

四是准备充分的证明材料。根据政策要求，准备所需的各类证明材料，如身份证明、土地使用权证明、营业执照、购买设备的发票、项目计划书或实施方案等。确保所有材料的真实性和完整性，避免因材料不全或不符要求而影响申请。

五是符合资质要求。一些补贴政策可能对申请人有一定的资质要求，如农业经营主体的注册时间、规模、经营范围等，要确保自己符合条件。

六是留意时间规定。大部分补贴都有固定的申请时间，要提前了解申请时间并按时提交。按照规定的时间和方式提交申请，通常申请可以通过线上政务平台或者线下行政服务中心进行。确认申请已成功提交，并了解下一步的审核流程和时间安排。

七是保持良好的财务信用记录。一些补贴政策在申请时需要提供财务报表，因此要保持良好的财务信用记录，以便快速提供所需的财务信息。

八是寻求专业帮助。如果对某些政策理解不够透彻，或者申请流程比较复杂，可以寻求专业人士的帮助，如农业经济师、会计师等。

九是遵守政策规定。在申请和使用补贴过程中，要严格遵守政策的各项规定，不得有任何违规行为，否则可能会受到处罚。

十是跟进审批进度。在提交申请后，应定期跟进审批进度，了解是否还需要补充其他材料，或者是否有其他问题需要处理。定期跟进申请的审批进度，了解当前所处的审批环节。如遇有问题，及时与负责审批的部门沟通协调，必要时提交补充材料。

十一是执行与监管。一旦申请获批并获得资金或政策支持，应严格按照政策规定使用资金，执行项目。遵守相关的监管规定，定期向有关部门报告项目进展和资金使用情况。在项目完成后，提交项目总结报告，并接受政府部门的验收和评估。

三、积极参与农业项目申报

各级政府会定期发布农业项目申报指南，包括农业产业园区项目、农业示范项目等。通过参与这些项目申报，可以获得政府的资金支持和技术指导。在项目申报过程中，要注意编写高质量的项目可行性研究报告，并积极与相关部门沟通协调，提高项目申报的成功率。积极参与农业项目申报，可以为农业从业者带来资金支持、技术支持和品牌提升等方面的好处，因此应注意策略。

一是了解分析项目。密切关注国家和地方农业农村部门发布的项目通知和招标公告，了解项目的具体要求、申报时间、资助范围和金额等信息。深入研究项目的背景和目的，分析自己是否有适合的项目方案或者已经在进行的项目能否匹配这些需求。

二是准备亮点材料。根据项目要求准备申报材料，包括项目申请书、可行性研究报告、实施方案、财务预算等。这些材料应当突出项目的创新性、可行性和预期效益。在申报材料中，强调项目的独特性和优势，展示项目如何解决农业生产中的关键问题，以及对当地农业和社会发展的积极影响。

三是获取推荐和支持。尽量获得当地政府、行业协会或者科研机构的推荐和支持，可以增加项目获批的可能性。对于需要竞标的项目，认真准备竞标书和答辩材料，清晰阐述项目的亮点和优势，应对评审专家的提问。积极与其他农业企业、科研机构、高校等建立合作关系，共同开发项目，提升项目的实力和竞争力。

四是进展跟踪及合理规划。在提交申报材料后，持续跟踪项目进展，了解评审结果，并在必要时提供补充材料。如果项目获得批准，合理规划和使用资金，确保项目的顺利实施，并按照项目要求进行必要的财务管理和审计。

四、利用金融政策支持农业发展

近年来，国家鼓励金融机构加大对农业领域的信贷投放力度，推出了一系列农业信贷优惠政策。可以通过向银行申请农业贷款，解决资金短缺问题。同时，还可以利用农业保险等金融工具，降低农业生产的风险。

五、加强农业技能培训和人才培养

农业农村政策支持还包括对新型职业农民的培训和扶持。通过参加各类农业技能培训、学历教育等，可以提高自身的综合素质和农业技术水平，更好地适应现代农业发展的需求。

总之，申请和利用农业农村政策支持需要前期充分的准备和合理的规划，过程中要保持与政府部门的良好沟通，并在获得支持后认真执行和反馈，以确保政策效用的最大化。

第二章　农产品市场开发与营销

引　言

市场建设是乡村振兴的一项重要政策内容。就市场体系而言，从产品的分类角度来看，有工业品市场、服务（劳务）市场、金融市场等，而农产品市场是重要的一种市场类型。仅就农产品市场而言，从区域上看，有东部地区市场、西部地区市场、中部地区市场等，不同地域的农产品市场，又各有其特殊性，其中东北地区农产品市场是重要的区域市场。

本章从商品市场的一般特征分析入手，重点研究区域农产品的特殊性，分析概述农产品市场的供求态势，发现哪些农产品处于过剩状态，哪些处于短缺状态，哪些处于未被开垦状态，进而确定农产品的市场开发方向，选择正确的营销策略。

本章的叙述方法，坚持微观与宏观相统一，以微观为主；共性与个性相结合，以个性为主；普遍性与特殊性相结合，以特殊性为主。第一节，兼顾市场体系，重点剖析东北地区农产品及供求趋势，通过解剖“麻雀”，从中发现全国农产品市场的一般规律。从微观发现宏观，从个性寻找共性，从特殊上升到一般。第二节，从市场的一般规律出发，深化对农产品特殊市场的认识，激发市场主体开发农产品市场的活力和自信。第三节，在前两节基础上，根据宏观与微观、普遍与特殊、共性与个性，提出可具体运用和可操作的营销策略。

第一节　农产品的基本特征与供求趋势

一、农产品生产的基本特征

农产品的生产与工业品、金融产品、劳务商品的生产不同，具有如下特征：

一是生产的季节性。春种、夏长、秋收、冬藏是农产品生产的典型写照。随着棚膜经济的发展，大部分农产品还做不到反季节生产，尤其在东北地区，只有少量的叶类菜能够做到反季节生产。

二是地域性。中国幅员辽阔，东南西北地域不同，土壤、水量、气温等差异较大，即“一方水土养一方人”。

三是生产标准的差异性。农产品与工业品不同，工业品的生产标准全国统一，有的甚至全世界通用，而农产品的生产方法，即使同一个品种也千差万别。

四是区域民族的习俗性。受不同民族饮食习惯的影响，不同的民族有不同的耕作方式。

二、东北地区农产品特色

东北地区，古有冀青二州、营平二州、辽东、关东、关外等称谓，现指辽宁省、吉林省、黑龙江省以及内蒙古东部五盟市（呼伦贝尔市、通辽市、赤峰市、兴安盟、锡林郭勒盟）组成的区域，由于处在中国地理版图的东北方向，故简称东北。东北地区的地理纬度在48°~55°，经度在118°~135°。东北地区不但是地理区域概念，又由于有独特的关东文化，所以又是文化区域的地理范畴。由此，东北地区的地理特点以及地域文化是开发东北地区农产品市场不可忽视的基点。

任何一种农产品的生长，都离不开土壤、气候、水等“自然之母”。因此，我们从东北农产品的孕育生长的优质“母体”入手，分析土壤、气候、水的独特性。

从土壤看，土地肥沃。水绕山环，沃野千里，是东北地区地面土壤结构的基本特征。土地以黑土地为主，被称为“土壤中的大熊猫”。黑土地是极其珍贵的土地资源，素有“一两土二两油”的说法。目前全世界仅存 3 块黑土地，另外两块分别在乌克兰的乌克兰平原、美国的密西西比平原。东北的黑土地还为寒土地。寒土地的特殊性在于含有大量的铁、钾等营养成分，远远高于红土地和黄土地。由于肥沃的黑土地腐殖质丰富，为植物生长提供了天然的肥料，提高了农作物产量，具有其他区域所不具备的优势。特别是在主粮生产方面，黑龙江省、吉林省被誉为农业大省，是我国主要的商品粮生产基地。其中，黑龙江省粮食总产量多年居全国第一，吉林省粮食商品率多年居全国第一。

从气候看，气候适宜。东北地区有着适宜农作物生长的天然禀赋气候。由于东北地区纬度较高，自南向北跨中温带与寒温带，属温带季风气候。一年四季分明，夏季湿润多雨，冬季寒冷干燥。四季、早晚气温温差较大，有利于农作物进行光合作用。在寒冷的冬季，气候发挥了天然灭菌的作用，使病虫灾害减少，从而减少了农药的使用量，土壤中的农药残留量低。农作物的生长周期，基本上是一年一季，冬季休耕，使得土地可以休养生息，恢复地力。另外，森林覆盖率较高，有助于发展农业及林业，林下经济物产丰富。“寒暖农分异，干湿林牧全，麦菽遍北地，花果布南山”，形象地概括了东北农作物分布状况。

从水量看，水资源丰富。水是农业的命脉。东北地区除内蒙古东部五盟市属于内陆地区外，还有很长的海岸线，适合发展渔业养殖。南面是黄海、渤海，东面和北面有鸭绿江、图们江、乌苏里江和黑龙江环绕。丰富的水资源为农、林、牧、渔的生产提供了水源和灌溉基础。由东南至西北，年降水量自1000毫米降至300毫米以下，从湿润区、半湿润区过渡到半干旱区。东北境内的几大山脉植被茂密，形成一座座绿色的“水库”，对冰雪融水发挥涵养作用。到了枯水季节，植被涵养的水源，还会补充到地表或地下水径流中。

通过分析东北地区的土壤、气候、水等自然生态环境，说明东北地区农产品具有独特的季节性、地域性、差别性和习俗性。接下来，对东北地区农产品的种类进行细分类。

大田作物类：如水稻、玉米、大豆、马铃薯、红豆、小麦、高粱以及温带瓜果蔬菜等。林下山地坚果类：如白果、榛子、松子、北杏仁、野生核桃等。山地水果类：如蓝莓、五味子、菇娘、龙葵、樱桃、山里红、山葡萄、山荆子、野酸枣、猕猴桃等。特产类：如人参、鹿茸、天麻、黑蚂蚁、灵芝等。经济作物类：如甜菜、烟草、亚麻等。水产品类：如淡水鱼、虾、螃蟹等。

对农产品及农作物进行分类，其意义在于，为农产品市场细分、市场分割提供依据。农产品市场的开发，说到底是对农产品的开发。否则，开发农产品市场，便无从谈起。

三、东北地区农产品的市场供求态势

按照国家的市场建设规划，我国共有四大农产品生产经营基地，东北地区农产品的生产经营基地仅是其中之一。在这4个农产品生产经营基地当中，由于地域不同，季节性差异，生产标准迥异，饮食习惯与习俗的不同，农产品的种类特色各有千秋。但是，正如前面所述，东北地区黑土地肥沃，四季分明，作物生长周期长，农产品品质上乘。

若将东北地区的农产品根据生产方式进行分类，可分为有机农产品和常规农产品，以下分别对其市场的供求态势作简要的分析和研判。所得结论基于近几年的统计数据，是在定量分析基础上的定性判断。

首先，有机农产品绝对供给不足。有机农产品是纯天然、无污染、高品质、高质量、安全营养的高级食品，也可称为AA级绿色农产品。它是根据有机农业的原则要求，按照有机农产品生产方式以及标准加工生产，并通过国家指定的有机食品认证机构认证的农产品。按照规定，有机农产品在生产加工过程中，禁止使用农药、化肥、激素等人工合成物质，不允许使用人工基因技术；在生产过程中，定地块、定产量，在数量上也有严格的控制和要求。随着人们生活质量的不断提高，收入的增加，从需求侧的表现来看，市场对有机农产品的需求越来越大。因而，在市场上，供给侧呈现绝对供给不足的态势。“物以稀为贵”，因此有机农产品价格在市场上居高不下，利润率较高。

其次，常规农产品存在季节性过剩问题，处于紧平衡的状态。常规农产品就是所谓的普通农产品，通常指无公害或绿色农产品。这类农产品相较有机农产品标准较低，在种植基地的选择上，不及有机农产品的要求那么高；在作物品种的选择上，允许使用转基因种源；在土肥选用标准上，也不如有机农产品严苛；在病虫害的防治上，可以有限地使用农药化肥；在加工运输过程中，保鲜的条件要求不如有机农产品那么高。因此，无论生产数量还是加工数量，都比较充足，基本能够满足人们的生活需要。但是，由于果蔬类农产品储存困难，存在淡季和旺季的销量差别，一般情况下，夏季出现局部性过剩，冬季也偶有结构性短缺。总体而言，在正常年景下，处于紧平衡状态。

按最终用途划分，农产品又分为食用农产品、工业农产品、饲料农产品和观赏农产品。因有机农产品和常规农产品大都属于食用农产品的范畴，因此，食用农产品的供求态势在市场上的表现，与前面的分析研究相吻合，在此不再赘述，以下主要分析其他几种农产品的供求态势。

首先，工业农产品结构性富足与贫乏并存。工业农产品主要指用于工业生产的原材料或辅助材料的农产品。目前，我国工业农产品主要用于生产化工产品、纤维及原材料、建筑材料等。全国主要农产品生产基地，均生产工业农产品。因吉林省主要盛产玉米，商品率较高，其中有一部分用于生产乙醇、饮用酒、溶剂等。尽管工业农产品能满足需求，但存在与食用农产品“争嘴”的现象。用玉米生产燃料乙醇等工业品，仍是一种“奢侈”的现象。

其次，饲料农产品需求旺盛。工业农产品不但与食用农产品“争嘴”，还与饲料农产品争市场。饲料农产品主要用于家畜、家禽等动物的饲料。如玉米、豆粕、麦麸等。由于东北地区处在世界黄金玉米带上，产量高，特别是玉米退出主粮市场后，主要用于饲料加工。据统计，我国饲料用粮占粮食全部消费比重的48%。在主要畜禽饲料配方结构中，能量饲料原料占比一般为65%，其中玉米占50%~55%；蛋白饲料原料占比一般为30%，其中豆类占15%~20%。吉林省粮食总产量中玉米占2/3以上，近几年实施“千万头肉牛”工程，使得玉米作为饲料的需求量提升。但是，即使在市场需求旺盛的情况下，饲料农产品供给仍有剩余，其中还有大量输往外省区。从全国来看，由于居民的营养结构和饮食结构发生变化，肉、蛋、奶在消费结构中的比重增加导致饲料农产品需求上升。

最后，观赏农产品结构性供给不足，季节性过剩。观赏农产品的使用价值，在于供人观赏，包括花卉、盆栽、园艺植物等。随着人民生活质量的提高，对观赏农产品的需求量逐渐增加。观赏农产品的生长和收获，受季节影响较大，在北方存在季节性销售现象。尤其在东北地区，观赏农产品供给匮乏，结构性供给不足。花卉等观赏性植物在春夏两季又出现结构性过剩，受气候限制，秋冬两季供给不足与需求不足并存。因为观赏农产品生产受地域限制，目前还难以解决结构性矛盾。现在，广泛利用现代农业设施、现代生物科技和自然生态规律，整合农业资源、园林艺术、农艺技术，虽然在一定程度上突破了地域性、季节性限制，实现了南果北种、南花北养，但只限于少量的品种。随着旅游农业、休闲农业、观光农业的发展，以农产品的栽培为基础，一种既有生产功能又有观赏价值的栽培模式兴起，开发食用、药用以及经济用途，挖掘其美学价值，向景观化、生态化市场方向发展。

以上关于农产品的供求态势分析，大多属于初级农产品的供求形态。其实，市场上还有大量的由初级农产品加工而形成的深加工农产品。因此，研究农产品的供求态势离不开对深加工农产品供求态势的分析。总体而言，我国农业衍生品深加工能力弱。

农产品深加工是运用农业生产的原料，通过物理、化学或生物等方式创造衍生品。农产品深加工是农业供应链、产业链、产品链的重要组成部分，是农产品价值链的重要环节，也是促进乡村振兴的有效途径。由于农产品深加工能力弱，衍生品缺乏，导致产品链短、产业链单一、价值链羸弱、市场竞争力不强，产品的附加值得不到提升。具体表现在以下几个方面。

一是粮油粗加工能力较强，深加工能力较弱。粮油加工是将稻谷、小麦、玉米、大豆等粮食作物或油料作物进行清选、碾磨、提炼，生产出大米、面粉、油料、玉米碴等食品以及食用油。这些生产均属于粗加工，加工出来的产品属于初级产品。粮油加工是农产品加工业的初级加工，因市场需求量大，虽然利润率不高，但风险低。2015—2019 年，我国粮油加工业收入增长至约 3.6 万亿元，年均增长率达到 8.7%。2020 年受新冠疫情影响，行业收入有所下降，为 3.4 万亿元，同比下降 5.6%。2021 年，因疫情防控政策变化，行业收入重新回升到 3.7 万亿元，同比增长 8.8%。可见，米、面、油等初级农产品，在市场上仍存在大量需求。这在一定程度上又抑制了深加工的发展。粗加工与深加工能力的“一强一弱”“一长一短”现象，致使粮食就地转化能力低，粮食经济比较效益差，出现“粮财倒挂”现象。因此，拓展市场空间就要解决深加工业总体规模偏小、产业结构不优、三产融合层次不深、加工转化率不高等问题。要发挥比较优势，实现“三个转型”，即从卖原粮向卖产品转型，从大粮仓向大厨房转型，从粮食大省向粮食强省转型，从中寻找市场空间。

二是水果蔬菜加工原料受限。东北地区每年寒冷天气有 4~5 个月的时间，不利于果蔬常年生长。但是，不利的条件中，也存在有利的因素。例如，可以通过精深加工将果蔬加工成罐头、果酱、果汁、咸菜等产品，有的果蔬还可以制成化工产品，创造市场需求，扩充利润空间。据统计，2015—2019 年，我国蔬菜水果加工业收入增至约 1.2 万亿元，年均增长率达 10.3%。2020 年受新冠疫情影响，行业收入有所下降，为 1.1 万亿元，同比下降 8.3%。2021 年，随着疫情防控政策的调整和经济的恢复，行业收入重新升至 1.3 万亿元，同比增长 18.2%。从以上的数据可以看出，果蔬精深加工的市场空间不可小视。

三是肉类加工品种单一。在农产品的生产经营中，畜禽肉类产品占据了举足轻重的地位。东北地区盛产牛、羊、猪、禽，吉林省推出“千万头肉牛”工程，凭借其得天独厚的自然条件和丰富的资源，已成为我国重要的畜禽肉类产品供应基地。但目前仍停留在初级加工水平上，大部分产品以原材料的形式出售，没有进行深加工和精加工，产品的附加值较低。这不仅限制了产品的市场竞争力，也制约了整个产业的发展。为了更好地发挥东北地区畜禽肉类产品的优势，提高产品的附加值和市场竞争力，需要加强深加工和精加工技术的研发和应用。通过引进先进的加工设备和技术，开发多样化的产品种类，提高产品的品质和附加值。同时，还需要加强品牌建设和市场营销，提高产品的知名度和美誉度，进一步拓展国内外市场。据统计，2015—2019 年，我国肉类加工业收入增至约 2.4 万亿元，年均增长率达 9.6%。2020 年，受新冠疫情影响，行业收入有所下降，为 2.2 万亿元，同比下降 8.3%。2021 年随着疫情防控政策的调整和经济的恢复，行业收入重新升至 2.5 万亿元，同比增长 13.6%。东北地区冬季长达 5 个月，动物生长周期长，肉质口感好，具有得天独厚的优势，在国内外市场上，具有难以超越、难以替代的品质地位。

第二节　农产品市场的基本特征、功能与开发

一、农产品市场的基本特征

农产品市场的基本特征取决于农产品的特征。正是由于农产品的特殊性，才使得农产品市场有别于工业品市场、金融市场、劳务市场等市场类型。对广大的农业企业、农业合作社、乡镇农业干部和农民来说，市场问题不仅是

理论问题，更重要的还是实际问题，是他们从事生产经营活动的平台。农产品的生产者和经营者通过市场这块“晴雨表”，了解生产和价格情况。只有深刻地认识、理解、感知市场体制，才能驾驭市场，在市场的大海中如鱼得水。

市场是商品交换的场所，农产品市场是农产品交换的场所，属于农产品流通领域，体现各类农产品交换关系的总和，发挥农业生产资源配置的调节机制和调节手段的作用。农产品的市场体系，有多种划分方法：若按照农产品的种类细分，每一个品种都可以成为一个分市场；若按照交换场所划分，又可分为农产品国内和国外两个市场；若按照农产品的交易方式划分，有现货市场和期货市场；若按农产品的经营环节划分，有农产品的批发市场和零售市场。

根据全国农产品市场体系建设发展规划，我国未来将建成八大农产品市场集群，即京津冀市场集群、东北市场集群、长江三角洲市场集群、珠江三角洲市场集群、中原市场集群、长江中游市场集群、川渝市场集群、陕甘宁市场集群。这八大农产品市场集群，充分体现了农产品的区域性、季节性、差异性以及习俗性，赋予区域市场集群的特征。

一般来说，农产品市场的形成，必须具备 3 个基本条件，即存在可供交换的农产品，存在提供农产品的卖方和具有购买欲望且有购买能力的买方，具备买卖双方都能接受的价格和行为规范。

由于农产品的特殊性，使得农产品市场具有区别于其他市场的特殊性，同时也存在与其他市场共有的特征。农产品市场具有以下 4 个基本特征。

一是既有统一性，又有地域性。农产品的市场，通常采取贸易形式，所以，不管在全国哪个地域，市场制度是统一的，交易原则是统一的，如公平、法治、诚信等。但由于农产品的区域性，使得同一品种的商品价格无法统一。市场主体在商品的价格、品种、服务上能有更多的选择。

二是既有开放性，又有封闭性。农产品市场是开放的，但由于农产品具有供给的季节性和周期性，存在淡季和旺季之分，虽然市场主体在时间和空间上进入市场的机会是均等的、公平的，地位是平等的，但也会形成区域性的一种市场“阻断”。

三是既有竞争性，又有排他性。竞争性是市场的天然属性。从一定意义上说，没有竞争就没有市场，市场与竞争是一对孪生兄弟。各市场主体为了维护和扩大自己的利益，会采取各种自我保护的行为和扩张的行为，努力在产品质量、价格、服务、品种等方面创造竞争优势。农产品市场在具有竞争性的同时，还存在一定的排他性，这是区别于其他市场类型的显著特点。

四是既有有序性，又有分散性。农产品市场的基本稳定，是社会稳定和经济发展的基本保证。因此，对农产品市场的监管要更加严格，确保公平竞争和公平交易，使生产经营者和消费者的合法权益得到保护。但农产品市场大都分布分散，规模较小，对这样的农产品市场来说，容易出现无序状态。

二、农产品市场的功能

在市场经济条件下，生产多少农产品，生产什么农产品，最终由市场决定。政府通过“看得见的手”发挥作用，农产品市场通过“看不见的手”发挥其特殊的功能和作用。“看不见的手”通过市场机制发挥作用，市场竞争起到配置资源的作用，既是价值规律的实现形式，又是价值规律作用的结果。价值规律的作用，是通过供求、价格、竞争、风险等要素之间互相联系又互相作用的机理，使农产品市场发挥以下 4 个方面的功能，可概括为“四个实现”。

一是实现农产品的价值。农产品的价值主要是在生产领域创造出来的，劳动者的劳动必须通过市场的交换，才能得到社会承认，实现商品的价值。农产品卖不出去，产品的价值便得不到社会承认，生产者所付出的劳动便付诸东流。所以，农产品的市场化使得生产经营主体创造的价值得以实现。

二是实现农产品的交换。农产品的价值要通过交换才能实现，这就需要一个平台载体，为交换提供场所。市场的中心功能是实现产品的交换，交换成功了，产品也就成为商品，实现在商品所有者和货币所有者之间的互相转移，最终把商品从生产者手中转移到消费者手中，使买卖双方都得到满足，各得其所。

三是实现农产品的供求调节。一般情况下，农产品在市场上呈现 3 种状态，即供大于求、供不应求、供求平衡。理想的状态应该是供求平衡，但供求平衡不是静止的状态，它需要通过市场机制的作用，自动调节农业经济的运行、比例关系，在动态中达到供求基本平衡。农产品市场在农业生产、流通和销售中都发挥着决定性的作用，其背后是价值规律在发生作用，通过价格、供求、竞争等作用形式，转化为调节农产品生产和交换的内在机制。因此，市场机制就是以价格调节、供求调节、竞争调节等方式，犹如一只“看不见的手”，对农产品的生产、分配、交换、消费的全过程进行调节。

四是实现农产品市场主体的利益分配。市场主体是指在市场上从事交易活动的组织和个人，他们具有自主性、能动性等基本特征。这些主体既可以是自然人，也可以是某种组织形式的法人。通过市场上的各种经济参数、价格、收益、利率等的变动，实现对各类市场主体利益进行分配和再分配。比如，价格的波动，会导致生产者和购买者之间的分配失衡。价格波动会导致生产资料的生产者与需求者在多生产或少生产、多消费或少消费之间进行选择。价格波动又会在生产者内部和需求者内部进行分配，农业企业内部工资的上涨或下跌，劳动力成本的升高或降低，都会导致利益在劳动力与企业主之间进行分配。

三、农产品市场的开发

农产品市场的开发，涉及 3 个层次的问题：一是进入市场；二是扩充市场边界，研发市场上没有的新产品；三是农产品的价值再造。

1. 进入市场

进入市场首先要透彻地了解市场结构，是卖方市场，还是买方市场。市场结构这个概念，用于描述和分析市场中不同企业的数量、规模、产品差距以及市场竞争形态。农产品市场上交易的产品，当其用在生产中时，就是生产消费资料，当其用在生活上时，就是生活消费资料。有些农产品，一方面可以作为生产单位的生产资料使用，如种子、饲料等；另一方面又可以直接作为人们生活中不可缺少的必需消费品。最终能成为哪种用途的商品，其性质由最终的用途而定。根据农产品市场上的企业数量、规模、产品差异度以及竞争激烈程度等要素，农产品市场的结构有以下 4 种类型。

一是完全竞争的农产品市场。完全竞争的农产品市场具有众多的生产者和消费者，且生产者的规模小，农产品的质量差别不大。市场信息大都透明，价格由市场供求决定，不存在市场之外的力量干预。

二是垄断竞争的农产品市场。垄断竞争的农产品市场的特点是，某种农产品具有很多的生产者和消费者，不同生产者之间的农产品具有差别性，生产者之间利用产品的差异化，采取价格差异化进行竞争，用以垄断市场份额。

三是寡头垄断的农产品市场。在农产品市场中，还有一种现象，就是市场上只有很少几个企业或市场主体，它们生产的产品差别不大，甚至无差别，共同操控市场的产量和价格，它们之间形成事实上的市场寡头，互不竞争，或竞争较弱，以共同主宰市场为目的。

四是完全垄断的农产品市场。完全垄断的农产品市场上只有一个生产者，完全垄断某种农产品的生产，生产的产品具有独特性，生产者控制着市场价格和产量，不存在竞争。完全垄断市场上的农产品多为地理标志保护产品，产自特定的区域，所具有的质量、声誉或其他特性本质上取决于该产地的自然环境和人文因素。如东北大米市场中的“五常大米”“姜家店大米”，茶叶市场中的“杭州龙井”“信阳毛尖”等。这类市场都是由一个或少数几个企业控制，形成了很高的行业集中度，与其他产品相比有明显的区别和优势。这些企业通过各种方式设置行业壁垒，阻止新的企业进入市场，以保证独自决定价格，并实施差别价格策略。

2. 扩充市场边界

从现阶段的市场发育来看，农产品市场的容量远远没有饱和，突破现有市场容量，一方面需要研发新产品，另一方面需要对市场进行细分。随着大数据、云计算等高科技手段在农产品市场上的运用，农产品市场也出现了融合趋势，形成了期货交易与现货交易、线上交易与线下交易、农产品展会与现场体验等新的市场形态。尤其是 B2B、B2C、C2C 等模式，在开发农产品市场方面，发挥着重要的作用。

农业企业与企业之间开展的电子商务称为 B2B（Business to Business）。B2B 是电子商务应用最多和最受企业重视的模式。企业可以使用网络寻找最佳合作伙伴，完成从订购到结算的全部交易行为。在电子商务平台中，从交易额来看，B2B 交易金额占整体电子商务市场份额的 85% 左右。

农业企业或生产主体与消费者之间开展的电子商务称为 B2C（Business to Consumer）。B2C 是消费者利用网络直接参与农产品交易活动的形式，是线上化的零售商务。消费者通过网络在网上购物，直接在网上付款。

消费者与消费者之间的电子商务称为 C2C（Consumer to Consumer）。C2C 商务平台，就是通过为买卖双方提供一个在线交易平台，使卖方可以主动提供网上商品拍卖，而买方可以自行选择商品进行竞价。C2C 电子商务模式的特点是覆盖面广，产品的类型及数量极其丰富，交易方式十分灵活，广泛服务用户。

3. 农产品的价值再造

价值再造，就是对那些已经进入市场的农产品，继续提升其价值空间。以陕西凉皮为例，在淘宝网的凉皮店铺就有上千家，产品数万款，之前大家担心的包装、品质、运输等问题，一个个迎刃而解。又如，美的凉白开是饮用水市场上价值再造的成功案例。饮用水市场上有众多的纯净水、矿泉水，但美的集团通过对水的价值再造，把水市场分割出一块“凉白开”，使得水市场边界得以扩充。

对农产品市场供求趋势的分析，给我们提供了价值再造的方向，市场上的需要，就是价值再造的发力点，市场上的空缺，就是价值再造的空间。为此，需要从农产品的供给和需求两侧入手，靠生产推动消费，靠消费促进生产，把农产品做优做精做新，开发特色产品，实现特色产品的有机化、精致化、安全化，提高产品的丰富度。利用地区差异，实现地域互补，利用季节差异，实现时间互补。打通“卖难”方面的堵点，减少中间环节，降低不必要的流通成本，提高交易效率。

第三节　农产品市场营销及策略

市场没有固定的边界，可以无限开发、细分。所以，“卖难”只是一个暂时的现象。市场的“自发”，需要市场营销及策略。作为市场主体，要解决3个问题：一是为什么要开发市场，二是开发哪些市场，三是怎么开发市场。因此，要探寻消费需求，结合市场竞争和企业实力、拥有资源的情况，对现实的农产品和有待开发的农产品进行系统的策划和市场推广。通过营销使产品增值，在向消费者提供价值的过程中让企业获利，进而突破生产者眼前“卖难”的困境。

一、农产品市场营销

市场营销中的“营”即经营，“销”即售卖。在中国特色社会主义市场经济当中，农产品市场是个庞大的市场体系。由于农产品是满足人们基本生存需要的商品，因此除了市场机制调节，还受政府调控，既不能“谷贱伤农”，又不能“谷贵伤民”。农产品市场的特殊性，对农产品生产经营主体的产品品质、产品成本、信誉和品牌产生倒逼压力。

1. 倒逼提升农产品品质

农产品的价值是在市场上实现的，也是市场功能之一。影响农产品“卖难”的因素很多，如产销脱节、信息不对称等，其中一个重要因素是农产品的品质。农产品品质不仅包括外观、风味和营养成分，还包括加工品质、商业品质等。进入完全竞争市场，产品要有强大的市场竞争力；进入垄断市场，产品要具备差异化的优势；进入寡头垄断市场，要有控制市场的力量；进入完全垄断市场，产品要具有产地价值的权威属性。因此，提升农产品的品质，是提高农产品市场竞争力的关键因素之一。提升产品品质，要落实“三个提升”工程。

一是提升营养品质。农产品主要的营养成分包括蛋白质、脂肪、淀粉以及各种维生素、矿物质、微量元素等。具体地说，就是蛋白质中所含的人畜必需的氨基酸，如赖氨酸、色氨酸；脂肪中所含的不饱和脂肪酸和亚麻酸；淀粉中所含的直链淀粉与支链淀粉等。所以，营养品质是优质农产品的物质基础。

二是提升加工品质。在不破坏营养成分的基础上，人们购买农产品时还会考虑食用品质或适口性。以大米为例，包括加工精度、光泽、不完善粒、杂质等。

三是提升商业品质。产品的形态、色泽、整齐度、容量以及装饰等表观性状，构成产品的“颜值”，好的“颜值”给人美好的享受并使人产生购买的欲望。

农产品的3个品质构成，既互相联系，又独立存在。互相联系，是指其中一种品质的改善，可能有益于另一种品质的改善；独立存在，是指产品品质形成的原因不同，又必须根据原因采取不同的改善方式。农产品的品质，还取决于种属的“遗传”因素，是在生产过程中、加工过程中和包装过程中综合形成的，不是单纯地在某一环节上独立形成的。同时，农产品的品质又随栽培环境、管理水平和储藏运输条件的改变而变化。有关资料显示，我国农产品的综合优质率不容乐观，稻谷等粮食产品的优质率更低。

目前，我国农产品品质的主要问题是农药残留、化肥残留、兽药残留、饲料重金属残留，环境污染，污水排放量大、治理不力等。我国东北地区的农产品由于生态禀赋天然，品质优良，受环境污染影响程度偏轻。

2. 倒逼降低农产品成本

农产品成本的高低影响价格优势，从而影响产品的市场竞争力。因此，降低农产品的成本，形成价格竞争优势，成为一条重要的途径。农产品成本构成要素有 6 个方面。

一是土地租金。土地租金是构成农产品成本的关键要素之一。随着现代化农业的推进，土地也在向种养大户、生产经营企业集中，租金成为农产品的投入成本。

二是劳动力成本。农户生产农产品时，自己的劳动一般不计入生产成本，但在农业大户、农业企业中需要雇用劳动力，将支付雇工的工资纳入生产成本。劳动力成本是农产品成本的重要组成部分。农业属于劳动密集型产业，劳动力的数量和工资水平直接影响生产成本的高低。随着农村劳动力转移就业的增加，农民工工资的上涨成为趋势，农产品的生产成本也有逐年提高的趋势，雇工红利将渐渐消失。

三是种子、种苗。种子、种苗是农产品生产的基础，尤其是优质的种子、种苗，可以提高农产品的产量和品质。所以，优质的种子和种苗的价格相对较高，且有逐年提高的趋势，将使生产成本增加。

四是化肥和农药。目前，化肥和农药是保障农产品生长和防治病虫害的必需品。化肥、农药价格上涨，也会使农产品的成本上升。如果过度使用化肥和农药，不但会增加生产成本，还会造成土壤结构和生态环境的污染，增加环境治理成本，间接地提高农产品的成本。

五是农机具等生产资料。农业机械、设施设备等生产资料的采购费用、维修费用、运输储藏费用、加工费用等，都是农产品生产成本的组成部分。

六是营销手段。例如，包装、宣传、广告等营销费用，也是农产品成本的组成部分。

如何降低农产品的生产成本，其基本途径是从构成农产品成本的要素入手，加强管理，加强成本控制，应用先进的科学技术，取代传统的生产方式，实现精准化、精细化的经营方式。目前兴起的智慧农业、数字农业等现代农业，为降低生产成本提供了广阔的空间。智慧农业是农业中的智慧经济，通过云计算、传感网、3S 技术（遥感、地理信息系统、全球定位系统）在农业中的广泛运用，把信息技术、生物技术、种植技术等融为一体。

一是智慧农业可以减少人工费用。比如，通过应用智能设备和传感器，可以自动监测土壤湿度、温度、养分等环境参数，及时采取相应的措施。此外，智能灌溉系统可以自动感知灌溉流量，实现精确制导，避免过度浇水和缺水等情况的发生，从而提高农业生产效率。

二是智慧农业可以提高农产品品质。智慧农业可以通过精准农业技术，提高农产品的生产加工质量。例如，使用先进的土壤检测仪器，可以检测出土壤中的元素含量、微生物等参数，根据检测结果，进行准确施肥、用药，从而提高农产品的质量和产量。此外，智能气象站和环境监测仪器的应用，可以适时监测环境参数，早期发现病虫害，及时采取相应的措施，将病虫害抑制在初始阶段，提高农产品的质量，增强市场竞争力。

三是减少废弃物的产生。农业中排放的二氧化碳是环境中的重要污染源。智慧农业减排方案，可以通过智能化的废弃物处理系统来减少废弃物产生。例如，通过智能设备监测农业生产过程中产生的废弃物，根据检测结果，进行相应的处理。通过回收、再利用或者处理成有机肥料等，可减少废弃物的产生，降低农业生产成本。

四是智慧农业以智能化的手段、数字化的处理，实现产销对接、市场信息公开，达到供给与需求两侧信息对称，从而降低综合成本，使线下农产品市场效率化。

综上所述，智慧农业通过减少人工费用、提高农产品质量、提高生产效率和减少废弃物产生等方式，使农产品生产成本降低，农业生产的综合效益得到提高。因此，智慧农业是农业发展的大趋势，也是未来降低农产品生产成本，提高产品品质的有效途径。

3. 倒逼建立市场诚信

构建从田间到餐桌的追溯系统，建立农产品的信用体系，打通生产者与消费者之间的“堵点”和“痛点”。农产品市场倒逼农业经营主体，构建从田间到餐桌的可追溯系统。现在人们更加关注食品安全问题，要求吃得放心，吃得营养，吃得健康，吃得安全。农产品的经营主体，必须为社会提供信用保障。信用不仅是经济问题，更是社会问题。智慧农业不但为降低农产品成本提供了解决方案，还为构建从田间到餐桌的可追溯系统提供了科学技术手段。

农产品可追溯系统是食品追溯中的核心工程。可追溯系统由“一个中心、三大板块”构成，即一个追溯云端数据中心，生产者、监管部门和消费者三大板块。结合大数据、云计算以及物联网技术，搭建一个云数据处理中心，把生产者、监管部门以及消费者连接起来。构建农产品可追溯系统，从生产环节入手，为食品质量安全可追溯系统提供原始基础数据，包括运输、加工流程，进行供应链管理，完成食品可追溯系统从田间到餐桌的系统建设。系统流程的各个环节是无缝对接的。农产品原材料入库时，读取二维码，获得农产品产地、生产者、种苗基因、生产台账（饲料、农药、化肥），以及日期和期限等信息。接着开始称重、包装、粘贴二维码，并生成原始数据，使得产品、原材料追踪成为可能，保证有效溯源的控制和召回。信用就是生产力，就是竞争力，就是市场的通行证。构建农产品的可追溯系统，已经成为信誉保障的必然选择。

4. 倒逼打造民族品牌

构建农产品从田间到餐桌的可追溯系统，不但为市场提供了信誉保障，也为塑造民族品牌创造了现代科技手段。农产品品牌是指在农产品上，用以区别其他同类和类似农产品生产经营的显著标识，社会大众认知并认同的农产品品牌包括商品的商标和证明商标。农产品的品牌在农产品市场营销中扮演着重要角色，是决定农产品生产经营主体成败的核心力量。东北地区发展品牌农产品，实施品牌农业发展战略，从区域视角看，是提高东北地区农业农村经济总体素质，推动乡村振兴的必然要求，从市场角度看，也是市场机制倒逼农产品经营主体的长久之计。

一般情况下，农产品品牌由文字、图形等品牌要素组成。单纯由文字构成的品牌叫文字品牌。单纯由图形构成的品牌叫图形品牌，图形品牌具有形象生动、立意明确、易于识别、便于记忆的特点。由文字与图形共同构成的品牌叫组合品牌，组合品牌一般以图形为主，文字为辅，文字与图形融为一体，以文字表达深意，以图形加深记忆。总之，无论是文字品牌还是图形品牌，反映的都是农产品的内核价值。

在农产品品牌当中，还有一种集体品牌，包括证明商标与地理标志商标。集体品牌一般由工商业团体协会或集体组织的成员注册，具有公共性，因而由集体使用。集体品牌用以表明商品的经营者、服务者以及提供者属于同一组织。证明商标是用以区别商品或服务具有不同的特定品质，只有生产经营者提供的商品或服务符合某种条件后，才可以使用该证明商标，证明商标的注册人不得拒绝使用。比如，农产品上的“绿色食品”“有机食品”标识等。地理标志商标主要指示某一项农产品来源于某地，用于鉴别原产地区或某一地点的产品。具有该商标的产品的质量、声誉或其他确定的特性，来源于其原产地的地理环境，包括自然和人为因素。比如“吉林大米”“火山岩大米”“武夷山大红袍”“山东富士”等，均属具有地理标志商标的农产品。具有地理标志商标的产品因其产生在特殊的地理环境、自然条件，形成产品的属地价值，在同类商品中，价格较高，又受市场青睐。

二、农产品的市场营销策略

营销策略是指为了实现某种销售目标而制定的各种方案的集合。在商品极大丰富的现代社会，想把好东西卖出去、卖出好价钱，就要采取相应的文化、品牌、渠道和价格等营销策略。从我国目前农产品市场的实际情况出发，有以下 4 种营销策略。

（一）农产品的文化营销策略

农产品文化，存在于其地理历史之中。一种农产品存在的时间越长，其历史文化就越丰富多彩。农产品的历史文化不仅是产品本身的写照，更是生活方式的历史演进，是中国农业社会寓情于物、借物托情的精神文明生活的再现。与工业品文化不同的是，农产品的文化是产品的起源、与生产直接相关的种植养殖技术以及人和事件。历史文化与农产品的生产直接相关，生产方式随人文、历史以及生活方式的变化而变化。

中国的农产品丰富多样，但任何一种农产品，都是供人们“吃”的，由此，又产生了丰富多彩的、特色多样的饮食文化。以农产品为原料，满足人们舌尖上的享受，形成了各地特有的多民族的饮食方式，造就了各地特有的各式各样的风味小吃、名吃，如朝鲜族的泡菜、蒙古族的手扒羊肉、西北的肉夹馍、东北的杀猪菜、沙县的小吃等。

饮食文化一方面体现不同地域不同民族的饮食习惯，另一方面也体现民间的风俗生活文化。由一个民族、地区中的民众所创造、共享、传承的风俗习惯影响着当地人的生产习俗。民俗文化与一个区域或者一个民族历史相融而生，是优秀历史文化的组成部分。民俗文化不管是否和农产品直接相关，在农产品的开发过程中都发挥着重要作用，与农耕文化、饮食文化密不可分。

不同地域的农产品文化，是一定区域范围内的文化凝结，根据与农产品的相关度，可以分为 3 类：直接和农产品相关的区域农产品文化；间接和农产品相关的区域农产品文化；与农产品虽不相关但能体现区域特点的文化。例如，名山大川、名人故里、重大历史事件发生地等，虽与农产品不相关，却能体现出农产品的文化特点。例如，提到长白山、松花江，人们自然会想到关东文化，想到那里的大豆、高粱。

此外，传统与经典的工艺，是一个区域名品的独特价值，直接影响产品的品质、风味。天津的狗不理包子、长沙的臭豆腐、东北的大煎饼等，无不体现传统与经典的工艺美食文化的结合。

（二）农产品的品牌营销策略

打造品牌，重在品牌的历史沉淀。农产品品牌营销就是利用品牌推荐相关的农产品。品牌与营销互为因果，有时品牌促进营销，有时营销又加速品牌推广。纵观国内外的强势品牌，可以发现，每一个成功的品牌背后，都有属于其本土文化的力量。美国的创新领导意识、日本的危机意识、法国的奢华艺术时尚等，让人可以透过不同的品牌符号，领会其中所表达的价值，从而体会到品牌的深刻内涵和核心价值。

文化的特征，在于最独特、最具差异、最难以替代，体现着一个民族的精神。因此，只有植入民族文化灵魂，品牌才容易立得住、走得远，才会根植于受众的观念之中。尤其是农产品的品牌，在创建时，必须寻找、发现其独特的根与魂。与其说创百年企业，不如说创百年品牌。

品牌通过商标呈现在市场上，又要求产品的包装与其格调相一致，体现产品的核心价值。农产品的包装是一门艺术，好的包装能提高农产品的附加值，发挥引导作用，激发消费者的消费欲望。农产品的包装应与品牌价值一致，还要便于消费者携带、储存和使用。好的包装不仅让人赏心悦目、过目难忘，而且能提升农产品的档次，有利于市场的开拓。

金杯银杯不如消费者的口碑。最好的品牌标准，来自消费者的客观评价。经营者要把农产品的质量当作最终追求，农产品在市场上的竞争力，说到底，是它的生命力。昙花一现的农产品，只能是一锤子买卖，长久的生命力取决于农产品的质量。农产品的质量，最终能让农产品转化为财富，使品牌转换为大牌。

（三）农产品的渠道拓展营销策略

电子商务的兴起，在悄然改变人们生活方式的同时，也在改变市场的营销方式，为开拓市场渠道增加了全新的手段。当前，微商在农产品市场营销中应用得比较广泛。微商是基于移动互联网，以软件为工具，以人为中心，以社交为纽带的新商业模式，可采用微博、微信、微店、微信视频号等发布图片或视频进行展示，是一种新的交易方式。其中，应用广泛的有 3 种，简称“三微”。

一是微博营销。微博是一个基于用户关系的信息分享、传播的平台。用户可以通过 Web、WAP 等各种客户端组建个人社区，在个人社区中及时分享。微博营销方式可实现价值传递、内容互动、系统布局、精准定位。微博营销的特点是发布门槛低，成本小于广告，传播效果好，覆盖面广，针对性强，利于长期维护及反馈，手段多样化、人性化，操作简单，互动性强。

以“优食管家”为例：优食管家是一个基于社群销售食材的“B2C+O2O”直供平台，2016 年已经获得千万级的 B 轮融资。以妈妈群体、减肥群体、家庭主妇等群体组成社群，并定期给这些群体提供农产品。截至 2023 年，优食管家的社群已发展到 5300 家，带动了农产品、生鲜食品的销售。

二是微信营销。商家通过微信向用户提供需要的信息，推广自己的产品，从而实现点对点营销。微信营销的特点是借助移动终端、天然的社交和位置定位等优势，每个信息都可以准确无误地推送，使每个个体都可以接收到相同信息，继而帮助商家实现点对点精准化的营销。微信营销的优势在于效果明显、接受度高、精准投放、方便互动。

山东省的张大发以“农产品 + 微商”方式销售樱桃，号称中国农产品微商第一案例。张大发 15 天卖出 81282 箱樱桃，获得营业收入 1000 多万元。在短短两个月时间里，建立了十几个微信群，并不断在线上培训预售，还组建微商团队，促进个人标签的推广及强化。然后，靠主动传播，打造个人魅力，从而实现了团队、用户以及分销商对张大发的信任。这既是一个微信营销的案例，也是一个信誉营销案例。

三是微信视频号营销。视频号作为微信社交平台的产品，依靠社交关系做内容推荐，不做内容分发，依靠用户主动选择订阅观看。微信作为一个社交平台，内容输出都是以社交关系为核心来呈现的。所以，视频号内容的呈现方式，仍然是以社交关系为前提形成的内容传播网络，就是“把朋友的朋友发展成为我的朋友”。同时，它的私域用户占比很大，营造心理上的亲情，所以效果很好，达到“品牌宣传 + 社群转化”的效果，把公域流量变成私域流量，通过线上转化，实现经济效益，使品牌得到推广。

对于市场主体来说，微信视频号营销完全是为商品而定的视频营销，这一点与视频植入广告相同。只不过，它不采用传统广告生硬的宣传方式，而是采用了一种更加柔和的方式，融入故事本身的叙事风格，使受众群体接受度更高。由于微信视频号受到时间的限制，因此，可以将农产品的品牌信息融入故事情节之中，通过故事性引人入胜，引发关注，让客户产生情感共鸣。

（四）农产品的价格营销策略

利用价格利器，是市场营销的主要策略。被誉为日本“经营之圣”的稻盛和夫把定价看作经营之道，认为价格即经营。无数的事实证明，定价是农产品市场营销的重中之重。成功的定价策略，可使生产经营者从中获利，让消费者感到物有所值，让客户产生信任和忠诚度，生产者、经营者、消费者实现多赢。通常的定价方法有成本加成法、市场定价法、差别定价法、降价营销法。

第一，成本加成法。农产品的成本，是农产品定价的基础和基本依据。作为生产经营的主体，应对自己生产和经营的成本了然于胸。如果价格高于生产成本，则能从售出的农产品中获取一定的收益，保证一定的利润；如果价格低于成本，则会出现亏本；如果价格与成本相同，则不赔不赚，投入等于产出。

第二，市场定价法。在一定意义上，市场的竞争就是价格的竞争。定价时，要参照市场同类农产品的价格，制定自己产品的价格。因此，需要进行市场调研，了解自己预期的产品价格与竞争者的价格之间的差额，通过比较其产品的价格与同类商品的价格再确定自己产品的价格。如果自己产品的价格高于同类产品的价格，则会失去竞争优势，造成客户流失。

第三，差别定价法。市场上的供求关系不是恒定的，而是经常发生变化，价格也会随之上下波动。差别定价法就是根据市场上的供求关系变化确定价格的一种策略。如果自己的农产品在市场上具有独特性，与市场上的其他产品形成差异化，无可代替的竞争对手，就可把价格定高一些。这个价格在市场上能够取胜，根本原因在于产品在市场上具有比较优势。

第四，降价营销法。在品牌培养期间或农产品的推广期间，可以采取让利的办法，适当用一些优惠的价格促进产品的销售。通常可根据成本结构计算农产品的生产成本，并在这个价格基础上销售产品。若低于成本，可以把亏损部分视为营销费用，或暂时的亏损是为了未来的盈利。在旺季，产品通常供过于求，可采取降价营销法，减少亏损。

灵活地运用以上 4 种定价方法，既是科学，又是艺术。为此，需做到“3 个了解”。

第一，了解产品市场需求。判断价格是否更能刺激到消费者的需求，从而促进销售。

第二，了解竞争对手的现状。了解竞争对手的产品销售价格，以便制定有利于本产品的竞争策略，让消费者认为值得花钱购买。

第三，了解利润和成本结构。生产主体一定要清楚自己产品的生产成本结构和预期的利润目标，并以此为基础，制定价格。

总之，采用合适的定价策略，可以在市场中取得成功。反之，如果不了解市场需求，或不了解竞争对手的价格，处于盲人摸象的状态，就可能失去销售额和市场份额。因此，生产者要把合适的定价策略当作经营成功的法宝。

第三章　农业生产方式创新与转型

引　言

乡村振兴，首先要振兴农业和农村生产力。而要振兴农业和农村生产力，必须创新农业生产方式。创新农业生产方式，发展新型农业，是中国式现代化的基础工程。加快推进农业生产方式的创新和转型是所有农业企业、广大农民和农村基层干部义不容辞的神圣使命。

什么是生产方式？

生产方式就是生产产品的方式。比如，生产菜刀。在以前，铁匠铺里以手工方式一把一把地打造，就是生产方式；在现代，在工厂的生产线上通过车床批量化生产，也是生产方式。同样是生产菜刀，两种生产方式截然不同。前者以手工技术生产，后者以精密机床和生产线为手段进行工业化生产；前者是个体式简单生产，后者是流水式规模化生产；前者是分散生产，后者是社会化集中生产。

这就是说，生产方式包括了以什么技术进行生产、以什么样的机制进行生产等。生产方式不同，生产的效率、效果大不一样。为提高生产效率，改善人类福祉，需要根据生产力水平不断创新生产方式。

农业生产方式就是农产品的生产方式。使用老式工具（如铁锹、弯锄、木犁、镰刀）、依据老旧经验、依靠农民的体力、在广袤的土地上进行的小农业生产方式束缚了中国农业和农民的发展。小农生产方式虽然已经不符合现代农业发展要求，但它还广泛地存在于我们的观念里，存在于我们的劳动、经营和生产实践里。从小的方面看，这严重地影响着众多家庭和企业的生产经营效果；从大的方面看，这也严重地拖累着整个国民经济的健康发展。农民要摆脱贫困，农业要高质量发展，必须加快农业生产方式的创新，实现从传统的小农生产方式向现代化大农业生产方式的转型。这是一个必须经历的改革和发展过程，也是当前乡村振兴中必须切实解决好的一个基本问题。

农业现代化在本质上就是农业生产方式的现代化。实现农业现代化的目标，只能通过一步一步地推进农业生产方式的创新和转型来完成。为了顺利推进农业生产方式的创新和转型，必须坚持因势利导、循序渐进，切不可主观激进。这是因为，生产方式创新必须建立在生产力发展的现实水平和内在要求的基础上。违反规律、急于求成，只能欲速不达、适得其反。

本章结合改革开放以来中国农业创新发展的宝贵经验，就如何学习贯彻习近平新时代中国特色社会主义思想，加快推进农业生产方式创新和转型，建设现代化大农业，实现农村经济高质量发展和乡村振兴进行讨论。

第一节　传统农业生产方式

当前，中国农业生产方式正在进入关键转型期。对于广大农业企业和农户来说，这也是重要的历史机遇期。在这样一个历史时刻，我们必须树立创新意识，切不可因循守旧。中国历代王朝一直坚持抑商政策，限制工商业的发展和农业的分化。没有工商业和城市的发展，农业生产方式的变革便失去了外部条件。为了实现农业创新，我们有必要回顾小农生产方式的基本特征，有助于增强我们对农业生产方式创新和转型的认知，在改革发展的道路上更清醒、更自觉。

中国的农业文明曾领全球之先，但生产方式却长期地停滞于古老的高度封闭的自然经济状态。奴隶社会时期，诸多奴隶主大量役使奴隶，生产出来的粮食和其他农产品主要是为了满足自己的需要；到皇权专制时代，地主和农民取代了奴隶主和奴隶，农业剩余产品增加，让一部分农产品进入集贸流通。由于劳动生产率很低，即使是士族地主家的农产品，除了自用和缴纳赋税等，能够进行贸易的也是很少的，其生产的基本特征仍然是自给自足。那么，传统的农业生产方式的基本特征有哪些呢？

一、高度的资源依赖性和地域束缚性

农业作为一个最古老的产业，产生于原始游牧社会。在久远的远古时代，靠捕猎为生的原始人不仅有着很可靠的食物来源，而且为获取食物所需要的劳作时间也很短。到处搬迁的游牧生活，也让他们很少感染疾病。如果不是因为地球发生了某种严重破坏性的变化使狩猎社会的安逸舒适生活无法继续下去，农业可能永远不会产生[①]。

由于原始的狩猎和安逸生活无法继续下去，并且人类找到了品种足够多的可驯养的动物和适宜广泛种植的植物，农业便产生了。可种植的植物和可驯养的动物是农业生产的先决条件，说明了农业从一开始就对这些动植物赖以生存和繁衍的生态环境是高度依赖的。同时，所谓“可栽培”“可种植”和“可驯养”都是具体的，在具体的地理环境、具体的流域当中。在农业技术极不发达的古代，可跨流域、跨区域种植的作物和养殖的动物很少，这又造成了传统农业的区域束缚性。因为对具体的资源和环境高度依赖，所以农业人口在总体上是非流动性的。除非遭遇严重饥荒和战乱，并导致农业生产环境的严重破坏，农业人口是很少跨区域流动和迁徙的。中国历史上的几次大规模人口迁徙都发生于战乱或严重饥荒所导致的区域性农业环境体系破坏时期。

① L·S·斯塔夫里阿诺斯：《全球通史：从史前到21世纪》，王皖强译，北京大学出版社，2024。

相对而言，渔人在农民中是最自由的。但如果没有现代生产技术、航行技术的支持，他们又能走多远呢？地域的束缚性同样存在。

传统农业对资源的高度依赖性和地域上的高度束缚性，直到近代亦有很普遍的表现，一个个家族几代人守着祖上留下来的小块土地，世代耕耘。他们用一部分产出就近换取生产资料和生活资料，以维系家族的生活、人口的繁衍和农业的再生产。这种小块土地上的简单再生产，就是长期传承不辍的小农生产方式。它极大地“剥夺”了农民在大自然面前的生存选择权、在社会上的迁徙流动权，农民们只能在固有的环境里进行生产，日复一日，年复一年。

在一个个很小的环境里，人们依照自然界的运行周期进行着生产活动。如果天遂人愿、风调雨顺，农业生产或可顺利进行，一旦生存环境发生了问题，如遭遇寒流、洪涝、瘟疫等，农业就陷入了严重的危机当中。传统小农生产方式的靠天吃饭是非常无奈的。地域上的高度束缚性也造成了农民视野的狭小。在信息闭塞的旧时代，他们只知道自己所在的山川和田野，只知道自己的劳动对象和劳动工具，只知道自己的家人和邻里，其他就很少知道了。如果没有意外的事件造成的意外交往，他们一生一世都无可避免地“与世隔绝”。

相较而言，商人则可以从有利于商业发展的目的出发，在较大的地域范围内选择自己的定居之所和从事商业活动的具体地点、场所；手工业者也有广大的自由选择空间，享受开放性的生活。在古时集镇的基础上，现代城市则显著地放大了这种好处。相对于以农业为生的华北平原上的农民，北京和石家庄等城市分布在燕山南麓和太行山东麓大约 50 米的海拔上，即使发生严重水患，也是比较安全的。古往今来，农村比城镇、农民比市民、农业比工商业所遭受的自然灾害多得多，其源头就是传统农业的资源依赖性和地域束缚性。

二、弱小、孤立、低效、粗放的非产业化特征

从现代产业理论看，工业是以产业化为形态的，一切工业产品的生产无不通过专业分工与生产协作，在前向和后向形成产业链条，从而把整个生产组成一个有内在联系的产业体系。所以，每个工业企业的生产都不是孤立的，它们通过协作关系紧紧地组合在一起。一个产业发展到了这样的形态，便可以说是产业化了。这可以清楚地解释工业相对于农业的产业优势。

小农业的产业链短而简单，如种植业，只是春种、夏锄和秋收。同时，这样的生产又必须在极为分散的小块土地上依农时而作，这又严重限制了生产分工。所以，从事传统农业的人虽然数量庞大，但他们是在同一时间为着同样的目的进行着同样的生产活动，小农业具有孤立封闭和小规模的显著特征。

孤立封闭就是农业没有任何外部产业联系，每家每户都是一个孤独的存在。这种方式的生产既不是在社会中生产，也不是为了社会（市场）生产。由于生产能力弱小，他们每到农忙时，相互帮工或邻里之间彼此支持。这种合作在本质上不同于现代经济中的稳定分工和机制化的稳定合作，其效果是解决一时困难和急需，而不具有改进生产方式、提高生产力水平的作用。

人们把传统农业称作“小农业”就是基于其生产规模之小。规模小，是因为没有足以形成生产规模化的现代技术和机械的支持，每个农户都只能耕作着小块土地。士族地主虽然可以大范围地兼并土地，但在生产方式上他们也只是把土地分租给周边的农户或者雇用农夫分块耕种自己的土地，其生产方式仍然无法跳脱孤立封闭和规模小的非产业化特征。据《中国土地制度史》介绍，由于技术条件限制，秦汉到南北朝时期，农户耕作经营规模的极限为 50~60 亩。隋唐之后，我国人口的增长速度超过了耕地面积的增长速度，且随着农具和施肥等农业技术的改进，人地关系开始紧张，每个农户耕地不得超过 65 亩。北宋初期，户均耕地 40 亩，到南宋时期大多数农户经营规模都在 25 亩以下。明清时期，我国户均经营规模逐渐减小。到

1936 年，户均耕地只有 18.4 亩（人均 3.6 亩）。新中国成立后，由于人口大量增加，人地关系更趋紧张，经营规模进一步变小，户均经营规模不足 10 亩[①]。

由于孤立封闭和规模小而导致低效是传统农业生产方式的宿命。小农业生产是一种高强度的体力劳动，但其收益和回报却甚微。我们不难想象，生产规模很小，彼此雷同且不能分工协作，又没有农业机械和设备使用，小农业的经济效益自然是非常低的。除了广有田产的士族地主可以形成丰厚的家产外，包括中小地主在内的众多农户能够维持家庭正常生产和生活、实现子孙世代繁衍就已经很不错了。到了当代，良种的开发和化肥、农药的使用有效地增加了农业的产出。但只要孤立封闭和规模小的非产业化生产方式不改变，就无法改变农业的低效特征。

一个生产单位同时应当是一个“经济体”，它们无一不是在追求更多的收益，因而都要精心计算投入与产出，以实现“经济”。比较而言，传统农业最缺乏计算，因而是最粗放的生产方式。在传统的农业生产方式中，生产要素在价值上无从计量。作为生产过程中最重要的要素，劳动的投入是最难以计量的。在算经济账时，农民一般不会将自己的劳动计入成本、纳入核算。所以，从事传统农业的家庭、家族，在经济上都是粗放的、非集约的。

三、尚自然力和唯使用价值的特征

在传统农业中，基本的生产要素是土地和农民的体力。这些都属于自然力的范畴。除此之外，最重要的生产要素，就是简陋的生产工具和简单的生产经验。简陋的生产工具和世代积累并传承的生产经验可以帮助农民更好地适应自然，提高劳动的熟练程度和效果。但这丝毫改变不了人与自然的关系，

---

① 国务院发展研究中心农村经济研究部:《找准转变农业发展方式的支点》，中国发展出版社，2016。

人依旧处于大自然的主宰之下，只能“靠天吃饭”，一年一度的农业生产有无收成，收成如何，基本上取决于“天”，这就是传统农业及其生产方式的自然力属性。

当然，只要是生产活动，都有其目的性。手工业和工业生产的目的是持续地产生使用价值，而且这种以价值为表达的利益追求是无限的。商业活动则是通过集贸市场把融汇价值与使用价值于一体的商品带给千家万户，建立价值链，收获越来越多的利润，并以通货方式储存和再生产，它以价值为表达的利益追求也是无限的。现代化的大生产更是一个由无数价值链合成的社会化经济体系。

但小农业却止于使用价值的生产。在这种生产方式中，农民们追求的是更多的谷物、棉花、渔产品和畜产品，生产目的就是获得使用价值。在传统的农业生产方式中也不是完全没有交易的，但这里的交易不是生产活动的必要和必需环节，只是生产行为的辅助和补充。转让和出租土地等部分生产资料、售卖剩余产品的终极目的还是实物即使用价值，以换取自己所缺乏的生产资料和生活资料。

这种生产的目的性由传统农业生产方式的超自然力属性而来。人们没有技术能力改变人与自然的关系，不能改变生产的物质条件，人们的生产活动，便成为一种简单的物质变换活动，即从实物到实物。从使用价值出发到实现使用价值，这就是生产的全过程。由于不能自觉地追求价值、进行价值积累，因此传统农业永远达不到产业化和工业化。

传统农业生产方式是人类文明发展的一种形态、一个阶段。这种文明所内含的“文化”只是世代积累和传承的生产经验。这种经验形态的农业文化只能帮助农民进行年复一年的简单再生产，却不能帮助农民提升农业生产活动的品质，更改变不了被自然力所统治的人生命运。这就是传统农业的低文明特征。

总之，传统农业是一个非常脆弱、低效、不可持续的落后产业。加快农业从小农生产方式向现代化大农业生产方式转型已经极为必要和迫切。

第二节　现代农业生产方式的一个实证——德翔模式

为了说明什么是现代农业和现代农业生产方式，我们先来认识吉林省的德翔集团。我们之所以要以“德翔模式”作为典型案例，是因为在它身上集中和全面地体现了现代农业生产方式的基本特征。通过认识“德翔模式”我们可以对现代农业生产方式有一个直观和系统的了解，从而从文化和体制上深化我们对现代农业生产方式的理解和把握。

德翔集团是土生土长于吉林省德惠市农村的民营农业企业。在各级党委和政府的支持下，经过 30 年的艰苦创业，一个由经营玉米起步的个体式民营企业成长为一个以肉食鸡生产为核心，含 6 家国家、省、市龙头企业的贸工农一条龙、农工商一体化的现代化集团企业。到 2021 年，德翔集团固定资产达 20 亿元，全产业链销售收入 30 亿元，直接吸纳就业人员 1670 人，间接带动 3 万农民家庭增收，被评为全省十佳农业产业化龙头企业，并入选全国农业企业 500 强。集团董事长王世强先生被评为全国优秀企业家。德翔集团作为一个现代化的全产业链农业企业，已经站到了中国农业现代化发展的前沿。

一、以持续创新进入现代农业之门

德翔在 20 世纪八九十年代“卖粮难”时期开始跑市场销售玉米，既解农民卖难之困，又为自己进入市场找到了入口。这就是说，德翔人不是习惯性年复一年地种地打粮，并等待国家政策性收购。在种地产粮的农民和政府都很困难的情况下，他们主动地从传统农业中走出来，做起了农业服务业。他们主动参与了改革开放时期最初始的农业变革——农业农村本身的专业化分工分业。

那时的王世强才 16 岁，在经营了一段时间的玉米之后，他发现虽然挣到了钱，但效益并不好。车辆往复跑，货物却是单程的。于是，他开始兼营化肥，一方面把分散在农户家里的粮食送到城里（粮库、饲料厂），另一方面把城里的生产资料送到乡下的家家户户。

兼营式发展让德翔的经营开始有了可观的效益，也让德翔人看到了农业生产的致命短板。大量依赖性地使用化肥，已经成为农业挥之不去的病症。这既增加了农业生产的成本，又损害了农产品的品质。于是，他们利用自己的经营利润在德惠创办了第一家有机肥料厂，并很快达到了 10 万吨的规模。他们当时可能没有明确地意识到，他们推动和参与了又一场农业变革——向绿色农业升级。

手里有了有机肥，德翔人开始直接尝试规模化绿色种植业。他们大量收租了因农民进城打工而闲置的耕地。到 2010 年，他们的水稻和玉米种植都超过了 200 公顷。同时，依托大量的玉米产出，他们又创办了有机饲料厂和养鸡场，在同一年，养鸡规模达到 2000 万只。到这时，德翔人已经清晰地意识到，他们在参与绿色农业革命的基础上又参加和带动了新的农业变革——向循环农业和规模化农业（种植、养殖）迈进。

2020 年德翔创办了白羽鸡加工厂，把养殖业与加工业有机地结合起来，实现了农业生产的体系化升级，形成了一个完整的闭环式的全产业链农业生产体系。

从分业到兼营，从向绿色升级到规模化经营，再到与加工业有机结合，德翔人走出了一条中国北方农业生产方式创新所必须经历的道路。他们的发展顺序未必就是规律，但每一步都是从小农业向现代化大农业转型所必需的。

德翔告诉我们，现代农业是小农业经过一系列创新和升级所能达到和必须达到的现代产业形态。

二、以农产品生产和加工为主业

一个全产业链的农业企业要在激烈的市场竞争中立足，并不断发展，必须有高效益的主业，以保证全产业链的健康运行。面对市场压力和种种市场诱惑，许多由农业起家的企业已经与农业渐行渐远，开始以房地产或商业为主业，在本质上变成了一个非农业企业。

但德翔人没有迷失方向、失去初心。德翔集团作为一个现代企业，它的最可贵之处就是一直坚守农业，一直深耕肉食鸡产业链，把自己的主业牢牢地固定于肉食鸡生产上。它的实践形成了一个立足实际、不断创新的德翔模式，也贡献了一种不畏风雨、坚守初心的农业情怀。中国不能只有现代化的工业和现代化的服务业，还必须有现代化的农业。现代化的农业终将为现代化的中国经济奠定牢靠的产业基础。

鸡肉属于健康白肉，具有蛋白质高、脂肪低、热量低、胆固醇低“一高三低”的营养特征。德翔人秉持为国人健康做农业的理念，依托丰富的玉米资源，认准肉食鸡这个主攻方向，快速布局，努力做大产业规模。2020 年以来，德翔先后在德惠、九台、前郭、通榆建设了4个“亿只肉食鸡饲养项目”，在白山市江源区建设了 16 万套“祖代种鸡项目”，在中韩国际合作产业示范园区建设了 6 万吨“鸡肉深加工项目”。目前，德翔集团已完成投资 17 亿元，建成并投产 2 座祖代种鸡场、4 座父母代种鸡场、3 座孵化场，父母代种鸡养殖能力达 70 万套，孵化能力达 1.7 亿只。

德翔人正在参与改变国人的食品结构。德翔告诉我们，现代农业是以国人的健康为基本价值的高品质农业。

三、以绿色和清洁发展为底线

德翔人在追求企业经济效益的同时，始终秉持为国人健康做农业的理念，时刻不忘消费者的健康和保护环境，主动把绿色作为产品标准，把清洁作为生产环境标准，绿色和清洁是底线。项目不清洁、对环境不友好不上马，产品非绿色不生产、非绿色不上市。

德翔人认认真真实践绿色清洁发展路线，每到一处开发建设都把有机肥厂作为必建的项目优先实施，保证养鸡场鸡粪不落地。他们运用李玉院士的科技成果，以鸡粪、秸秆为原料，培养双孢菇生产有机肥，实现了鸡粪、秸秆转化还田，从而把废弃物中的养分、能量全部转化。随着生产加工能力的提高，2021 年，在德惠、九台扩建和升级了 2 座生物有机肥厂，年产有机肥 30 万吨，改良农田 200 万亩，生产绿色有机玉米、水稻 30 亿斤。他们还与吉林农业大学、中国农业科学院、吉林省农业科学院、吉林大学等科研单位合作开展鸡羽毛、鸡血、鸡内脏、鸡骨等副产物加工的综合利用研究，生产羽毛粉、血清蛋白粉、宠物饲料等高附加值产品，实现了物尽其用，变废为宝。

由于有效地消化和转化了生产过程中的废物和废水，德翔集团不仅做到了全产业过程零排放，保护了生产环境，实现了生产过程清洁化，而且以科学方式提高了系列产品的品质，大量增加了蛋白质的产出，为消费者贡献了健康产品。

德翔告诉我们，现代农业是天人和谐的绿色农业、清洁农业。

四、以循环式产业链条为运作模式

德翔人深知，农业是弱质产业。要走出“弱质困境”，必须发展全产业链优势，这是降低市场风险、提升整体经营安全和盈利能力的最重要途径。德翔以肉鸡养殖加工为龙头，努力拉长和完善产业链，已经构建起了种鸡孵化、肉鸡养殖、加工、食品生产、有机肥、食用菌、农副产品综合利用和鸡饲料生产等五大产业园、八大生产板块，集一二三产业于一体的综合性大农业生产体系。

从以鸡粪和秸秆为原料生产有机肥，到以有机肥生产有机玉米，再到以有机玉米为原料生产有机饲料、以有机饲料养鸡、把鸡粪等废料投入有机肥生产，并进行肉鸡深加工和综合利用，整个生产过程形成闭路循环，做到了资源节约最大化和零遗弃式的全利用，鸡粪、鸡毛、鸡血、鸡内脏等废物和废水都被作为后续产业环节的重要原料转化为有机肥等产品。

循环式产业链条和资源的零遗弃式全利用有效地降低了生产成本。以秸秆和鸡粪生产有机肥、以自产有机玉米生产鸡饲料（在建项目竣工达产后，鸡饲料生产能力可达 100 万吨）是有效的成本控制措施。同时，自养祖代种鸡有效控制了父母代种鸡、商品代肉鸡和鸡雏的成本，让每只肉鸡的养殖效益增加 1 元以上；开发川香鸡柳等 7 个深加工项目，保证了出厂产品从冷鲜分割向即食食品、休闲食品的即时和安全转换，使加工产值增加 3~5 倍；用肉鸡鸡粪培育双孢菇，每只鸡可生产 3 公斤双孢菇，增值 30 元以上。

全产业链生产是德翔模式的重要优势。在市场经济中，横向的竞争关系可以提高企业的经营品质，改进同类产品的质量，降低市场销售价格，这对企业和消费者都是很有好处的。但把同一产业链条中的上下游环节进行切割分别由不同的企业来做，是一件很麻烦的事情。这种企业界的“江湖化”导致产业利润不能合理分配于各个企业（环节），从而造成企业间的严重不公平，并导致产业链效率整体下降，甚至解体。德翔把整个产业链掌握在自己手里，保证了产业利润在上下游环节之间的合理分配，避免了产业关系“江湖化”和分配不公。

德翔告诉我们，现代农业是以专业化为基础特征、以产业化为核心特征、以规模化为形态特征的大农业。

五、以产业龙头功能为重要担当

德翔在一步步发展、走向发达的过程中，从来没有忘记自己的出身和来路，更没有忘记与自己走在同一条奋斗路上的乡亲、乡友。德翔除了通过新项目积极吸收农民就业外，还主动把带动乡亲、乡友们共同发展责任担在自己的肩上，实行“抓两头、放中间”的策略。“抓两头”就是把种鸡孵化和肉鸡加工、包装等技术含量高、生产标准极为严格的前端和终端环节紧紧抓在公司手里，把肉鸡养殖、物流运输、鸡舍洗消、防疫等中间环节交给周边农民（企业）。凡是周边农民（企业）能干、又能干好的项目，都尽可能交给周边的农民（企业）来做。

由于尽可能多地把一些项目外包给资质可信的农业公司，所以德翔吸纳了大量周边农民进入以自己为龙头的产业体系。目前，一个以德翔为核心、有众多小微农业企业和农民参与的区域化的大产业体系已现雏形并不断扩大，形成了若干个农业产业化联合体。为德翔的龙头作用所拉动的“外部就业”农民已多达 5 万人以上。仅在德惠、九台、江源等地，就有 2000 多户农民参与其中，户均增收 10 万元以上。

德翔人还积极开展产业帮扶，帮助 2700 余农户争取乡村振兴资金 8000 余万元，每年增收 500 万元。同时，与吉林省农业担保公司和各银行合作，为 118 位养殖户和粮食经纪人担保贷款 2.32 亿元，帮助他们扩大经营规模、增收致富。

由于积极带动周边农民发家致富，德翔集团与周边农村实现了和谐相处、融合发展，产业发展空间不断扩大。从 2024 年开始，在未来 5 年内，德翔将向年产肉鸡 10 亿只、生物有机肥 100 万吨、年改良耕地 1000 万亩、全产业链产值超 1000 亿元、带动周边 10 万农民创业的目标奋进。

德翔告诉我们，现代农业是以龙头企业为核心的大农业，是农民共同发展和致富的有效载体。

第三节　进入现代农业生产方式的经济平台

推进生产方式转型，发展现代化大农业，必须首先进入现代农业赖以产生和运行的平台。

现代农业发展的环境平台主要包括：①不断优化的水利、电力（能源）和交通基础设施平台；②开放的经济体制和产业生态平台即经济平台；③党和国家的政策平台。三者都很重要，不可或缺。基础设施平台提供基础服务，政策平台重在保护农业安全和农民利益。对于农业生产方式的创新而言，经济体制和产业生态平台的作用是决定性的。开放的城乡一体化的经济体制和产业生态平台对小农生产方式具有强大的解构作用，对现代农业生产方式具有强大的催生作用。

对于农户和农业企业来说，加快生产方式转型，发展现代化大农业，首先就是要在充分利用日益改善的基础设施平台和政府政策平台的基础上，积极融入现代化大农业赖以生产、存在和运行的经济体制与产业生态平台——以城市为中心的国内外大市场，接受工业化、城市化和国际化的洗礼和塑造。这也是德翔和诸多优秀的农业企业的共同经验。

一、进入城市化平台，与城市工商业融合发展

传统农业之所以长期走不出小生产方式，是因为没有一个让它发生质变的体制和产业环境。历代专制王朝长期实行抑商政策，严重限制了工商业和城市（集市）的发展，也抑制了农业的创新。在抑商的政治环境下，没有城市工商业的发展，并向农业输送文化和经济能量，小农业就失去了自我嬗变的可能。

中国农业生产方式创新为什么能够在改革开放时期获得突破性的进展，越来越多地涌现出像德翔一样的现代化的农业企业？这是因为，改革开放开启了城乡体制间的联通，一方面促进了城市工商业的快速增长和城市的迅猛扩张，另一方面把乡村和农业置于工业化和城市化的环境之中。

所谓城市化和工业化，就是城市及其工商业把自己的影响力投射于周边农村地区，并按照自己的面貌和气质对农业和农村进行同化式改造。这个影响与被影响的共同改革、共同发展的过程，就是工业化和城市化。

（一）改变要素结构

传统农业生产的要素投入只是土地、简单的生产工具和劳动力。在城市化的背景下，城市及工商业把文化、技术和机械产品辐射给农村和农业，首

先改变了农业生产的要素供给结构。现代适用技术和经营理念进入农业，提高了农业生产的文化和技术含量，从而不断地改变和颠覆着小农业单纯依赖自然资源的尚自然力特征。当新的文化和技术，甚至大量的城市资本进入农村时，农业就不再是原来的农业了。

（二）改变生产动力

城市及其工商业对农业的另一个重要影响和改变，就是把自己的需求作为外部力量注入农村。这种需求要比农村的内在需求更加多元、更加强大。它给予农民和农业以商品生产的巨大冲动，让他们日益紧密地围绕外部需求进行生产。当外部需求成为生产的主要目的、围绕外部需求成为生产的主要内容时，曾经的自给式的农业生产就成了商品生产，农业就升华为商品农业或市场农业。自此，农业就迈进了现代农业的门槛。

（三）改变运行方式

城市及其工商业的快速发展向农村和农业提出了越来越大的多样化的商品需求。由于这种需求足够强大，农业内部的资源配置和结构受到冲击，农业有了分工分业的强大动力。在城市需求的拉动和技术外溢性支持下，专业化的农业生产和经营日益增多，在养殖、种植、营销各领域都有大量专业户产生。同时，由于城市大量地吸收了农村劳动力，大量土地从小农业生产中溢出，农业的专业生产有了不断扩大规模的可能。这些专业户进行着专业性的生产，同时也与外部进行生产的协作，推动着农业产业化的发展。当专业化和产业化生产成为农业的主流方式时，整个农业的运行方式就基本改变了。

（四）改变生产生活方式

随着商品农业、市场农业的发展，农业的价值积累和再生产逐渐扩大，农民的收入水平和消费能力也随之不断提高。这时，农民就会渐渐地接受城市的消费品和生活方式。今日中国农村已经与城市共处于以汽车和旅游为主体的消费时代。生活方式随生产方式的改变而改变，并反过来促进生产方式的进一步改变。

从这个过程我们可以清楚地看到，城市化和工业化平台对传统农业发挥了“教化者”的功能。中国经过40多年的发展，成为全球工业大国和第一贸易大国，成为世界第二大经济体，彰显了这位“教化者”成长之迅速、力量之强大。由于城市化和工业化本身的成熟程度有限，它对农业和农村的“教化”是相当粗糙的，但它对农业和农村的影响却非常强大。城市化和工业化携带着巨大能量涌向周边、涌向广大农村，从而把分散的广大小农业都淹没在自己的巨大辐射力和影响力之下。在它的辐射和影响之下，小农业追随城市工商业的产业化模式并与之相融合已是现实选择。在城市化进程当中，农业经历了脱胎换骨、创新转型，新的农业生产方式和现代农业企业如雨后春笋般发展壮大。

回顾这段发展历程，我们不难发现，推进农业生产方式创新和现代化转型，首先就是要进入城市化的平台，与城市工商业融汇发展。进入和融汇得越主动，创新和转型效果越好。

东北和西部地区是城市化进程相对滞后的地区，也是城市对农业现代化拉动力度相对薄弱的地区。但在今天这样一个信息技术和网络传媒高度发达的时代，城市的辐射力和影响力早已具有跨区域的特征。无论人们身在何处，都可以成为城市化的受益者。能否实现农业生产方式转型，并不取决于身在何处，而取决于学习能力和应变能力。

二、进入市场化平台，围绕市场做产业

城市工商业作为农业生产方式创新的“催化者”和“教化者”，主要是通过市场调节实现的。城市化和工业化平台就是以城市为中心的市场化平台；城市拉动、工商业拉动，就是市场拉动；城市化和工业化的教化，就是市场教化。

（一）市场检验

城市（集镇）的产生，让人类的生活需求和生产需求在农村之外密集而强烈地表达出来，从而形成大市场。只要城乡间在体制上是开放的，这个市场就足以成为农业生产的外部拉动力；只要城市（集镇）经济发展足够大，这个市场就足以颠覆小农业自给自足的生产方式，把农业纳入以城市为中心的生产体系。所以，城市市场的发育与农业生产方式创新是一个正相关关系。改革开放前，中国真实的城市化率在最高峰时期只有 30%；到 21 世纪初，这一比率已达到 70% 左右。大小城市（集镇）人口净增加了大约 7 亿人，城镇总人口大约在 10 亿人。这么一个巨量的城市人群的饮食需求和部分工业原料需求都表现为城镇市场对农业产品的需求。这个市场不可谓不大，对农业的需求和拉动不可谓不强。

市场需求也可用来检验市场。一般而言，市场不接受，就是市场检验不合格。当农产品极度短缺、供不应求的时候，市场的挑剔性尚且比较平和。一旦供求关系进入常态或供大于求，市场的挑剔性便凸显出来。不是所有被生产出来的农产品都可以被市场接受，数量上超出城镇实际需求的农产品和品质上不被市场所接受的农产品，终究是无法进入市场的。

（二）市场选择

一些农产品被市场接受，而另一些产品被市场拒绝。被接受产品实现了生产价值，生产者的生产被认可，因而可以继续生产；被拒绝的产品，其生产价值不被承认，其生产过程便不可持续。

以小农生产方式生产的产品是很难被城市市场所接受的。基于物流成本考量，连通城乡的经销商们对于分散的几筐鸡蛋、几头生猪是不屑一顾的。除非市场断供，否则他们不会上门收购这些产品。农民自行到城镇摆摊，作为小生产销售的主要渠道，隐形成本很高，是没有多少利润甚至根本就没有利润的。随着城市市场的升级，消费者对农业产品的品质和包装等越来越挑剔，小农生产方式生产的产品越来越难以进入城市市场。

我国政府对农业和农民长期实行保护性政策，这在很大程度上减轻了市场检验和市场淘汰对农业的冲击和对农民的利益伤害，让大量农户和小企业避免了被淘汰出局的市场灾难。但企业和农户们最终还是要接受市场的评价和选择。不适应市场，最终还是要出局的。

（三）市场导向

从市场检验开始，市场对生产者的导向就开始了。它对生产者和营销商发出的每个信息都表达着市场的意向。当产品被市场接受或拒绝时，市场的导向就完全清晰化。“市场拒绝”淘汰的不仅是产品，也是生产这种产品的生产方向、方式和实行这种生产方式的企业、农户；“市场接受”肯定的也不只是产品，还有生产这种产品的方向、方式以及企业、农户。面对市场导向，企业和农户只能顺应市场的需要不断调适自己的生产方向和生产方式，提升自己的生产力和产品品质，除此别无他途。因规模小而被市场拒绝，就一定要改变“小而全”的方式以集中力量突出主打产品，或者走横向联合的道路，扩大生产规模；因产品品质被市场拒绝，就一定要引进先进技术，改变和提升生产过程，让产品被消费者喜欢。

同时，不同农户、不同企业、不同行业之间的竞争和收益比较是市场评价和市场导向的基本形式。别人的效益好，收入高，说明别人做得好，更适应市场需要。为了持续自己的生产、收获更大的利益，人们都应该也必须依市场导向不断优化自己，在生产方式上弃旧图新。

（四）市场塑造

企业和农户接受市场导向的过程，就是按照市场导向重塑自己的过程，也就是生产方式的创新过程。

一般来说，在市场检验和选择的压力下，小农生产方式是很难继续下去的。许多农民把自己的产业解体，并参与产业重构，就是他们对市场导向的积极响应。他们把自己的承包地转租给他人（企业），自己外出务工，从而拆解了劳动与土地之间的传统组合。经过这种拆解，劳动力和土地分别进入劳务市场和要素市场，从而给了市场对生产要素进行优化重组的机会。重组后，土地到了更能创造价值和效益的生产者手中，劳动落在更能实现价值和产生效益的岗位上。这是一个时期以来我国农业生产方式转型的主流形态。

以城市为中心的大市场具有强大的分解力量。目前，在市场的作用下，已有大量农户家庭开始把部分业务外包给专业化的生产商和服务商而进城务工，有的甚至把主业的若干环节也外包出去，农业已不复过去那种“小而全”的景象。在一些地区，催芽、育秧、耕作、插秧、植保、收割、脱粒、烘干都在外包①。即使是同样从事玉米种植的农户和企业，也因市场的多样化需求而开始分工和分化，比如油料生产企业需要高油玉米、食品生产企业需要低糖玉米等。

市场作用下的分工分业和重组已成为一个必然趋势。从事小农业的农户不可能积累起足够的资本，以吸纳先进的现代生产要素，从根本上完成自我创新和转型。同时，我国的生产要素市场一直未充分发展。农户在市场上难以获得大额度融资，过高的融资成本让他们望而却步。这也在一定程度上堵塞了农户自我实现生产方式转型的通道。所以，市场重组是当前和今后一个时期农业生产方式转型的主渠道。经历市场分解和市场重组，过去的“小而全”农业大量消失，专业化的农业公司、合作社、专业大户大量出现。

总之，以城市为中心的市场化真实地发挥了对农业生产方式转变的催化作用。为了加快农业生产方式的创新和转型，农户和农业企业都应当直面市场，不回避市场挑战和检验，不逃避市场竞争和市场选择，主动接受市场导向和市场塑造。

---

① 国务院发展研究中心农村经济研究部：《迈向 2035 年的中国乡村》，中国发展出版社，2022。

三、进入国际化平台，跨国配置资源

国际化是国内市场化在国际经济关系上的延伸，对于尚未完全实现生产方式转型的广大农户和小农业企业来说，国际化平台并无多大现实意义。然而，从发展现代化大农业的战略视角来看，了解国际化的平台功能还是必要的。

中国的现代化是从开放开始的。从近代被动地打开国门起，中国开启了国际化进程，进而加速了国内市场经济的发展。到改革开放时期，随着对外开放的扩大和深化，国内市场经济开始走向成熟，从而加速了国际化、工业化和城市化，成就了经济现代化的宏大历史变迁。就此而言，国际化是整个国民经济现代化的大平台，也是农业生产方式创新的大平台。

因此，有条件的农业企业可以利用国际化平台加快发展；一般性中小农业企业和农户至少应当把国际化作为一个创新和转型的学习平台，从中汲取现代文化的营养。

第四节　坚持专业化、产业化和规模化的方向

在工业化、城市化、市场化和国际化的进程中，农业和农村被城市工商业“化”的范围越大、程度越深，农业转型效果越好。不过，“被化”只是必然趋势，农户和农业企业积极顺应这个趋势，并有所作为，才是“化”的关键。

农户和农业企业生产方式创新到底应该往哪里发力？德翔模式已经告诉大家，现代农业生产方式的基本特征是专业化、产业化和规模化。专业化是现代农业生产方式的基础特征，产业化是其核心特征，规模化是其形态特征。人们在表述农业现代化时，广泛地使用了机械化、水利化、电气化、科学化、数字化、集约化、社会化、绿色化、信息化和多功能化等概念。但我们认为，

水利化和电气化是现代农业赖以存在和运行的基础性支撑，科学化、数字化和机械化是现代农业的技术手段，绿色化和多功能化是现代农业产品（包括环境影响）的属性与功能特征，而不是农业生产方式本身的特征。至于社会化，其实是产业化的社会学表述。加快农业生产方式的创新和转型，就是要加快专业化、产业化和规模化的进程。进一步说，推进农业生产方式创新和转型，就是要在日益提高的水利化和电气化的基础上，更多地依靠科学技术、数字技术和现代机械手段，走专业化、产业化和规模化道路，更好地实现多功能的绿色生产。

一、走专业化道路，以专入链，由专而大

回溯人类农业现代化的历程，不难发现，所有发达的农业经济体，都是从专业分工起步的。小农生产方式是“小而全”。因“小”而弱，因“全”而粗放，这是它的本质特征，也是它的突出弊端。转变小农生产方式，必须由专业化开始。

“专”是一个技术概念。专业化作为产业概念，不仅是指产业内容相对单一，而且是指这种相对单一的生产是依靠现代专业技术而进行的。专业化的核心内涵是技术化。专业以技术而专，因技术而强。例如，现代种植业不仅是品种相对单一，而且依靠现代种子技术、肥料技术和机械技术（燃油动力或电动力）进行生产。这些技术支持和强化了品种单一，使之可行且高效。

在新的生产和加工技术广泛应用的背景下，农业可以细分出许许多多专业门类。例如，北方农村冬季生活、生产采暖在过去都是附带性的，人们从来没有想到它可以分化出来一个产业，如今，这已经成了一个产业现实。坐落在吉林省长春市九台经济开发区的吉林省大维科技发展有限公司曾经是一个业务多元的农业公司，面对市场的激烈竞争，公司放弃了长期经营的种植和养殖项目，转而专营取暖设备的研发和制造，为周边若干农

户和公司让出了产业空间，也促使自己把采暖设备制造越做越专、越做越大。凭借雄厚的研发和生产实力与国际先进生产设备的完美结合，公司已形成大规模的散热器、五层阻氧管、PERT 地热管、电暖器、电锅炉、空气源热泵、燃气壁挂炉、热水器、太阳能、新风系统、空气净化器、中央净水等生产体系，产品广泛应用于若干清洁采暖领域，已通过 ISO 9001 质量管理体系认证、ISO 14001 环境管理体系认证、ISO 45001 职业健康安全管理体系认证、ISO 50001 能源管理体系认证、全国工业产品生产许可证、中国节能产品认证、吉林省建筑节能技术（产品）认定、安全生产标准化认证，以及中国著名品牌、吉林省名牌等诸多认证，产品已进入全国 26 个省（区、市）的市场。

大维科技的实践进一步证明，专业化是现代农业的基础，也是起点。专业化是走向产业化的正途，也是做大、做强企业的正途，是进入大市场、发展大农业的唯一路径。选择市场需求强劲而供给又严重不足的领域进行专业化生产是农户和农业企业大有作为的蓝海。

（一）由专而大

目前，所有农业大户和较大的农业企业都是专业化的，或以专业化为基础的。不“专”是大不起来的。把有限的资源分散投入，必然造成每一个产业都投入不足，都难有可观的规模，因而也难有可观的效益。在分散经营的情况下，如果算细账，农户自己生产的种植、养殖产品的成本是高于市场价的，自己劳神费力地生产，还不如直接到市场上购买更经济。所以，伸着巴掌，不如握紧拳头。只有“专”，才会有产品数量之大，也才可能有产品品质之精，并形成产品的价格优势和市场竞争优势。同时，只有“专”，才能契合产业分工，与上下游产业产生有机的协作关系，形成大产业链，共同把产业做大。突出强项，加大科技投入，已经成为众多农业企业和农户转型发展的不二选择。

（二）由专而链

改革开放以来，我国农业的专业化首先经历了种养业与特产业的分工，然后是种植业与养殖业的分工，再后来是种植业、养殖业、特产业内部的分工。目前的农业分工分业的前锋已进入每一产业内部的分工阶段。一些种粮大户不仅只经营一个大宗品种的粮食生产，而且只做一个经营环节。

以这种宏大的专业化为基础，我国的农业产业化已有一个良好的开端。大量农户和农业企业以专业化的形式进入和融入产业链，节约了劳动成本，增加了收益，体现了明显优于小农业的品质。

当前，我国农业的专业化发展很不平衡，农户经营的主流情况是“既不够专也不够大”。大量农户仍然没有进入专业化的状态，或者站在专业化和产业链的边缘。有的企业以为自己从事特色产业，就很专业了，其实，特色产业是一个很宽泛的产业概念，可以分化出许多专业，这反映了我国农业的专业分工仍然任重道远。过多的企业和农户拥挤在同一个相对专业的产业空间里，大家都无法做大。这也造成了资源配置的畸形化，产业链过于臃肿，严重制约了农业经济整体效益的提高。改善产业链的运行质量，提高农业的产业化水平和运行质量，必须从深化细化农业分工和专业化开始。所有农户和农业企业，特别是科技型企业，都应以市场为导向积极开辟新的专业化领域，主动创造产业蓝海。

（三）由专而强

由专而大，由专而链，已经是许多农户和农业企业正在走的道路。沿着这条路走下去，未来的结果就是变强。无论从国家整体而言，还是就农户和农业企业而言，“强”是优秀品质，是强大的市场竞争力。为建设农业强国，每个农业企业和农户都应当树立由专而强的理想。

首先是专业化和科技化。科技创新是农业的根本出路。农业现代化的本质是农业科技现代化。技术因素在市场竞争和农业现代化中的权重越来越大，技术（包括管理）优势成了最重要的竞争优势。把农业做强，无论就哪一个层面而言，都必须强化科技创新，依靠科技把农业做专做大做精做强。鉴于世界主要发达国家纷纷在科技前沿加快战略布局，抢占包括农业在内的科技经济制高点，培育经济增长新动能，我国也必须在生物技术和人工智能等领域加大科技创新和应用的力度。这反映在农户和农业企业的经营行为上，就是要千方百计地强化先进科技的应用和应用中的创新。

二、以产业化为载体，以链做大，以链带专

分工和专业生产一经发生，就是产业协作的开始。随着产业分工和专业化发展，产业间的协作需求会越来越广泛和强烈，产业链就会越做越大。这就是产业化的发展。

城市工商业从农业中分化出来，并反过来辐射农村，与农业相互联结，形成一个以工业为龙头、以商业为纽带的社会化的大产业化体系。这是一个历时百年的经济和社会变革。农业内部的专业分工和产业链式整合，是对整个国民经济产业化的进一步细化和深化。经过这种分工和专业化发展，农业也正在成为一个包括多种门类的产业，每一个门类又都将成为一个丰富的产业体系。从这个角度讲，也可以把现代农业称为链条式农业、产业化农业、体系化农业。

大产业体系本身就是市场。市场中的所有资源供给和生产生活需求，以及由此而发生的全部交易，都包含在这个体系当中。这个大生产体系也是一个价值体系。所有有价值的资源存在、社会存在和有价值的社会活动，都在这个体系当中；党和政府对市场的调控政策、对社会的管理政策和对农业现代化的支持政策也大都投放于这个体系。每一个农业生产者和经营者（农户和企业）只有加入这个产业化社会化的大产业体系，才可能分享市场资源、社会资源和政策资源，提升发展层次，实现发展现代化大农业的理想。

（一）丰富大农业内涵

自20世纪八九十年代始，我国的农业产业化已经获得了飞跃式的发展。在政府产业化政策的支持下，一大批龙头企业对此发挥了强大的领军作用。以历史数据为基础粗略估计，到21世纪20年代初，全国仅农业合作社就发展到约200万家，其中产加销一体化或专门从事加工流通的占到了50%以上。

以产业化为方向发展现代农业，是一个持续丰富大农业内涵的过程。现代化大农业包括农林牧渔各行业，包括种子研发、种植、田间管理、收割、仓储、初加工、精加工、物流、销售以及生产工具、储运工具和加工设备、包装品和包装设备的制造、市场调研、技术开发、教育培训等，还涉及农电商、休闲农业、观光农业等已知和未知领域。对农业生产者来说，其中每一环节供给和服务的不足、流通的不畅都是发展专业化生产、进入产业化体系的机会。龙头企业应该考虑以此为突破点丰富自己的龙头产业功能，为产业化扩容；家庭农场或小农业公司或合作社应该考虑以此为契机进入产业链，甚至可以通过产品创新“创造”新的市场需求，丰富产业链。

为应对城市市场需求不断增大的压力，提高农产品的品质，以创新发展在市场中立足，农业产业链必须不断地前向延伸、横向展宽。所谓前向延伸，就是新技术的研发、良种培育、有机肥生产、土壤改良、发展规划等产前服务；所谓横向展宽就是生产中的生产配套和服务。比如，果品生产不仅需要经营、管理和销售，还需要有优良品种的培育，剪枝机械、喷雾器的生产，采摘设备、果汁制作设备，包装瓶等包装品的研发和生产，还要有病虫害的防治等技术服务、支持果农融资等金融服务等。

随着生活实践的延展和农业产业化的推进，大农业的内涵将持续扩大，农业产业化的链条将继续延伸。农业产业化在内涵上的创新永远不会终结。这对所有农户和农业企业既是挑战，更是机遇。只有保持旺盛的创新精神，提高创新能力，才能站到现代化大农业发展的潮头。

（二）以链做强

我国农业的国际竞争力还不强，产业链供给端和需求端的安全问题没有完全解决。通过产业链做强农业，是必需的，也是迫切的。

小农业因非产业化特征而小而弱，大农业因产业化特征而大而强。一个企业无论规模大小，也无论它的结构是单一还是复杂，只要它与其他众多企业之间建立起机制性的市场联系，它就是产业化了的，它就是大农业的有机构成。像德翔集团那样产业链条比较丰富和完整的大企业，产业化的程度要更高一些，对做大做强农业的贡献，当然殊非寻常。做大做强，实现大农业的理想，产业链是不可或缺的载体。

在区域布局上，以县域产业集群为重点，做大互相配套、功能互补、联系紧密的产业集群，是当前农业产业化发展的重点。各类加工园区都在努力健全功能、提高带动力，以促进县域产业集聚，把产业链继续拉长和做大；依托加工产业园的企业，应积极参与县域物流配送和市场营销体系建设。有条件的企业可围绕加工园区通过发展直销直供、电子商务、移动互联网营销、第三方电子交易平台等新型物流业态，创新商业模式，努力打造加工品集散中心、物流配送中心、展销中心，甚至形成价格中心；从事种植业和养殖业的农户和企业可围绕加工园区和产业集聚区积极创新和应用良种技术以及组装集成、原料生产技术，实现全程标准化。有条件的企业可以联结众多农户争取成为专业化、规模化和标准化的原料生产基地。

大农业是一个开放的跨区域概念。健康的农业产业化体系不仅是区域内生产、加工、仓储、物流、营销和电商的一体化，而且应当是开放的、跨区域的。只要有利于农业和农村发展、有利于农民致富，产业链条就可以无限延伸。特别是在北方，应当通过产业链条的延伸，打破行政区划的壁垒，实现区域一体化发展，建设社会化的大农业。

（三）以链带专

在社会化大生产体系中，每一类产品的生产都是由众多生产单位依照分工来共同承担的。任何一个强大的农业企业都不可能把一个门类的产业全部承担起来。因此，一种产品的生产越是被产业化，就越是需要发展专业分工和协作。

就食材而言，农业产业链的主要终端是城市（镇）家庭、企业、公共食堂和饭店。由这个群体支撑的农产品市场对粮食、油料、肉品等食材的真实需求在目前已经升级到精致化的阶段。在当今的城市生活中，人们把绿色、健康作为选择食材的首要标准。同时，食材是直接进厨房的，是要随手可进入烹调程序的，清洁化和便捷化是必需的。为了适应快节奏的工作和生活，城市市场越来越需要快捷、方便的食品。这就要求和迫使产业链上的农业企业和农户们把农业不断向精细化加工和分包式销售方向优化、提升。

专业化与产业化相互促进，是农业现代化过程的内在动力。其原动力是市场的分解与整合功能。人们不可以主观地制造产业链，也不可以人为地制造专业分工。对于地方政府来说，能做的只是搭建平台和政策引导。

三、发展规模化经营，向规模要竞争力和高效益

现代农业一定是大农业，大农业的形态表达就是规模化。农业规模化是专业化和产业化发展的必然结果。专业化和产业化程度越高，越可能形成竞争优势，从而更多地集聚生产要素，形成更大的经营规模。做大经营规模，反过来又会加强市场竞争力，获得和集聚更多的优质生产要素，从而提高专业化和产业化水平。专业化、产业化与规模化作为现代农业的基本特征，三者相互依存、相互促进。传统农业是小而全，既不专业也不成规模；现代农业是大而专，既是规模化又是专业化的。把专业化和规模化融为一体的，就是产业化。

（一）以规模化求高效益

一般来说，生产规模越大，单个产品的生产成本就越低，越可能形成市场上的价格优势，越可能具有较强的抵御市场风险的能力，越可能有比较高

的收益率。随着科学技术及以燃油和电为动力的现代农业机械（如播种机、插秧机、收割机、脱粒机等）的日益广泛应用，农业的专业化和产业化有了新的助力，也让农业的规模化生产和经营有了必要的基础和手段。在机械化和科学技术的支持下，农业规模化有了突飞猛进的发展。机械化催生了许多种植业生产大户、养殖业生产大户，以及许多专业化的大物流企业。

总体来看，我国农业企业和农户的生产和经营规模还是“超小”的，全国现有 2.3 亿农户，户均经营规模 7.8 亩，耕地经营面积为 10 亩以下的有 2.1 亿户，占全部农户的 98.3%，大多数农户还没有跳出小农业的格局；达到规模经营的只有 398 万户，占农户总数的 1.7%[①]。由此导致我国农业生产总体效益不高，大量农业企业和农户处在盈利与亏损的边缘，以至于中央和地方政府每年都要为此支付大量政策补贴。提高生产及经营规模化和集约化水平仍然是农业发展和生产方式创新的重要任务。

（二）把握机遇做大农业

我国农业资源丰富，有条件发展规模化的大农业。特别是东北平原、华北平原、关中平原、成都平原、江淮平原，更有条件发展规模化种植，走大农业之路。同时，随着城市化和工业化的推进，大量农民进城务工，为耕地经营权流转和规模化经营创造了必要条件。

我国农业在国民经济中还是一个短板，产能不足。我国每年都需要大量进口粮食，特别是小麦和大豆进口，占到了国内需求总量的 1/3 左右。就世界粮食市场而言，供给也严重不足。同时，我国城乡居民的肉、蛋、奶等产品需求呈刚性增长，从而带动饲料业和粮食需求的增长。这意味着，提高规模化水平、发展大农业在今后一个很长的时期内不仅不存在市场制约，而且面临重大的市场机遇。紧紧抓住中国农业产能不足的机遇期和产业化重组的高峰期，以适当方式融入规模化大农业的洪流，是摆在每个农户、农业企业和

① 国务院发展研究中心农村经济研究部：《迈向农业强国：农业农村现代化一体设计、一并推进》，中国发展出版社，2023。

合作社面前的现实选择，一切农业单位都应在可能的条件下努力提高生产和经营的规模化水平。

提高规模化水平，第一条路是自我扩张。在城市化和农业专业化快速发展的背景下，大量农村劳动力转事他业，有大量耕地和生产资料可以以租用、转让、托管、互换、股份合作等方式流转。第二条路是组织化扩张，组建农业生产合作社或农业公司。通过生产和经营主体的组织化，把分散的生产要素整合起来，可以迅速扩大生产经营规模。第三条路是产业空间集聚，即加工业和服务“扎堆”，从而强化产业协作和聚合效应，形成更丰富的产业链条。

不管走哪条路，都需要水利化、机械化和设施化的支持。随着现代化大农业的发展，我国农业的基础设施建设应该有一个大的提高。国务院发展研究中心农村经济研究部的问卷调查显示，在我国有灌溉条件的耕地面积仅占总耕地面积的 42%，能够实施机械化耕作的耕地面积占 56.2%，只有 29.9% 的村有农业大棚，只有 15.6% 的村可以采取无人机飞防监测，68.2% 的村没有任何智能化农业设施。对地方政府来说，加强农业发展的现代平台建设，已经是一个很迫切的工作。

（三）规模化必须适度

规模化不是越大越好，科学意义上的规模化强调的是适度规模。适度规模不是抽象的理论问题，而是一个实践问题。对不同的生产者和经营者或不同的生产力来说，“适度”的内涵是完全不同的。所有生产过程都是生产能力与生产对象的动态组合。不论是生产能力过大，还是生产对象规模过大，都是资源的浪费。在生产能力（包括生产者所能组织的外援和协作）既定的条件下，适度规模就是生产所能达到的最大规模。

适度规模不是设计出来的，而是在具体的经营过程中形成的。为了收获更好的经营效益，人们不断地扩大规模。随着规模的扩大，生产效率也在不断提高。但随着规模逐步接近“适度”，边际效率便越来越小。当规模达到一定程度时，边际效率就会归零。边际效率为零、生产率不能再提高时的规模，就是适度规模。这时如果再想扩大规模，就需要增加人力和设备投入，建立新的适度规模。

适度规模理论也可以理解为生产力体系的界域理论。任何生产体系的生产能力都是有限的，在既定的有限能力的界域内，规模越大，单个产品所摊入的成本越少，因而更可以形成市场中的价格优势。但随着规模增大，并接近阈值，单个产品成本下降的空间便开始缩小，直到为零。一个农户、一个企业要发展自己的适度规模经营，首先要清醒地判断自己的固有能力和投入能力，建立生产能力的界域概念。

所以，现代农业生产和经营不可以不追求大，但也不可以过度追求大。世界上那些巨无霸式的超大企业大都是工业企业、金融企业、服务型企业，很少有农业企业。美国孟山都公司那样的所谓大农业企业其实是农业服务业企业。农业生产受资源和自然条件制约较大，生产除了要遭遇普遍的商业周期和市场风险，还具有很强的自然周期性和难以抗拒的自然风险。规模愈大，风险愈大。所以，具有强大资本实力的企业不会把农业投资做得过大。对于农户和中小农业企业来说，更要注意防范“大”的风险，“小马拉大车”不是可行模式。

第五节　以信息化、网络化和智能化为手段

如果说专业化、产业化和规模化这“老三化”是现代农业生产方式的基本特征和方向，那么信息化、网络化和智能化这“新三化”则是现代农业生产方式的新手段、新技术特征。

自工业革命在欧洲兴起以来，农业的现代化一直在沿着专业化、产业化和规模化的方向推进、扩展。这样的农业现代化在发达国家已经历时百年。到了第四次工业革命兴起的当代，农业生产方式的现代化在“老三化”的基

础上继续创新，有了新的内涵、新的形态。鉴于信息技术已进入数字化时代，人们把“新三化”概括为“数字化”，把“新三化”下的农业称为“数字农业”。

在20世纪90年代，随着新的科技革命的兴起，我国提出用信息技术装备和改造国民经济。这标志着中国经济的现代化和农业现代化开始进入信息化、网络化和智能化的新时代，同时也意味着中国农业现代化在必须补上第一、二、三次工业革命之课的同时，还要对新的科技革命进行及时跟进。中国的农业现代化必然是一个“老三化”和“新三化”相互促进和融合发展的过程。随着信息技术、网络技术和智能技术应用范围的扩大和应用水平的提高，农业现代化将实现新的飞跃并达到新高度。这样的农业现代化是传统农业现代化的升级，是更高级的专业化、产业化和规模化，因而更高效、更有品质和更文明，将展现出更高级的生产力。

一、以网络为路深度进入市场

现代农业首先是市场农业，因而也是开放农业。但是，在信息技术革命发生之前，市场再发达，其开放性也是有限的。那时，人们对市场的了解比较浅近，甚至交易双方、协作双方、竞争对手之间的彼此了解也都非常有限。现在，农业企业、合作社、农户的基本信息和生产经营活动都上网可查，城市和工商业企业的基本信息和运行情况也都呈现在网络上，党和政府的政策和重要市场经济活动也在网络上公开。所以，“新三化”大大地压缩了社会化大生产体系的物理空间，让市场体系和社会化生产体系越来越可视可感，从而把曾经极度分散的农业生产活动改造成一个紧密化和透明化的可视、可感过程。由此，农业的产业形态和空间布局可以实现广域分散与高度集中的有机统一。初级产品的专业化、规模化的分散生产与相对集中的加工、制造和网络化的储运可以在空间上形成一个以一、二线大城市为中心的合理大布局，从而实现资源的更合理配置和更高效利用。

对于广大农业企业和农户而言，要把握机遇，加快转型和发展，必须学习和运用数字信息技术、网络技术、智能技术，努力提高自己的开放度，从而深度地进入、顺应和融入大市场、大生产、大社会。可以说，自身的开放度、与市场的融合度有多深，选择空间和可作为空间就有多大。

当前，许多生产者、经营者只是用手机查阅市场产品信息和价格信息，对于网络信息资源的开发和利用做得不够。许多人手握宝贵资源，却枯坐愁城，但实际上，与农业生产活动、与自己的生产经营活动相关的信息是海量的，寻求资源与合作的人也是海量的，要找到所需要的资源与合适的合作伙伴并不难。人们还可以运用包括大数据、云计算在内的方法和手段进行分析处理和加工，把分散信息变成系统信息，把无价值和低价值信息变成高价值信息，把信息资源变成文化资源、产业资源、经济资源。这就是“调查研究”。这种调查研究有多深入，对市场的了解和把握就有多深入，生产经营活动就有多自觉和主动。当然，线下的调查研究也是必要的。一些重要信息离不开实际调研，许多网上信息也需要线下的印证。

网络调研是一个以知识、文化和逻辑能力为支撑的经济活动。在数字化时代，加强知识和文化的学习，并强化逻辑归纳和分析能力、表达能力的训练和提高，仍然是包括农民在内的所有职业人士的必修课。

二、以网络为纽带紧密产业联结

信息技术、网络技术、智能技术带来了生产关系的紧密化和透明化，也带来了交易活动的“隔空化”，让整个社会都变成了交易市场。商贸和物流企业以及大量的“网红”可以借助互联网形成强大的市场渗透能力和扩张能力，并构建起自己的市场网络。这让曾经相对冷寂和闭塞的农产品市场开始风生水起，把农业生产与城镇市场之间的关系变得空前紧密。虽然网络市场快速扩大和普及，越来越多地取代实体市场，致使传统的大型商业市场越来越失去商业中心的功能，但城镇中的农产品和食品商业中心依旧火爆。农业产品和食品销售市场作为现代农业生产体系的“龙头”，正在通过数字互联网更迅猛地做大、扩张。

网上开放、网上调研、网上深度进入市场平台，从本质上说，就是拉近、密切和优化产业关系，实现更广泛、更紧密的产业联结。人们了解市场，是为了适应市场，更有效地组织自己的生产和经营，实现产业的市场安全和市场有效。目前，已有许多农业企业、合作社和农户通过网络与用户建立起紧密的市场联系，并形成了具有普遍意义的经营经验。

位于云南省西南部的普洱市作为普洱茶的发源地和茶马古道的源头，享有“绿色氧吧”的美誉。但长期以来，这里的产业优势并未彰显出来。“新三化”的兴起为普洱市安上了产业腾飞的翅膀。它以实施“电子商务进农村”综合示范项目为抓手，建设农村电子商务公共服务体系和商务运营服务平台，并引进“普洱茶抖音电商直播基地”“淘宝直播村播学院”和“快手普洱食品产业带直播基地”，培育电子商务产品供应链，实现了当地农产品与国内外大市场的联通。大量农户、农业企业、合作社和本地商业企业抓住机遇，利用这个商务运营服务平台销售产品，实现了农产品市场的爆发式扩张。

普洱市的经验首先是以政府为主导建立电子商务公共性运营服务平台，给农业企业、农户直接进入市场，连通和对接产销、产消（费）和销消（费）关系铺路搭桥。对当地企业和农户而言，敏锐地认识和利用这个公共服务平台非常重要。如果拒绝这个“路”和“桥”，那么就会被重重关山阻隔于大市场万里之外。

电子商务只是把“新三化”转换成经营手段，具体地连通和密切产业关系。信息技术、网络技术和智能技术本身还是极其重要的生产资源、市场资源和经济资源，信息化、网络化和智能化过程本身还是一个巨大的技术生产市场和技术服务市场。如同电商一样，其他各种形式的技术服务产品将会不断地被生产和创造出来。在这个新的时代里，将产生新的生活方式和生产方式。只有自觉地把企业的生产经营活动置于这个时代性的发展洪流中，才会赋予农业生产经营活动以新的生命和远大的前途。

三、运用AI技术发展智慧农业

现代农业是知识农业、文化农业和智慧农业。但在信息革命之前，所谓“智慧”只是人脑中的智慧。作为信息技术、网络技术和智能技术的集成，电脑的“智慧”不可限量。与人脑相比，电脑可储存更多的信息，进行更复杂、更迅速的运算。这里的“更”是数十倍、上百倍甚至上千倍意义上的“更”。运用电脑，特别是人工智能（AI）技术提升生产和经营智慧，发展智慧农业，是所有农业企业和农户面临的新机遇、新课题。

智慧农业有可能帮助人类彻底摆脱靠天吃饭的宿命。在当下，我们至少可以通过智能技术手段“预知天地之旱涝”；生产企业可以对作物生长进行适时监控和干预，甚至还可以把农业生产“工厂化”“车间化”和“自动化”，把农业生产变成一个完全由人来主导的过程；物流企业、快递员可以预知路况变化，及时了解用户的需求变化。在不远的将来，农业甚至可以是一个以智能机器人为操作手的产业。随着技术的不断进步，农业必将是一个智慧型产业，农业劳动将成为高智能型的劳动。

第六节　现代农业主体的培育和建设

加快农业生产方式创新和转型，说到底要靠农业企业、农业合作社和广大农户的身体力行。一言以蔽之，现代农业必须有新型企业和新型职业农民。新型企业和新型职业农民的成长才是农业生产方式创新和转型的关键。

一、组织化趋势与主体选择

现代农业的生产经营主体是以新型农民为基本构成的经济组织。它或者是家庭农场，或者是专业的农业生产合作社，或者是以投资人为核心建立的农业生产经营公司。这就是现代农业生产和经营主体的组织化。

现代农业的主体为什么一定是组织化的？首先，以专业化、产业化和规模化为基本特征的现代农业不是传统农民和传统家庭（家族）所能胜任的。能够加入以市场为纽带的产业化、社会化的大生产体系中，并以市场方式联结上下左右，与其他经济组织相对接、相耦合，是一种被市场、被客户、被社会所认可的价值。在市场竞争越来越激烈的当下，农业生产和经营越来越表现为经济能量的价值集成，即使有了数字技术手段的加持，个体农民作为生产经营的完整主体也是很困难的。专业化、产业化生产不仅要求生产经营主体必须有专业的技术，而且必须具有对接协调多方协作关系的社交能力和适应市场的经营能力。从现代农业生产的规模化趋势看，经营成百上千亩耕地、组织千万只（头）肉鸡肉牛生产，需要一个专业团队。经营主体的组织化，在当下可能还不能成为农民们普遍的意愿，但长期来看，是发展的必然趋势。

在这个组织化的变革中，公司制农业企业、农业合作社都有自己独到的优势，都可以成为人们的选择。但从发达国家的经验和中国农村社会的现实，特别是中国农业发展的现实来看，家庭农场应该是一个主流的组织形式。

在发达国家，家庭农场是最主要的农业经营主体。以 105 个国家和地区为对象的 2015 年国际农业普查数据显示，家庭农场占全球所有农场总数的 98%，在 4.83 亿个普查样本中有 4.75 亿个是家庭农场，它们至少占有 53% 的农地、生产了 53% 的食物。无论是在发展中国家，还是在发达国家，家庭农场都是食物生产部门中占主导地位的经营组织形式。在农业发达的美国，为支持家庭农场发展，美国农业部下设农场服务署，通过全国性公共服务体系实施农业政策、管理农场信贷项目、提供农产品产供销服务和农业保险补贴等。

家庭农场之所以在发达国家和许多发展中国家长盛不衰，成为全球农业生产最普遍的组织形式，是因为相较于公司制农场和合作社农场，家庭农场具有更好的劳动自觉性和管理经济性，它不需要支付监督成本，可以更有效地即时决策。家庭农场能够成为全球农业生产的主要经营组织形式，是因为它具有明显的比较效率。

我国作为农耕文化悠久的国家，家庭长期作为农业生产的基本单位，人们更重视家庭的价值。所以，中国家庭的亲和力和凝聚力更强，以家庭农场作为农业生产经营的主流组织形式更契合文化传统，可以较好地承接我国农业生产的既有格局，保持变革时期农业农村的社会稳定。以家庭农场作为我国发展现代农业的主要组织形式具有高度可行性。

联合国粮食及农业组织对家庭农场的定义是：以家庭劳动者为主管理经营的农业经营组织形式，是家庭与农场的结合，融入了经济、环境、社会和文化功能。为实行对家庭农场的优惠政策，美国在 20 世纪 70 年代初提出了家庭农场的 3 条标准：一是由家庭成员经营管理，二是家庭承担经营风险，三是家庭必须提供农场一半以上的劳动力。只有符合上述标准，才能享受政府对家庭农场的优惠政策。我国农业部 2014 年发布的《农业部关于促进家庭农场发展的指导意见》把家庭农场定义为一种新型的农业经营主体。该意见对家庭农场主要特征的表述与联合国粮食及农业组织和美国政府的规定相同。但是，在粮食生产领域，我国按目前生产条件把播种面积 100~120 亩作为区分小农与家庭农场的标准。

家庭农场虽然以家庭为主，但它也是一个以农业为主业的生产经营组织，不可将其与作为联产承包责任制主体的家庭画等号。从作为联产承包责任制主体的家庭，到作为现代农业经营组织的家庭农场，需要家庭生产方式和经济功能的升级和重塑。将传统家庭升级为家庭农场，是农业经营主体创新的核心过程。

二、现代农业经营主体的能力塑造

当前，参加新型农业组织的农户所占比重只有 8.8%[①]。无论是家庭农场，还是公司制农业企业和专业生产合作社，抑或是专业协会和准备参加新型农业组织的农户，都有改革和重新塑造的使命，都必须学习现代生产方式，不

① 国务院发展研究中心农村经济研究部：《迈向农业强国：农业农村现代化一体设计、一并推进》，中国发展出版社，2023。

断提高生产的经营能力、管理能力和参与能力。

（一）自主经营能力

自主决策、自主管理、自主发展、自担风险，是现代农业生产经营主体的基本职能。政府可以给予农业生产经营者产业政策支持，提供教育培训，搭建公共服务平台和运营平台，但不能代替生产者的市场化经营，不能为每个经营单位承担风险。

在信息化、智能化时代，人们对经济生活和市场的认知除极为有限的直观感受外，基本上依靠大众传媒，因而具有很强的从众性。但是，信息技术和网络技术也大大增强了人们的视听能力，使人们可以了解和掌握更多的信息。在这样的技术背景下，农业经营者可以对生产经营环境和市场前景进行有充分信息根据的自主判断，进行科学的自主决策，从而把生产和经营活动变成一个高度自主的过程。因此，市场行为越来越具有自主性，市场价格越来越成为一种参数，产品交易价格越来越由当事人的协商来决定。

自主经营是所有农业经济组织必须具备的基本能力，形成和提高这种能力是农业生产经营者们的必修课。对于家庭农场来说，自主经营所需要的责任意识自不必说，经济知识、金融知识、生产技术和工艺操作知识、营销知识、法律知识、计算机使用知识、企业化经营知识和决策知识，以及其他相关知识的学习和积累都是必需的。要在知识积累的基础上，通过生产实践不断提高自主运筹、自主管理的能力，把现代知识能力化。

（二）对生产全过程的管理驾驭能力

现代农业生产者必须具备自主的经营能力，同时也就意味着必须具备对生产全过程的管理能力。在传统农业时代，生产者对生产环境、生产对象和生产过程的把握缺乏前瞻性、预见性、主动性。只有问题和灾害来临时，才作出调整。比如，只有当“卖粮难”发生了，才知道情况不好；只有当市场上肉品价格明显涨落了，才调整生产。在今天的条件下，现代农业虽然不能完全走出大自然和市场波动的影响，但人们可以依靠信息技术和智能技术在一定程度上走出被动，主动管理生产过程。

随着网络通信技术、数据存储技术、大数据、云计算和物联网等在国民经济中应用水平的提高，人类顺应自然、驾驭经济生活的能力大大增强。这反映在农业生产上，就是人们可以预先知晓气象走势和天气变化，提前采取应对措施，把灾害的影响降低到最低的程度；可以对生产过程实行全天候的监控，掌握作物生长的基本信息，对存在的问题和可能发生的病害等问题进行及早应对和处理；可以随时了解市场供求关系和价格行情的变化，及时改变和调整物流，对生产计划进行时序性和空间性调整，甚至提前改变生产计划。如此，人们就可以变被动为主动，理性地管理生产过程，把生产和经营变成可控制的安全过程。特别是那些把生产空间大棚化的农户和企业，更有条件运用智能技术对生产进行全过程、全自动化的经营管理。

在新的技术背景下，在自主经营管理的基础上，努力学习和运用网络技术和智能技术，对生产经营进行有预见性和前瞻性的规划并敏锐适时地管理，是所有生产和经营主体都必须努力做到的。

（三）对社会化生产的外向参与能力

在现代农业生产方式中，外向参与合作是非常重要的。社会化生产之所以优于个体的小生产，从根本上说就在于通过生产过程的组合，实现“1+1>2”的经济效应。农业生产的生物空间分散且广大，并与城市处于不同的物理空间。因此，农业生产经营的外向参与、合作和联结尤其重要。只有发展和形成成熟的外部联系，实现稳定的生产协作和市场对接，才可能实现安全和有效的生产。

从宏观视角看，也正是一个个企业和农场通过自己的外向参与、合作和联结，形成高度产业化的大生产能力，现代农业才可能成为整个社会化大生产的有机组成部分。从这个意义上说，单个生产经营者的外向参与力、合作力、联结力，也是社会性的生产力。

外向参与、合作和联结能力不仅决定着能否真正告别传统的小农生产方式，而且决定着在向现代农业的前进道路上究竟能够走多远。每一个农业企业、合作社、家庭农场都必须不断提高市场化协作和交易的能力，发展成熟稳定的社会联系，把自己塑造成为一个外向型的经济组织。要努力形成诚实守信的经营风格，防止投机取巧的经济机会主义。言而无信，约而不守，败坏的是自己的市场信誉，最终受损的是自己。

三、实现农民的“华丽转身”

农业现代化在本质上是农业文化的现代化。农业生产方式创新与转型，归根结底要落实到农民的转型上。从传统农民向现代新型职业农民的转型，是从孤独型社会角色向参与型社会角色的转变，也是从经验型劳动者向知识型、经营型劳动者的转变。从文化教育上完成农民华丽转身需要两三代人持续不懈努力，当务之急是积极变革思维方式和行为方式，在思想观念上跟上农业生产方式转型的时代步伐。

（一）社会思维

传统农业生产方式的孤立性，决定了人们只能站在自己的“一亩二分地”上孤立地认知自己、规划自己的生产。现代农业是市场化农业，是社会化大农业。在这样的农业生产方式当中，人们生产的性质和功能是被社会关系所规定的。置身于社会化大农业之中，人们的思维方式也应该是社会化的。社会思维就是站在社会的维度上，以社会为价值本位，反观和把握自己，重新认识自己与合作伙伴、与竞争对象的关系。在社会思维之下，人们可以真正知道自己在社会化大生产中处在怎样的节点上，知道自己在市场运行中处于怎样的地位，知道自己从哪来、往哪去，从而正确地规划生产的方向。

（二）资本思维

当传统农业转变为市场农业时，生产的要素结构就发生了质变，资本就成了生产的核心要素。因此，善于融资和用资，以资本为核心配置要素和运营生产，就成了新型农业的生产方式和新型农民的劳动方式。经过这种转变，每一个企业和家庭农场都必然是以资本为核心要素和工具的经济组织。积累和吸引资本、运作资本、提高资本使用效率，是生产经营活动的不变主题。通过资本本身的生产和再生产，带动使用价值的生产和再生产，是现代农业经营活动的核心内容。建立资本思维和资本经营思维，就是要主动适应这种新的资源配置方式和生产方式，以价值生产（增值）为核心目标，把握市场农业的生存规律和发展规律，构建开放稳定的价值链，提高再生产的安全性和有效性。这要求经营者把农业经济的思维提升到工商业的高度，不能在生产价值与使用价值的关系上本末倒置，不能把使用价值的堆积作为生产目的。

（三）科技思维

科学技术是第一生产力。建立科技思维，就是要把农业的生产和经营从经验性运营提升到依靠科学和技术的轨道上，高度重视科技创新和科技成果的应用。同时，还要科学地认识现代农业生产和经营的规律，科学地研判当前市场运行的趋势，科学地规划生产经营活动。

（四）人本思维

以人为本是科学的价值观和发展观，也是农业生产和经营的价值基准。资本思维也好，科技思维也罢，都不能脱离以人为本的价值原则。脱离以人为本的价值基准，资本就会成为拜金主义的工具；脱离以人为本的价值基准，科技就会远离道德，成为罪恶的帮凶。在当代中国农业经济的运行中，诸如有毒有害食品的生产等现象，皆源于人本价值的缺位，以及资本、科技手段的失控。建立人本思维，就是坚持现代的、文明的、正确的价值观，坚持生产者、经营者应有的道德自律，尊重和敬畏民众和消费者的生命价值，珍爱和追求民众和消费者的健康和幸福，从而自觉和严格地规范资本工具和科技工具的使用。

第四章　新型农业的生产经营与效率管理

引　言

随着人口的增长、资源的日益紧张以及人们对农产品质量和多样性要求的不断提高，传统农业面临着诸多挑战。新型农业应运而生，它融合了现代科技与创新管理理念，致力于提高生产效率、优化资源配置并减少对环境的负担，它代表着中国农业现代化的方向，是推动农业高质量发展的关键。

新型农业依托现代科技成果，如精准农业技术、农业物联网、生物技术等，试图打破传统农业的局限。新型农业的生产经营形式丰富多样，不仅在种植、养殖等生产环节进行创新，而且在整个产业链的组织、管理方面也展现出独特的理念；不仅注重对作物的种植和动物养殖过程的精细化管理，而且更加注重对整个农业产业链条的全面优化。同时，效率管理在新型农业中占据核心地位，有效的效率管理能够确保资源的合理配置，降低生产成本，提高农产品的产量和质量，增强农业企业或农户在市场中的竞争力。

对于农业从业者和政策制定者而言，如何科学地规划生产经营活动、优化资源利用效率以及提升生产经营效益，无疑是当前农业发展面临的关键问题。本章将系统分析新型农业的生产经营管理理念、核心内容和关键技术，并辅以丰富翔实的案例，旨在探讨有效提升农业生产效率、降低成本以及增强市场竞争力等方面的理论框架和实践策略。期望通过本章的分析与探讨，为农业从业者、实践者和政策制定者提供切实的参考和启示，共同推动农业生产向更高质量、更高效益、更加绿色可持续的方向发展，满足人民日益增长的美好生活需要。

第一节　新型农业经营管理概述

一、新型农业经营管理的内涵及内容

（一）新型农业经营管理的内涵

新型农业经营管理是指在现代农业发展背景下，运用现代管理理论、方法和技术手段，对农业生产、流通、加工、销售等全过程进行科学合理的组织、协调、计划和控制，以实现农业生产要素的优化配置，提高农业生产效率和效益、增强市场竞争力，最终达到农业经济效益、社会效益和生态效益的协调统一。

新型农业经营管理的内涵是以市场化为导向，以科学技术为支撑，推行产业化经营，注重可持续发展，并不断进行管理创新，以实现农业的高效、优质、可持续发展。其内涵主要包括以下几个方面。

一是市场化导向。新型农业经营管理注重市场研究和需求分析，根据市场需求调整农业生产结构和销售策略，实现农产品的有效供给和高效流通，以满足消费者的需求。

二是科学技术支撑。新型农业经营管理注重科学技术的运用，通过引进、推广和应用先进的农业技术和装备，提高农业生产的科技含量、效率和质量。

三是产业化经营。新型农业经营管理推崇产业化经营模式，通过整合农业产业链上的各种资源和力量，实现农业生产经营的专业化、规模化、集约

化和市场化，以提高农业的整体效益和竞争力。

四是可持续发展。新型农业经营管理强调农业的可持续发展，注重生态环境保护，合理利用农业资源，实现农业经济、社会和生态效益的协调发展。

五是管理创新。新型农业经营管理要求不断创新管理理念和方法，引入现代企业管理模式，完善农业经营管理制度，提高农业生产组织的效率和市场竞争力。通过信息化手段，提高决策的科学性和准确性。

（二）新型农业经营管理的内容

1. 农业科技创新与应用

引入现代农业科技，利用先进的科技手段，包括智能化农业装备、高效节水灌溉技术、农业废弃物资源化利用技术、新品种培育和改良技术等，提升农业生产效率和产品质量。加强与科研机构、新型农业经营主体与服务主体的合作，促进科技成果转化，将最新的科研成果应用于农业生产实践。

2. 农业信息化管理

农业信息化管理涉及利用现代信息技术，如计算机、物联网、大数据、云计算等进行农业生产计划、资源配置、数据分析和决策支持，实现农业生产过程的智能监控和管理，以提高资源利用效率并减少浪费，提高决策的准确性和时效性。

3. 农业产业链管理

整合农业产业链资源，从农资供应、农业生产、农产品加工到市场销售，形成完整的产业链条，优化产业链各环节的协作与配合，提高效率，降低成本。建立和完善新型农业经营主体与小农户之间的利益联结机制，确保小农户能够共享现代农业发展的成果，促进农业产业链各环节的协同发展。

4. 农产品品牌与质量管理

建立农产品的品牌体系，提升农产品附加值，增强市场影响力和竞争力。强化农产品质量安全监管，建立完善的质量追溯体系，实施严格的质量控制标准，确保农产品的安全和优质。

5. 多元化经营和市场营销

探索多元化农业经营模式，除了传统的种植业和畜牧业，还可以涉足农产品深加工、休闲农业、乡村旅游等领域。研究市场需求，制定有效的市场营销策略，创新线上销售、直播带货等新型营销方式，拓宽农产品销售渠道，提高农产品的市场份额和品牌影响力。

6. 资源节约与环境管理

推广生态农业理念，采用绿色生产技术和环境友好型农业生产方式，合理利用并节约资源，减少化肥和农药的使用。加强农业废弃物的资源化利用，减少对环境的污染，生产绿色健康安全优质的农产品。

7. 社会化服务管理

构建完善的农业社会化服务体系，为农业生产者提供技术、信息、金融保险、物流等多方面的支持和服务保障，降低经营风险。推动专业服务公司、农民合作社、供销合作社、农村集体经济组织、服务专业户等多元主体共同发展，提升农业服务的社会化水平。

8. 农业教育与培训

加强对农业生产者的现代农业知识和技能培训，提升农业经营主体的农业生产技术水平和管理能力。重点培育和发展家庭农场、农民合作社、农业企业等新型农业经营和服务主体，提高其经营管理水平和服务带动小农户的能力，促进农业规模化、集约化经营。

9. 农业政策与法规遵守

密切关注政府农业政策动态，确保农业经营活动合法合规。加强与政府部门的沟通与合作，争取政策支持和资金补贴。

综上所述，新型农业经营管理是综合而复杂的系统工程，涉及科技创新、产业链管理、品牌建设、信息化管理、生态环保、社会化服务、多元化经营、教育培训和政策法规遵守等多个方面，这些内容相互关联、相互促进，共同构成了新型农业经营管理的重要内容，推动着农业向现代化、智能化、可持续的方向发展。

二、新型农业经营管理的任务

1. 提高农业生产效率

新型农业经营管理的首要任务是引入现代农业科技和先进的管理方法，优化生产流程，提高农业生产效率，增加农产品产量，提升农产品质量，降低生产成本，提高农业经营效益。

2. 促进农业产业结构优化

随着市场需求的变化，新型农业经营管理需要不断调整和优化农业产业结构，以满足消费者对农产品多样化、高品质的需求。这包括发展特色农业、绿色农业和生态农业，推动农业与休闲旅游、文化、教育等产业的融合发展，拓宽农业功能，推动农业产业向高端化、品牌化发展。

3. 完善农业市场体系与营销策略

新型农业经营管理需要建立完善的农业市场体系，包括农产品批发市场、农贸市场、电子商务平台等，为农产品的流通和销售提供便利。同时，制定科学的营销策略，加强农产品品牌建设，提高农产品的知名度和市场占有率。

4. 推动农业产业链整合

整合农业产业链资源，加强各环节之间的协作与配合，形成紧密的产业链条。通过优化资源配置，提高整个产业链的效率和价值。鼓励农业经营主体与上下游企业建立紧密合作关系，发展多种形式的产业化模式，提高农产品的市场竞争力。

5. 促进农业科技创新与转化

新型农业经营管理要积极推动农业科技创新，加强与科研机构和高校的合作，引进和推广先进的农业技术成果，推动农业科技创新成果向农业生产实践的转化和应用，提升农业生产的科技含量和创新能力。

6. 加强经营主体能力建设

通过教育培训和指导，帮助农业经营主体掌握现代农业技术和管理方法，提升农业经营主体的经营管理能力和水平。

7. 推动农业绿色发展

新型农业经营管理要注重农业资源的合理利用和环境保护，推动农业生产方式绿色化转型。通过推广节水灌溉、精准施肥等技术，减少资源浪费和环境污染。同时，加强农业废弃物的处理和资源化利用，促进农业生态系统的良性循环，实现农业生产与资源环境保护的和谐共生。

三、新型农业经营管理的基本原则

1. 市场导向原则

新型农业经营管理应遵循市场需求，以市场需求为导向，根据市场变化调整生产结构和产品类型，生产适销对路的农产品，提高农产品的市场竞争力，实现农业生产与市场需求的有效衔接。

2. 以人为本原则

坚持以人为中心，保障各类农业经营主体的权益，提高新型经营主体和小农户的参与度和受益水平，促进人均可支配收入的持续增长。政府应提供必要的政策支持和公共服务，包括财政补贴、税收优惠、金融保险服务、教育培训等，为各类农业经营主体的发展创造良好的外部环境。

3. 效益优先原则

新型农业经营主体应注重提升质量和效益，而非单纯追求数量和规模。通过优化资源配置、提高经营者素质、加强科技创新和品牌建设等措施，实现农业高质量发展和效益最大化。

4. 创新驱动原则

鼓励农业经营主体进行管理创新、技术创新和模式创新，不断适应和引领农业发展的新趋势，依靠科技进步和创新，提升农业生产效率和管理水平。

5. 合作共赢原则

倡导农业经营主体之间、农业经营主体与政府之间的合作共赢，建立和完善农业经营主体之间的合作机制，实现资源互补、风险共担、利益共赢，促进农业产业链的优化和升级。

6. 绿色发展原则

注重生态环境保护和资源的可持续利用，推广应用节水、节能、减排、生态修复等技术措施和发展绿色农业，实现农业生产、经营与生态环境的和谐共生。

第二节　新型农业的生产经营管理

一、种植业生产经营管理

种植业生产经营管理是农业经营主体生产经营管理的重要内容之一。种植业生产经营管理是指在种植业生产过程中，通过科学的方法和手段，对生产要素进行合理配置和有效管理，以提高农业生产效率、保障农产品质量安全、促进农业可持续发展的一系列活动。

种植业生产经营管理的内容涵盖了从种植前的准备工作到种植后的收获、加工和销售的全过程。种植业生产经营管理涉及多个环节，集中体现在土地资源管理、生产条件的统筹管理、生产过程中的外包管理等主要方面。

（一）土地资源管理

土地资源管理是种植业生产经营管理的基础，包括土地利用规划、土地整治与改良、适度规模利用等。通过合理规划和管理土地资源，提高土地利用效率，保护土地生态环境，实现种植业的可持续发展。

1. 土地利用规划

农业经营主体根据不同农业生产要素的配置和农作物的种植需求，科学安排土地利用比例和种植结构。根据土地资源的特点（土壤的类型、肥力、酸碱度以及排水条件）和农作物的适宜性，优化种植结构，合理选择作物种类和种植方式，实现作物轮作、间套作等优化配置。

2. 土地整治与改良

在农作物种植周期中，需要定期进行土壤检测，了解土壤养分状况、有机质含量和微生物活动，并根据检测结果进行针对性施肥或者采用测土配方施肥，补充缺失的营养元素。

采取土壤养护措施，通过合理灌溉、保持植被覆盖、合理排水等方式减少土壤水分流失和土壤侵蚀的发生，避免出现土壤劣化和水土流失现象。对于贫瘠或受污染的土地，采用土壤改良技术，如通过增施有机肥、添加生物炭、调整土壤酸碱度等方法进行改良，提升土壤肥力和改善土壤结构。

采取土壤保护措施，通过合理施肥、合理轮作等方法，减少土壤的破坏污染和养分流失，还可以采用秸秆还田、旋耕等方式改善土壤结构，在耕作的过程中减轻土壤压实程度，保障耕地的持续利用。

3. 适度规模利用

（1）土地集中型规模经营

土地集中型规模经营主要是通过土地流转、土地入股、联耕联种、统一经营等多种形式，将细碎、分散的土地进行整合，形成连片的大块土地，实现土地的规模化。具体形式包括：

一是鼓励农户通过合作社、联耕联种、统一经营等形式整合土地资源，实现规模化种植、生产和管理。二是支持农户通过股份合作、土地流转等方式，共同开发和利用土地资源，提高土地利用效率和经济效益。在土地流转的基础上，通过整合资源、增加投入、改进技术和提升管理等方式，实现农业生产过程的规模化、集约化，以提高农业生产效率、土地的产出和增值。

（2）服务带动型规模经营

服务带动型规模经营是指以服务业作为支撑，通过大力发展农业生产性服务业，在农业的产前、产中、产后各环节提供统一服务，包括农用物资、农业机械、农业技术、信息等生产要素的集中、大规模统一使用，提高农业产值和农民收入。

服务带动型规模经营和土地集中型规模经营的区别在于：土地集中型规模经营通过多种方式，将土地这一关键要素集中起来，经营者拥有土地的经营权，对其进行统一经营。而服务带动型规模经营，土地的经营权仍分散在各个农户手中，农业生产性服务的提供者并不具有土地经营权。在这种模式下，农业生产性服务的提供者通过提供服务方式，在其服务的土地上统一使用农用物资、农业机械、农业技术等生产要素，实现生产要素的规模化使用。

相比于土地集中型的规模经营模式，服务带动型规模经营更符合我国国情，有利于充分发挥农户的主体作用，保障农民的利益和权益，促进农村经济的多元发展。同时，这种模式也更有利于保护农业生态环境，减少土地资源的过度开发和破坏。

（3）产业型规模经营

产业型规模经营是指通过积极发展订单农业、会员制农业、一村一品，通过龙头企业和合作社的统一标准和技术规范要求，将农民、农户组织起来，带动农户规模化生产，形成农业产业链条，促进农业生产、加工、销售等环节的协同发展，实现产业规模化的一种规模经营形式[①]。

在这种形式下，尽管经营主体分散，但最终生产的产品都是相同的。这意味着该产品的产出量实现了规模化，实质上是在特定区域内，同一种农产品产出量达到了规模化水平。

（二）生产条件的统筹管理

1. 种子的选择与管理

种子的选择与管理在种植业中至关重要，直接影响作物的生长发育和产量。以下是种植业中种子的选择与管理的关键方面。

---

① 张红宇：《发挥新型农业经营主体对改革的引领作用》，《经济日报》2017 年 2 月 10 日。

（1）种子选择

①选购正规渠道的种子：选择有信誉和口碑的种子生产厂家或供应商，确保种子的质量。选择有种子经营许可证的经营门店购买，避免购买无证流动摊贩的种子。如果是网络购种，需要谨慎，并确保能够获取相关凭证。

②选择适合当地气候和土壤条件的种子：不同的作物对气候和土壤条件有不同的适应性，因此，在选择种子时，需要考虑当地的气候特点、土壤类型以及灌溉条件等因素，选择适应性强的品种。

③选用优良品种：优良品种具有高产、稳产、优质、抗病虫害等特点。在选择种子时，应优先考虑经过审定、引种备案、品种登记的品种，或者是农业推广部门推荐的品种。

④观察种子的外观和质量：优质的种子应该籽粒饱满、大小均匀、颜色新鲜一致，无病害籽粒和破损籽粒。购买时可以通过观察种子的外观和手感来初步判断种子的质量。

⑤了解种子的生产日期和保质期：种子的生产日期和保质期对于种子的发芽率和生长情况有很大影响，因此，在购买种子时，应查看种子的生产日期和保质期，避免购买过期或陈旧的种子。

⑥咨询专业人士的意见：在选择种子时，可以向当地的农业技术推广部门或专业的种子销售人员咨询，了解不同品种的特点和适应性，以便做出更科学的选择。

综上所述，选择优质的种子需要考虑多个方面，包括种子的来源、适应性、品种优良性、外观质量、生产日期和保质期等，确保选购到适合当地种植条件、高产稳产的优质种子。

（2）种子管理

①储存管理：储存种子时，应选择干燥通风、温度适宜、无虫害的环境，避免阳光直射和高温高湿环境，以防止种子受潮、发霉和失活。应定期对种子进行检查和翻动，防止种子霉变或虫蛀。

②标签管理：对每批种子进行标识和记录，包括种子品种、生产批号、

生产日期、保质期等信息，便于追溯和管理。

③使用管理：使用种子前应仔细查看种子标签，确保种子品种和性能符合种植需求。避免使用过期或劣质种子，以免影响作物的生长和产量。

④处理与加工：部分种子在播种前可能需要进行特殊处理，如浸泡、消毒或包衣，以提高种子的发芽率和生长速度。

2. 田间管理

田间管理是种植业生产过程中的重要环节，涵盖了从播种到收获的各个阶段的管理工作，包括种植密度的确定、播种时间的选择、间套作、轮作、连作、休闲、施肥、灌溉、植保等一系列农事管理活动，以保证农作物的正常生长和高产高质。种植业田间管理的主要内容和方法包括以下几方面。

（1）土壤耕作与管理

合理的土壤耕作（深耕和翻土）能够改善土壤结构，增强土壤的透气性和保水保肥能力，为作物的正常生长创造良好的生长环境。耕作方式应根据气候条件、土壤类型和作物需求来确定。例如，在干旱地区，可以采用深耕的方式来提高土壤的保水能力；而在湿润地区，则可能需要采用浅耕来防止土壤板结。

（2）播种管理

①播种时间：一是根据当地的气候特点选择适宜的播种时间，避免极端天气对种子造成不利影响；二是不同的农作物有不同的生长周期，要选择合适的时间播种，避免播种过早或过晚，以确保作物在适宜的生长季节内成熟。

②播种密度：根据作物品种和生长习性，确定合适的播种密度，保证作物生长的空间和养分。

③播种方法：条播，适用于较大的种子，可以确保种子在土壤中分布均匀，有利于作物的整齐生长；撒播，适用于较小的种子，可以快速、均匀地播种在土壤中；点播（或穴播），适用于需要精确控制种子位置的情况，如瓜果类蔬菜的种植。

（3）施肥管理

种植业的施肥管理是确保作物健康生长和提高产量的关键环节。

①土壤测试和养分分析：在种植前进行土壤测试和养分分析，了解土壤的养分含量和 pH 值，确定作物生长需要的主要养分类型和含量，为合理施肥提供依据。

②选择肥料：根据土壤养分状况和作物生长需求，选择适合的有机肥、化肥和微量元素肥料。作物需要多种营养元素才能健康生长。因此，施肥时应考虑各种养分的均衡供应，避免某种养分过量而其他养分不足。要注重肥料的品质和来源，选择质量可靠、含量稳定的肥料产品，避免使用劣质或过期肥料。

③选择施肥时机：一般来说，施肥时机应与作物的生长阶段相匹配，以满足作物在不同生长阶段的需求。例如，基肥通常在播种或种植前施用，将肥料均匀施入土壤中，以提供作物初期生长所需的养分；而追肥则根据作物生长阶段和生长需求，适时施用，补充作物生长所需的养分。注意施肥时的气候条件和土壤湿度，避免在雨后或土壤过湿时施肥，以免养分流失。

④选择施肥方法：常见的施肥方法包括撒施、条施、穴施、灌溉施肥等，选择哪种方法取决于作物的种类、土壤类型和气候条件等因素。例如，对于密植的作物，撒施可能更为合适；而对于行距较大的作物，条施或穴施可能更有效。

⑤监测和调整：关注施肥后的效果，定期监测土壤养分状况和作物生长情况，根据监测结果及时调整施肥方案，确保作物生长所需的养分供应。避免过量施肥和盲目施肥，防止养分浪费和环境污染。

（4）灌溉管理

①土壤水分监测：定期监测土壤水分含量和土壤湿度，了解作物根系深度和水分分布状况，为合理灌溉提供依据。

②灌溉制度设计：根据作物品种、生长期、土壤类型和气候条件，设计合理的灌溉制度，包括灌溉量、灌溉频率和灌溉方式等。

③水源管理：合理选择和管理灌溉水源，包括地下水、地表水、雨水等，确保水源充足和水质良好。对于地下水的开采，需要合理规划和控制抽水量，避免地表水补给不足和地下水位下降的情况发生。

④灌溉调度：根据作物的生长需求、土壤水分状况和当地降雨情况，合理安排灌溉时间和灌溉量，避免过度灌溉或灌溉不足的情况发生。在干旱地区或季节，要增加灌溉次数和水量；在多雨地区或季节，要注意排水防涝。

⑤灌溉技术和灌溉方式：节水灌溉技术，采用滴灌、喷灌、渗灌、微喷灌等方式，可以减少水分的损失，提高水资源利用效率和灌溉效率，降低灌溉成本；智能化灌溉技术，利用遥感、无人机、人工智能等现代化技术手段进行农田水分监测和智能化调控，从而实现精准灌溉，提高农田水利的管理水平；水肥一体化管理，将灌溉与施肥相结合，实现水肥一体化管理，提高施肥效率和作物的养分利用率。可以采用滴灌、渗灌等灌溉方式，结合肥料溶液进行滴肥，减少养分流失和环境污染。

（5）病虫害防治管理

病虫害防治管理需要定期检查田间作物的病虫害情况，采取预防和控制措施，保护作物免受病虫害。可以采取以下防治措施。

①化学药剂防治：根据作物生长阶段和病虫害情况，选择合适的化学药剂进行防治，注意安全用药和药剂使用剂量。

②生物防治：采用天敌、捕食性昆虫等生物防治方法，降低化学农药的使用量，减少环境污染。

③综合防治：采用生物防治、化学防治和物理防治相结合的方法，有效控制病虫害的扩散和危害。同时，要注意选择低毒、低残留的农药，减少对环境和人体的危害。

3. 合作对象的选择

种植业生产中选择合作对象是确保生产顺利进行和提高经营效率的重要决策。在选择合作对象时，应根据自身的经营需求和实际情况，综合考虑各个方面的因素，并与合作对象建立良好的合作关系，实现互利共赢。

①种子和肥料供应商的选择：选择有良好信誉和口碑的种子和肥料供应商，确保供应的种子和肥料品质稳定。关注供应商的产品质量、价格竞争力、服务水平以及配送能力等方面的综合表现。

②农业社会化服务提供商：选择具有专业技术和丰富经验的农业服务机构或组织，提供产业链各个环节的技术服务。考虑技术服务提供商的专业背景、服务范围、服务质量以及技术支持能力等因素。

③合作社或农民合作组织：加入当地合作社或农民合作组织，共同参与种植和销售等环节，实现资源共享、风险分担和收益共享。选择合作社或农民合作组织时，考虑其规模、组织结构、管理水平以及成员之间的信任和合作关系等因素。

④农业保险公司：选择有资质和信誉的农业保险公司，为农业生产提供灾害风险保障，降低生产风险。考虑保险公司的保险产品种类、保险费用、理赔流程以及服务质量等方面的情况。

⑤农产品销售渠道和合作伙伴：选择稳定可靠的农产品销售渠道和合作伙伴，确保农产品的销售渠道畅通和价格合理。关注销售渠道的市场覆盖范围、销售模式、销售价格、付款方式以及售后服务等情况。

⑥政府和农业部门：与当地政府和农业部门建立良好的合作关系，获取政策支持、技术指导和资金补贴等。关注政府和农业部门的政策法规、政策倾向、项目申报流程以及资金使用条件等情况。

（三）生产过程中的外包管理

种植业生产过程中的外包管理是指将部分或全部生产环节或功能外包给专业的服务提供商或承包商来完成，并向其支付服务费用。这种管理方式在种植业生产实践中相当常见，旨在降低成本、提高效率，并保留核心资源进行优化。外包环节可以涵盖产前、产中和产后的各个阶段，如种子选育、土地准备、播种、施肥、灌溉、收获及销售等。

种植业生产过程中的外包管理可以根据具体的需求和情况进行。以下是一般性的步骤和方法。

1. 确定外包范围和目标

首先，种植业者需要确定哪些生产环节或功能可以外包，以及外包的目标是什么。这可能涉及土地准备、播种、施肥、病虫害防治、收获、后期加工等方面。

2. 选择合适的外包合作伙伴

根据外包的范围和目标，种植业者需要选择合适的外包合作伙伴。这可能包括农业服务提供商、机械化作业公司、种子公司、育苗中心、农业技术公司、农业咨询公司、加工厂等。选择合适的合作伙伴需要考虑其专业能力、信誉、价格、服务范围等因素，确保其具备完成任务的实力。

3. 签订合同或协议

一旦确定外包合作伙伴，种植业者需要与其签订合同或协议，明确双方的责任、义务、服务范围、价格、付款方式、服务质量标准、风险分担等内容。合同或协议应该具体明确，避免可能的误解和纠纷。

4. 监督和管理外包过程

种植业者需要在外包实施过程中进行监督和管理，确保外包服务按照合同或协议的约定进行，并达到预期的质量和效果。这可能涉及定期检查、沟通反馈、解决问题、调整计划等活动。

5. 评估和改进

外包服务结束后，种植业者需要对外包过程进行评估，分析外包服务的效果、成本、质量等方面，并提出改进建议，促进外包供应商持续改进和优化外包管理过程，不断提高外包服务的质量和效率，以适应市场变化和种植业发展的需要。

（四）产后环节的统筹管理

1. 收获与产后处理

掌握农产品的采摘成熟期，合理安排收获时间和方法，进行产后的清洗、分级、包装、储藏和运输，以保持农产品的新鲜度和品质。对于一些需要加工的农产品，进行适当的处理和加工，以提高产品附加值。

2. 质量控制与认证管理

严格控制农产品生产过程中的农药残留、重金属含量等质量安全问题，加强质量监测和检测，保障农产品的质量安全，增强消费者信心。建立质量管理体系，进行农产品质量检测和认证，如有机产品认证、地理标志产品认证等，提高产品的市场竞争力。

3. 市场营销与品牌建设

开展市场调研，了解市场需求，制订营销策略和计划，选择适当的销售渠道，推进品牌建设，提升产品知名度和市场占有率。

二、养殖业生产经营管理

（一）场地选择和设施建设

1. 场地选择

选址是养殖业务的首要环节，选择适宜的场地和环境进行养殖，需综合考虑水源、土壤、气候、地理环境和周边生态环境等因素，确保养殖环境的质量。以下是选择场地时需要考虑的因素。

①地理位置：选择地理位置时要考虑气候条件、地形地貌以及附近的水源情况。某些动物对气候和地形有特定的需求，例如，高原地区可能不适合某些种类的动物养殖。选择远离化工厂、屠宰场等可能造成环境污染的企业。养殖场应位于居民点的下风向且地势较低处，但要避开污水排出口。考虑到养殖活动可能对周围环境产生的影响，选择远离居民区、水源和敏感生态系统的地点可能更为合适。

②自然条件：地形应开阔整齐，有足够的面积供养殖场建筑和设施合理布置，以容纳预期养殖规模的动物。地势高燥、平坦，有缓坡，坡度以

1% ~ 3% 为宜，最大不超过 25%。土壤质地最好是砂壤土，因其导热性低且热容量较大，对畜禽机体健康和生长有利。

③水源与基础设施：养殖业通常需要大量的水，用于饮水、清洁和灌溉等用途。水源应水量充足，水质良好，符合生活饮用水标准，且取用方便。养殖场需要基础设施支持，如道路、电力、通信网络等。选择靠近基础设施完善的地区可以减少建设成本和运营成本。

2. 设施建设

根据养殖动物的需求，合理规划和建设畜舍、围栏、笼具、饲料储存等设施。同时，要确保设施符合动物福利标准和环保要求。

①畜舍：畜舍应根据养殖动物的需求进行合理设计，包括通风、采光、保暖等设施。使用环保材料，减少对环境的影响。

②围栏与运动场：设置安全围栏，防止动物逃逸或外界野生动物侵入。提供足够的运动场，以保证动物的运动量和健康。

③饲料储存与加工设施：建立干燥的饲料储存仓库，防止饲料受潮霉变。配备必要的饲料加工设备，以满足动物的营养需求。

④疫病防控设施：设立隔离区，用于新引进动物的检疫和观察。配备消毒设施，定期对养殖场进行全面消毒。

⑤废弃物处理设施：建设沼气池或化粪池等设施，处理动物粪便和污水。实行废弃物资源化利用，如生产有机肥等。

（二）品种选择与繁育

1. 选择优良的种源

选择具有优良遗传性状和优良品质的种源是良种繁育的基础和首要任务。包括选择具有良好的生产性能、抗病能力等特征的优质种源。

①遗传品质：在选择良种时，首要考虑的是其遗传品质。优良的遗传品质意味着动物具有更好的生长性能、抗病能力和生产潜力。

②生产性能：良种的生产性能也是选择的重要因素。这包括动物的生长

速度、饲料转化率、产肉率或产蛋率等，这些直接影响养殖的经济效益。

③抗病能力：选择抗病力强的品种可以减少疾病的发生，降低养殖风险。这不仅可以减少兽药的使用，还有利于动物的健康生长。

2. 制订科学的繁育计划

制订科学的繁育计划，包括配种时间、繁育数量等，以确保动物的繁殖效率和后代质量。

①配种方式：采用先进的繁殖技术，如人工授精、胚胎移植、人工孵化等，提高繁殖效率和质量。根据实际需要选择适合的配种方式，如人工授精或自然交配。人工授精可以提高优良品种的繁殖效率，减少疾病传播；而自然交配则更适用于小规模养殖或特定品种的繁育。

②配种时间：密切关注良种的繁殖期和发情期，并在适当的时间进行配种，以提高配种成功率和后代质量。

③繁育管理：做好妊娠期的管理工作，确保母畜的健康和胎儿的正常发育。同时，产后护理工作也至关重要，以确保母畜的快速恢复和幼畜的健康成长。

④孵化和育雏：对于禽类等需要孵化的动物，实施合理的孵化管理，确保幼雏的健康和生长。提供适宜的温度、湿度和饲料，促进幼雏的生长和发育。

⑤育种记录和追溯：建立完善的育种记录系统，记录配种信息、繁殖参数和后代表现等数据，便于繁殖效果的评估和追溯。

⑥健康管理：重视繁育动物的健康管理，预防疾病的发生和传播。定期进行健康检查、疫苗接种和疾病监测，及时采取控制措施，保障动物的健康等。

⑦环境管理：提供良好的养殖环境，包括适宜的饲料、水质、空气质量等。良好的环境有助于提高动物的生长效率和健康水平。

3. 种群规划和遗传改良

①种群规划：根据市场需求和自身条件，合理规划养殖规模和良种引进计划。这有助于实现种群的健康稳定发展，并提高养殖效率。

②遗传改良：通过选择育种、杂交育种、基因编辑等技术手段，进行遗传改良，提高动物的生产性能和抗逆性，使其更适应市场需求和养殖环境。

（三）饲养管理

养殖业的饲养管理是确保养殖动物健康、快速生长和高产的重要环节。以下是一些常见的饲养管理实践。

1. 饲养环境管理

养殖业的饲养环境需要综合考虑温度、湿度、空气质量和光照等多个因素，维持清洁、干燥、通风良好的养殖环境，减少疫病传播的可能性。定期清理动物粪便、更换饲料和水源等，保持环境卫生，可以促进动物的健康生长和繁殖，从而提高养殖业的整体效益。

①温度：饲养环境的温度是影响动物生长和繁殖的关键因素，不同动物对温度的需求各不相同，但一般来说，适宜的温度范围有助于动物保持正常的生理功能和代谢率。

例如，鸡在育雏期，温度应保持在33℃左右，生长期温度逐渐降低到20℃左右；初生仔猪需要较温暖的环境，温度应保持在25~30℃，随着年龄增长，温度可逐渐降低到18℃；牛的饲养温度应保持在5~26℃，炎热夏季需采取防暑措施，保持牛舍内通风。

②湿度：适宜的湿度有助于维持动物的正常生理活动和健康。

一般来说，在气温适中的条件下，相对湿度保持在45%~70%之间是比较适宜的。但不同动物对湿度的具体需求有所不同。高湿度可能导致动物呼吸困难、皮肤病等问题；低湿度则可能引起呼吸道干燥、脱水等问题。

③空气质量：养殖场应保持良好的通风，以减少有害气体（如氨气、硫化氢等）的积累。定期清理粪便和废料，以减少细菌滋生和异味。

④光照：光照不仅影响动物的生物钟和繁殖周期，还对某些动物（如鱼类和禽类）的生理机能和生长速度有直接影响。

⑤饲养密度：根据养殖动物的种类、体重、年龄以及养殖环境等因素，

合理安排饲养密度，避免过度拥挤。过高的饲养密度可能会导致动物拥挤、空气质量下降、疾病传播等问题，从而影响动物的生长发育和生产性能。因此，养殖户应密切关注动物的生长情况，及时调整饲养密度，以确保动物的健康和养殖效益。

2. 饲料与水管理

①饲料采购与存储：应从有资质的供应商处采购饲料，确保饲料质量安全。饲料应存放在干燥、通风的地方，避免潮湿和霉变。同时，要按照饲料的种类和保质期进行分类存储，确保饲料在保质期内使用。

②饲料配比与使用：提供优质、营养成分均衡的饲料，满足动物的营养需求。根据动物营养需求和生长阶段，科学制定饲料配比方案。投喂饲料时应遵循“定时、定量、定质、定人”的原则，确保动物得到规律且足量的食物。同时，要观察动物的摄食情况，及时调整投喂量和投喂次数。

③饲料质量检测与记录：定期对饲料进行质量检测，包括营养成分、水分、霉菌毒素等指标，确保饲料质量符合标准。建立完善的饲料使用记录制度，记录饲料的购进、使用、库存等情况，以便追溯和查询。

④水管理：选择清洁、无污染的水源作为养殖用水。定期对水质进行检测，对于不符合标准的水质，应采取相应的处理措施，如过滤、消毒等。水槽应经常清洗，确保水质达到标准。对于大型养殖场，可以考虑安装自动饮水系统。采用节水设备和技术，如滴灌、喷灌等，减少水的浪费。同时，要合理安排养殖密度和投喂次数，避免过度用水。建立水资源循环利用系统，如将养殖废水经过处理后用于冲洗圈舍或浇灌植物等，实现水资源的可持续利用。

3. 疫病防控与卫生管理

养殖业的疫病防控是确保动物健康、生产高效的关键环节。以下是一些常见的疫病防控措施。

（1）建立完善的防疫制度

①制订防疫计划：根据养殖动物的种类和当地疫病流行情况，制定合理的防疫计划，包括疫苗接种、消毒、隔离等措施。

②定期检查：定期对养殖动物进行健康检查，及时发现并处理异常情况。对于疑似感染疫病的动物，应立即隔离并报告相关部门。

（2）严格执行消毒措施

①定期消毒：定期对养殖场、饲养用具、水源和动物生活环境等进行消毒处理，减少病原体滋生的机会。消毒剂应选择广谱、高效且对动物无害的产品，并确保消毒剂的浓度和使用方法正确。

②个人卫生：养殖人员应注意个人卫生，定期洗手、消毒，并佩戴适当的防护用具，如手套、口罩等，防止病原体传播。

③生物安全措施：实施生物安全措施，包括限制人员和车辆进出养殖场、定期消毒设施和器具、管理动物死体等，减少疫病的传播风险。

（3）实施疫苗接种计划

①选用合适疫苗：根据养殖动物的种类和疫病的流行情况，选用合适的疫苗进行接种。疫苗应具有良好的安全性和有效性。

②接种时间与剂量：按照生产厂家的建议和兽医的指导，合理安排接种时间和剂量，确保免疫效果。

（4）疫情监测与报告

建立健全疫情监测系统，定期观察动物的生长发育、精神表现、呼吸、饮食、粪便等状况，及时发现并处理异常情况。一旦发现疫病，应立即向相关部门报告，并采取隔离、治疗等措施，防止疫情扩散。

（5）人员管理

①专业培训：对饲养人员进行专业培训，提高他们的饲养技能和疫病防控意识。

②严格操作规范：饲养人员应按照标准程序出入养殖区，避免带入病菌。同时，应严格遵守饲养管理制度和卫生规定。

（四）滚动式动态规模化

滚动式动态规模化是一种结合了滚动发展模式和动态管理的养殖业

发展策略。它允许养殖场在发展过程中，根据市场需求、资源条件和经营状况，灵活调整养殖规模和产能，旨在实现养殖业的持续、稳定和高效发展。

1. 具体做法

（1）制定科学的滚动式发展规划

①初始尝试：在养殖业滚动式动态规模化的初期，养殖户或企业通常会从小规模开始尝试，以降低风险并积累初步经验。

②有序扩张：在初始阶段成功后，根据市场需求、资金状况和技术能力等因素，有序地扩大养殖规模。例如，可以逐步增加养殖数量、扩建养殖场地，或者引入更多种类的养殖动物。

③动态调整与优化：在扩张过程中，需要密切关注市场动态、技术进步和消费者需求等因素，根据实际情况进行动态调整和优化。例如，可以根据市场反馈调整养殖品种或改进养殖技术。

（2）引入先进技术与管理模式

①技术升级：积极引入先进的养殖技术，如自动化喂食、智能环控技术等，以提高生产效率并降低人工成本。

②精细化管理：实施精细化管理，对养殖过程中的各个环节进行严格把控，如饲料配比、疾病预防与控制、环境卫生等，以确保动物的健康生长并提高产品质量。

（3）灵活应对市场变化

①市场调研与预测：定期进行市场调研，了解消费者需求、价格变动和行业趋势等信息，以便及时调整养殖策略。

②多元化销售渠道：开拓线上和线下多种销售渠道，如电商平台、直销店等，以提高产品的市场覆盖率。根据市场需求的变化，灵活调整销售策略，如调整价格、促销活动等。

③品牌建设：加强品牌建设，提升产品知名度和美誉度，通过广告宣传、参加展会等方式提高市场竞争力。

（4）合理利用资金与政策支持

①资金规划：制订合理的财务预算和资金计划，确保规模化发展过程中的资金需求得到满足。同时积极寻求外部融资机会，为滚动式发展提供资金保障。例如，一部分资金用于扩大规模，一部分用于技术升级，还有一部分作为风险储备金。

②政策利用：充分利用政府提供的养殖业扶持政策，如补贴、贷款优惠等，降低规模化发展的经济压力。例如，某些地区的政府为鼓励养殖业发展，会提供贷款贴息或税收优惠政策。

（5）注重环境保护与可持续发展

①环保设施建设：完善养殖场的环保设施，如污水处理系统和废弃物处理设施等，确保养殖活动对环境的影响最小化。这不仅符合环保法规要求，也有助于提升养殖场的形象和社会责任感。

②生态循环农业模式：采用生态循环农业模式将养殖废弃物转化为有机肥料用于种植农作物，实现资源的循环利用。这种模式既降低了废弃物处理成本，又提高了资源利用效率并有助于实现可持续发展目标。例如，某些养殖场将畜禽粪便转化为有机肥料用于果蔬种植，形成了良性循环的农业生态系统。

2. 滚动式动态规模化养殖的优势

（1）降低风险

①逐步扩张：通过逐步增加养殖规模，可以降低一次性大规模投资的风险。这种策略允许养殖户或企业在每个阶段评估其运营情况，并根据实际情况进行调整。

②适应市场：由于滚动式发展规划强调对市场的持续关注，因此可以更快地适应市场变化，减少因市场波动而造成的损失。

（2）提高效率

①技术升级：通过引入先进技术，如自动化和智能化设备，可以显著提高养殖效率，减少人工劳动和成本。

②精细化管理：对养殖过程的每个环节进行严格控制，可以确保动物健康生长，提高出栏率和产品质量。

（3）增强灵活性

①动态调整：滚动式动态规模化允许根据市场需求、技术进步和消费者偏好等因素进行灵活调整，从而更好地满足市场需求。这也意味着可以根据市场需求的波动，适时扩大或缩减养殖规模，以避免过度投资造成资源浪费。

②多元化发展：随着规模的逐步扩大，可以考虑增加养殖品种或拓展相关业务，以实现多元化经营和增加收入来源。

（4）促进资金和资源优化

①合理利用资金：通过分阶段投资，可以更好地管理现金流，避免资金短缺或浪费。

②政策支持：利用政府提供的扶持政策，如补贴和贷款优惠，可以降低经营成本，加速规模化进程。

（5）环境保护和可持续发展

①环保设施：通过建设完善的环保设施，可以减少养殖活动对环境的影响，提高社会责任感。

②生态养殖：采用生态养殖模式和循环农业理念，可以实现资源的循环利用，降低废弃物处理成本，同时促进可持续发展。

（五）产业链整合

养殖业是集约化、规模化水平最高的产业。产业化经营管理需要整合上下游产业链资源，这包括与饲料供应商、兽药生产商、屠宰加工厂、销售渠道等建立稳定的合作关系。通过产业链整合，可以提高资源利用效率，促进产业链的延伸和价值链的提升，实现产业的协同发展，降低交易成本，增强市场竞争力。

1. 与上游供应商对接合作

建立健全的供应链体系，确保原料和饲料的供应充足和稳定，保障养殖生产的连续性和稳定性。加强与供应商的合作与沟通，建立长期稳定的供销关系，降低原料采购成本和风险。

2. 与中游加工业对接合作

①原料供应合作：养殖业提供加工业所需的优质原料，如畜禽肉类、水产品等。加工业可以与养殖场签订长期稳定的合同，通过长期稳定的供应合作，确保原料供应的稳定性和质量，降低加工企业的采购成本和风险。

②定制加工合作：养殖业根据加工业的需求，定制生产特定品种、规格和加工方式的养殖产品。加工业负责加工和包装，将产品加工成符合市场需求的成品，提高产品附加值。

③技术创新合作：养殖业与加工业共同开展产品开发和技术创新，开发新品种、新口味的加工产品。养殖业提供生产实践经验和产品需求信息，加工业提供加工技术和设备支持，共同推动产品创新和升级。

④品牌合作：养殖业与加工业合作建立共同品牌，共同推广和销售加工产品。双方共同参与品牌策划、包装设计、市场推广等工作，提升产品市场知名度和竞争力。

⑤销售渠道拓展：加工业负责产品销售和市场拓展，养殖业提供稳定的产品供应和售后服务支持。双方共同开拓销售渠道，拓展产品销售市场，实现销售业绩的提升。

⑥资源共享与协作：养殖业与加工业可以共享人力、设备、仓储等资源，降低生产成本，提高生产效率。在产品开发、生产流程优化等方面开展合作，共同解决生产过程中的难题，提高整体产能和效益。

3. 与下游服务业对接合作

①物流配送：与物流公司合作，建立高效的物流配送体系，确保养殖产品的及时交付，并提供冷链运输服务，保证产品的新鲜度和质量。

②餐饮服务：与餐饮企业、酒店、宾馆等建立合作关系，为其提供优质的养殖产品，提供个性化定制服务，根据餐饮企业、酒店和宾馆的需求，提供适合的产品和配送服务。

③农旅融合：将养殖场打造成农业观光基地，提供农家乐、农庄游等农业旅游服务，提供农场内部的餐饮服务，吸引游客参观、体验和消费，增加农场的附加值和收入。

④健康与养生服务：与健康管理中心、养生会所等合作，提供优质的养殖产品，如有机肉类、蛋类等，满足顾客对于健康食品的需求。提供健康饮食指导，推广养殖产品的营养价值和健康功效。

⑤社区服务：与社区超市、菜场等合作，为居民提供新鲜、优质的养殖产品，建立长期稳定的供销合作关系。提供社区服务活动，如品鉴会、健康讲座等，提升产品的知名度。

4. 跨界合作

①产业链整合：通过与加工业和服务业进行产业链整合，实现养殖产品从原料生产到加工，再到销售的全产业链闭环。

②品牌合作：与知名品牌或企业进行合作，共同打造品牌产品，提升产品的市场知名度和影响力。

③技术创新：与科研机构、高校等合作，共同开展技术创新和产品研发，提高养殖业的技术水平和产品质量。

三、农业服务业经营管理

随着我国农业产业体系不断完善，相应领域不断细分，现代农业不断发展壮大，服务业已成为现代农业发展的重要支撑。近年来，以培育农业服务业战略性大产业为目标，各部门出台了一系列政策措施，大力培育和发展多元化、多层次、多类型的农业生产性服务业，带动更多农户进入现代农业发展轨道，全面推进现代农业建设[①]。因此，加强对农业服务业的经营管理具有重要作用。

① 乔金亮：《农业生产性服务业获政策支持》，《经济日报》2017 年 8 月 23 日。

（一）农业服务业经营管理的内容

农业服务业的经营管理涉及经营目标和服务定位、服务内容与流程设计、资源整合与优化配置、服务质量监控与提升、人才培养和队伍建设、利益联结和风险防控等多个方面。

1. 经营目标和服务定位

首先，确定经营目标，如提高服务质量、扩大市场份额等，并制订相应的策略和计划，指导农业服务业的发展方向。其次，经营服务主体要明确农业服务业的定位，是针对农业产前、产中还是产后的服务，或者是提供全产业链的综合服务。此外，还需确定农业服务的主要对象，如小农户、家庭农场、农业合作社等新型农业经营主体，并针对不同客户群体的需求进行精细化服务。

2. 服务内容与流程设计

（1）服务内容

根据服务对象的需求，提供物资供应，技术服务，信息咨询服务，金融保险，农机作业与维修，农产品运输、加工、储藏、销售等全方位服务。同时，积极开辟新的服务领域，从种植业向养殖业等领域推进，从产中向产前、产后等环节及金融保险等配套服务延伸，不断提升社会化服务对农业全产业链及农林牧渔各产业的覆盖率和支撑作用。

（2）流程和制度设计

建立科学的农业服务流程和管理制度，确保高效、准确地为服务对象提供服务，包括客户需求分析、服务方案制定、服务执行、效果评估等环节。

（3）规范服务行为

依照相关部门和行业协会研究制定的服务标准和服务规范，加强服务过程管理和服务效果评估，规范服务行为，保障服务对象权益。

3. 资源整合与优化配置

资源整合与优化配置是确保农业服务业生产经营顺利进行的关键。包括整合存量设施、装备、技术、人才等资源，并合理配置和管理，促进资源的集约和高效利用，实现经济效益的最优化。必要时，还应及时调整优化资源配置方案，以适应市场变化和业务发展的需要。

4. 服务质量监控与提升

（1）服务质量监控

建立服务质量监控体系，通过客户反馈、定期评估等方式，确保服务质量的稳定性和持续提升。例如，定期对客户进行满意度调查，了解服务中的不足并及时改进。

（2）持续改进和创新

一是加强技术创新和应用，充分利用互联网、大数据、云计算、人工智能等信息技术，推广应用智能化设备和数据平台，推动农业服务业向数字化、信息化和智能化方向发展，促进农业服务提档升级、提质增效。二是鼓励服务主体积极创新服务模式和组织形式，大力发展多层次、多类型的专业化服务，有效满足多样化服务需求，提升服务质量。例如，因地制宜探索农业生产托管、代耕代种、农业综合服务中心、农业服务超市等一大批行之有效的服务模式和组织形式。

5. 人才培养和队伍建设

（1）推动多元化服务主体共同发展

大力培育农业服务公司、农民合作社、农村集体经济组织、供销合作社、服务专业户等多元化服务主体，推动各类服务主体各尽其能、共同发展。鼓励各类服务主体以资金、技术、服务等要素为纽带，加强合作，推动服务链条横向拓展、纵向延伸，促进各主体多元互动、功能互补、融合发展。推动服务主体与银行、保险、邮政等机构开展深度合作，实现优势互补、互利共赢。

（2）加强人才培养

加强农业职业教育和专业技能培训，提升农业服务业从业人员的综合素质和专业技能，提升服务意识，增强农业服务业的核心竞争力。

6. 利益联结和风险防控

（1）利益联结

鼓励农业服务业与小农户建立利益联结机制，通过合同农业、订单农业等方式，保障农户利益，推动小农户与现代农业的有机衔接。

（2）风险评估和应对

对服务过程中可能出现的风险进行定期评估，如天气变化、病虫害等自然风险，以及市场价格波动等经济风险。建立风险应对机制，包括制定应急预案、购买相关保险、与合作伙伴建立风险共担机制等。

通过上述措施，农业服务业可以更好地服务于农业生产，提高农业生产效率和产品质量，促进农业可持续发展。同时，也有助于提升小农户的生产经营能力和收入水平，实现农业现代化。

（二）农业服务业经营管理的重点

1. 有效对接生产与加工、生产与需求

农业服务业与生产加工环节的有效对接是实现农业全产业链发展的关键。农业服务业有效对接生产与需求的关键在于多方面的协同与整合。以下是一些具体的措施和策略。

（1）加强监测分析和信息咨询

农业服务主体应定期开展市场调研，利用现代信息技术，如移动互联网、大数据等，实时监测并及时掌握市场需求、价格波动、供应状况等信息，为农业生产经营主体提供准确的市场信息，减少信息不对称带来的风险，从而做出合理的生产和经营决策，使生产与市场需求更加匹配。同时，也需要与生产者保持密切沟通，了解他们的生产状况、产能、技术水平，密切关注生产者的需求，以便为他们提供更精准的服务。

（2）构建高效的产销对接平台

农业服务主体应协助生产者打造具有竞争力的农产品品牌，提升产品的知名度和美誉度。同时，通过多元化的营销手段如线上电商和直播销售、农超对接、农产品展销会等开展产销对接服务，拓宽销售渠道，帮助农民将农产品卖出去，减少中间环节，提高交易效率，满足消费者的多样化需求。此外，还可以提供交易撮合服务，确保公平交易和及时结算。

（3）发展精细化综合加工

支持农业服务主体发展清洗分拣、烘干储藏、杀菌消毒等初加工服务，统筹发展农产品初加工、精深加工和综合利用加工，提升农产品加工转化增值空间。

（4）搭建体系化物流网络

鼓励农业服务主体建设通风储藏库、机械冷库等设施，提高农产品商品化处理和错峰销售能力，同时建设农产品产地市场、骨干冷链物流基地等，提升分销能力。

（5）推动产业链的协同发展

农业服务业应积极促进生产者、加工商、销售商之间的合作与协调，推动产业链的整合和优化。通过加强合作，可以降低交易成本，提高生产效率，实现资源的优化配置。

2. 加强物流、精准配送与收购环节管理

在农业服务业中，物流、精准配送和收购是相互依存、相互促进的重要环节。加强物流、精准配送与收购的经营管理对于确保农产品从生产到销售的高效、顺畅运转起着关键作用，也可以有效提升农业服务业的整体效率和服务质量。

（1）农业物流

物流是农业服务业管理的核心环节之一。农业物流涉及农产品的运输、仓储、包装、装卸搬运、流通加工和配送等多个方面。有效的物流管理能够确保农产品在运输过程中的安全和品质，减少损耗和浪费。

①加强仓储设施建设和管理：建立高标准的仓储设施，包括温度调节、通风和除湿功能，以适应不同类型农产品的储存需求。加强对仓库的管理，包括货物分类、库存管理和防损措施，以降低货物的损耗率并提高保质期。

②优化运输网络：发展高效的农产品运输网络，确保产品能够及时到达目的地。根据农产品的特性和需求，选择合适的运输方式以及装卸载方式，

以减少途中的损耗和污染，降低物流成本并提高运输效率。

③采用物流信息数字化管理：利用现代信息技术，如物联网、大数据等，对物流过程进行智能化管理，实现从农产品生产到消费的全程跟踪和监控。通过信息实时传递，使相关方能够及时做出决策，提高物流效率和降低成本。

（2）精准配送

精准配送是在农业物流基础上，利用现代信息技术和智能配送系统，实现农产品的精准、高效配送。随着消费者对农产品新鲜度和品质的要求越来越高，精准配送变得尤为重要。

①优化配送系统：建立精准高效的配送系统，利用现代信息技术和智能配送算法，对农产品的配送路线和时间进行精准规划和优化，同时通过引入先进的配送技术和设备，提高配送的效率和准确性。通过线上预约和实时追踪，确保农产品准确、高效地送达客户手中。

②控制产品质量：在配送过程中，对农产品进行严格的质量控制，确保产品新鲜度和品质。对于需要冷链运输的农产品，特别关注温度控制，以保持产品的最佳状态。

③提供优质的客户服务：建立高效的订单处理系统，实现订单跟踪和信息共享，提高客户满意度。及时处理客户投诉和问题，维护良好的客户关系。

（3）收购

收购环节也是农业服务业管理中的重要组成部分。收购环节涉及农产品的采购、定价、质量控制以及与销售市场的对接等问题。在收购过程中，需要确保农产品的品质和安全性，同时还要考虑市场价格和农民的利益。因此，农产品收购需要密切关注市场动态，了解农产品的价格走势和市场需求，制定合理的收购策略，建立完善的采购体系和质量检测机制，以确保收购的农产品符合市场需求和质量标准。

①建立严格的供应商筛选机制：对潜在的农业生产者或供应商进行综合评估，确保他们的产品质量和供应能力符合标准。建立长期稳定的合作关系，保证农产品的持续供应和质量稳定。

②明确收购标准和合同条款：与农业生产者或供应商签订收购合同，明确收购数量、价格、质量标准等关键条款，确保双方权益得到保障，降低合作风险。同时，采取大规模的统一采购、源头采购，形成品种、价格、数量和质量上的优势。

③加强质量监管和检测：对收购的农产品进行严格的质量检查和控制。制定质量标准，确保农产品质量符合标准和客户要求。

第三节　新型农业的效率管理

新型农业的效率管理通常通过其经济核算与经济效益评价来体现，是对农业生产经营主体在其生产经营过程中的生产资料的占用、劳动耗费和生产成果进行的记录、计算、比较和分析，其目的是改善经营管理、提高经济效益。通过科学的经济核算和效益评价，农业生产者可以全面了解经营状况，及时调整经营策略，优化资源配置，提高农业生产效率和经济效益，实现可持续发展。

一、农业经济核算

农业经济核算是对农业生产经营过程中的投入和产出进行量化和分析，通过全面、科学的管理，以提高农业经济效益。农业生产经营中经济核算的内容主要包括成本核算、盈利核算等方面。

农业经济核算指标体系包括总量指标和个量指标两部分。

总量指标包括以下几种。①农业总产值：是农业总产品的数量与价格的乘积。②农业总费用：是农业生产过程中所发生的全部费用的总和。包括直接费用和间接费用。③农业净产值：是农业总产值减去农业物质消耗总费用。④农业纯收入：是农业总产值扣除农业总费用之后的余额，也是农业净产值减去农业劳动总费用。⑤农业商品产值：是作为商品销售的农产品的价值总和，也是农业的销售收入总和。

个量指标包括以下几种。①劳动生产率类指标：包括单位劳动力生产的总产值、单位劳动力生产的净产值、单位劳动力创造的利润等。②土地生产率类指标：包括单位土地面积上的总产值、单位土地面积上的净产值、单位土地面积上的利润等。③资金生产率类指标：包括资金产值率、资金净产值率、资金利润率、成本产值率、成本净产值率、成本利润率等。

（一）农产品成本核算

1. 农产品成本核算的含义

农产品成本核算是将农业经营主体在一定时期内发生的、用货币表现的生产耗费，按它们的用途进行汇集、分配，计算出不同产品的实际成本和单位成本的过程。

2. 农产品成本核算的方法

在农业生产经营过程中，农产品成本核算通常使用的方法有总成本法、分摊法、边际成本法、非货币计量法等，应根据具体情况选择合适的方法。

①总成本法是将所有生产成本包括固定成本和变动成本计入总成本中，包括土地租金、肥料、农药、种子、劳动力、设备维护等。

②分摊法是按照产量或面积等指标，将固定成本和可变成本进行分摊，以此计算每单位产量或面积的成本。

③边际成本法是指增加一单位产量或面积所需要增加的成本。该方法通常用于决策分析，以帮助农民决定是否增加产量。

④非货币计量法是指通过计算如土地、劳动力、能源等非货币资源的使用量来计算成本。

3. 农产品成本核算的步骤

①确定成本核算对象：明确核算农产品的种类和数量，包括作物、家禽、家畜等，以不同的农产品进行成本核算。例如，在种植业成本核算

中，为了适应成本管理的要求和简化核算手续，进行农产品成本核算时，主要作物以每种作物为成本计算对象，单独核算其产品成本；次要作物以每类作物作为成本计算对象，先计算出各类作物的产品总成本，再按一定标准确定每类中各种作物的产品成本。同一种作物不同收获期的成本，必须分别核算。

②确定核算范围：根据不同种类农业生产的特点和实际情况，确定成本核算的范围，包括土地、种子、化肥、农药、雇工等各项费用。例如，种植业生产成本项目主要有人工费用、种子费、肥料费、农药费、机械作业费、排灌作业费、畜力作业费、其他直接费、农业共同费、管理费及其他支出 11 项；畜牧业生产成本项目主要有燃料及动力、医药费、产畜摊销、其他直接费、管理费等 8 项。

③确定农产品成本核算的时间：根据农业生产的周期和特点，选择核算周期，一般以一年或一季度为一个周期。

④确定成本核算的方法：根据实际情况选择适合的成本核算方法，进行成本核算。

⑤收集成本数据：需要收集所有与生产、加工、销售等相关的成本数据，对收集到的数据进行分类，费用可分为直接成本和间接成本，成本分为可变成本和固定成本等。

⑥核算农产品总成本：将所有成本进行计算得出总成本。由于各行业生产具有自身的特点，农产品成本项目构成不尽相同，因而各行业成本核算的方法也有所不同。以种植业为例，具体采用以下核算方法：

$$\text{某作物总成本} = \text{该作物人工费用} + \text{该作物物质消耗费用} + \text{该作物分摊的生产管理费用} \quad \text{（式 4-1）}$$

$$\text{某作物单位主产品成本} = (\text{该作物总成本} - \text{该作物副产品产值}) \div \text{主产品产量} \quad \text{（式 4-2）}$$

其中，副产品成本可以用估价法或比例法来确定。估价法是对副产品按市场价格进行估价，并以此作为副产品成本；比例法是将某作物总成本按照一定比例在主、副产品之间进行分配。若副产品不能利用或不能出售，则不予计价，其成本全部由主产品负担。

【示例 1】某农业经营主体有耕地 2000 亩，主要种植小麦和水稻。2022 年播种小麦 1200 亩、水稻 800 亩，收获小麦 480000 千克、稻谷 420000 千克，出售麦秸、稻草分别获 270000 元、260000 元。总的生产费用支出 700000 元，其中，小麦的人工费用 60000 元、种子 90000 元、肥料 120000 元、排灌作业费 12000 元、机械作业费 36000 元，水稻的人工费用 40000 元、种子 140000 元、肥料 70000 元、排灌作业费 8000 元、机械作业费 24000 元，小麦和水稻共同的生产管理费用 100000 元。则小麦和水稻的成本是多少？

计算过程如下：

a. 小麦物质消耗费用 = 90000+ 120000+12000+36000=258000（元）

小麦分摊的生产管理费用 =100000 × [480000 ÷（480000+420000）]

≈ 53333（元）

小麦总成本 = 小麦人工费用 + 小麦物质消耗费用 + 小麦分摊的生产管理费用

=60000+258000+53333=371333（元）

小麦单位面积成本 =371333 ÷ 1200 ≈ 309.44（元 / 亩）

小麦单位产品成本 =（小麦总成本 – 小麦副产品价值）÷ 小麦产量

=（371333–270000）÷ 480000 ≈ 0.21（元 / 千克）

b. 水稻物质消耗费用 =140000+70000+8000+24000=242000（元）

水稻分摊的生产管理费用 =100000 × [420000 ÷（480000+420000）]

≈ 46667（元）

水稻总成本 = 水稻人工费用 + 水稻物质消耗费用 + 水稻分摊的生产管理费用

=40000+242000+46667=328667（元）

水稻单位面积成本 =328667 ÷ 800 ≈ 410.83（元 / 亩）

水稻单位产品成本 =（水稻总成本 – 水稻副产品价值）÷ 稻谷产量

=（328667–260000）÷ 420000 ≈ 0.16（元 / 千克）

（二）农产品盈利核算

农产品盈利是指农产品销售收入扣除生产成本、费用和支出后的余额，是农业经营主体实现的利润总额。因此，盈利的核算实质上就是利润的核算，包括利润额的核算和利润率的核算，这是农业经济核算中的一项重要内容。

1. 利润总额的核算

利润总额是农业经营主体在一定时期内的主营业务和副营业务总收入扣除所有成本费用后的差额。差额为正，即为盈利；差额为负，则为亏损。

利润总额 = 营业利润 + 投资净收益 + 补贴收入
+ 营业外收入 − 营业外支出（式 4–3）

营业利润 = 主营业务利润 + 其他业务利润 − 管理费用
− 财务费用（式 4–4）

主营业务利润 = 主营业务收入 − 主营业务成本 − 营业费用
− 主营业务税金及附加（式 4–5）

其他业务利润 = 其他业务收入 − 其他业务支出（式 4–6）

【示例 2】某经营主体共有土地 210 亩，分别用于培育苹果苗和栽种苹果树。2022 年该经营主体的管理费用为 80000 元、营业费用为 40000 元、财务费用为 6000 元，没有对外投资，也无其他营业收支，税金及附加全免，政府补贴 100 元 / 亩。该经营主体按 0.9 元 / 株销售 240000 株苹果苗、按 1.2 元 / 千克销售 150000 千克苹果，则该经营主体 2022 年的利润总额是多少？

计算过程如下：

主营业务利润 = 主营业务收入 − 主营业务成本 − 营业费用
− 主营业务税金及附加
=（240000 × 0.9+150000 × 1.2）
−（240000 × 0.5+150000 × 0.46）−40000−0
=396000−189000−40000

=167000（元）

营业利润 = 主营业务利润 + 其他业务利润 − 管理费用 − 财务费用

=167000+0−80000−6000

=81000（元）

利润总额 = 营业利润＋投资净收益 + 补贴收入 + 营业外收入 − 营业外支出

=81000+0+210 × 100+0−0

=102000（元）

利润总额只能表明利润的数量，不能反映利润水平的高低。由于利润总额的多少，不仅取决于企业最终的生产经营成果，还取决于其生产规模，因此在考核不同规模企业的盈利情况时，比较利润率的高低更为准确。

2. 利润率的核算

核算利润率常使用成本利润率和产值利润率这两个指标。

（1）成本利润率

成本利润率是农业经营主体的利润总额与农产品成本总额的比率，计算公式为：

$$成本利润率=\frac{利润总额}{成本总额}\times 100\% \qquad （式 4–7）$$

该指标表示农业经营主体每投入一元所创造的利润数额。农业经营主体应该尽可能提高该指标，以便以最少的消耗创造出更多的利润。

（2）产值利润率

产值利润率是农业经营主体的年利润总额与年生产总值的比率，计算公式为：

$$产值利润率=\frac{年利润总额}{年生产总值}\times 100\% \qquad （式 4–8）$$

该指标表示农业经营主体每创造一元的年产值中包含的利润数额。若该指标值越大，则经营主体的盈利能力越强。

二、农业经济效益评价

农业生产经营的核心是提高经济效益。生产主体的一切经济活动，最终要以是否提高经济效益作为衡量的尺度，所以，评价一个生产单位经营管理的好坏，主要应以经济效益为标准。

（一）农业经济效益评价的含义和评价指标

1. 农业经济效益评价的含义

农业经济效益评价是指评估农业生产活动所带来的经济效益的过程，采用一定的指标，运用计算、比较、分析等方法，对同一农业生产活动在不同地区、不同生产单位和不同年份所取得的经济效益，或不同生产活动方案在同一生产经营条件下所取得的经济效益所做的比较和评价工作。

2. 农业经济效益的评价指标

由于农业生产的特点和社会需求的复杂性，需要设置和运用一系列指标，从不同方面、不同范围、不同层次来计算和分析农业经济效益的大小。在经济工作中，应用较多、作用较大的指标主要有以下几个。

（1）土地生产率

土地生产率通常用单位土地面积的农产品产量或产值来表示，计算公式为：

$$\text{土地生产率}=\frac{\text{产品产量（或产值）}}{\text{土地面积}}\times 100\% \qquad \text{（式 4–9）}$$

从表面看，该指标越大，经济效益越好。但因没有扣除物化劳动和活劳动投入量的影响，所以，不能认为产量或产值高，效益就高。因此，在实际评价时，一般同时采用单位土地面积净产值指标和盈利率指标。

$$\text{单位土地面积净产值}=\frac{\text{农产品产值}-\text{物质生产费用}}{\text{土地面积}} \qquad \text{（式 4–10）}$$

$$单位土地面积盈利率=\frac{农产品产值-生产成本}{土地面积}\times 100\% \quad（式 4\text{–}11）$$

（2）农业劳动生产率

农业劳动生产率是农业劳动消耗量和农产品产量（或产值）的比例关系，反映单位劳动时间生产出的农产品数量，或者生产单位农产品所消耗的劳动时间。它表明农业劳动者生产农产品的效率和能力，计算公式为：

$$农业劳动生产率=\frac{农产品产量（或产值）}{劳动者劳动时间}\times 100\% \quad（式 4\text{–}12）$$

式中，一般用“人·年”或“人·工日”表示劳动者劳动时间，用“元/人·年”表示劳动生产率。

（3）成本产出率

成本产出率是指消耗单位农产品成本所对应的农产品产量或产值，计算公式为：

$$成本产出率=\frac{农产品产量（或产值）}{劳动者劳动时间}\times 100\% \quad（式 4\text{–}13）$$

$$饲料转化率=\frac{畜产品产量}{饲料消耗量}\times 100\% \quad（式 4\text{–}14）$$

（二）新型农业经营效益的提升路径

1. 提高农业劳动生产率

根据劳动生产率的计算公式：

$$\begin{aligned}劳动生产率&=产量\div 劳动力\\&=（产量\div 耕地面积）\times（耕地面积\div 劳动力）\\&=单产\times 劳均耕地面积 \quad（式 4\text{–}15）\end{aligned}$$

可以推导出：

$$人均农业产出=单位产值\times 人均经营规模 \quad（式 4\text{–}16）$$

因此，提升农业劳动生产率有两条途径：一是提高农产品单位产值，二是扩大人均经营规模。

（1）提高农产品单位产值

①提高农产品价格。实施质量兴农战略，以提高农产品质量为核心实现优质优价。一是深入推进农业绿色化、优质化、特色化、品牌化，调整优化农业生产力布局，推动农业由以增产为导向转向以提质为导向，从而提高农产品价格；二是实施产业兴村强县行动，推动农产品标准化生产，培育农产品品牌，保护地理标志农产品，打造“一村一品一县一业”发展新格局，提升品牌形象，提高农产品价格。

②提高农产品数量。实施藏粮于地、藏粮于技战略。加强农业基础设施建设，包括改造中低产田，加强水利基础设施建设，把中低产田建成旱涝保收、高产稳产、节水增效的高标准农田，加强建成后的管护利用。加快科技进步，包括良种良法、病虫害防治、测土配方、节水灌溉、防灾减灾保护性耕作技术、农业机械化技术，以及推动农业产业链综合管理技术的进步和推广应用。

（2）扩大人均经营规模

①扩大土地经营面积。一方面，在严守耕地红线的基础上，引导土地经营权有序流转，加快培育新型农业经营主体，打造高素质的现代农业生产经营队伍，促进农业适度规模经营；另一方面，针对大国小农的基本国情，健全农业社会化服务体系，开展多样化的联合与合作，发展多种形式的适度规模经营，促进小农户与现代农业有机衔接。

②减少劳动力投入。一是通过引进和推广先进的农业机械，大大减轻农民的体力劳动，提高农业生产效率，从而减少对大量劳动力的依赖。二是通过发展现代农业技术，如智能灌溉、精准施肥、病虫害监测等，提高农业生产的智能化和自动化水平，进一步减少对劳动力的需求。三是社会化服务组织通过提供全程土地托管服务，全方位管理农业生产过程，有效地将原本由农户分散承担的农业生产任务集中起来，实现规模化、集约化经营，显著降

低生产成本，农业生产过程中对劳动力的需求也相应减少。四是通过加强职业教育和培训，提高农民的农业技能和管理能力，使他们能够更高效地进行农业生产。这样不仅可以提高农业生产效率，还可以减少不必要的劳动力投入。同时，通过培训可以引导农民向非农产业转移就业，进一步减少农业劳动力投入。

2. 提高土地生产率

①科学施肥：根据土壤肥力状况和作物需求，科学施用有机肥、化肥等，合理把握施肥量和施肥时机，提高土壤肥力，增加作物产量。

②土壤改良：实施土壤改良措施，包括有机物添加、植被覆盖、耕作层深翻、合理轮作等，改善土壤结构，增加土壤保水保肥能力，提高土地生产力。

③精准灌溉：实施精准灌溉技术，根据作物生长需水量和土壤水分状况，精确控制灌溉量和灌溉频率，提高水资源利用效率，降低灌溉成本。

④科学种植：采用科学的种植方法，如密植、轮作休耕、间作等，优化作物种植结构，提高土地利用效率和产量。

⑤病虫害防治：加强病虫害防治管理，采用生物防治、物理防治等绿色防治方法，减少农药使用，降低土地生态环境风险，保护土地生产力。

⑥农业机械化：推动农业机械化，引进和使用现代化的农业机械设备，如收割机、播种机、耕整机等，提高劳动效率，降低生产成本。

⑦科技支撑：加强农业科技创新，研发适合当地土壤和气候条件的新品种、新技术和新装备，提高作物品质和产量，提高土地生产力和抗逆能力。

⑧推动农业产业化与规模化经营：通过发展农产品加工、流通等，推动农业产业与土地规模化经营相结合，提高农业生产效益。推动土地流转，使土地得到合理利用，避免闲置浪费，同时让农民获得经济补偿。

第四节　新型农业的实践案例

一、梓潼县黎雅镇西安村股份经济合作联合社

1. 背景

四川省绵阳市梓潼县西安村丘区农业存在诸多问题，如农业产业结构不优、集体经济薄弱等。为了解决这些问题，西安村成立了股份经济合作联合社。

2. 服务模式

组织创新：在村党组织的领导下，通过农村集体资产清产核资、成员确认等程序，成立了联合社，形成了村集体经济发展利益共同体。

服务方式：联合社向农户提供全覆盖的“保姆式”服务，包括“耕、种、管、收、售”等多种服务方式。这种“1+N”的农业社会化服务模式深受农户欢迎。

3. 成效

服务区域已拓展到相邻地区，服务面积达 5 万余亩。截至 2021 年，联合社服务农户 880 余户，实现营业收入 800 万元，村集体实现利润 87 万元，成员人均分红较上年增加 800 余元。

二、广州温氏集团江高模式

1. 背景

温氏食品集团股份有限公司（简称温氏集团）是中国知名的农业产业化龙头企业，其江高模式是一种紧密的“公司 + 农户”的合作养殖模式。该模式起源于 20 世纪 80 年代，经过多年的发展与创新，已成为推动当地农业现代化和农民增收的重要力量。

2. 核心内容

“公司＋农户”的合作方式：温氏集团与农户签订合作协议，由公司提供鸡苗、饲料、兽药等生产资料，并提供技术指导和服务。农户负责提供养殖场地和劳动力，进行饲养管理。

统一的销售与回购：养殖周期结束后，温氏集团按照协议价格回购农户养殖的成品鸡，统一进行销售。这种方式保证了农户的收益稳定性，降低了市场风险。

技术支持与服务：温氏集团为农户提供全面的技术支持和服务，包括养殖技术培训、疫病防治指导等。这有助于提高农户的养殖技术水平，确保养殖效益。

3. 成效

以温氏集团在广州市江高镇的合作项目为例，该项目自实施以来，取得了显著成效。

带动农民增收：通过江高模式，当地农户实现了稳定增收。

提升农业技术水平：在温氏集团的技术支持下，农户的养殖技术水平得到了显著提升。通过科学的饲养管理和疫病防治，鸡只的成活率和出栏率均有所提高。

推动农业现代化：江高模式的实施，推动了当地农业的现代化进程。温氏集团通过引入先进的养殖设备和技术，提高了农业生产效率，降低了生产成本，为农业的可持续发展奠定了基础。

三、水稻—鱼共生种养模式中的良种选择

1. 背景

在水稻—鱼共生种养模式中，良种选择对于提高整体效益至关重要。

2. 良种特点

鱼类：选择适应性强、生长快、耐低氧的鱼类品种，如鲤鱼、鲫鱼等，

以适应水稻田的环境。

水稻：选择抗病虫害、高产优质的水稻品种。

3. 成效

既提高了土地资源的利用率，鱼类和水稻相互促进生长，又增加了农产品的多样性和市场竞争力。

四、江西胜龙牛业肉牛养殖产业链整合

1. 背景

胜龙牛业是一家国家级农业产业化重点龙头企业，专注于肉牛养殖和深加工。公司与农户合作，形成了紧密的“龙头企业 + 基地 + 合作社 + 农户”的农业产业化经营模式。

2. 产业链整合措施

饲料生产：自主生产或采购优质饲料，确保饲料质量和供应稳定性。

良种繁育：引进和培育优良肉牛品种，提高肉牛的生产性能和肉质。

肉牛养殖：与农户合作，提供统一采购的犊牛、饲喂精料，并进行技术支持。

屠宰分割与深加工：拥有现代化的屠宰场和深加工设备，生产高品质牛肉产品。

冷链物流：建立完善的冷链物流体系，确保产品新鲜度和质量。

连锁专卖与品牌运营：通过连锁专卖店和品牌营销，提高产品知名度和市场占有率。

3. 成效

2022 年，联合体内部农业经营主体的销售收入合计达到 3.8 亿元，核心龙头企业年销售额达 3.4 亿元。通过产业链整合，降低了生产成本，提高了产品质量和市场竞争力。

五、山东蒙阴的“电子商务 + 联配联送”物流配送服务

1. 背景

山东蒙阴县是一个农业大县，以蜜桃等特色农产品著称。为了推动农产品的销售和流通，蒙阴县依托电子商务和农村物流的快速发展，创新了物流配送服务方式。

2. 主要做法

电子商务引领：蒙阴县大力发展电子商务，完善电商服务体系，通过电商销售农产品，提高农产品的价格和销售收入。

联配联送模式：蒙阴县实现了快快合作、邮快合作、交快合作的“联配联送”模式。这一模式整合了电商、邮政、快递等多种物流资源，将快递企业化零为整，大幅度降低了快递成本。

完善三级物流网络：蒙阴县按照“多站合一、资源共享”的模式，完善了县、乡、村三级物流网络，包括整合完善县、乡、村三级物流站场设施和设立城区快宝驿站等。

3. 成效

通过“电子商务 + 联配联送”模式，蒙阴县的农产品外销得到了极大支持。截至 2021 年，蒙阴县果品价格普遍提高了 3~5 倍，年销售收入达到了 52 亿元，带动发展了 5000 多家各类电商店铺，网络交易额达到 40 亿元。

该模式为社会提供了近 7 万个就业机会，成为推动当地经济社会发展的重要力量，也为其他地区提供了有益的参考和借鉴。

第五章　农业投融资及其安全管控

引　言

农业投融资是影响农业生产经营的关键要素，随着现代农业的不断发展和农业现代化进程的快速推进，农业投融资对农业生产经营的影响日益增强，农业投融资的作用越来越显著。

第一节　农业投融资的基本特点

一、农业投资的含义、分类和作用

（一）农业投资的含义

农业投资是指为了实现预期目标、获得预期收益而在农业生产经营中投入生产要素的经济活动，其投资数量是指在一定时间内资金、实物等各种形式投资流量的总和。

（二）农业投资的分类

按照不同的划分标准，可以将农业投资分为不同的类型。

1. 短期投资和长期投资

根据农业投资的成本回收期或受益期限的长短可以将农业投资划分为短期投资和长期投资。短期投资是指在单个农业生产周期就可以收回的投资，如劳动力、化肥、农药等方面的投资；长期投资是指需要多个农业生产周期才能收回的投资，如农业机械、有机肥、仓库、畜舍等方面的投资。

2. 政府投资和私人投资

根据农业投资主体的不同，可以将农业投资划分为政府投资和私人投资。政府投资是指由政府投入资金和相关资源，以满足农业生产经营需要的基础设施与服务等方面的投资；私人投资是指个人或企业为获得产出或为改善生产经营条件进行的投资，如生产资料、机械设备、劳动用工等方面的投资。

3. 经常性投资和农业项目投资

根据农业生产结构和生产方式是否发生变化可以将农业投资划分为经常性投资和农业项目投资。经常性投资是指在农业生产结构和生产方式基本稳定的情况下，各生产周期生产要素投入基本稳定的持续性的投资，如某农户只种植 20 亩玉米和 10 亩水稻，在其种植规模和生产方式基本保持不变情况下的农业生产投资就是经常性投资；而当农业生产结构或生产方式发生较大变化时，就相当于新建或改扩建了一个农业项目，这种情况下的农业生产投资就是农业项目投资。如上面例子中的农户在种植 20 亩玉米和 10 亩水稻的基础上，又承包了一个 10 亩的池塘养鱼，由于农业生产结构变化较大而导致农业生产投资也随之发生了较大的变化，此时必须把承包 10 亩池塘养鱼作为一个农业项目来制订投资计划，该投资就是农业项目投资。这种情况种植 20 亩玉米和 10 亩水稻的投资还是经常性投资，而如果此时的生产方式也发生了变化，以种养循环模式将 20 亩玉米、10 亩水稻种植和 10 亩池塘养鱼形成一个种养循环项目，则需要将整个种养循环链作为一个农业项目来制订投资计划，此时全部投资都是农业项目投资。

农业生产投资中的经常性投资，因每个生产周期都稳定持续进行，所以投资内容、投资数量、投资方式等保持基本稳定不变或稍作调整就可以，无须重点关注，本章只做简单介绍；而农业项目投资的重要性日益显著，是本章的研究重点。

（三）农业投资的作用

1. 改善农业生产条件

农业投资对改善农业生产条件具有重要作用，在高标准农田建设投资上体现最为明显，作为国家的重大农业支持项目投资，建成后的高标准农田农业生产条件显著改善，抗灾减灾能力明显提升，全国已经累计建成 10 亿亩高标准农田，为稳定保障 1 万亿斤以上粮食产能奠定了良好的农业生产条件基础。

2. 推动农业生产技术进步

我国农业生产技术推广力量相对薄弱、推广经费比较紧张、农业生产技术创新动力不足、农业投资是加强农业生产技术推广力量、弥补推广经费不足、推进农业生产技术创新的前提和基础，是推动农业生产技术进步的基本保障。

3. 提高农业综合生产能力

提高农业综合生产能力可以通过改善农业生产条件、推动农业生产技术进步、提高农业劳动力素质等多种途径来实现，但这些都离不开农业投资的支持，同时农业投资也必然可以通过推进某一方面或某几个方面的发展来提高农业综合生产能力，可以说，农业投资既是农业综合生产能力稳步提升的根本保证，又是农业综合生产能力稳步提升的基本手段。

4. 保障农业生产经营效益目标的实现

按照经济学的说法，投资是国民收入增长的源泉，没有投资就没有增长。与此同理，农业投资也是农业产出增长和农业生产经营效益增加的源泉，是农业生产经营效益目标实现的基础，农业投资是实现农业生产经营效益目标的必然要求。

二、农业项目的分类

按照不同的划分标准，农业项目的分类也会有所不同，农业项目有多种分类方法，这里只介绍两种。

（一）按项目目标性质，分为营利性项目和非营利性项目

营利性项目以追求利润最大化为目标，在市场经济条件下，绝大多数的市场化项目是以盈利为目标的营利性项目，而非营利性项目虽然也可能盈利，但不以利润最大化为主要目标，它主要是在市场不能充分发挥配置资源作用的公共服务和公共基础设施领域实施的项目，其以社会效益、生态效益为主要目标，此类项目可以在条件允许的情况下获取一定的财务收入或盈利，以增强项目可持续发展的能力。由于以上两类项目的目标不同，对两类项目的评价标准也有所不同。

（二）按项目建设性质，分为新建项目和改扩建项目

新建项目是指以前不存在的、新开始建设的项目，即投资建设全新的项目。改扩建项目是指在原有基础上对项目进行增补和完善而进行的投资建设，如扩大农产品加工企业规模的投资建设。对于新建项目和改扩建项目，由于项目投入和产出的处理方法不同，项目效益计算方法也有所差别。

三、农业项目融资的分类

农业项目融资是指在农业领域，新建一个项目或者改扩建现有项目，通过各种融资渠道，应用多种融资方式进行的资金筹措过程。农业项目具

有受自然因素影响较大、项目收益的预见性较弱、项目风险相对较大、项目建设周期长、建设期与生产期可能交错等特点，导致农业项目的融资难度较大。

农业项目融资种类很多，可以按照不同划分标准对农业项目融资进行分类。

（一）按所有权归属，分为项目权益融资与项目负债融资

1. 项目权益融资

项目权益融资是指项目投资主体以权益资金形式投入项目中的类型。这里所说的项目投资主体包括国家授权的机构或部门、企业法人、自然人、外国投资者等直接将资金投入项目中的投资主体。权益资金是投资主体投入并拥有所有权、经营权和分配权的资金，一般包括资本金、资本公积金、盈余公积金和未分配利润。

2. 项目负债融资

项目负债融资是指项目投资主体以债务资金的形式投入项目中的类型。债务资金是指项目的债权人拥有所有权、追索权，项目单位拥有经营权、被追索权（偿还债务的义务）的资金。负债融资可分为长期负债融资和短期负债融资。

（二）按金融机构是否介入，分为项目直接融资与项目间接融资

1. 项目直接融资

项目直接融资是指项目单位直接向银行等金融中介以外的资金供应者融资的类型，具体包括直接申请国家财政资金、直接发行股票、直接发行债券或直接借贷等方式。

2. 项目间接融资

项目间接融资是指项目单位通过银行等金融中介筹集项目所需资金的类型，其主要来源渠道是银行借款、非银行金融机构借款和财务租赁等。

（三）按资金来源渠道，分为项目内部融资与项目外部融资

1. 项目内部融资

项目内部融资是指以项目单位或企业内部资金投入项目中的类型，其资金来源于企业内部。项目内部融资的融资费用一般为零。

2. 项目外部融资

项目外部融资是指以项目单位或企业外部资金投入项目中的类型，其资金来源于企业外部。外部资金主要指申请财政资金、发行股票、发行债券和各种金融机构贷款而形成的资金。

第二节　农业项目投资的操作要领

一、农业项目的投资程序

（一）确定投资策略

确定投资策略是进行农业项目投资的第一步。要确定科学合理的投资策略，首先要对投资者风险承受能力进行准确的判断，其次要瞄准目标投资群体，确定投资目标。不同的投资群体有不同的风险偏好，如果采取成长型投资策略，意味着投资者将承担较大的风险，但可获得较大的增长收益；如果采取收益型投资策略，意味着投资者追求较快的现金收益流，所承担的风险较小。最后要根据国民经济发展情况进行投资策略的选择。

（二）农业项目的选择

1. 根据项目的可掌控性选择项目

对项目的熟悉程度越高，项目就越容易掌控，应尽量选择熟悉的项目，如果某人有经营苹果园的经验，有果树栽培的基础，又做过苹果的销售，则

建个苹果园就是不错的项目选择。

2. 结合自身的人际关系和拥有的其他资源情况选择项目

经营农业项目必须和人打交道，人际关系资源是一种重要的资源，在哪个产业的人际关系资源比较集中，就可以经营哪个产业的农业项目。除人际关系外，拥有其他资源也可能有助于经营项目，比如，拥有雄厚的资本可以投资资金密集型项目，拥有山地资源可以投资经营果园项目。

3. 瞄准产业发展趋势选择项目

尽量选择与产业发展趋势相一致、能够满足未来经济社会发展需要、有着良好发展前景的项目。随着经济和社会的发展，人们的需求也会相应发生变化，人们对产品的品质要求越来越高，高品质的有机农产品的受欢迎程度日益提升，因此有机农产品生产经营项目会是一个很好的选择。

4. 通过参观考察学习选择项目

可以到发达地区或先进的典型示范项目区参观考察学习，这可能会为寻找到适合的好项目创造机会。

（三）项目可行性研究

项目可行性研究是在投资决策之前，对拟投资项目进行市场需求、资源供应、建设规模、工艺路线、设备选择、环境影响、资金筹措、盈利能力等方面的调查研究，并从法律、环境保护、公众安全及其对整个社会经济的影响等各个角度，分析、测算和评估论证，并据此提出该项目投资可行性的评价和如何进行建设的意见，为项目投资决策提供科学、客观、公正依据的一种科学方法。项目可行性研究是投资前期工作的重要内容，是投资决策中必不可少的一个重要环节。项目可行性研究的最终目标是从市场、技术、财务、经济、社会等方面论证项目的可行性和合理性，为项目投资决策提供可靠的、科学的依据，从而选择最优方案，获得最佳的资金使用效果。项目可行性研究的内容一般包括以下几个方面。

1. 项目建设必要性分析

立项依据与建设目标分析。可行性研究过程中首先要做背景分析，从宏观政策环境、法律环境和社会文化环境等方面进行评述，对项目的范围和预期达到的目标进行总体分析论证，包括项目建设内容和建设规模、技术装备水平、产品性能和档次、成本及收益的经济目标、项目建成后在国内外同行业中所处的位置或者在经济和社会发展中的作用等。通过分析论证，判别项目预期目标与项目建设目标出发点是否吻合，预期目标是否具有合理性与现实性。

项目建设的基本条件分析。对于具有建设必要性且目标合理的项目应该分析论证其是否具备建设的基本条件。一般应分析市场条件、资源条件、技术条件、资金条件、环境条件、社会条件、施工条件、法律条件，以及外部协作配套条件等对拟建项目支持和满足的程度，考察项目建设和运营的可能性。重点分析拟建项目是否符合合理配置和有效利用资源的要求，是否符合区域规划、行业发展规划、城市规划、水利流域开发规划、交通路网规划的要求，是否符合国家技术政策和产业政策的要求，是否符合行业准入标准和土地利用总体规划的要求，是否符合企业发展战略和规划的要求，是否符合保护环境、可持续发展的要求等。农业项目投资涉及的影响因素极为广泛，包括经济结构、政策法律、宗教信仰、传统习俗等在不同地区和不同社会阶层之间的均衡性等许多方面。

社会可行性分析。社会可行性分析重点考虑有利于提高农民的收入水平、缩小城乡居民收入差距、实现共同富裕，项目应能促进种植、养殖、加工、销售全产业链发展，从而有效地为农村劳动力创造就业机会，提高人们的生活质量。尤其在农村，发展项目要着重考虑改善农村文化体育事业、增加农村儿童就学机会、改善生态环境、促进经济可持续发展。

2. 市场可行性分析

农业项目产品具有多样性，既包括为特定目标市场提供的有形产品、无形产品，还包括为社会公众提供使用或服务的公共产品，如生态环境保护及传统文化传承保护等，同时农业项目本身造就了广泛的生产资料和生活资料消费市场。因此，市场可行性分析的具体内容有很大差异，但基本内容和方法是相同的，即对项目产品和所需主要投入品的市场容量、价格、竞争力以及市场风险等进行分析预测。市场可行性分析的结果为确定项目建设规模与产品生产及技术方案提供依据。

3. 资源条件评价

土地资源、劳动力资源、水利资源和生物资源等是农业开发项目的物质基础，直接关系到项目建设方案和建设规模的确定。在可行性研究阶段，应对资源开发利用的可能性、可利用性和资源稳定可靠性进行研究和评价，为确定项目的开发方案和建设规模提供依据。

4. 建设规模与产品方案分析

建设规模与产品方案分析是在市场分析和资源条件评价的基础上，论证拟建项目的建设规模与产品方案，作为确定项目技术方案、社会方案、工程方案、原材料供应方案及投资估算的依据。

5. 建设单位与项目选址分析

建设单位是项目实施的核心力量，其具备的条件是项目完成的首要保证。农业项目选址必须遵循农业产业特点，即经济再生产与自然再生产相交织，因而项目选址一般是在项目建议书规划选址已确定的建设地点范围内进行具体坐落位置选择。

6. 技术方案、设备方案及工程方案分析

技术方案、设备方案和工程方案构成项目的主体，体现项目的技术和工艺水平，也是决定项目是否经济合理的重要基础。农业项目的开展必须有技术设计，立足于农业生产现状，包括种植作物种类及产量、饲养牲畜种类及产量、农林牧渔生产情况等发展潜力。根据项目目标，对项目的规模、地点、时间安排、技术措施、资源需求等提出技术方案，应考虑项目实施的区域条件和资源条件，区域条件包括温度、地形地貌、植被、土壤、农户习惯、耕作制度等，资源条件包括植物、动物、矿产、水源、劳动力等资源以及它们

与项目的关系，其中土地和水资源情况是重点。确定技术方案的综合技术水平，包括种子改良、畜禽良种、化肥、农药、植物保护、种植方式、轮作制度、栽培方法、机械化水平、产品加工等方面的技术采用是否合理可行。

7. 组织管理与实施进度分析

合理、科学地确定项目组织管理模式、组织机构和人力资源配置是保证项目建设和生产运营顺利进行、提高劳动效率的重要条件。合理安排实施进度，科学组织项目建设过程中各阶段工作，按工程进度安排建设资金，才能确保项目按期建成投产，发挥投资效益。

8. 社会评价

社会评价的目的是识别、分析和评价项目投资与经营活动对项目所在地区造成的各种社会影响和社会风险，评价项目与所在地区的互适性，评价项目提出的控制和化解社会风险、扩大社会影响、促进社会进步与发展的可行性。社会评价主要分析拟建项目对不同的项目利益相关者的影响，应重点考虑项目对收入分配、贫困人口和妇女等的影响，项目实施对项目区就业、特别是对弱势群体就业的影响，项目实施对项目区群众生活质量的影响等。

9. 环境影响评价

农业项目建设一般会引起项目所在地生态环境的变化，对环境状况、环境质量产生不同程度的影响。研究确定场址方案和技术方案，应调查研究环境条件，识别和分析拟建项目影响环境的因素。环境影响因素分析，主要是分析项目建设施工和生产运营对环境可能造成的破坏性影响，预测其破坏程度，主要包括对地形地貌等生态环境的破坏，如造成土壤退化、水土流失，影响生态平衡等。在分析环境影响因素及其影响程度的基础上，应按照国家有关环境保护的法律法规的要求，研究提出治理方案，根据项目的污染源和排放污染物的性质，采用不同的治理措施，列出所需的设施、设备和投资。

10. 财务评价与经济评价

任何一个项目的开展，参加者首先且最普遍关心的问题是有没有足够的资金来保证项目完成，并能够保证以后继续经营和维持这个项目，以及这个项目能给参加者们带来多大的经济利益。这种从项目参加者的立场出发，围绕参加者们的利益而进行的项目效益分析，称为财务评价。它是以国家现行财税制度和价格体系为前提，从项目的角度出发，计算项目获得的财务效益和支出的费用，分析项目的盈利能力和清偿能力，评价项目在财务上的可行性。

项目的财务评价固然十分重要，但项目决策者还要考虑项目能否对整个国民经济的发展作出贡献，以及项目的贡献能否和项目必须耗费的资源相称。这种从整个国民经济的角度出发，分析项目是否能给国民经济带来利益的分析，就是项目的经济评价。项目经济评价是在合理配置社会资源的前提下，从整个国民经济的角度出发，计算项目对国民经济的贡献，分析项目的经济效率、效果和对社会的影响，评价项目在宏观经济上的合理性。

财务评价从个体参加者的角度来考虑问题，经济评价从国民经济整体的角度来考虑问题，它们是互相联系、互相补充的。

11. 风险分析

一般说来，项目风险的成因来自自然风险、市场风险、技术风险和社会风险。风险分析是根据项目内容，对风险因素进行全面系统的有效识别，对可能影响项目的各种风险因素进行识别和排序，选择影响面大、持续时间长并容易导致较大矛盾的风险因素进行预测，分析可能出现这种风险的社会经济环境和条件，提出风险防范对策。通常用不确定性分析、盈亏平衡分析及敏感性分析等方法，以定量分析数据为基础，提出降低风险所采取的对策。

（四）制订投资计划

经项目可行性研究确定为切实可行的农业项目，就可以制订项目投资计划。具体来说，要以项目可行性研究为基础，充分考虑投资者自身资源条件和经济社会发展客观情况，结合资金筹措情况特别是融资情况，制订切实可行的项目投资计划，确定项目的投资金额、融资计划、投资内容、投资方式等。

二、农业项目投资方向选择的基本原则

农业项目投资方向的选择，应遵循以下 4 个方面的基本原则。

（一）立足本地资源优势与特色

选择农业项目投资方向时，首先要遵循比较优势原则，立足本地资源优势与特色，选择适宜的项目。选择的项目应该是其他地区没有的或相对缺乏的，或者项目在本地具有优势的，这是项目能够成功的关键因素之一。否则，脱离本地资源优势与特色，缺乏核心竞争力，难以成为农业项目的投资方向。

（二）与国家产业政策相适应

一般来说，政府会根据产业发展趋势和规律制定一系列的产业政策，产业政策从一定程度上反映了产业发展规律及发展趋势，同时，产业政策一般都具有一定的导向性，符合产业政策要求的项目才可能得到政府支持。因此，无论是从顺应产业发展规律和趋势的角度来说，还是从获得政府支持的角度来说，农业项目投资方向的选择都必须与国家产业政策相适应，这样项目才能有更好的发展空间。

（三）与项目经营主体综合实力相符

农业项目的选择必须以项目经营主体综合实力为基础，要充分考虑项目经营主体资金、技术、人才等各方面资源的客观情况，选择基本具备项目所需各方面资源条件的、不超出自身综合实力承受范围的项目，不能刻意求全，不能过分贪大。

（四）符合市场需求

农业项目的选择应该从市场需求出发，着眼于市场需求大于供给的产品

和服务，以市场上没有的、市场供给相对不足的产品和服务作为突破口，选择相应的项目，这样可以最大程度上确保项目产品销路无忧，从而为项目经济效益的实现奠定良好的基础。

三、农业项目融资方式选择

农业项目的融资方式多样，常见的可归纳为如下几类。

（一）股权融资

股权融资是指企业的股东愿意让出部分股份所有权，通过企业增资的方式引进新的股东，同时使总股本增加的融资方式。股权融资具有长期性、不确定性和无负担性的特点，是经营主体稳定的资本基础。股权融资的特点决定其用途的广泛性，其可以充实经营主体的运营资金，用于经营主体的投资活动。

（二）商业贷款融资

商业贷款是商业银行出借给贷款对象，并按约定利率和期限还本付息的货币资金。农业项目的商业贷款按使用期限可划分为短期贷款和中长期贷款。短期贷款是指贷款期限在一年以内的贷款，中长期贷款是指贷款期限在一年以上的贷款。按贷款用途可划分为流动资金贷款和固定资产贷款。流动资金贷款主要用于解决农业生产过程中的流动资金需要，固定资产贷款主要用于解决新建、扩建、改造、开发、购置农业固定资产投资和生产基地建设项目的资金需要。

（三）债券融资

债券是政府或企业为向社会公众筹措资金而发行的一种有固定收益的有价证券。债券融资利用债券进行筹资与投资，是当前市场融资的重要模式。债券按发行主体可划分为国家债券、国家代理机构债券、金融债券和企业债券，按财产担保方式可划分为抵押债券和信用债券。债券融资的特点是具有长期性和稳定性，还债压力较小，有利于资源优化配置。

外国政府、金融机构或企业在国外向外国投资者发行的外币债券称为国际债券。发行国际债券的主要优点是资金成本低。债券利息在税前支付，企业或项目实体可得到利息免税的好处。

（四）政策性融资

政策性融资是指在一国政府的支持与鼓励下，以政府财政和国家信用为依托，由财政部门和金融机构及其他不同融资载体，在专门立法的规范与保障下，通过适度有限的市场化运作，直接或间接地为符合特定政策目标的特殊群体提供政策性贷款、保险和担保等多种融资服务的公共融资制度安排。政策性融资方式多样，常见的有农业财政资金、国内政策性金融机构贷款和国际金融机构贷款 3 种。

1. 农业财政资金

政府部门对具有准公益性的农业建设项目可能会给予一定的财政补贴，对于纯公益性或公益性较强的农业建设项目，政府财政资金可能会是唯一或主要的建设资金来源。表 5–1 是吉林省 2023 年财政农业专项资金类别及金额，对表中列出的九大类农业项目，中央和吉林省都给予了一定的财政资金支持。

表 5–1 吉林省 2023 年财政农业专项资金类别及金额

序号	专项资金类别	金额（万元）
一	粮油生产保障资金	15075
101	粮油等重点作物绿色高产高效支出	15075
二	耕地建设与利用资金	1494178
201	耕地地力保护补贴	749710
202	实际种粮农民一次性补贴	53609
203	高标准农田建设	314273
	高标准农田建设（配套资金）	88700

续表

序号	专项资金类别	金额（万元）
204	盐碱地综合利用试点支出	50000
205	黑土地保护（黑土地保护利用）	22000
	黑土地保护（配套国家）	27000
206	黑土地保护（保护性耕作）	130010
207	黑土地保护（深松深翻）	20000
208	耕地轮作休耕	30000
209	耕地质量提升（化肥减量增效）	3128
210	耕地质量提升（退化耕地治理）	50
211	耕地质量提升（第三次土壤普查）	5698
三	农业产业发展资金	205024
301	农机购置与应用补贴	133277
	农机购置补贴（配套国家）	30000
302	种业发展支出（资源保护和性能测定）	110
303	种业发展支出（重大品种推广补助试点）	7000
304	农业产业融合发展（现代农业产业园）	9000
305	农业产业融合发展（优势特色产业集群）	20000
306	农业产业融合发展（农业产业强镇）	5400
307	渔业发展支出（现代渔业装备设施）	237
四	农业经营主体能力提升资金	80387
401	新型农业经营主体培育（设施农业贷款贴息）	500
402	新型农业经营主体培育（粮油单产提升行动）	14600
403	新型农业经营主体培育（绿色种养循环）	7000
404	新型农业经营主体培育（生产设施条件改善）	7000
405	新型农业经营主体培育（合作社）	3187
406	新型农业经营主体培育（家庭农场）	2400
407	高素质农民培育（高素质农民培育）	5939
408	高素质农民培育（农村实用人才带头人培训）	90
409	高素质农民培育（头雁项目）	740
410	农业生产社会化服务	30000
411	基层农技推广体系改革与建设	8931

续表

序号	专项资金类别	金额（万元）
五	农业生态资源保护	24525
501	地膜科学使用回收	6750
502	农作物秸秆综合利用	16664
503	渔业资源保护	1111
六	农业防灾减灾和水利救灾资金	43245
601	农作物病虫害防治	3910
602	干旱、洪涝	2468
603	灾后农作物恢复	4703
604	玉米大豆“一喷多促”	31674
605	园艺作物救灾资金	490
七	农村“厕所革命”整村推进财政奖补资金	14974
701	农村“厕所革命”整村推进财政奖补（省级配套）	10269
702	农村“厕所革命”整村推进财政奖补	4705
八	成品油价格调整对渔业补助资金	4398
801	成品油价格调整对渔业补助	4398
九	省级乡村振兴专项资金	99700
901	农业生产防灾减灾	7000
902	支持新型经营主体生产发展	4600
903	农村产权交易工作奖补资金	200
904	现代农作物种业发展	2400
905	农产品质量安全	1100
906	农村改革试验区建设	200
907	省级产业园创建	3000
908	农业领域补短板项目	2030
909	农业关键核心技术示范推广（产业技术体系）	2500
910	渔业绿色发展	1000
911	智慧农业示范基地建设	1000
912	农业环境监测项目	286
913	送报刊下乡项目	200
914	小型农田水利发展	10000

续表

序号	专项资金类别	金额（万元）
915	设施园艺发展	14155
916	食（药）用菌产业发展	1000
917	黑土地保护重大技术集成与示范	140
918	农产品加工业发展	500
919	人参产业发展	2200
920	新型经营主体和服务主体发展	500
921	农村人居环境整治提升行动	45689
合 计		1981506

资料来源：作者根据公开资料整理。

2. 国内政策性金融机构贷款

政策性金融机构是指由政府创立、参股、支持或担保的，不完全以营利为目的的，专门为贯彻政府经济政策或意图在特定的业务领域直接或间接从事融资活动，支持政府发展经济、促进社会进步、进行宏观经济管理的金融机构，政策性金融机构提供的贷款具有期限长、利率低的特点，其放款对象和产业体现了政府的经济发展意图。政策性金融机构对商业性金融机构不愿介入的、关系到国计民生的一些重要产业具有重要的扶助作用。目前，中国农业发展银行和国家开发银行是最主要的为农业项目提供政策性贷款的政策性金融机构。

3. 国际金融机构贷款

国际金融机构是许多国家共同兴办的，为了达到某项共同目的，在国际上进行金融活动的机构。它是会员国共同拥有、共同管理的政府间机构。它既是金融机构，也是经济开发组织。国际金融组织贷款对象为成员国中的发展中国家，它主要对发展中国家提供优惠贷款，同时也提供技术援助。这种金融组织的借贷金额大、条件优惠、利率低、偿还期限长，应努力争取这种性质的贷款用于大型农业开发项目。由于此类贷款一般属于非营利性的发展性融资，且需要贷款国政府以财政资金担保还款，因此也属于政策性融资的范畴。目前向中国提供此类贷款的国际金融机构主要是世界银行和亚洲开发银行。

（五）农业价值链融资

农业价值链融资是指价值链上融资供给主体从整个价值链的角度出发，开展综合授信，把农业价值链上的相关企业作为一个整体，根据交易中构成的链条关系和行业特点设计融资方案，将资金有效注入农业价值链上融资需求主体，提供灵活多样的金融产品和服务的一种融资模式。主要的农业价值链融资形式有两类：一类是在农业价值链中以价值链中的龙头企业为基础，对农业价值链上其他环节的主体给予直接金融支持的融资模式；另一类是以龙头企业为核心的农业价值链内部融资机制，银行等金融机构仅对整个农业价值链和龙头企业作信用评价，资金由龙头企业所掌控，龙头企业根据农业价值链中的生产、加工、销售等环节资金的需求，通过为农户提供生产资料、为加工企业和农户提供定金或预付款项等方式，为农业价值链上的各个环节融资。

我国最具代表性的是基于订单农业的农业价值链融资，主要有 3 种形式。一是农业企业为与其有订单关系的农户提供担保，帮助农户获得贷款；二是通过“公司 + 农户”的订单农业，基于农业价值链，农业企业直接向小农户以赊销生产资料、提供预付款或直接贷款的形式提供信贷；三是银行等金融机构在订单的基础上，以订单抵押为订单农户提供信贷。

（六）其他融资方式

除了上述融资方式，还有很多种融资方式，下面主要介绍两种。

1. 外国政府贷款或国际机构资金援助

外国政府贷款是指一国政府向另一国政府提供的，具有一定赠予性质的优惠贷款。贷款主要以主权政府的信用进行担保，所以它是以政府名义对外借用的主权外债。我国监管机构规定对于使用外国政府贷款的项目，其贷款由业主方偿还，但是地方财政必须提供担保。外国政府贷款主要分为 4 类。第一类为软贷款，也就是政府财政性贷款，具有无息或利率较低、还款期与宽限期较长的特点；第二类为混合性贷款，由政府财政性贷款和一般商业性贷款混合在一起；第三类为一定比例的赠款和出口信贷混合组成的贷款；第四类为政府软贷款和出口信贷混合性贷款，称为政府混合贷款，这是最普遍实行的一种贷款。为我国提供农业建设项目援助资金的国际机构包括联合国粮食及农业组织、国际农业发展基金、联合国开发计划署等。

2. 公私合作伙伴关系

公私合作伙伴关系简称公私合营，是政府公共部门和私人部门以双方的专有知识和技能为合作基础，以满足公共需要、提供公共物品为目的，通过契约关系所建立起来的风险共担、利益共享的长期合作伙伴关系。公私合作伙伴关系具有4个特点。一是多方参与，其中一方是政府；二是合作各方建立长期的合作伙伴关系；三是合作方式多种多样，具有灵活性；四是合作的目的是提供基础设施服务，实现共赢，强调利益共享、风险共担。

不同农业项目融资方式对项目主体有着不同的要求，项目主体需要根据自身资源条件、综合实力、项目特点等方面的具体情况选择适宜的融资方式。

四、强化成本费用管理

成本费用管理是指农业生产经营过程中各项成本费用预测、决策、预算、控制、分析等一系列管理活动的总称，包括目标成本管理、功能成本管理和质量成本管理等多种成本管理方式。做好成本费用管理，可以降低成本、提高效益、增强核心竞争力。

（一）强化成本费用预算

在生产投资之前，要全面估算整个生产周期中农业生产将要耗费的种子、化肥、农药、饲料、燃料、工人工资、农机具折旧以及因管理生产和为生产服务而发生的各种费用，进而编制成本费用预算，成本费用预算也可称为成本费用计划。在做预算时要特别注意两点，一是一定要将农户家庭自身投入的劳动力成本计算在内，按照一定标准计算农户家庭自身投入的劳动力成本；二是一定要将农机具折旧计算在内，可以按照其使用年限概略地计算，例如，1 台 10 万元的收割机的使用年限为 10 年，在不考虑货币时间价值的情况下进行概略计算，这台收割机 1 年的折旧就是 1 万元。

（二）加强成本费用控制

成本费用控制是成本费用管理的重要环节，它是依据成本费用预算，对农业生产成本费用发生过程中的各种要素加以控制和监督，保证成本费用预算得以实施的一种管理活动，它是成本费用管理的核心。成本费用控制包括目标成本控制、设计成本控制、生产成本控制、销售成本控制、使用成本控制 5 项内容。

加强成本控制是提高经济效益、提升核心竞争力的重要途径。加强成本费用控制，需要树立全面成本费用管理理念，将凡是和农业生产经营过程相关的所有资金消耗都纳入成本费用管理之内；明确成本费用管理职能，将成本控制责任落实到人；选择适合的成本费用控制方法、科学合理地进行成本控制，常见的成本费用控制方法有目标成本控制法、责任成本控制法、标准成本控制法等。

五、加强效益管理

效益管理是指通过一系列的科学方法和手段，对农业生产经营过程中的经济效益进行评估、预测、控制和优化，以实现利润最大化的管理过程。它是通过有效地管理和优化资源，最大限度地提高经济效益的管理过程。效益管理可以帮助农业经营主体识别和评估潜在的风险和机会，制定科学合理的经营策略，提高竞争力和可持续发展能力，效益管理的好坏甚至关系到农业经营主体的生存和发展。效益管理的范围包含农业生产、市场营销、财务管理、人力资源管理等多个领域，为实现农业生产经营的利润最大化，需要对所有不同领域的效益进行评估和控制。效益管理可以帮助农业经营主体更好地配置资源，减少浪费，提高资源利用效率，提高技术水平和市场竞争力。具体来说，要做好效益管理，可以从以下几个方面入手。

（一）更新管理理念，树立效益意识

农业经营主体的管理者必须改变不考虑经济效益就盲目进行农业生产的错误思想观念，在思想意识上要高度重视经济效益，养成在生产经营之前先确定效益目标、制订效益计划的思维习惯，让效益管理成为生产经营的必备环节，并且贯穿农业生产经营的始终。

（二）选准投资方向，优化生产结构，做好发展战略规划

首先在深入进行市场调查的基础上，以经济效益为核心慎重考察各个备选方案，进行科学选择，确定合理的投资方向；其次根据市场需求和经营主体资源条件对生产结构进行优化；最后科学制定发展战略规划，为取得更好的经济效益奠定坚实基础。

（三）采取全过程动态化管理模式

市场经济条件下，经济社会发展条件和其他重要市场要素具有多元性和层次性，使得经营主体面临的外在经济社会形势更加复杂，外在的竞争形势也更加严峻。这种情况下，要想获得更高的经济效益，就必须根据市场环境发展变化的特点，实施动态化的生产管理模式，根据市场发展形势，实施动态化的管理，对整个生产经营过程进行精细化管控，这样才能在市场经济的发展中抢得先机，占据有利地位，获得更高的经济效益。

（四）强化事前事后全程全链效益评价

对农业经营主体来说，认真总结效益管理的经验教训非常重要，这就离不开效益评价。需要做好对生产经营产前、产中、产后全过程和产业链、资

金链、供应链、价值链全链条的效益评价，深入分析成功的经验和失败的原因，这样才能确保经济效益稳步提高。

第三节　农业项目投融资安全管控

一、影响农业项目投融资的主要风险

（一）市场风险

市场风险是指由于市场价格的不确定性导致损失的可能性。由于市场需求量、需求偏好以及市场竞争格局、政治经济等方面的变化导致市场价格有可能发生不利的变化而使项目经济效果或企业发展目标达不到预期的水平，比如销售收入或市场占有率等低于预期目标。对于大多数项目，市场风险是最直接也是最主要的风险。

（二）技术风险

技术风险是指先进技术的应用使项目目标发生损失的可能性。在项目建设和运营阶段一般都涉及各种新技术的应用，由于技术的经济合理性、适用性、可靠性、安全性等，实际的应用效果可能达不到预期水平，因而也就可能使项目的目标无法实现，导致技术应用风险。另外，项目技术落后会使项目竞争力下降，产生达不到预期目标的风险。

（三）政策风险

政策风险是指由于相关政策调整、政策制定、法律和规章的修订给关联产业、工程、项目带来的风险。政策风险主要包括反向性政策风险和突变性政策风险。反向性政策风险是指市场在一定时间内，由于政策的导向与资源

配置内在发展方向不一致而产生的风险，当项目内部运行机制与政策调整不相容时，就会加大这种风险，各级政府之间出现的政策差异也会导致这种政策风险。突变性政策风险是指由于政策发生突然变化给项目带来的风险，国内外政策形势的突变会加大这种政策风险。

（四）信用风险

信用风险是指由于有关行为主体不能做到重合同、守信用而导致达不到预期目标的可能性。合同规范了各合作方的行为，是保障项目顺利进行的基础，如果有行为主体利用合同漏洞损害合作方的利益或者单方面无故违反合同，则项目必然会遭受损失，导致信用风险。

（五）自然风险

自然风险是主要是指自然灾害风险，即因自然力的不规则变化所导致的损失或危害。对农业项目而言，主要风险来源为旱灾、洪涝灾、雹灾、霜冻灾、风灾、虫灾等自然灾害，自然风险的特征主要表现为风险形成的不可控性、周期性及风险后果的共担性。

二、项目风险管理程序

一般来说，风险管理有 4 个阶段：识别风险、测度风险、评价风险和控制风险。

（一）识别风险

识别风险是进行有效风险管理非常关键的一步，它是进行有效风险管理的前提基础，它关系到后面识别到的风险因素以及风险事件的准确性、全面性和必要性，与此同时，识别风险还会对后面的几个风险管理阶段产生直接的影响，影响其判断风险的能力以及制定风险的应对策略。

1. 识别风险的主要内容

识别风险的内容主要包括两个方面：一方面是对项目中各种可能存在的风险进行系统分析，对项目实施过程中有可能存在的各种风险因素与风险事件进行识别；另一方面是在进行项目的风险识别时，充分考虑影响项目的内部环境和外部环境的变化，对项目进行连续的动态性的风险识别。

2. 风险识别问询法

风险识别问询法是常用的项目风险识别方法，是以问询的方式对项目风险进行识别的方法。问询的对象，不仅包括参与危机管理的各个单位机构、各位专项操作者以及各项危机管理的上层领导者，还应包括长期实际施工、拥有深厚资质的普通工作人员，通过问询，全方位、多角度、大范围地征询危机事件的处理意见。问询的形式，可以通过召开座谈会的形式进行，运用风险管理学中的“头脑风暴法”，不拘形式，在轻松愉快的氛围下充分交流关于项目风险识别与预防等方面的看法，并将整个交流过程进行详细的记录，在此基础上对项目的风险因素和风险事件进行深入分析；问询也可以采取专家预测法，根据需要选择一定数量的专家，通过精心设计的项目风险调查问卷问询相关专家的看法，根据回收的调查问卷，进行数据等资料的收集整理，在此基础上进行综合分析，确定项目的主要风险因素。

（二）测度风险

测度风险是采用一些定性或定量的方法，去测度识别风险的发生概率及其造成损失的可能性的大小，并且将各种风险因素和风险事件所带来的影响程度量化表达或定性描述。风险测度也是非常关键的一个阶段，它可以为后续的风险管理阶段提供可靠的依据，可以提高风险管理的科学性和有效性。

（三）评价风险

评价风险是综合分析各类风险因素产生的概率及其发生后带来损失的大小，评估出项目风险可能造成的各种危害，并提出在风险承担者承受能力及其风险偏好基础上的相应的处理办法。

（四）控制风险

控制风险是以风险控制目标为依据，结合项目风险评价结果，选择科学合理的风险控制策略及控制技术并予以实施，而后再进行风险控制效果评价并将评价结果反馈给风险管理各阶段相关人员，以便进一步促进风险控制方法和手段的完善，更加有效地实施风险控制。

三、农业项目投融资安全管控要点

（一）强化风险管理意识

风险管理是把项目因风险可能造成的不良影响尽量降低的管理过程。对风险偏高的农业项目来说，风险管理有利于作出正确的生产经营决策，有利于实现生产经营目标，有利于农业项目的良好运行，对农业项目具有非常重要的意义，必须在思想上高度重视风险管理，时时不忘风险管理，才能确保农业项目的顺利进行。

（二）严格遵守农业项目投融资的基本原则

1. 成本降低原则

一般来说，大多数农业项目投资数额较大，项目寿命周期较长，项目成本也较高，而农业本身又利润不高，因此如何降低成本显得非常重要，投资者可灵活运用降低成本的各种手段。在项目投资过程中，要充分利用各项投资支持政策来降低项目的投资成本和融资成本，同时还可以通过优化项目的投资结构和融资结构来降低成本，一方面通过完善项目投资结构设计来降低债务资金成本，另一方面通过科学合理选择融资渠道、优化资金结构和融资渠道配置，使项目的投资融资成本实现最低化。

2. 风险分担原则

因农业项目开发具有高风险性，投资者不宜单独承担项目的全部风险责任，所以一般情况下，为了在投资者、贷款银行以及其他项目利益相关者之间合理划分项目风险的需要，必须选择适宜的投融资方式。项目投资者可以通过合理的投融资结构设计来分散风险，例如，引入多个股东，可以有效分散项目建设期和项目建成投产以后的经营风险，如果再与股东达成保证部分项目产品销售的协议，则会促进部分市场风险的合理分散。

3. 长短期融资相结合原则

农业项目融资，有长达 10~15 年的中长期贷款，甚至可以达到 30 年以上的用于固定投资的长期融资，还有期限在 1 年以内的用于流动资金的短期融资，而投资战略的选择，一方面要重点考虑投资者的需求，另一方面应按照最低成本决策原则来进行确定。一般情况下，在设计项目融资结构时，需要把短期融资与长期融资结合起来，以达到降低融资成本的目的。

4. 融资结构优化原则

融资结构优化是指对融通资金的诸要素组合和构成进行优化。要实现融资结构的优化，应以资金成本和融资需求为基础，以融资组成要素的合理化与多元化为原则，综合考虑筹资效率，尽量避免依赖于一种融资方式、一个资金来源和一个期限的资金。一般应以降低融资成本、提高融资的效率与效益为目标，根据客观需求和实际情况，重点关注内部融资与外部融资、长期融资与短期融资、直接融资与间接融资的结合，综合考虑满足融资人实际资金需要的系列方式和手段，让融资结构达到最优化。

（三）深入进行农业项目融资渠道分析

1. 项目资金来源的可靠性

项目资金来源渠道多种多样，要慎重考虑选择的资金来源渠道是否可靠。首先，不同的资金来源往往对项目的不同性质有不同的限制条件，如拨款和贷款对项目的要求并不相同，贷款中又因优惠条件的不同而对项目有不同的要求，如政府贷款和商业银行贷款对项目的要求就差异很大。其次，要有一定的依据来说明资金来源的可靠性，如资金供需单位之间的书面协议等。

2. 融资数量的保证性

一个项目往往不是按单一渠道融资，而是多种来源，应根据项目所需的投资总额按不同的来源逐项落实资金供应数量。如果有资金缺口，必须设法补齐，以保证资金需求量全部落实。

3. 资金渠道的合法性

项目所选资金渠道必须符合国家有关规定，如更新发展资金来源一般不可用于基建项目，企业不能用银行提供的流动资金贷款搞项目的基本建设等。

4. 外资附加条件的可接受性

利用外资，特别是借用国外资金，外方往往要附带一些条件，如设备采购国的限制等。这些附加条件能否接受，必须以国家的有关法规和企业承受能力等实际情况为依据，不能接受的应予以拒绝。

（四）优化投融资资本结构

投融资资本结构变化会引起加权平均资本成本的变化，从而影响投资者的投资与筹资决策，而且资本结构的不同，特别是债务占总资本的比例大小，直接影响项目出资人的收益和风险，必须予以足够的重视。所以，应该通过优化使投融资资本结构合理，使各种资金的组合达到投融资风险最小、成本最低的目的。具体来说，投融资资本结构优化主要应考虑以下两个方面的问题。

1. 财务杠杆和财务风险

财务杠杆是指企业利用债务融资来增加投资回报率的一种财务策略，通过借入资金来扩大投资规模，利用债务来放大企业的盈利能力，从而提高企业投资的回报率。项目投资也可以充分发挥财务杠杆的作用，但利用财务杠杆应具备一个前提条件，即投资利润率要大于负债利息率，此时项目投资所使用的债务资金所创造的收益（即息税前利润）除债务利息之外还有一部分剩余，这部分剩余收益归项目投资者所有，这种情况是真正增加了项目投资回报率，项目投资盈利水平越高，得到的回报也就越多。而当投资利润率小于负债利息率时，利用财务杠杆则会产生财务风险。此时项目投资所使用的债务资金所创造的利益不足以支付债务利息，对不足以支付的部分便需动用权益性资金所创造的利润的一部分来加以弥补，从而降低权益性资金的收益率，也就导致了额外损失，便构成了财务风险。

项目借贷融资的比重越高，财务杠杆效应越大，同时财务风险也越大。所以要在债务融资引起的收益和风险之间衡量，选取合适的负债比例。适度的财务杠杆可以促进项目投资提高盈利水平，但过度的财务杠杆可能会增加项目投资的财务风险，导致项目投资陷入偿债困境，因此，项目投资需要在利用财务杠杆的同时，充分考虑自身的财务风险承受能力和市场环境，以实现项目投资的良性运行。

2. 影响融资结构的主要因素

项目经营主体需要在综合考虑各种因素的情况下确定项目投资的最佳融资结构，实现融资成本最低、股权收益率最高，为了确定最佳的融资结构，应主要考虑几个方面的因素，包括资金来源与融资成本的高低，财务杠杆和经营风险的大小，贷款机构和信用评级机构的态度，经营主体的储备借款能力，经营主体的获利能力，经营主体经营的长期性和稳定性，行业特点等。

（五）严控融资风险

项目融资风险大体分为系统风险和非系统风险。系统风险包括政治风险、法律风险与经济风险；非系统风险包括完工风险、经营和维护风险及环保风险。在此重点关注系统风险中的经济风险，经济风险主要包括市场风险、外汇风险和利率风险 3 类。

1. 市场风险

可能会给项目产品带来不利影响的市场因素或市场变化的，是市场风险，包括价格风险、竞争风险和需求风险。因此项目单位选择融资方案时，必须考虑市场风险。

2. 外汇风险

项目融资利用外资时，外汇市场变化将会带来外汇风险。包括东道国货币的自由交换、经济收益的自由汇出以及汇率波动所造成的货币储蓄问题，项目融资应高度重视外汇风险。

3. 利率风险

利率风险指项目在经营过程中，由于利率变动直接或间接地造成项目价值或收益受到损失。特别注意利用外资进行项目融资时，要认真分析国际金融市场的利率变动趋势，仔细研究使用某国货币时该国的经济形势，尽量减少还贷风险。

第六章　农业生产技术创新与产业化应用

引　言

农业可持续发展的技术是指符合农业可持续发展需要，能够与人类社会和自然环境协调发展，且能取得最佳生态和经济效益的技术。农业可持续发展战略的实施要求推行农业清洁生产技术、推广使用无污染的环境友好型产品，以实现对农业环境和资源的永续利用。针对中国农业资源的特点及存在的问题，在农业生产上，应大力发展生态农业与循环农业技术，积极探索以节水、节地、节肥、节时、节能为主的资源节约型农业技术；在土壤侵蚀日益严重的背景下，应加强水土综合治理，保护农业生态环境；在农业土地利用过程中，要处理好农田施肥与生态平衡的关系，采用可持续植物综合营养技术可以有效提高肥料利用效率，同时控制农业面源污染；农药在控制农田病虫草害的同时，也带来严重的环境污染和食品安全问题，应注重可持续有害生物综合防治技术的研发和应用；此外，高新技术在现代农业发展中的地位越来越突出，积极探索和推广生物技术、信息技术、新材料等农业高新技术，对区域农业和农村经济可持续发展至关重要。

第一节　科技创新是农业的根本出路

农业作为关系国计民生和国家安全的战略性产业，要实现高质量发展，必须紧密依托科学技术这个第一生产力，不仅要实现农业“量”的提升，更要推动农业“质”的飞跃。农业作为国家的基石，始终与时代发展紧密相连。在生态文明的新发展阶段，积极创新优化农业生产结构，积聚现代农业创新力量，强化科技成果转化，以科技创新为动力，加快构建特色鲜明、主导产业突出、群众增收显著的现代农业科技支撑新格局，为乡村振兴注入新活力，为实现共同富裕打下良好基础。

一、农业可持续发展技术概念及分类

科学技术是第一生产力，农业的发展离不开科学技术，但并非所有的技术都能够助力农业可持续发展。农业技术本身具有双重性，既有可能节约资源、保护环境，也有可能加速资源耗竭、加重环境污染。因此，为了实现农业的永续发展，需要建立有利于农业可持续发展的生产技术体系。李中东将农业可持续发展技术定义为：按照可持续发展的要求，将农业发展、资源节约和环境保护协调统一起来，能取得最佳的生产效益、经济效益和社会效益以满足当代人和后代人需求的技术系统。所以说，农业可持续发展技术是保证生产、资源、社会可持续发展的综合技术体系。

按照不同的标准，可以将农业可持续发展技术分为不同的类别。一是按照可持续发展的目标，划分为生产可持续发展技术、社会可持续发展技术、生态可持续发展技术。二是按照技术存在的形态，划分为有形的和无形的农业可持续发展技术。三是按照农业发展阶段，划分为传统的、常规的和现代的农业可持续发展技术。四是按照技术发展的方向，划分为生态农业与循环农业技术、资源节约型农业技术（包括节地型、节时型、节水型、节能型等）、环境保护型农业技术（包括土壤侵蚀的综合治理、植物营养综合管理、有害生物综合防治），以及高新技术（包括生物技术、信息技术、工厂化技术、新材料技术等）在农业可持续发展中的应用。

二、农业生产技术演变历史及规律

我国农耕历史久远，战国末年的《吕氏春秋》中就有土壤耕作、垄作技术、粪肥养地、休闲管理等农作技术论述。北魏时期（公元 386—534 年）的《齐民要术》是我国古代农书之精华，涉及农林牧副渔等多方面，其中记载了豆禾轮作、间作套种、保墒耕作和粪肥使用等农作技术。

公元 1840 年，德国化学家李比希提出了著名的矿质营养学说，揭示了作物轮作与土壤培肥的科学原理，促进了现代化肥工业的发展。近两百年来，主流农业以大量输入机械、化肥、燃料、电力等各种形式的工业辅助能为特点，不断对资源进行榨取，带来了对生态环境的破坏，也带来了对人类健康的影响。20 世纪 70 年代中后期，人们在高度发达的科学技术基础上重新审视人与自然的关系，提出了替代农业的概念，努力克服现代常规农业弱点和问题，以系统观和整体论为依据，强调与自然界的内在联系，保护生态环境，合理利用自然资源，实现农业生态系统生产力的持续发展。

三、农业“八字宪法”及新农业的探索

（一）农业“八字宪法”

农业“八字宪法”是党中央在 1958 年提出的搞好农作物生产必须执行的八项措施，也就是“土、肥、水、种、密、保、工、管”。它抓住了作物生产的主要影响因素和综合管理的关键技术，曾对我国农业生产的发展起到积极作用，也对当代农业生产有着较大的影响。

“土”主要是指土地和土壤，是作物生产的物质基础。坚持土地用养结合，因地种植，进行合理耕作，不断培肥和改良土壤，以达到既高产又稳产的目的，实现对土壤资源的高效和可持续利用。培肥土壤的根本措施是种植绿肥、秸秆还田、增施有机肥，在此基础上，合理施用化肥，防治水土流失和土壤污染。还要根据当地的土壤、气候条件和作物根系深浅等特点，采取适宜的耕作方法。“肥”主要是指合理施肥。要了解肥料特点并合理选用肥料，掌握作物施肥原理和施肥技术，切实有效地推行测土施肥和以此为基础的配方肥。“水”主要是指合理灌溉、水土保持和高效用水等。我国是一个水资源短缺的国家，灌溉方式有地面灌溉、喷灌、微灌、地下灌溉等。高效、节水灌溉的根本途径是根据作物的需水规律进行合理灌溉。“种”主要是指培育和推广优良作物品种。在选用或引种时要注意选用专家推荐的品种，注意品种的适宜种植区、不同品种作物的生育期特性和为优良品种提供优化或特殊的栽培条件。“密”主要是指作物栽培管理的株距和行距。“保”主要是指植物保护，即对病虫害和杂草等的防治要坚持以预防为主，通过防治结合的方式，进行综合治理。要按照国家对农药的安全使用标准，合理选用和安全高效使用农药。“工”主要是指改良工具，发展工艺与农艺相结合的机具，实现农业生产机械化。“管”是指要加强田间综合管理。

作物生产是一个复杂的系统工程，影响生产效果的因素复杂而多变，只有综合管理才能起到“1+1>2”的作用。为此应该增强科学观念，认真分析当地的作物、气候和土壤特点及资金、劳动力等各种生产条件，统筹兼顾，合理安排作物生产的各个环节并认真落实。对农场、种植大户等生产规模较大的生产单位，还要制订既切实可行又具有前瞻性的生产管理计划，并尽可能通过各种媒体，了解农产品市场信息和农业新技术进展，以便及时调整生产计划和改进生产技术。

（二）新农业的探索

2023 年，高级农艺师刘小平根据 1958 年农业“八字宪法”的理论与实践，结合当代农业现状以及他 20 多年的有机生产经验，创新性提出了新农业八字要点，在中国特色生态有机种植技术体系中得到广泛应用。几十年来受农业化学化的影响，土地越来越板结，呈现南方土壤酸化、北方土壤盐碱化的严重趋势；土壤肥力、保水能力严重不足，以及随之而来的食品安全和环境污染问题，迫切需要解决。因此，新农业八字要点就是在原有的农业“八字宪法”基础上增加土壤修复的环节。有健康的土壤，才有健康的作物，才会有健康的食物。

新农业八字要点中，“土”强调要深耕深翻，目的是加厚疏松土壤，为养分转化和生物活性创造条件，为大量施用有机肥、密植奠定基础。“肥”强调要广泛利用人和动物粪便、绿肥、秸秆等各种原材料，并使用烧、熏、挖、换、扫、沤、割、堆、拾、捞等 10 种方法制作各种有机肥。“种”涉及留种、选种的方法，如今种子商品化程度越来越高，使用成本也越来越贵，因此农人需要关注种子来源的可靠性以及如何提高种子育苗出芽率、成活率等问题，积极学习掌握育种与选种方法。“密”就是合理密植，第一年一般按照种子包装袋的株距和行距建议，后期需要根据当地气候光照条件等进行调整，保障作物通风、透光且集约利用土地资源，开展间混套作，做到精耕细作。“保”是病虫害防治管理，如中草药防治病虫害，以虫治虫等，民间很多农人研发了很多防治病虫害的方法，尽量不依赖化学农药，实现生态平衡。“管”就是田间管理，每一种作物都有田间管理的要求，比如是否需要追肥、控花、打枝等。有的农作物管理很简单，有种就有收。有的农作物生产管理很复杂，田间管理是种植产量和品质的重要保证。“工”是指工具，要巧妙使用工具，现在农业人工成本越来越高，小型农场可以选择微耕机进行翻地，大规模的果园农场可以选择无人机来喷施酵素、叶面肥等。工具在不停地更新换代，农业的智能化是未来发展的趋势。

第二节 农业技术创新产业化应用大有可为

一、生态循环农业技术

（一）以虫治废减少污染排放

利用新鲜猪粪养殖蝇蛆，生产可代替进口鱼粉的优质蛋白饲料，实现了蛋白饲料资源的产业化经营，处理后的猪粪成为可以直接利用的有机肥或燃料棒。该模式把养殖场排泄物处理的负担变成了年获利500多万元的盈利项目，值得无法就近消纳排泄物的大型养殖场或者有机肥加工企业借鉴。

我国动物饲料比较短缺，喂养饲料依赖于大量进口，成本高昂。厨余垃圾中富含蛋白质等有机物，经过脱水、脱脂、破碎、烘干处理和杀毒灭菌等处理工艺后可制作成营养丰富的饲料。其优点是资源化程度高，市场销路好，缺点是饲料中可能存在未灭活病菌，有卫生安全隐患，并且存在动物同源性风险，从而通过食物链危害人体健康。近年来，昆虫养殖技术逐渐受到市场关注，2021年10月住房和城乡建设部发布的行业标准《厨余垃圾处理技术标准（修订征求意见稿）》首次将昆虫养殖纳入其中。昆虫养殖技术处理目前应用较为广泛的是黑水虻转化技术。黑水虻是一种重要的资源昆虫，其幼虫是腐食性生物，在自然界以腐烂的有机物为食，可以将餐厨垃圾等有机废弃物高效地转化为自身营养物质。经厨余垃圾饲养后的黑水虻幼虫可作为蛋白丰富的动物饲料，虫沙可作为有机质丰富的有机肥料或者土壤改良剂。黑水虻能够有效地减少粪便堆积、粪便臭味，防止家蝇滋生等，是自然界碎屑食物链的重要环节，也是非常值得开发的资源昆虫和环境昆虫。

（二）“机智”堆肥助力垃圾分类

着眼于推进生态农业发展与物联网科技融合，贯彻落实新发展理念，立足于现今国内农业生产中过量使用化肥致使大量土壤“生病”，引发作物长势差、品质低等连锁反应与国内垃圾处理成社会痛点问题的现实情况，开创生态农业发展新思路——回收利用学校与城市的厨余垃圾与园林垃圾，将其堆肥处理并加工为有机肥料；利用自主研发智能化农机生产，实现实时监测肥料温度、湿度并自动控温控湿，定时搅拌翻转，数据上传至手机软件后台；推进产业的智能化、自动化，实现农业与智能装备的创新融合。并依托“互联网 +”技术，开发微信小程序，为消费者提供以有机堆肥为主的多种类生态产品购买平台；满足消费者不同需求，拓宽有机堆肥销售渠道。

（三）“三生”融合推动食品安全

党的二十大报告提出了中国式现代化的一个重要特征，就是人与自然和谐共生。每一个人都有责任推行人与自然和谐共生的生态、生活、生产“三生”合一的发展方式。城乡融合和新农人的发展，市民参与农业生产过程，共同推动食品安全，是一个一以贯之的过程。目前全国各地已经有了很多新的做法，比如市民、农民相结合形成的“老农民新农人”，参与式保障体系（PGS）的建设，共同推动从田园到餐桌的食物体系的安全。

（四）有机农业的探索实践

农业是人类从大自然中获取食物的重要途径，然而40年来的化学农业和产业化农业，虽然带来粮食增产和经济发展，却也造成了土壤严重污染和退化，农田土壤和生物多样性被破坏，整个生态系统平衡和稳定受到影响。保护土壤刻不容缓。

宏大的生态文明建设工程，要落实到具体的建设行动中去。在世界乡村复兴大会秘书长、中国农业大学教授、科技部国杰研究院乡村振兴战略研究中心主任胡跃高教授的组织下，发起了公益项目“心・田计划”，开展了全域有机农业的有益探索与建设，成为连通城乡的有机食物大桥。以“让人人都能吃得起、吃得上有机食物”为愿景，通过有机生产和消费合作，推动解决食品安全、粮食安全等系列问题，提倡为了自己和家人的健康、为了子孙后代，关心食物，关心土地，关心农业，关心农民，关心农村，用负责任的消费支持有机农业。“心·田计划”就是要在工业文明的城市此岸与生态文明的乡村彼岸架起金色大桥，变千沟万壑为有机通道。

二、生物质资源开发

尹应武教授团队首创了以碱或亚硫酸盐为分拆剂的本色浆清洁生产工艺和以三氧化硫为解聚、改性剂的纳米级水溶性生物高分子生产新工艺。开辟了大规模、低成本全价利用生物质资源清洁生产高附加值生物基产品的产业链，培育成功了发展潜力巨大的生物质循环经济产业，形成了包括多功能生物基高分子水溶肥、构型肥、纸膜肥、缓控释肥、固沙及盐碱地专用肥、土壤整理剂、水泥减水剂、沥青改性剂、本色竹纸、无甲醛黏胶剂、绿色包装材料、复合材料的“产品树”（见图 6–1）。申请和获得相关

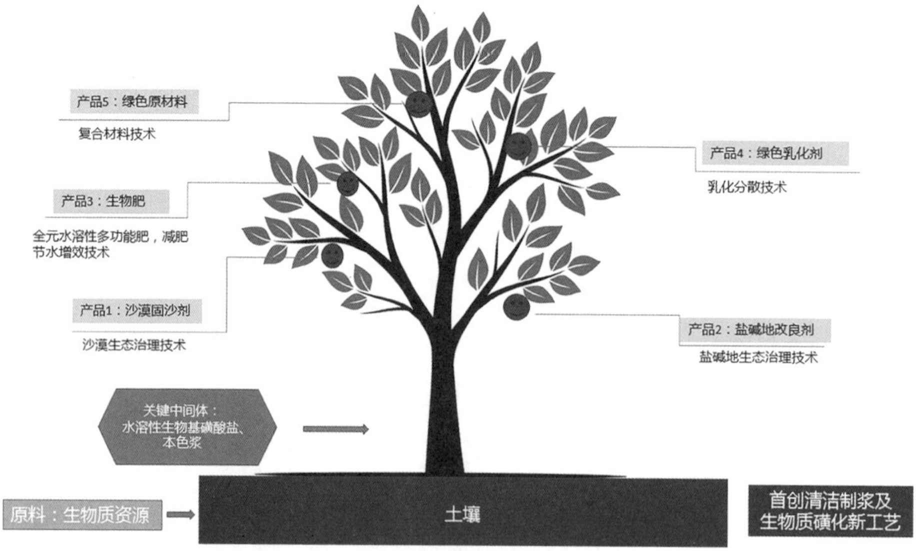

图 6–1 生物基技术及产品

资料来源：《生物基磺酸盐在土壤沙漠化治理中的应用研究》。

专利25项。完成了技术验证、产品评价、工艺包开发及部分成果鉴定，相继获得内蒙古科技厅及宁夏科技厅多个重大专项资助。

（一）项目背景

该项目以秸秆、竹子等植物资源全价开发和高附加值利用为亮点。系列产品在缓控释肥、土壤整理剂、保水保肥、固沙及盐碱地治理、水泥减水剂、沥青改性剂、无甲醛黏胶剂等生态产业应用方面已有丰硕的产业化成果，显示了巨大的应用潜力，可打造亿吨级和万亿元级产业链。项目覆盖节能环保、生物、新材料和新能源四大领域的战略性新兴产业，可开辟废弃农林资源的减量化、再利用、再循环的新途径，促进减化肥、减农药、减地膜和减用水的“四减”工程建设，创造巨大的社会效益、经济效益和生态效益。

（二）技术开发及产品应用成果

研发团队历经多年探索和产学研合作，首创了以各种碱和亚硫酸盐为分拆剂、三氧化硫为酯化试剂、非质子溶剂为分散剂的生物质磺化的工业化专利技术，开创了多功能全水溶生物高分子原料库及生命物质能量的支撑体系，实现了各种生物质温和条件下的高效酯化和全水溶，生产过程清洁安全，溶剂可完全分离和循环套用，破解了现有合成工艺无法解决的生产成本高、溶剂残留、碳化降解严重、产品质量差等至今未能产业化的难题。新工艺具有原料丰富，产品得率高、品质好，生产过程简单、反应条件温和，清洁安全，生产成本低，产品用途广，使用效果好等突出优势。

新工艺既适用于纤维、木质素、淀粉、腐殖酸、虾壳蟹壳等各种生物质原料，也适用于木材加工残余物、本色浆、秸秆粉及碱木质素等混合原料。可根据不同需要，大规模、低成本生产出系列水溶性生物基产品。生物基磺酸盐产品具有卓越的水溶性、吸水性、保水性、黏胶性，可与本色浆、木质素等绿色生物基材料结合，开发替代木材的全绿色纤维板、替代传统塑料地膜的生物基膜、育苗盘、绿色保水剂等基于生物基磺酸盐的全营养水溶肥和土壤整理剂，打造固—液、基—追、生物基缓/控释水溶性肥的高效供肥体系。

该项目取得和申请相关专利21项，10项专利获得授权。项目实现了全套新工艺技术的新颖性和首创性，相关技术及成果已经通过小试和中试验证，证明了水溶性磺酸盐新工艺及水溶性生物大分子磺酸盐类液体新产品出色的应用效果。项目破解了水溶性生物基磺酸盐至今没有工业化技术的重大难题，使利用丰富廉价的生物质大规模、低成本、清洁安全地生产高品质生物基材料及水溶性生物基高分子成为可能。项目已在千吨级生物基磺酸盐中试装置上完成了生产性验证和工艺及装备的优化，已形成了万吨级工艺包。现已开发和定型了全水溶性生物基肥、生物高分子水溶性肥料、土壤改良剂、保水剂、生物有机肥、构型肥、沙漠及盐碱地专用肥、无甲醛黏胶剂、水煤浆乳化剂等系列生物磺化产品，开发了绿色中密度无甲醛纤维板、水煤浆乳化剂、水泥减水剂、沥青乳化剂等凸显水溶性生物基高分子功能的系列绿色产品。

研发团队近几年来在内蒙古、宁夏等多地联合开展了不同原料、不同工艺、不同工程产品的定型开发和应用评价工作，证明了生物基液体肥具有广泛的适用性及与化肥、有机肥的配伍性，证明水溶性生物基肥在保水保肥、固沙保水、土壤生态修复及土壤中微量营养成分溶出，提高葵花、玉米、葡萄、辣椒、黄瓜、西红柿等农作物叶绿素含量，促进根系及叶片增长，调节土壤pH值，降低电导率，提高有效磷、有效钾含量（50%左右），增产（5%~200%）、提质（氨基酸、糖、维生素C含量显著增加）等方面应用效果显著。在千亩盐碱地青贮玉米滴灌栽培试验中，可减施25%以上化肥，大量节水，产量增长1倍以上，投入产出比可达1∶20以上。在沙漠和盐碱地的植树造林中，生物基液体肥料和构型肥也表现出很好的保湿及促进树木生长的作用。产品的生产成本在每吨2000元左右，亩用量与化肥差不多。上述系列成果获得了专家和农户的一致好评和高度认可，并已形成多套可满足不同市场和用户需求的技术方案。

（三）技术特色与产品亮点

一是独创系列工艺和产品。开发独特的生物基“产品树”，大规模、低成本生产绿色材料、肥料、原料等系列新产品，以及生物营养液、无机—生物基缓控释颗粒肥、多功能构型肥、本色浆、生活用纸、包装纸、无甲醛纤维板、沥青改性剂、水泥减水剂等可就近消纳的系列绿色新产品。

二是独创了全价利用竹子、秸秆及加工剩余物等生物质及营养矿物质资源，生产水溶性生物高分子磺酸盐及纸膜肥等新工艺。利用高分子中的磺酸基、羟基、羧基、氨基等功能性基团的水溶性、表面活性、悬浮稳定性、成膜性、离子交换性等功能成功开发出了系列生物基肥料，破解了生物质、土壤等营养源难降解、难水溶、生产成本高的难题，可显著提高资源利用效率，减少 50% 左右的化肥使用，替代塑料地膜，促进生态修复和循环经济发展。

三是水溶性生物基高分子材料可生产构型肥，具有黏结、保水、保肥和低成本优势。生物基磺酸盐具有很好的沙漠结皮保水、降低盐碱影响和保肥供肥性能，可以防止面源污染。新型构型肥形成的“面”托水保肥效果明显优于混施于土壤中的保水保肥效果。

四是成功开发绿色生物基地膜。结合生物基磺酸盐与新工艺本色浆开发了低成本生物基地膜及地膜肥，发现了其调温、调湿、补肥和覆盖杂草等多种比塑料薄膜更好的功能，为“减肥增产、减药减害和减膜减污”开辟了新途径，对于破解偏施无机肥导致养分失调、土壤退化等难题，推动生态恢复和生态产业发展具有重大意义。

五是综合利用原料、微生物及产品特性提高植物抗性。利用生物质原料浆、粉煤灰、制浆剩余液、微生物菌剂及生物基覆膜型缓 / 控释肥的综合作用，可显著增强作物对病虫害的抵抗能力以及抗旱、抗低温、抗倒伏能力，发挥保健肥料功效，改善农产品品质。新产品原料来源丰富，生产成本低廉，使用效果显著，是“三废”资源化的很好途径。

六是基于已有的研发成果，开发多功能生物大分子磺酸盐作为微生物培养基，实现有机肥、无机肥及微生物菌肥一体化，构建通过前期筛选、分离和扩繁植物秸秆酶解复合微生物菌群的生态体系，创制了养分全面、质优价廉、高效的液体肥、颗粒肥、构型肥及生物基膜肥，可很好地利用化学络合与离子交换特性，开发具有保水保肥、保湿控温、固沙控盐、自然降解及土壤生态恢复等多种功能的系列肥料。

（四）市场前景

除了工艺、工程与装备及新产品创新优势，还具有生产清洁安全、资源丰富及高效利用、绿色生态的特点。可借助清洁制浆、生物基磺化、释磷、释钾和固氮等领先的绿色技术及产业平台和应用基础，开发利用系列生物基材料和系列保水、保肥、盐碱地治理及缓控释生物基肥料。可充分利用生物基高分子硫酸及磺酸盐特有的高黏结性、吸水性、保水性、缓释性、控释性、离子交换及改善土壤胶体结构等多种功能，作为植物营养源的关键生物基成分，大量推广和应用于生物基缓控释肥料系列产品中，重点发展生物基新型肥料。生物基新型肥料是国家鼓励、市场急需的重要农业生产资料，可解决目前化肥利用率低，养分分解、流失及失效严重，使用效果差，二次污染的问题。随着生物基植物营养源系列产品的推出，将进一步发挥对土壤养分增效、促释作用，提高土壤有机质，促进农业生产可持续发展，有力推动循环经济和生态产业的发展。

三、智能化技术应用

雅安市雨城区禾兴园蔬菜种植专业合作社是一家中小型科技型企业，是国家级示范合作社、四川省首批农业生产社会化服务省级重点服务组织、雅安首家进行无土栽培育苗种植的专业合作社，合作社成员 100 多人，经营面积 112 亩，种植粮食作物、特色蔬菜，致力于生产安全、营养、洁净的优质农产品，建设有种苗快繁示范设施温室及露地标准化生产种植示范基地。近年来，合作社承担多项校企科技合作项目，把产、学、研、供、销融为一体。合作社结合现代农业智能物联网系统，利用工厂化快速繁育技术，建设了自己的种苗快繁及露地标准化生产种植示范基地，运用设施化、工厂化栽培的方式，实现农产品的质量可控、数量可控、成本可控。按照“36524”模式运作，即农产品365天全年供应、24小时从采收送达消费者手中，已实现利用市场订单在不同作物生长需求的海拔建设生产基地，对生产基地利用科学标准化的方法进行管理，在不同地域、海拔地区迅速复制建设生产基地。合作社成员80%以上为农民，合作社为成员和合作基地提供种苗、市场、技术服务，将基地生产者、经销商、市场消费者之间的信息扁平化，依据市场订单来指导种植生产工作，使特色农产品行业能够健康发展，探索出一套可行的商业模式。由此，为合作社在全国发展布局、巩固供应渠道打下坚实基础，初步形成了种苗快繁、农户合作、基地分销与社会化服务的经验。

（一）科技先行，带动村民致富

合作社成立于2012年，从最初9位农民成员发展到现在共有100多位农民成员。合作社主要利用无土栽培技术集中快繁育苗，再由合作社成员进行标准化种植，合作社统一批量化销售。针对功能性蔬菜，集研发、种植、生产销售于一体，带领合作社农户一起创收致富。

（二）扎根热土，攻破难关

合作社秉承扎根农村、服务“三农”、助力乡村振兴的理念，依靠科技和市场，利用无土栽培技术，决心在未来农业、现代化农业领域闯出一片天地。

在国家鼓励政策的引导下，合作社盘活农村闲置土地，建农业设施。销售方面，探索“公司 + 合作社 + 农户”的产销模式，保障农户利益；为了更好地发展，加大投入，修冻库、保鲜库，下大功夫研发现代化农业技术，与四川农业大学合作，将产、学、研、供、销融为一体，与村民一道谋发展。截至2024年11月，合作社申请发明专利1项，获得实用新型专利6项。

过重重关卡，破解一个个难题。合作社在2020年建成位于雨城区草坝镇的核心示范基地。示范基地以生产安全、洁净、营养的食品为宗旨，以科技创新为核心，投身智能化设施农业产业，成功运行合作社搭建的农业物联网设施大棚，让安全、营养、健康的农产品走进千家万户，也吸收了更多年轻人加入进来。在乡村振兴的大背景下，农村这片土地大有可为。合作社让村民、村集体组织共同参与，依托合作社经营的资金、技术、市场、人才等优势发展现代化、标准化农业，增加合作社成员的收益。

（三）增收致富，与农共赢

走进合作社的种植大棚，一个个立体式的“栽培墙”上种满了各式蔬菜，青翠诱人。用气雾栽培的方式替代传统种植，能保证蔬菜生产过程的产量可控、质量可控、成本可控。这种空间立体化、控制智能化、劳作省力化和绿色可持续的农业发展模式，得到不少经销商和消费者的青睐。

除了新颖的种植方式，合作社还创新销售模式。为了拓宽市场，合作社成员每天忙碌于菜市场、超市、酒店、饭店，了解市场需求，最终形成“公司+合作社+农户”的产销模式，不需要农户去找市场，也不需要市场去找农户，农户利益得以保证。合作社还通过网络直播将各类绿色、生态蔬菜介绍给各地网友，培养当地的村嫂当主播，将农村生产的优质农产品通过互联网销售出去，把美丽的乡村推广出去，实现农户在家门口就能务工，又同时照顾了家庭生活。在增产增收中，农户也跟着富起来。

（四）结合市场，拓展研学

为积极响应《教育部 共青团中央 全国少工委关于加强中小学劳动教育的意见》的号召，广大中小学和幼儿园利用屋顶闲置空地创新学校劳动实践基地，用于学生的劳动教育、实践农艺等生态教学。屋顶绿化和屋顶景观菜园成为劳动教育实践基地的主要组成部分。校园现代化农业基地具有很大的实际意义，一方面绿化环境，另一方面给学生带来参与劳作、了解农耕生态和自然知识的机会。通过校园智慧农场将学生的课程延展到课堂外，提供学生劳动实践的场景，从而开发孩子的想象力和观察力，助力学生全面发展。如果农场产品产量大，还可以实现校园食品安全的内部供应链管控，给学生提供健康、可溯源的食品。

智慧农场还可为学生们提供丰富的培训、主题活动，满足学生及家长的社会实践需求。将学生农业体验纳入课程，定期组织学生到农场实地参与农业生产活动，锻炼学生的动手能力，培养学生健全的人格。打造沉浸式现代化农业研学基地，小小园丁、农场主、育苗师、管理员等都由学生来担任。将农业各个环节的管理方式变得模块化，提高学生参与度。将传统种植模式与现代科学种植模式相结合，直观反映科技力量改变农业，从而在学生心中埋下以科学力量改变社会的种子，激发学生对植物、生物等领域的兴趣。学生还可开展各类交流互动活动，例如，农夫集市、奖励得到种子和土地、关注种子生长状况、分享种植经验、分享种植成果等。

合作社的示范基地也深受孩子们喜爱。作为从小学生到高中生的研学基地，每到周末，便人气旺盛。

在研学课程设置方面，学校智慧农场的研学老师根据课程与学生互动并教授农业相关知识，丰富学生课程，从劳动实践到自然教育。定期组织学生到智慧农场体验，农业专家根据农场种植情况，在种植现场教授更加丰富的农业课程，同时带领学生体验真实农耕的乐趣。智慧农场结合研学需要，从历史角度来看待农业发展对人口、文化发展的影响，树立唯物发展观念；从科学角度来研究植物生长过程的影响因素，设计科学小课程。在农业生产措施方面，按照农业生产的形式，将模块化、小型化的现代化农业生产规划实施到学校空闲的场地，如屋顶、露台、过道及闲置教室或地下室等空间。

（五）服务社会，助力发展

合作社还利用自身的技术优势、资源优势，以“藏粮于地，藏粮于技”为指引，开展社会化服务，参与粮油科学化种植示范，带动更多农户科学种粮；

积极参与撂荒地整治、村集体闲置大棚的智能化改造，以实际行动助力发展。

未来，合作社将继续以“36524 模式”为经销商和消费者提供服务。将在全国不同纬度的地区布局生产基地，配套建设完善的产业链体系，研发深加工产品，并在成果转化方面做更多的工作。最终将扩大种植规模，吸收更多农户就地就业，助农增收，为实现乡村振兴贡献力量。

第三节　农业领域实施技术应用的基本原则

农业是服务于人的，健康的人类需要健康的食物，健康的食物来自健康的植物，健康的植物需要长在健康的土壤里。所以，只要是不利于土壤健康可持续的技术手段都是不值得倡导的，凡是不利于生态环境与食物安全的技术创新都是违背自然规律的。因此，我们在选择农业领域的技术时需要遵循一定的原则。

一是对传统农业技术的传承与创新。如间混套作是我国传统农业的精华，在新时代农业生态转型中将发挥重要的作用。绿肥养地、粪肥循环、农业生物多样性利用等是化肥、农药减量的关键技术，在食品安全和农业可持续发展中起到重要作用。

二是对现代农业技术的反思与选择。如工业化、机械化、化学化、单一化、规模化的农业生产让农产品失去了本真的味道，造成了土壤的退化、生态的破坏甚至人类健康的威胁，也加剧了全球粮食分配的不均和乡土文化的衰落。

一、传统农耕智慧的循环永续

在漫长的传统农业社会，我们的祖先用勤劳和智慧创造了呼应自然节律和农业生产周期的农耕哲学，其地域多样性、民族多元性、历史传承性等，深深影响着中国的历史进程，影响着世界文明的发展。传统农耕智慧表现在

5个方面，即低成本农耕（利用天地之力的天人合一的农耕）、生态农耕（循环再生的生态化农耕）、百业农耕（以农耕为本的百业手工农耕）、艺术农耕（农耕与艺术、生活融为一体的田园农耕）、农医农耕（农医并行、药食同源的健康农耕）。

生态农业是在传承中华5000年农耕文化的基础上，与现代科学技术相结合的农业。传统生态农业是从系统理论出发，以生态学理论为依据，运用现代科学技术成果和管理手段，在一定范围内因地制宜进行农业生产活动。因此，生态农业是一种低能耗的农业，主要对太阳能和生物质资源进行充分利用，以尽可能少的能源、化肥、农药的投入，获得尽可能多的深加工原材料。现代生态农业是在生态学理论指导下开发的环境友好型、耕地固碳增氮型农业，是在不使用农药、化肥、除草剂、地膜、激素、转基因种子等前提下，满足植物健康生长需要的一种农业生产方式。

梁鸣早提出的生态农业优质高产"四位一体"栽培技术涉及4个方面，被广大农户简称为"四位一体"技术（见图6-2）。该技术源自中医理念，在种植过程中全程不使用高浓度速效化肥、化学农药、除草剂、人工激素、化学地膜，而是采用"君臣佐使"的中药配伍理念，用足量碳、适量水、必需矿物质、有益微生物等，最终生产出产量高、品质优、耐储存、风味足的农

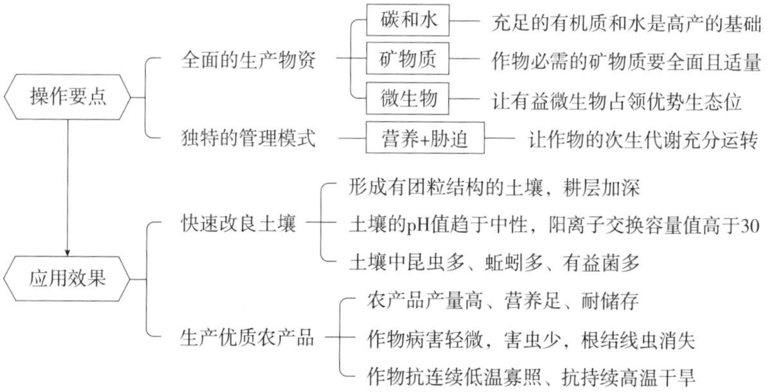

图6-2　生态农业优质高产"四位一体"栽培技术

资料来源：《生态农业优质高产"四位一体"种植技术手册》。

产品。具体来看：第一，足够的碳（秸秆、畜禽粪便和农业废弃物）和水分调控是形成产量的基础，采用耕层发酵技术可以快速形成腐殖质层，也是提高作物抵抗逆境能力的重要土壤条件。第二，让有益微生物占领优势生态位，成为土壤物质流和能量流的推动者。第三，提供必需矿物质，矿物质是形成作物抗性、品质和风味不可或缺的物质。第四，在作物生长期间要模仿大自然对作物不断进行胁迫。

俗话说，“有收无收在于水，收多收少在于肥”。生物培肥是自古就有的一种可持续的农田培肥方式，主要包括种植豆科作物、合理轮作、施用堆肥、秸秆还田、造林种草等。在一定条件下，通过微生物的作用使废物中的可降解有机物发酵，并经腐熟而得到的产品称为堆肥（compost）。它是一种深褐色、质地疏松、有泥土气味的物质，类似于腐殖质土壤，故也称为腐殖土，是一种具有一定肥效的土壤改良剂和调节剂。堆肥化是利用微生物的作用，使有机物发酵并分解来提高利用效果的手段，因此，为了制造品质优良的堆肥，重要的是准备一个微生物易于活动的环境，此时的重中之重就是材料的碳氮比、水分含量、通风性、形状以及温度等。制造堆肥的步骤见图 6–3。

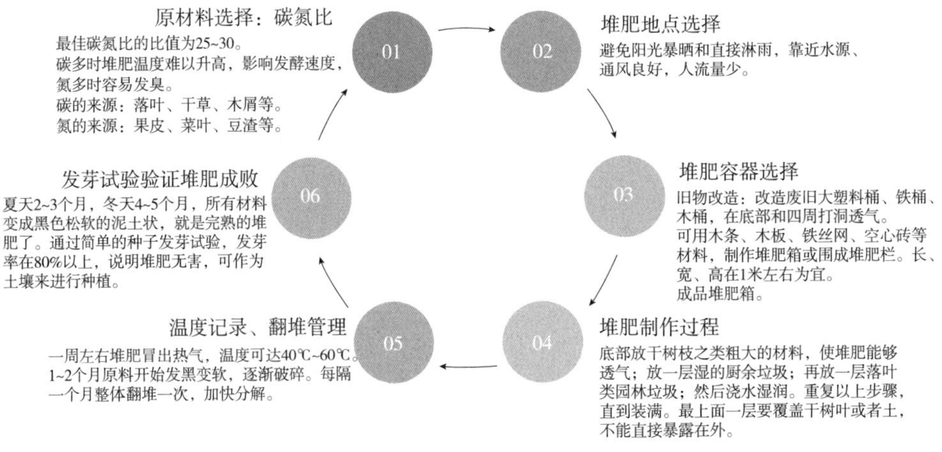

图 6–3　制造堆肥的 6 个步骤

资料来源：《制造堆肥的要诀和实际制作方法》。

二、现代农业智能的高效便捷

当今世界正处于百年未有之大变局的复杂变化时期，全球化趋势不可逆转，全球科技创新与产业革命风起云涌。党的二十大报告提出要加快建设农业强国。面对当今世界日趋严峻的科技竞争和未来我国农业强国建设、乡村全面振兴的重大任务，中国农业科技正处于自立自强的关键时期，需要未雨绸缪，积极应对，才能为农业农村现代化提供更有力的科技支撑。

世界诸多国家以齐头并进的态势在数字经济时代展开新一轮技术竞争，全球进入数字经济背景下的高层次现代农业发展阶段，以互联网、物联网、传感器等为基础的智能农业、智慧农业、无人农业等农业新业态不断涌现。随着新一轮科技革命和产业变革纵深推进，数字经济加速向农业农村广泛渗透，为我国农业现代化带来重大机遇。随着中国农业智能化进程推进和新科技革命浪潮兴起，现代科学技术在各个领域得到广泛应用，尤其是数字经济为现代农业注入了强劲动力。以物联网、大数据、人工智能为代表的新兴网络信息技术正在加速向各行各业拓展运用。中国农业依托互联网高速发展，传统农业逐渐走向智能化时代，不仅改变了生产方式，而且对整个人类社会文明进步产生深远影响。

长期以来，农业的现代化主要聚焦于农业生产力的现代化，即更多地着力于农业生产工具的现代化。相较于城市发展与互联网所带来的全新商业模式与新型生产关系革新，农业领域处于相对落后状态。当前已进入工业 4.0 时代，一个最重要的特征是基于互联网等信息技术，以客户为中心进行产品定制化、个性化生产，工厂与企业不再以产品的生产为中心，而是以面向客户的服务为中心。工业 4.0 最本质的变革不是智能装备的应用变革，而是以互联网为基础的商业、生产与服务模式的变革，这个变革就是产业的服务化。同理，化解当前农业生产的“信任危机”和矛盾，关键不是以围绕农业生产效率的提高而推进的农业装备革命，而是要以农业生产关系的升级为中心，借鉴和引进先进商业模式、组织模式，推动农业生产关系的进步，这个进步的核心就是要实现农业生产的服务化。

“最先一公里”是我国农产品供应链的源头，也是决定我国农产品品质和成本的关键因素。大多数农产品浪费和食品安全事故发生的原因就在“最先一公里”。一旦在“最先一公里”出现问题，保鲜失败，那么后面冷链物流做得再好，也是徒劳，食品的腐烂和变质是完全不可逆的。因此可以说，只有做好“最先一公里”，才能更有效地保障生鲜农产品的品质和延长其保质期，“最先一公里”的效果直接影响生鲜农产品后期在冷链运输和“最后一公里”配送的损耗率。从田间地头到百姓餐桌是农产品上行的完整流通过程，在这一过程中，只有做好田间地头，才能守好百姓餐桌（见图 6–4）。这里的“田间地头”指的就是农产品上行流通的“最先一公里”。我国幅员辽阔，农产品“产全国，卖全国”，流通的物流距离长，环节多，造成其产后损失率远远高于发达国家。在我国，果蔬产品在“最先一公里”损耗率高达 15%~25%。刚采摘的农产品初始温度有 30℃左右，需要迅速将果蔬的温度降至 0~15℃，而冷链预冷技术可以快速降低农产品的田间热和呼吸热，让其处于休眠状态，减少腐损率。在农产品的生产加工、仓储物流、市场营销 3 个环节中，产地冷链设施基础薄弱。

在“十四五”开局之年，农业农村部规划设计研究院发布的《农产品产地流通及“最先一公里”建设调研报告》以及《农业农村部办公厅 财政部办

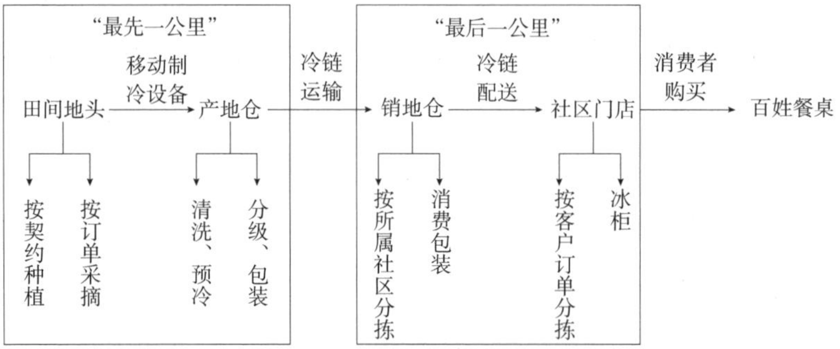

图 6–4　从田间地头到百姓餐桌的农产品冷链物流流程图

资料来源：《我国生鲜及产品冷链物流“最先一公里”发展探讨》。

公厅关于全面推进农产品产地冷藏保鲜设施建设的通知》，更是将“最先一公里”的建设通过相关措施落到实处。随着各种政策法规的出台，截至2020年，我国已经有超过9000个新型农业经营主体在农产品产区新建或改建1.4万个冷链物流设施。各种农产品分级、包装和冷链运输的温度标准也已经订立或准备推广。最新修正的《中华人民共和国食品安全法》也对农产品冷链运输的标准作了规定。政府的重视也引来了企业的加盟。大型电商企业、零售商超、连锁生鲜超市以及新型农村合作社开始涉足农产品，特别是生鲜农产品“最先一公里”。阿里巴巴在我国农产品主要产地建立了5个区域性数字农业集运加工中心（产地仓），在农产品主要消费地建立了近30个销地仓，由此形成的阿里巴巴数字化仓配矩阵和分销网络，能够快速、保鲜地把生鲜农产品直接从田间地头送达百姓餐桌。美团优选、多米社区、多多买菜、盒马集市等社区团购平台从一定程度上解决了农民卖菜难和百姓买菜贵的问题。

三、当前农业技术创新的重点和方向

21世纪是人类经济和科学技术日新月异和更加迅猛发展的时期，工业化的全球扩散、市场经济的全球推进、科学技术的全球合作、信息化的全球影响势不可当。但与此同时，环境问题的全球化、生态危机的普遍化、自然资源争夺的白热化、人地矛盾的尖锐化，亦将更加突出。为了协调人口、资源、环境与发展的关系，把握住人类未来发展的正确方向，实施可持续发展战略成为21世纪人类发展的必然选择。我国是农业大国，以农业科技革命为动力，建立与农业大国地位相适应的、与社会主义市场经济相适应的农业科技创新体系，维护人民食物安全和农村经济安全、农村国土安全，从而探索可持续发展农业，是实现农业现代化的必由之路。

近几十年来，世界各国都在探索持续发展农业的新途径。各种替代农业模式不断出现，其中，精确农业作为一种以信息为基础的农业微观管理系统控制下的农业生产方式，通过卫星遥感和计算机控制技术准确计算出某一地块实际所需投入，可以减少不必要的投入与资源浪费，提高投入产出转化效率，避免过量使用化学产品而带来的污染风险。因此把信息技术、生物技术与生态工程建设有机结合起来，培育农业高新技术产业和产业集团，将成为未来农业的一个发展趋势。

土壤是万物之母、农业之本，是支撑国家粮食安全和生态文明建设的重要战略资源。可持续的土壤管理，是提高养分利用效率，降低土壤利用过程中养分耗散和流失，实现粮食产量、质量及生态环境安全，实现碳中和，防控农业面源污染，保护生物多样性必不可少的手段。土壤管理得当，能够不断改良土壤，维持农业繁荣与文明延续。可持续土壤管理技术主要包括农田土壤地力提升、土壤障碍因子消减、土壤养分高效利用、中国土壤基层分类与数字化管理、固碳减排、农业废弃物资源化利用等[①]。

① 土壤与农业可持续发展国家重点实验室:《可持续农业土壤管理》，科学出版社，2021。

第七章　农业绿色发展与资源综合利用

引　言

农业绿色发展与资源综合利用是现代农业发展的核心理念，旨在通过科学管理和合理利用资源，实现生态环境的保护与修复，进而推动资源的高效循环利用。农业绿色发展不仅关注农业生产过程中的环境保护，还强调资源的可持续利用和生态系统的平衡。资源综合利用则是通过技术创新和管理优化，最大限度地提高资源利用效率，减少浪费和环境污染。

农业绿色发展与资源综合利用的关键是生态环境保护与修复，进而实现资源科学、高效地循环利用。保护是通过科学管理和合理利用，防止生态环境质量恶化，保护和改善生态环境质量，保障人类健康，促进经济社会可持续发展；修复是人工干预，使受到污染或破坏的生态环境恢复到原有或应有的状态。

保护与修复是多维度的。第一，要加强生态环境监测，通过科学的手段，对生态环境质量进行定期监测，及时发现和解决生态环境问题。第二，要加强生态环境立法，通过法律手段，规范人类行为，防止生态环境进一步恶化。第三，要加强生态环境教育，提高公众的生态环境意识，形成人人参与生态环境保护的良好氛围。第四，要探索和实践生态环境修复的新技术和新方法。第五，要明确保护与修复的目标，即建设绿水青山的美好家园。这需要全人类坚定信念，持之以恒，用行动守护地球。保护与修复，是人类赖以生存和发展的基础，也是构建人类命运共同体的重要内容。

生态安全涵盖了水资源、土地资源、生物多样性、气候等立体安全。当前，生态环境保护与修复强调在绿色发展、循环经济、生态文明等理念下，通过生态修复、环境保护等手段，构筑生态安全屏障，保障人类健康和社会可持续发展。保护是在经济社会发展中，采取各种措施保护和改善生态环境，防止生态恶化，保障人类健康，促进可持续发展。生态环境保护包括自然环境、生物多样性、土地资源、水资源等多领域。生态修复是对受到人类活动或自然灾害影响而退化或破坏的生态系统，通过人工和自然恢复相结合的方式，使其结构和功能恢复与重建，从而实现生态系统健康、稳定和可持续发展。生态修复则包括土壤、水体、大气、生物多样性、景观等多层修复。

农业绿色发展与资源综合利用不仅是现代农业发展的方向，也是构建人类命运共同体的重要内容。通过保护和修复生态环境，建设绿水青山的美好家园。全人类需要坚定信念，持之以恒，用行动守护地球，只有这样，才能实现人与自然的和谐共生，保障人类社会的可持续发展。

第一节　农业绿色发展

一、农业绿色发展的概念

农业绿色发展是一个涉及农业生产和环境保护的综合性概念，其核心目标是实现农业的可持续发展。关于农业绿色发展的概念，联合国粮食及农业组织称，农业绿色发展是指在农业生产过程中，通过采用环保、节能、低碳的农业生产方式，实现农业生产的可持续发展，同时保护生态环境，提高农业生态效益和社会效益。《中国农业绿色发展报告 2021》指出，农业绿色发展是以可持续发展为目标，以资源环境保护为基础，以科技创新为动力，以制度建设为保障，推进农业全链条、全方位、全领域绿色转型的过程。世界银行强调，农业绿色发展需要关注提高农业生产效率、减少资源消耗、降低环境污染、增强生态系统韧性、促进农村社区发展等方面。国际农业研究磋商组织（CGIAR）在其研究中指出，农业绿色发展需要在创新农业技术、优化农业结构、改善农业管理、增强农民参与、促进农业与环境的和谐共生等方面取得突破。国务院发布的《全国农业现代化规划（2016—2020 年）》中提出，要推进农业绿色发展，加强农业资源环境保护，提高农业生态服务功能，促进农业可持续发展。

综上所述，农业绿色发展是一个全面、系统的概念，其核心是实现农业生产的可持续发展，同时保护生态环境，提高农业生态效益和社会效益。实现农业绿色发展需要在技术创新、制度建设、环境保护等多个方面取得突破。新时代农业绿色发展是指在当前社会发展背景下，以可持续发展为目标，以环境保护为核心，以科技创新为动力，以提高农业综合效益和竞争力为重点，推动农业产业的绿色发展、循环发展和低碳发展。

二、农业绿色发展的内涵

农业绿色发展涉及农业、生态、经济和社会等多个方面的综合概念，它强调在农业生产过程中实现环境保护、资源可持续利用和社会和谐发展的目标。具体来说，农业绿色发展的内涵主要包括以下几个方面。

环境友好。环境友好是农业绿色发展的重要内涵之一，主要体现在农业生产过程中对环境的保护和污染的减少。这包括减少化肥、农药等农业投入品的使用，降低农业面源污染；保护农田生态系统，维护生物多样性；合理利用水资源，减少对水环境的破坏。

资源可持续利用。农业绿色发展强调在农业生产中实现资源的高效利用和循环利用，以保障农业的可持续发展。这包括优化土地利用结构，提高土地生产效率；推广节水灌溉和水肥一体化技术，提高水资源利用效率；发展循环农业，实现农业废弃物的资源化利用。

农产品质量安全。农业绿色发展关注农产品的质量和安全，以保障消费者的健康和权益。包括推广绿色种植、养殖技术，降低农产品中的有害物质残留；建立农产品质量追溯体系，提高农产品质量安全监管能力；提高农产品加工、储运环节的绿色化水平，减少农产品损失。

农业生态系统服务。农业绿色发展重视农业生态系统的服务功能，包括气候调节、水源涵养、土壤保育、生物多样性保护等。通过优化农业产业结构，提高农业生态系统的稳定性，实现农业生产和生态服务的协同发展。

社会和谐发展。农业绿色发展关注农业发展对社会和谐的影响，包括农民增收、城乡协调发展、农村社区建设等。通过提高农业的附加值，增加农民收入，缩小城乡差距；加强农村基础设施建设，改善农村生活环境；促进农村社区的和谐发展，实现农业、农村、农民的协同发展。

总之，农业绿色发展是一个全面、系统的概念，它要求在农业生产过程中实现环境保护、资源可持续利用和社会和谐发展的目标，以推动农业的可持续发展。

三、农业绿色发展的重要性

农业绿色发展的重要性已得到国际社会的广泛认可。一些国际组织对此进行了比较权威的论述，阐释了农业绿色发展在全球可持续发展中的地位和作用。

联合国《2030年可持续发展议程》提出了贫困、饥饿、健康、教育、性别平等、清洁饮水和卫生、可持续能源、经济增长、创新、基础设施、可持续城市和社区、气候变化等17个可持续发展目标。其中，农业绿色发展是实现这些目标的关键因素，特别是在为达成《巴黎协定》中消除社会饥饿、稳定粮食安全、促进营养改善和农业的可持续发展目标方面具有重要作用。促进可持续发展农业，通过采用环保、经济和社会可持续的农业方法，确保农业生产的长期稳定和可持续性，实现这个目标需要各国政府、国际组织、私营企业和民间社会共同努力。具体措施包括投资农业研究、改善农业基础设施、推广可持续农业技术、加强粮食供应链管理和提高农民的技术培训等。

联合国粮食及农业组织长期致力于推动农业绿色发展，认为农业绿色发展是实现全球粮食安全和营养、消除贫困、保护生态环境和实现可持续发展的有效途径。联合国粮食及农业组织强调，农业绿色发展可以帮助各国应对气候变化、生物多样性丧失、土地退化和水资源短缺等全球性挑战。

全球 195 个国家在巴黎气候变化大会上达成《巴黎协定》，旨在限制全球平均气温的增长，防止气候变化带来的严重后果。农业绿色发展是实现这一目标的重要手段，因为它可以帮助减少温室气体排放，增强农业系统的气候韧性，保护和恢复生态系统，以及促进可持续的土地管理和水资源利用。

生物多样性是地球生命的基础，对人类生存和发展具有重要意义。农业绿色发展有助于保护和恢复生物多样性，特别是在农业生产系统中。通过推广环境友好的农业技术和管理方式，减少对生物多样性的破坏，农业绿色发展有助于实现《生物多样性公约》的目标。

农业绿色发展在全球可持续发展中的重要性不言而喻。各国政府、国际组织和民间团体应共同努力，推动农业绿色发展的理念和实践，以实现全球可持续发展的目标。

四、农业绿色发展面临的问题与挑战

当前，我国农业绿色发展面临诸多问题与挑战，如资源环境约束、城乡发展不平衡、食品安全等问题；过度开垦、不合理利用等导致土地质量下降，土地退化问题严重，包括土壤侵蚀、盐碱化、沙化等，降低了土地生产力；农业生产对水资源的需求较大，部分地区水资源短缺问题日益突出，农业生产过程中的废水排放也对水资源质量产生影响；农业生产过程中过度使用化肥、农药等农业投入品，导致土壤、水体、大气等环境要素受到污染，农业生产的废弃物，如农药包装废弃物、废弃农膜等，处理不当也会对环境造成污染，农田排水、畜牧场排放等也是农业污染的重要来源；农业生态系统的调节、支持、供给等功能减弱，影响农业可持续发展和人类福祉；部分农民和农业企业对农业绿色发展的认识不足，缺乏绿色生产意识，不利于生态环境保护与修复。

资源环境约束。随着经济的快速发展，资源环境压力加大，如土地退化、水资源短缺、环境污染等，农业绿色发展强调在农业生产过程中实现环境保护和资源可持续利用，有助于缓解这些资源环境约束，实现经济与环境的协同发展。

城乡发展不平衡。中国城乡发展不平衡问题，表现为城乡收入差距、基础设施建设、公共服务等方面的差异。农业绿色发展关注农业、农村、农民的协同发展，通过提高农业的附加值、增加农民收入、改善农村生活环境等途径，有助于缩小城乡差距，促进城乡协调发展。

食品安全问题。食品安全问题是中国社会关注的热点问题，涉及农产品的质量和安全。农业绿色发展关注农产品的绿色种植、养殖技术，降低农产品中的有害物质残留，构建农产品质量追溯体系，有助于保障消费者的健康和权益，提高食品安全水平。

气候变化应对。气候变化是中国面临的重要挑战，对农业生产和粮食安全构成威胁。农业绿色发展有助于提高农业系统的气候韧性，减少温室气体排放，保护和恢复生态系统，从而应对气候变化带来的挑战。

生物多样性保护。生物多样性是地球生命的基础，对人类生存和发展具有重要意义。但过度开垦、不合理利用等导致自然生态环境破坏，生物多样性下降。部分珍稀濒危物种栖息地丧失，生态系统稳定性降低。农业绿色发展有助于保护和恢复生物多样性，特别是在农业生产系统中。通过推广环境友好的农业技术和管理方式，减少对生物多样性的破坏，农业的发展有助于实现生物多样性保护的目标。

为解决这些问题，需要加强农业绿色发展意识的培养，加大农业生态环境保护与修复力度，推进农业绿色生产技术的研发与推广，加强农业资源的合理利用与保护，提高农业废弃物的处理水平，促进农业生态系统功能的恢复与提升。在理念和实践上促使绿色农业发展，从经济、社会、环境等多角度协同均衡发展，是摆在政府、企业和公众面前的现实问题。

第二节　新时代农业绿色发展的特征与目标

一、新时代农业绿色发展的特征

新时代农业绿色发展强调农业与环境、社会和经济的协调发展，旨在实现农业生产的生态化、农业资源的高效利用、农业环境的持续改善和农民生活水平的提高。《中共中央 国务院关于做好2023年全面推进乡村振兴重点工作的意见》对新时代农业绿色发展进行了具体阐述：一是强化以能繁母猪为主的生猪产能调控。调整农业生产结构，优化资源配置，提高农业生产效益。二是推进畜禽规模化养殖场改造升级。提高农业生产的规模和效率，减少环境污染，提高资源利用效率。三是推进农业绿色发展先行区和观测试验基地建设。探索农业绿色发展的新模式和新技术，为全国推广提供示范。四是建立农业生态环境保护监测制度。加强对农业生态环境的监测和评估，为农业绿色发展提供科学依据。五是出台生态保护补偿条例。建立生态保护补偿机制，激发农民保护环境的积极性，促进农业绿色发展。六是加强水生生物资源养护。保护水生生物多样性，维护水生态平衡，促进农业绿色发展。七是推进国家农产品质量安全县创建。提高农产品质量，确保食品安全，提升农业绿色发展的竞争力。通过这些措施，新时代农业绿色发展将助力乡村振兴，实现农业农村现代化，为可持续发展作出贡献。

新时代农业绿色发展呈现如下特征。

一是生态优先。新时代农业绿色发展将生态环境保护放在优先位置。例如，通过实施退耕还林、草原生态保护等工程，减少对自然环境的破坏，保护生物多样性。

二是环保生产。绿色农业注重减少农业生产过程中的污染。如推广使用生物农药、有机肥料等，减少化学农药和化肥的使用，降低对环境和人体健康的影响。

三是资源节约。绿色农业强调高效利用资源，提高农业生产效益。例如，通过改进灌溉技术、水肥一体化等措施，实现水资源的节约利用。通过秸秆还田、绿肥种植等方式，提高土地肥力。

四是循环利用。新时代农业绿色发展注重农业废弃物的循环利用。例如，将农作物秸秆、畜禽粪便等转化为有机肥料，既减少了污染，又实现了资源的循环利用。

五是协同发展。绿色农业注重农业与农村经济的协同发展。例如，通过发展休闲农业、乡村旅游等产业，实现农业与农村经济的融合发展，提高农民收入。

六是科技创新。新时代农业绿色发展依赖于科技创新。例如，通过基因工程技术改良作物，提高抗病虫害能力，减少农药使用。通过遥感、无人机等技术，实现精准农业，提高生产效率。

七是政策支持。政府在新时代农业绿色发展方面给予大力支持。例如，出台了一系列扶持政策，包括财政补贴、税收优惠等，鼓励农民和企业参与绿色农业发展。

综上所述，新时代农业绿色发展具有生态优先、环保生产、资源节约、循环利用、协同发展、科技创新和政策支持等特征。这些特征有助于农业发展可持续性推进，为市场与公众实现农产品安全、绿色及稳定的供给。

二、新时代农业绿色发展的目标

新时代农业绿色发展的目标是实现农业生产的可持续性，通过绿色、环保、低碳的农业生产方式，实现农业经济、社会和环境的协调发展，提高资源利用效率，减少环境污染，提高农产品质量，增加农民收入。

宏观上，政府制定了一系列农业绿色发展政策，如《国家乡村振兴战略规划（2018—2022 年）》《关于创新体制机制推进农业绿色发展的意见》等，旨在实现整个农业行业的可持续发展。包括优化农业产业结构、提高资源利用效率、减少农业污染、提高农产品质量和安全、增加农民收入等。政府还需要通过立法、财政支持和科技创新等方式推动农业绿色发展。微观上，农业企业需要积极响应政府政策，实施绿色发展战略。具体表现为推广绿色农业生产技术，降低资源消耗，减少环境污染，提高产品品质，增强市场竞争力，同时为农户提供技术支持和培训。以中化国际为例，该公司积极推广绿色农业解决方案，包括水肥一体化、生物防治和土壤改良等技术，降低资源消耗，减少环境污染，提高产品品质，增强市场竞争力。同时，为企业提供技术支持和培训，帮助农户实现绿色生产。农户作为农业生产的基本单位，需要转变生产方式，积极参与农业绿色发展。以山东省、河北省部分农户为例，他们采用绿色农业生产技术，减少化肥、农药等农业投入品的使用，提高资源利用效率，减少环境污染。同时，通过种植有机农作物，提高农产品质量，获得更高的市场价格，从而增加收入。农业绿色发展目标在环境中也得到体现，表现为农田生态系统保护，水资源保护，土壤保护，生物多样性保护等方面。以浙江省某农业园区为例，该园区实施了农田生态系统保护、水资源保护、土壤保护和生物多样性保护等措施，通过建设生态沟渠、湿地公园和绿色生态农业示范区等项目，降低农业对环境的负面影响，实现农业与环境的和谐发展。

总之，农业绿色发展的目标从宏观到微观，涵盖了政府、企业、农户和环境各个层面，充分展示了新时代农业绿色发展的目标在不同层面的具体实践。

一是提高资源利用效率。农业绿色发展旨在优化农业资源的配置和利用，提高土地、水、能源等自然资源的利用效率。农业生产技术和管理方式的改进、创新，为自然资源的综合循环可持续利用以及农业资源集约消耗提供了更大可能。节水灌溉技术是农业绿色发展的重要措施，可以有效减少农业用水量，提高水资源的利用效率。例如，在水资源短缺的地区，采用滴灌、喷灌等高效节水灌溉技术，能够将水直接输送到作物根部，减少水分蒸发和渗漏，提高灌溉效率。通过推广节水灌溉技术，可以实现水资源的可持续利用，同时降低农业生产成本，提高农民的经济收益。同时，优化农作物种植模式，如采用间作、套种等方式，可以提高土地的利用效率，增加单位面积的产量。

二是保护生态环境。农业绿色发展强调保护生态环境，减少农业生产活动对环境的负面影响。具体包括减少化肥、农药等农业投入品的使用，降低农业面源污染；保护耕地质量，防止土地退化；保护水资源，减少农业用水量等，推广有机农业、生物防治等绿色农业生产方式。例如，在病虫害防治方面，采用生物防治技术，如昆虫天敌、植物提取物等，可以减少农药的使用，降低农业面源污染，保护生态环境。有机农业是一种遵循自然规律、不使用化学合成物质的农业生产方式。通过发展有机农业，可以提高土地的肥力和生态系统的稳定性，减少化肥、农药等农业投入品的使用，也降低农业面源污染。同时，有机农产品具有较高的品质和安全性，能够提高消费者的信心。有机农业的发展还可以增加农民的就业机会，提高农民的收入水平。农业绿色发展鼓励将农业废弃物转化为资源，提高循环使用效率。例如，传统的堆肥等手段把农业废弃物变废为宝生成生物有机肥，既减弱了对工业化肥的依赖，又减少了环保压力培育了土壤肥力；将秸秆用作饲料或生物质能源，可以提高农业资源的利用效率。农业废弃物循环利用有助于保护生态环境，同时降低农业生产成本，提高农民的经济收益。

三是保障食品安全。农业绿色发展注重提高农产品的质量和安全性，保障消费者的健康。通过绿色农业生产方式，减少农产品中的有害物质残留，提高农产品的品质，增强消费者的信心。推广绿色农产品的生产和认证，建立食品安全可追溯体系。例如，发展有机农业，严格按照有机农业生产标准进行生产，确保农产品的质量和安全性。同时，建立食品安全可追溯体系，可以追溯农产品的生产、加工、运输等全过程，确保农产品的安全。

四是调整农村能源结构。农村能源结构调整是农业绿色发展的重要内容，旨在减少对化石能源的依赖，推广可再生能源的使用。例如，推广太阳能、风能、生物质能等可再生能源在农村地区的应用，可以降低农业生产过程中的碳排放，实现低碳发展。同时，农村能源结构调整有助于降低农业生产成本，提高农民的经济收益。

五是促进农民增收。农业绿色发展有助于提高农民的收入水平。通过发展绿色农业产业，增加农民就业机会，提高农民的劳动生产率。同时，绿色农产品具有较高的附加值，能够提高农产品的市场竞争力，增加农民的经济收益。发展农业产业化、规模化经营，提高农民的劳动生产率。例如，通过组建农民专业合作社，实现土地、资金、技术等资源的整合，提高农业生产规模和效率，增加农民的经济收益。

六是促进农村社区发展。农业绿色发展有助于改善农村社区的生活环境，提高农村社区的可持续发展能力。通过发展绿色农业，改善农村基础设施，促进农村社区的和谐发展。改善农村基础设施，提高农村公共服务水平。例如，通过政府投资和农村社区自筹资金，改善农村道路、供水、供电等基础设施，提高农村社区的生活环境。同时，提高农村教育、医疗、养老等公共服务水平，促进农村社区的和谐发展。

第三节　农业绿色发展与资源综合利用的关系

农业绿色发展强调在农业生产过程中实现生态优先、环保生产、资源节约、循环利用等目标，资源综合利用是实现农业绿色发展目标的重要手段和途径。国家发展和改革委、农业部、环境保护部等部委发布的《全国农业可持续发展规划（2015—2030 年）》指出，农业可持续发展以资源环境保护为核心，以科技创新为支撑，以节本增效为路径，以农民增收为目标，推进农业结构优化升级，提高农业综合效益和竞争力。《中华人民共和国国民经济和社会发展第十三个五年规划纲要》中明确提出，推进农业绿色发展，加强农业资源环境保护，提高农业资源利用效率，减少农业面源污染，发展节水农业、生态农业。中国工程院指出，农业绿色发展与资源环境保护是相互促进、相辅相成的关系。农业绿色发展需要通过资源的高效利用和循环利用，减少对环境的破坏；而资源环境保护也为农业绿色发展提供了生态基础和资源支撑。

一、资源节约与高效利用

资源节约与高效利用是指在农业生产、农村发展过程中，通过科学管理和技术创新，提高资源利用效率，减少资源浪费，实现可持续发展。以农业灌溉为例，某地农村采用智能灌溉系统改造传统农田灌溉方式。技术创新方面，引入智能灌溉系统，通过安装土壤湿度传感器、建立气象站等，实时监测农田土壤湿度、气温、降雨量等数据，实现精准灌溉。节约水资源方面，传统灌溉方式往往依赖人工经验，容易造成水资源浪费。智能灌溉系统根据实时监测数据，自动调整灌溉时间和水量，有效减少水资源浪费，提高水资源利用效率。提高农业生产效率方面，通过精准灌溉，农作物得到适当的水分供应，生长状况得到改善，从而提高农业生产效率，增加农民收入。降低环境负荷方面，减少水资源浪费，减轻对地下水的过度开采，降低对生态环境的负荷。最终，通过智能灌溉系统的推广，提高该农村地区水资源利用效率，推动农业现代化，促进农村经济发展。从中可以看到农业、农村发展资源节约与高效利用的重要性以及实现途径。在实际生产生活中，我们还应关注其他资源的节约与高效利用，如土地、能源、资金等，推动农业和农村可持续发展。

安徽省蚌埠市节水灌溉示范项目是国家水资源节约与高效利用重点示范项目之一。该项目以小麦、玉米等粮食作物为主要灌溉对象，通过引入先进灌溉技术和管理方式，实现农业灌溉资源的节约与高效利用。技术创新方面，项目采用滴灌、喷灌等节水灌溉技术替代传统的沟灌方式。这些技术能够根据作物生长需求和土壤湿度，精确控制灌溉时间和水量，有效节约水资源。智能管理上，项目引入农业物联网技术，通过安装土壤湿度传感器、建立气象站等，实时监测农田土壤湿度、气温、降雨量等数据。结合这些数据，农业专家系统为农民提供科学的灌溉、施肥等农业生产建议，提高农业生产效率。节约水资源方面，通过节水灌溉技术和智能管理，项目区灌溉水利用效率显著提高，水资源浪费得到有效控制。据统计，项目区的灌溉水利用效率达到 70% 以上，较传统沟灌方式提高了 20% 以上。在提高农业生产效率上，节水灌溉技术改善了农作物的水分供应状况，促进了作物生长。项目区粮食作物产量得到提高，农民收入增加。在环境保护方面，节水灌溉技术减少了对地下水的过度开采，降低了对生态环境的负荷。同时，项目还通过优化施肥方式，减少化肥流失对水体的污染。从社会效益上来看，节水灌溉示范项目的成功实施，为当地农民提供了先进的农业生产模式，提高了农民的科技意识和生产技能。同时，项目还吸引了其他地区的农民参观学习，为推动全国农业灌溉资源节约与高效利用起到了示范作用。

二、改进农业生产技术

改进农业生产技术是指在农业生产过程中采用新的方法、设备和技术，以提高农业生产效率、增加农产品产量和质量，同时降低对资源的消耗和对环境的影响。

（一）农业生产技术改进的主要方向

①精准农业技术。通过运用现代信息技术，如传感器、无人机、遥感等技术，实时监测农田环境和作物生长状况，为农民提供科学的种植、施肥、灌溉等建议，实现对农田生产的精确管理。

②农业机械化与自动化。采用先进的农业机械设备，提高农业生产效率，

减少劳动力资源浪费。例如，引入自动化采摘机器人、无人驾驶拖拉机等设备，提高农业生产效率。

③农业生物技术。利用基因工程、细胞工程等生物技术，改良农作物品种，提高农作物的抗病虫害能力、抗逆境能力，增加农产品产量和质量。

④农业节水技术。采用节水灌溉技术，如滴灌、喷灌等，精确控制灌溉时间和水量，减少水资源浪费。同时，培育节水农作物品种，降低农业生产对水资源的依赖。

⑤农业废弃物循环利用技术。将农作物秸秆、畜禽粪便等农业废弃物经过处理后转化为有机肥、生物质燃气等资源，实现农业废弃物资源的节约与高效利用。

⑥农业信息化。通过互联网、大数据、人工智能等技术，实现农业生产的智能化、数字化，提高农业生产效率和管理水平。

（二）农业生产技术改进的典型案例

改进农业生产技术对于提高农业资源利用效率、降低环境负荷、实现农业可持续发展具有重要意义。近年来，我国在改进农业生产技术方面取得了显著成果，有效促进了资源节约与高效利用。以下结合几个典型事例进行简要说明。

①智能农业灌溉系统。以前文提到的安徽省蚌埠市节水灌溉示范项目为例，智能农业灌溉系统通过实时监测农田环境数据，为农民提供科学的灌溉建议，实现水资源的节约与高效利用。类似的案例还包括陕西省榆林市的智能水肥一体化灌溉项目，将灌溉与施肥相结合，精确控制水肥供应，提高水资源和肥料利用效率。

②精准农业技术。精准农业目前比较先进的做法是通过运用现代信息技术，实现对农田生产的精确管理。例如，我国东北地区推广的精准农业示范项目，通过安装在农田中的传感器和无人机等设备，实时监测作物生长状况和环境因素，为农民提供科学的种植、施肥、灌溉等建议，实现土地资源的

节约与高效利用。

③农业废弃物循环利用。近年来，我国积极推广农业废弃物循环利用技术，如农作物秸秆还田、畜禽粪便转化为有机肥等。例如，山东省临沂市的农业循环经济示范项目，将农作物秸秆和畜禽粪便经过处理后转化为有机肥，用于农田施肥，实现农业废弃物资源的节约与高效利用。

④节水农作物品种的培育推广。我国科研人员通过育种技术，培育出一批节水、耐旱的农作物品种。例如，河北省石家庄市推广的节水小麦品种，与传统小麦品种相比，可在相同产量下减少 20% 以上的灌溉水量，实现水资源的节约与高效利用。

⑤农业机械化与自动化。我国近年来加快了农业机械化与自动化进程，通过提高农业生产效率，减少劳动力资源浪费。例如，新疆棉花采摘机器人项目，通过引入自动化棉花采摘机器人，取代传统的手工采摘，大幅提高了棉花采摘效率，节约了劳动力资源。

综合来看，通过改进农业生产技术，我国在资源节约与高效利用方面取得了显著成果。然而，农业领域仍面临诸多资源环境挑战，需要我们继续加大科技创新力度，推动农业可持续发展。

三、提高水资源利用效率

提高水资源利用效率是指在农业生产和农村生活中采用各种技术和管理措施，使水资源得到更充分、有效和可持续的利用。目标是减少水资源的浪费，增加有效利用的水资源量，满足农业、农村生产和生活需求，同时保护水生态环境。

世界范围内提高水资源利用效率的主要方向包括以下几个方面。

①精准灌溉和节水灌溉技术。采用滴灌、喷灌等节水灌溉技术，精确控制灌溉时间和水量，减少水资源浪费。同时，通过智能灌溉系统实时监测土壤湿度、气象数据等，为农民提供科学的灌溉建议，提高灌溉水利用效率。

②水资源循环利用与再生。通过污水处理、再生水利用等技术，将生活和工业废水经过处理后用于农业灌溉、城市绿化等，实现水资源的循环利用。

③水资源优化配置。通过建立水资源优化配置模型，综合考虑水资源总量、水质、时空分布等因素，合理调配水资源，提高水资源利用效率。

④水价改革与水权交易。通过调整水价、实施水权交易等经济手段，激发用户节约用水的积极性，提高水资源利用效率。

⑤农业水资源管理。改进农业灌溉方式，推广节水农作物品种，优化农业生产结构，降低农业对水资源的依赖。同时，通过农业水价改革、农业水权交易等措施，促进农业水资源的节约与高效利用。

⑥水环境保护与生态修复。加强水环境保护，减少水污染，提高水资源的可利用性。通过生态修复、湿地保护等措施，维护水生态环境，提高水资源的自然循环能力。

⑦智慧水务建设。通过互联网、大数据、人工智能等技术，实现水资源的智能化、数字化管理，提高水资源利用效率和管理水平。

世界各国越来越重视根据自身水资源条件、经济发展水平和技术能力，选择适合的提高水资源利用效率的途径，实现水资源的可持续利用。

四、提高土地资源利用效率

提高土地资源利用效率是实现可持续发展的重要途径。土地资源是人类生存和发展的重要物质基础，具有不可再生性。随着城市化的推进和经济的发展，土地资源的需求也在不断增长，土地资源的供需矛盾日益突出。因此，如何高效利用有限的土地资源，守住耕地红线，成为当前一个重要的现实难题。

（一）提高土地资源利用效率的现实意义

国务院批复的各省份国土空间规划（2021—2035年）对于农业和农村提

高土地资源利用效率具有现实意义。根据公开信息显示，截至 2024 年 1 月 16 日，国务院已经批复了多个省份的国土空间规划（2021—2035 年）。其中，浙江省的特点是以海洋经济为发展重点，推动陆海统筹发展。主要变化包括加强杭州湾、温州等沿海地区的协同发展，优化产业布局，提高海洋资源开发利用水平。广东省的特点是以珠三角地区为核心，推动区域协调发展。主要变化包括加强广州、深圳、珠海等核心城市的辐射带动作用，优化产业布局，提高城市承载能力。江苏省的特点是以长江经济带为发展轴线，推动沿江城市协同发展。主要变化包括加强南京、苏州、无锡等城市的辐射带动作用，优化产业布局，提高资源环境承载能力。四川省的特点是以成都平原为核心，推动区域协调发展。主要变化包括加强成都的辐射带动作用，优化产业布局，提高城市承载能力，同时加大对川西地区的支持力度。山东省的特点是以胶东半岛为发展重点，推动海洋经济和陆地经济协同发展。主要变化包括加强青岛、烟台、威海等沿海城市的协同发展，优化产业布局，提高海洋资源开发利用水平。国务院的批复对于农业和农村提高土地资源利用效率具有重要意义。通过优化土地利用结构、促进农业科技进步、加强农村基础设施建设、促进农村土地流转和保护生态环境等措施，实现农业和农村的可持续发展。

①优化土地利用结构。通过对农业、农村和城市用地的合理规划，优化土地利用结构，提高农业用地的集中度和规模效益。

②促进农业科技进步。通过国土空间规划，加大对农业科技的投入和支持力度，推动农业科技进步，提高农业生产的科技含量。

③加强农村基础设施建设。国土空间规划强调农村基础设施建设，包括农田水利、交通、能源等方面，改善农村生产条件和生活环境。

④促进农村土地流转。通过国土空间规划，推动农村土地流转，实现土地资源的优化配置。

⑤保护生态环境。国土空间规划强调生态环境保护，促进农业和农村发展的绿色转型。通过合理利用土地资源，减少对环境的破坏，实现农业和农

村的可持续发展。

（二）提高土地资源利用效率的主要方向

①科学规划和合理布局。科学的土地利用规划和合理布局是提高土地资源利用效率的基础。应根据土地资源的自然条件、社会经济状况和生态环境保护要求，制定土地利用总体规划，明确土地利用的方向和重点，优化土地利用结构和布局。

②严格土地用途管制。严格土地用途管制是提高土地资源利用效率的重要手段。应根据土地利用总体规划，实行严格的土地用途管制制度，确保耕地、林地、草地等土地资源的合理利用，防止土地资源的浪费和破坏。

③推进土地集约利用。推进土地集约利用是提高土地资源利用效率的关键。应鼓励和支持采用先进的技术和管理措施，提高土地利用的集约程度，降低土地利用的粗放程度。同时，应加强对闲置土地的管理和利用，提高土地资源的利用效率。

④健全土地市场机制。健全土地市场机制是提高土地资源利用效率的有效途径。应完善土地使用权的流转制度，建立健全土地市场，促进土地资源的合理配置和有效利用。同时，应加强对土地市场的监管，防止土地资源的不合理利用。

⑤加强土地资源保护。加强土地资源保护是提高土地资源利用效率的必要条件。应加强对土地资源的生态环境保护，防止土地资源被破坏和退化。同时，应加强对土地资源的科学研究，提高土地资源的开发利用水平。

⑥完善土地政策体系。完善土地政策体系是保障土地资源高效利用的系统性复杂任务。为匹配经济社会发展的需要和改善土地资源的利用情况，确保土地政策体系相对完善，土地管理有法可依，为土地资源高效利用提供有力的政策支持。

总之，提高土地资源利用效率是一个系统工程，需要从多个方面入手，采取综合措施，实现土地资源的可持续利用。

（三）提高土地资源利用效率的成功案例

①安徽省土地整治项目。安徽省通过实施土地整治项目，对低效利用的土地进行整理、复垦和改造，优化土地利用结构和布局，提高土地资源利用效率。通过整治，实现了耕地总量的增加，提高了耕地质量，同时改善了农田水利设施，提高了农业综合生产能力。

②浙江省“亩均论英雄”改革。浙江省通过实施“亩均论英雄”改革，将土地利用效率与企业效益、税收等指标挂钩，引导企业提高土地集约利用水平。通过这项改革，浙江省实现了单位土地面积产出的显著提高，土地资源利用效率得到明显提升。

③山东省农业合作社模式。山东省通过推广农业合作社模式，实现土地集中连片经营，提高农业机械化水平，降低生产成本，提高土地资源利用效率。农业合作社模式还促进了农业技术的推广和应用，提高了农业产出。

④河南省农村土地制度改革试点。河南省通过实施农村土地制度改革试点，推进农村土地确权、流转和规模经营，提高农村土地资源利用效率。通过改革，激发了农村土地市场的活力，实现了农村土地资源的合理配置和有效利用。

⑤福建省生态修复工程与农村综合改革试验区。福建省通过实施生态修复工程，对破坏的土地进行治理和修复，提高土地资源的生态环境效益。通过生态修复，改善了土地质量，提高了土地资源的可持续利用水平。福建省设立农村综合改革试验区，是探索农村经济、政治、文化、社会和生态文明等方面的综合改革，提高农村土地资源利用效率。试验区的成功经验为全国农村土地资源利用提供了有益借鉴。

⑥江西省高标准农田建设。江西省通过实施高标准农田建设项目，对农田进行整治、改造和升级，提高农田质量，增加有效耕地面积，提高土地资源利用效率。高标准农田建设还改善了农田水利设施，提高了农业抗灾能力，增加了农民收入。

这些案例的成功经验表明，提高土地资源利用效率可以从多个方面入手，采取综合措施，实现土地资源的可持续利用。

五、提高能源利用效率

提高农业、农村能源利用效率是实现农业可持续发展和乡村振兴的重要途径。能源利用效率是指在生产和生活过程中有效利用能源资源的程度。农业、农村提高能源利用效率是在农业生产、生活和其他经济活动中，通过优化能源结构、提高能源利用技术、加强能源管理和提高农民节能意识等综合措施，实现单位能源消耗产出的最大化，降低能源浪费，提高能源利用的清洁性和可持续性，有助于降低生产成本、减少能源浪费、保护环境和实现绿色低碳发展。

（一）提高能源利用效率的主要方向

①优化能源消耗与产出比。能源消耗与产出比是衡量能源利用效率的基本指标。通过降低能源消耗、提高能源利用技术，实现单位产出的能源消耗降低，从而提高能源利用效率。

②优化能源结构。优化能源结构是提高能源利用效率的重要途径。例如，大力倡导风能、潮汐能、太阳能、生物质能等清洁能源对煤、石油、天然气等传统化石能源的替代，提高能源利用的清洁性和可持续性。

③提高能源利用技术。提高能源利用技术是提高能源利用效率的关键。推广节能技术和设备，如节能灯、节能灶、高效农业机械等，降低能源消耗，提高能源利用效率。

④提升能源管理能力。加强能源管理是提高能源利用效率的有效手段。建立健全能源管理体系，加强能源消耗的监测和统计，实施能源审计，提高能源利用的科学性和规范性。

⑤提高农民节能意识。提高农民节能意识是提高能源利用效率的基础。

加强农村能源宣传教育，提高农民节能意识，引导农民积极参与节能行动，共同提高农业、农村能源利用效率。

⑥完善政策支持和激励机制。政策支持和激励机制是提高能源利用效率的重要保障。制定扶持政策，鼓励清洁能源的开发利用，推广节能技术和设备，为提高农业、农村能源利用效率提供有力的政策支持。

（二）提高能源利用效率的成功案例与启示

以下简要介绍一些目前国内、国际在农业、农村提高能源利用效率方面的成功案例及启示。

①安徽省秸秆综合利用项目。通过将农作物秸秆转化为生物质能源，用于农村生活和农业生产，有效提高了农业废弃物的能源利用效率。农业废弃物是农村能源的重要来源，应加强农业废弃物的综合利用，提高能源利用效率。

②浙江省“亩均论英雄”改革。通过将土地利用效率与企业效益、税收等指标挂钩，引导企业提高土地集约利用水平，降低能源消耗，提高能源利用效率。政策引导和激励机制在提高能源利用效率方面具有重要作用。“亩均论英雄”改革的背后，算的不光是土地等“资源账”，算的还有“经济账”和“环境账”，以最小的资源环境消耗获取最大的发展效益，加快破解“天花板”制约、消除“成长的烦恼”。

③河南省农村电网改造项目。通过农村电网改造，提高电能质量，降低电力损耗，提高农村电气化水平，提高能源利用效率。基础设施建设和技术升级是提高农业、农村能源利用效率的重要途径。

④美国加利福尼亚州太阳能农业项目。通过在农田安装太阳能发电系统，为农业生产提供清洁电力，降低传统能源消耗，提高农业能源利用效率。积极推广清洁能源，如太阳能，有助于降低农业对化石能源的依赖，提高能源利用的清洁性和可持续性。

⑤印度贾坎德邦农村沼气项目。通过推广农村沼气项目，将农业废弃物转化为生物质燃气，为农村家庭和农业生产提供能源，提高能源利用效率。

农村沼气是农业、农村提高能源利用效率的有效途径，应积极推广。

⑥日本农业节能灌溉系统。通过采用节水灌溉技术和设备，降低农业生产中的水资源消耗，提高能源利用效率。科技创新和先进设备在提高农业、农村能源利用效率方面具有重要作用。

这些案例表明，提高农业、农村能源利用效率需要从多方面入手，采取综合措施，包括优化能源结构、提高能源利用技术、加强能源管理和提高农民节能意识等。同时，政策支持和激励机制在提高能源利用效率方面具有重要作用。

第四节　农业废弃物循环利用

农业废弃物循环利用是指将农业生产过程中产生的废弃物，通过科学的方法和技术进行处理和利用，实现资源的再生和循环利用，降低环境污染，提高农业生态效益和经济效益。科学理解农业废弃物循环利用，需要从资源属性、循环利用途径、环境效益、经济效益和政策支持等方面进行综合分析。通过合理利用农业废弃物，实现农业的可持续发展，提高农业生态效益和经济效益，可以从以下几个方面入手。

一是资源属性。农业废弃物并非无用之物，而是具有一定的资源属性。例如，农作物秸秆、禽畜粪便等都含有丰富的有机物和营养元素，可以通过科学技术手段转化为有价值的资源。二是循环利用途径。农业废弃物可以通过多种途径进行循环利用，如能源化、肥料化、饲料化等。能源化是指将农业废弃物转化为生物质能源，如生物质发电、生物质燃气等；肥料化是指将农业废弃物转化为有机肥料，提高土壤肥力；饲料化是指将农业废弃物转化为饲料资源，供禽畜食用。三是环境效益。农业废弃物循环利用有助于减少废弃物对环境的污染，保护生态环境。例如，禽畜粪便处理不当会产生大量有害气体，污染大气环境；农作物秸秆焚烧会产生烟尘和有害气体，影响空气质量。通过科学处理和循环利用，可以改善这些环境污染问题。四是经济效益。农业废弃物循环利用可以创造经济价值，提高农业的经济效益。例如，将农作物秸秆转化为有机肥料，可以降低农业生产成本，提高农产品产量和品质；将禽畜粪便转化为生物质能源，可以为农业生产提供清洁能源。五是政策支持。农业废弃物循环利用是绿色农业发展的重要方向，得到了国家政策的大力支持。各级政府出台了一系列政策措施，鼓励和支持农业废弃物循环利用项目和技术的研发与推广。例如，对农作物秸秆综合利用、禽畜粪便处理等项目给予一定的财政补贴；对农业废弃物循环利用项目涉及的设备、技术和产品给予增值税减免、企业所得税优惠等；对农业废弃物能源化、肥料化、饲料化等关键技术的研发给予资金支持；建立农作物秸秆综合利用示范工程，推广秸秆还田、秸秆气化等技术；组织农业废弃物循环利用技术培训，提高农民和技术人员的实践能力；建立农业废弃物循环利用统计制度，对项目进展和效果进行监督评估。

一、农作物秸秆利用

农作物秸秆利用主要是指将秸秆转化为各种有价值的产品，如饲料、肥料、燃料等，以实现资源的循环利用和环境的保护。秸秆利用具有重要的生态、经济和社会价值，对于促进农业可持续发展、保护环境和节约资源具有重要意义。在传统农业生产中，秸秆主要用作饲料和肥料。随着科技的进步和社会经济的发展，秸秆利用途径逐渐多样化，包括制作纸张、编织材料、建筑材料等。近年来，随着环保意识的提高和可持续发展理念的推广，秸秆综合利用得到了广泛关注，新的技术和方法不断涌现，如秸秆转化为生物质能源、生物降解材料等。

（一）农作物秸秆利用的主要方向

①技术创新。加强技术创新，提高秸秆利用效率和附加值，是实现秸秆综合利用的关键。需关注新技术、新设备的研发和推广，提高秸秆收集、加工、转化等环节的技术水平。

②政策支持。政府应加大对秸秆综合利用的政策支持，包括资金扶持、税收优惠、技术推广等方面，促进秸秆综合利用产业的发展。

③市场培育。建立和完善秸秆综合利用市场机制，鼓励企业和个人参与秸秆收集、加工和利用，形成良好的市场环境。

④增强环保意识。加强环保宣传教育，提高公众对秸秆综合利用的认识和参与度，形成绿色生活方式和消费模式。

⑤产业链建设。完善秸秆综合利用产业链，从秸秆收集、加工、转化到产品应用等环节形成闭环，实现资源的最大化利用和环境的可持续发展。

（二）农作物秸秆利用的技术要点

①收割和加工机械化的提高。采用先进的机械设备，实现农作物秸秆收割、储存、运输的全程机械化，提高秸秆利用效率。

②秸秆收集和预处理。秸秆收集是秸秆加工和综合利用的基础，通过适当的预处理，如粉碎、切割等，为后续加工提供便利。

③秸秆的储存和运输。合理的储存和运输方式可以保证秸秆的质量，减少损失，提高利用率。

④秸秆的加工和转化技术。通过物理、化学或生物手段，将秸秆转化为各种有价值的产品，如饲料、肥料、燃料等。

（三）农作物秸秆利用的创新尝试

①应用微生物技术转化秸秆。利用微生物将农作物秸秆转化为有机肥，既解决了土壤和肥源问题，又实现了秸秆的高效利用。例如，康巴金生物科技有限公司研发了一种田间生产烟草秸秆有机肥的生产工艺。

②秸秆制备生物质能源。将农作物秸秆转化为生物质能源，如生物质颗粒燃料、生物柴油等，实现能源的可持续利用。例如，瑞典生物能源公司（Svebio）成功研发了一种将秸秆转化为生物柴油的技术。

③秸秆基生物降解材料。利用秸秆制备生物降解材料，如生物塑料、生

物纤维等，实现对环境友好的资源循环利用。例如，美国生物塑料有限公司（Cereplast）研发了一种利用农作物秸秆制备生物塑料的技术。

④秸秆基饲料。将农作物秸秆转化为高质量的动物饲料，提高饲料的营养价值和利用率。例如，澳大利亚生物质量技术集团（Biomass Technology Group）研发了一种利用秸秆制备高质量动物饲料的技术。

二、畜禽粪便利用

畜禽粪便利用主要是将畜禽粪便转化为有价值的资源，如肥料、饲料、能源等，以实现资源的循环利用和环境的保护。畜禽粪便含有丰富的有机物以及氮、磷、钾等营养元素，是农业生产的重要肥料来源。同时，通过适当的处理技术，畜禽粪便还可以转化为高质量的饲料和能源产品。畜禽粪便传统上主要作为肥料用于农田。过去，农民将畜禽粪便堆肥后施用于农田，以提高土壤肥力和农作物产量。随着科技的进步和社会经济的发展，畜禽粪便利用途径逐渐多样化，包括制作生物质燃气、有机肥、饲料等。加强技术创新，提高畜禽粪便利用效率和附加值，是实现畜禽粪便综合利用的关键，因此需关注新技术、新设备的研发和推广，提高畜禽粪便收集、处理、转化等环节的技术水平。

（一）畜禽粪便利用的技术要点

①前处理技术。主要是指对畜禽粪便进行预处理，以提高后续处理效果和利用价值。常见的前处理技术包括物理处理、化学处理和生物处理等。

②转化技术。转化技术是将畜禽粪便转化为有价值资源的关键技术。常见的转化技术包括堆肥化、厌氧发酵、好氧发酵等。

③后处理技术。后处理技术主要是指对畜禽粪便转化后的产物进行进一步处理，以提高其利用价值和减少环境污染。常见的后处理技术包括固液分离、干燥、包装等。

（二）畜禽粪便利用的创新技术

①有机肥生产技术。通过将畜禽粪便进行堆肥化处理，生产出高质量的有机肥，用于农田施肥。这种技术既解决了畜禽粪便污染问题，又提高了农田土壤肥力。

②生物质燃气生产技术。利用畜禽粪便进行厌氧发酵，生产出生物质燃气，用于替代传统的化石燃料。这种技术实现了畜禽粪便的能源化利用，有助于减少化石燃料的消耗和环境污染。

③能源作物生产技术。通过将畜禽粪便与其他有机废弃物混合，进行好氧发酵，生产出高价值的能源作物，如生物柴油、生物乙醇等。这种技术将畜禽粪便转化为可再生能源，有助于实现能源的可持续利用。

④水产养殖应用技术。将畜禽粪便经过适当处理后，用于水产养殖，作为鱼类等水生动物的饲料。这种技术实现了畜禽粪便在养殖业的循环利用，提高了资源利用效率。

⑤生物塑料生产技术。利用畜禽粪便中的有机物，通过微生物发酵生产出生物塑料。这种技术将畜禽粪便转化为生物降解材料，有助于减少传统塑料对环境的污染。

三、农业残体利用

农业残体是指农业生产过程中产生的废弃物，包括：农产品加工过程中产生的残渣，如稻壳、玉米芯、果皮、菜叶等；农田覆盖的地膜、薄膜等在土壤中的残留；农业机械使用过程中产生的废弃物，如磨损部件、维修废弃物等。农业残体利用则是将这些废弃物经过处理后转化为有用的资源，如肥料、饲料、能源等，实现资源的循环利用。以上各类农业残体在处理得当的情况下，可以转化为有用的资源，同时，农业残体的处理和利用也有助于减少对环境的污染，保护生态环境。

（一）农业残体利用的技术要点

①预处理。将农业残体进行适当的破碎、筛选、清洗等操作，使其满足后续处理的要求。

②发酵。农业残体在适当的条件下进行发酵，可以产生有机肥等产品。发酵过程中需要注意温度、湿度、pH 值等条件的控制。

③堆肥。将农业残体与其他有机物混合，经过堆肥处理后可以生产出高质量的有机肥。堆肥过程中需要注意堆肥的翻动、湿度、温度等管理。

④制浆。将农业残体进行制浆处理，可以生产出纸浆、纤维板等产品。

⑤食品加工。将农业残体进行食品加工，可以生产出饲料、食用菌栽培基质等产品。

⑥能源利用。将农业残体转化为生物质能源，如生物气、生物质燃料等。能源利用过程中需要注意能源转化效率和污染物排放的控制。

⑦综合利用。将农业残体进行综合处理，生产出多种产品。例如，将农业残体进行发酵制备生物气，产生的沼液和沼渣可以作为有机肥，农业残体中的纤维素可以提取出来用于制浆等。

在农业残体利用过程中，还需要注意以下几点：选择合适的处理技术，根据农业残体的种类和性质选择合适的处理方法；控制处理过程中的污染，尽量减少处理过程中产生的污染物，保护生态环境；提高资源利用效率，通过优化处理工艺和管理措施，提高农业残体的资源利用效率；加强技术研发和创新，不断开发新的农业残体利用技术和产品，提高农业残体利用的经济效益和社会效益。

（二）农业残体利用的案例

1. 山东省通过农业残体资源化利用推动绿色发展

山东省作为农业大省，近年来积极推广农业残体资源化利用，将农业残体转化为有机肥、生物质能源等产品。例如，通过推广玉米秸秆还田、堆肥处理等技术，将农作物秸秆转化为有机肥，提高土壤肥力；通过建设生物质发电项目，将农业残体转化为绿色能源，减少化石能源的消耗。这些创新做法不仅提高了农业资源利用效率，还有效减少了农业污染，推动了绿色发展。

2. 浙江省利用农业残体生产生物质能源实现节能减排

浙江省近年来积极推广农业残体生产生物质能源的项目，将农业残体转化为生物气、生物质燃料等绿色能源。例如，通过建设沼气工程，将禽畜粪便、农作物秸秆等农业残体进行发酵处理，生产出生物气，用于农村生活和农业生产的能源供应。这些创新做法有效提高了农业残体的利用效率，减少了化石能源的消耗，实现了节能减排。

3. 广东省利用农业残体生产纸浆和纤维板推动循环经济

广东省近年来积极推广农业残体生产纸浆和纤维板的项目，将农业残体转化为高价值的工业产品。例如，通过将农业残体进行制浆处理，生产出纸浆，用于纸张和纸板的生产；通过将农业残体纤维素提取出来，生产出纤维板，用于家具和建筑行业的原料。这些创新做法有效提高了农业残体的利用效率，推动了循环经济的发展。

从上述案例来看，各地通过创新农业残体利用的做法，将农业残体转化为有用的资源和产品，提高了农业资源利用效率，减少了环境污染，推动了绿色发展和循环经济的发展。

四、农药包装废弃物回收利用

农药包装废弃物回收利用是指将农药使用后产生的包装废弃物进行收集、处理和再利用的过程。农药包装废弃物主要包括塑料瓶、玻璃瓶、塑料袋等。农药包装废弃物回收利用的目的是减少农药包装废弃物对环境的污染，提高资源利用效率。

（一）农药包装废弃物回收利用的技术要点

①建立回收系统。建立完善的农药包装废弃物回收系统，包括设立回收点、明确回收责任主体、提供回收运输设备等，确保农药包装废弃物能够被及时、有效地收集起来。

②分类处理。对回收的农药包装废弃物进行分类处理，如清洗、破碎、分选等操作，将不同种类、材质的废弃物分开储存、运输和处理，以提高后续资源化利用的效率和质量。

③再利用。将处理后的农药包装废弃物进行再利用，如生产再生塑料、再生纸等产品。在再利用过程中，需要注意控制污染物的排放，防止对环境和人体健康造成危害。

④资源化利用。将农药包装废弃物转化为有用的资源，提高资源利用效率，减少对自然资源的依赖。

农药包装废弃物回收利用的意义在于减少农药包装废弃物对环境的污染，提高资源利用效率，实现资源的循环利用。同时，农药包装废弃物回收利用也有助于推动绿色发展和循环经济的发展。

（二）农药包装废弃物回收利用的创新案例

1. 浙江省台州市黄岩区创新农药包装废弃物回收机制

黄岩区通过政府引导、企业参与、农民配合的方式，建立了一套完善的农药包装废弃物回收机制。区政府与农药销售企业签订回收协议，要求企业在销售农药时，回收农药包装废弃物。同时，区政府还设立专项基金，对农药包装废弃物回收企业提供补贴，鼓励企业积极参与回收工作。此外，区政府还通过宣传、培训等方式，提高农民对农药包装废弃物回收利用的意识，引导农民自觉参与回收工作。通过这一创新机制，黄岩区有效提高了农药包装废弃物的回收率，减少了环境污染。

2. 山东省临沂市创新农药包装废弃物资源化利用技术

临沂市某企业研发了一种新型的农药包装废弃物资源化利用技术，将农药包装废弃物经过清洗、破碎、分选等处理后，生产出高质量的再生塑料颗粒。这些再生塑料颗粒可以广泛用于塑料制品的生产，如塑料袋、塑料瓶等。该技术具有处理效率高、污染物排放低等优点，有效提高了农药包装废弃物的资源利用效率，减少了环境污染。

3. 江苏省南京市利用农药包装废弃物生产环保建材

南京市某企业通过技术研发，成功将农药包装废弃物转化为环保建材。该企业将农药包装废弃物经过处理后，与水泥、砂等原料混合，生产出环保型的建材产品。这些产品具有轻质、高强、隔热等性能，可广泛应用于建筑行业。这一创新技术不仅提高了农药包装废弃物的利用效率，还推动了建材行业的绿色发展。

由以上案例可见，各地通过创新农药包装废弃物回收利用机制和技术，有效提高了农药包装废弃物的回收率和资源利用效率，减少了环境污染，推动了绿色发展和循环经济的发展。

第五节　生态环境保护与修复

一、退耕还林还草

（一）退耕还林还草的技术要点

①适地适种。根据当地的气候、土壤等条件，选择适宜的树种、草种进行种植，以提高植被恢复的成功率。

②植物配置。合理配置树种、草种的比例和布局，以实现植物间的互补和共生，提高生态系统的稳定性和多样性。

③良种选育。加强对退耕还林还草用植物的选育和改良，提高植物的适应性和生产力，增强生态系统的恢复能力。

④植被恢复技术。采用种子直播、苗木栽植等技术手段，进行植被恢复。同时，注意植物的抚育管理，确保植被恢复的质量和效果。

⑤土壤改良。对退化的土地进行改良，提高土壤肥力和保水保肥性能，为植被恢复提供良好的生长条件。

⑥水源保障。合理利用当地水资源，保障退耕还林还草的灌溉需求。同时，加强水土保持，防止水土流失。

⑦生态监测。对退耕还林还草的生态效果进行长期监测，及时发现问题并采取相应措施，确保生态修复目标的实现。

⑧农业结构调整。引导农民调整种植结构，发展绿色农业，减少对土地资源的过度开发和利用，促进生态环境保护与修复。

⑨社区参与。鼓励当地社区参与退耕还林还草工作，提高农民的生态环境保护意识，实现生态效益、社会效益和经济效益的统一。

总之，退耕还林还草的技术要点旨在通过科学合理的植被恢复、农业结构调整和社区参与等方式，实现生态环境的保护与修复，促进区域可持续发展。

（二）适地适种的具体方法

①立地分类。根据地形、地貌、土壤、气候等因素，对退耕还林还草的地块进行立地类型划分。

②选择适宜物种。根据立地类型选择适应当地环境的树种和草种，以提高植被恢复的成功率。

③植物配置。合理配置树种、草种的比例和布局，实现植物间的互补和共生，提高生态系统的稳定性和多样性。

④良种选育。加强对退耕还林还草用植物的选育和改良，提高植物的适应性和生产力，增强生态系统的恢复能力。

⑤抚育管理。对种植的树苗和草种进行适当的抚育管理，如浇水、施肥、修剪等，确保植被恢复的质量和效果。

（三）树种草种选择技巧

①坚持适应性原则。选择适应当地气候、土壤等环境条件的树种和草种，以确保其生长发育和繁殖。

②坚持多样性原则。选择多种树种和草种，增加生态系统的生物多样性，提高生态系统的稳定性和抵抗力。

③坚持互利共生原则。选择能够相互促进生长、抑制有害生物的树种和草种，实现植物间的互利共生。

④坚持优先发展原则。优先选择对环境改善效果显著、经济效益较高的树种和草种，提高退耕还林还草的综合效益。

⑤坚持地方特色原则。结合当地特色，选择具有地方特色的树种和草种，体现地方特色和文化。

具体树种和草种的选择可根据当地的实际情况进行，例如，在干旱地区可选择抗旱性强的树种，如沙棘、柠条等；在水土保持区可选择水土保持效果好的树种，如刺槐、榆树等；在草原地区可选择适应草原环境的草种，如羊草、针茅等。在实际操作中，还需要结合当地的农业、气候、土壤等条件，综合考虑选择合适的树种和草种。

（四）国内退耕还林还草的成功案例

1. 福建省的水土流失治理工程案例

福建省地处中国东南沿海，地形复杂，水土流失问题严重。近年来，福建省通过实施退耕还林、生态修复、水土保持等工程，有效治理了水土流失问题。水土流失治理工程的实施不仅改善了生态环境，还带动了当地经济发展，提高了农民收入。水土流失治理需要采取综合措施，退耕还林是治理水土流失的重要手段，同时还需要实施生态修复、水土保持等工程，提高土地生产力。

2. 浙江省的美丽乡村建设案例

浙江省近年来积极推进美丽乡村建设，通过实施退耕还林、农村环境整治、乡村旅游发展等措施，将原有的农村环境改造成了宜居、宜业、宜游的美丽乡村。美丽乡村建设不仅改善了农村生态环境，还带动了乡村旅游发展，提高了农民收入。

3. 四川省的长江上游生态屏障建设案例

四川省位于长江上游，对于维护长江流域生态安全具有重要意义。近年来，四川省通过实施退耕还林、生态修复、水土保持等工程，建设长江上游生态屏障，有效保护了生态环境。生态屏障建设需要采取综合措施，退耕还林是建设生态屏障的重要手段，同时还需要实施生态修复、水土保持等工程，维护生态平衡。

近年来，国内退耕还林还草的成功案例表明，生态修复需要采取综合措施，既要退耕还林还草，又要实施生态修复、水土保持等工程，提高土地生产力；同时还需要政府引导、政策扶持和科技推广，需要农民参与和村屯（社区）共管，需要长期坚持和综合施策，以实现生态、经济和社会的协调发展。

二、水土保持

水土保持是指在农业生产过程中，采取一系列措施保护农田的水土资源，防止水土流失和环境污染，提高农业生态系统的稳定性和生产力。绿色农业的水土保持强调可持续发展、环保和生态平衡，注重农业生产和生态环境的协调发展。随着全球环境问题不断加剧，可持续农业发展正变得越来越重要，成为各国政府和国际组织关注的重点。水土保持作为绿色农业发展的重要组成部分，对于保障国家粮食安全、促进农业可持续发展具有重要意义。

（一）水土保持的技术要点

①耕作方式转型。积极推广秸秆覆盖、深松耕和等高耕等耕作方式，减少农田水土流失。

②保护性耕作技术。采用保护性耕作技术，减少土壤裸露，降低水土流失风险。

③作物栽培技术。合理选择作物种类和种植方式，优化农田生态系统，提高水土保持能力。

④土壤改良与培肥。通过施用有机肥、生物肥等改良土壤，提高土壤肥力和保水保肥性能。

⑤补灌农业。合理利用水资源，推广节水灌溉技术，提高农田水分利用效率。

（二）水土保持的典型案例

1. 陕西省延安市水土保持生态建设

延安市位于陕西省北部，地处黄土高原腹地，曾是水土流失严重的地区。近年来，延安市通过实施退耕还林、荒山造林、水土保持生态建设等措施，实现了绿色农业发展与水土保持的有机结合。截至 2024 年 10 月，延安市森林覆盖率已超过 53.07%，水土流失治理面积达到 97.6%，新增水土流失防治面积达 2074.71 平方公里，减少年入黄沙 685.05 万吨，有效改善了当地生态环境，为绿色农业发展奠定了坚实基础。

2. 江西省水土保持生态果园建设

江西省通过推广水土保持生态果园建设，实现了果树、林木、草地的立体种植，有效防止了水土流失。同时，生态果园还提高了果品质量，增加了农民收入，实现了经济、社会和生态效益的共赢。

3. 四川省稻田水土保持工程

四川省通过实施稻田水土保持工程，优化了稻田灌溉系统，提高了稻田水利用效率，有效减少了水土流失。同时，该工程还提高了稻米产量和质量，为当地农民带来了实实在在的收益。

（三）借鉴意义

①保障粮食安全。水土保持是保障国家粮食安全的重要手段。通过实施水土保持措施，可以有效优化农业生产，提升粮食产量和品质，保障国家粮

食供给的稳定与安全。

②促进农业可持续发展。水土保持有利于改善农田生态环境，提高土壤肥力，减少化肥和农药的使用，促进农业可持续发展。

③提高农民收入。水土保持措施的实施可以提高农产品产量和质量，增加农民收入，缩小城乡差距，促进农村经济发展。

④保护生态环境。水土保持可以有效减少水土流失，改善生态环境，保护生物多样性，为人类提供良好的生存和发展空间。

（四）创新技术应用

①水肥一体化技术。将水肥管理相结合，实现节水节肥和高产高效的目标。该技术通过精确控制水肥比例，提高水肥利用率，降低农业面源污染。

②智能灌溉系统。利用物联网、大数据等技术，实时监测农田水分状况，实现智能灌溉，提高水资源利用效率。

③农田生态沟壑技术。通过构建农田生态沟壑，实现农田排水、防洪和水土保持等功能，提高农田生态系统的稳定性。

④农林复合系统。通过在农田周围种植树木，构建农林复合系统，实现农田生态环境的改善和水土保持。

⑤有机农业。推广有机农业，减少化肥和农药的使用，保护农田生态环境，提高农产品品质。

总之，近年来绿色农业的水土保持概念和技术要点不断更新和发展，创新技术的应用为农业生产和生态环境的协调发展提供了有力支持。

三、草原生态保护

草原生态保护是指对草原自然环境和自然资源的保护。草原是自然界中非常重要的生态系统，它在为人类带来经济利益的同时，也面临着面积逐渐缩减、沙漠化越来越严重等问题。为了有效防止草原退化现象，需要采取一系列措施来保护草原生态。

草原生态保护包括以下几个方面：一是保护草原生物多样性。草原生态系统具有丰富的生物多样性，包括各种植物、昆虫、鸟类、哺乳动物等。保护草原生物多样性对于维持生态平衡至关重要。二是保护草原水资源。草原是重要的水源涵养地，保护草原水资源对于防止土地荒漠化、维持生态平衡具有重要意义。三是保护草原土壤。草原土壤具有良好的保水保肥性能，是草原生态系统的重要组成部分。保护草原土壤可以防止土地退化、提高草原生产力。四是合理利用草原资源。合理利用草原资源可以避免过度开发导致的生态破坏，实现草原资源的可持续利用。五是防治草原灾害。草原生态系统容易受到自然灾害、病虫害等的影响。采取有效措施防治草原灾害，可以保护草原生态免受损害。

总之，草原生态保护对于维护生态平衡、防止土地退化、保护生物多样性等具有重要意义。需要采取有效措施，实现草原资源的可持续利用，促进人与自然和谐共生。

（一）草原生态保护的实例及技术要点

内蒙古草原是中国四大草原之一，具有丰富的自然资源和生物多样性。然而，由于过度放牧、气候变化等，内蒙古草原面临着严重的退化和沙漠化问题。为了保护内蒙古草原生态，相关部门采取了一系列技术措施。

①植被恢复与重建。通过种植适应内蒙古草原环境的植物，如羊草、针茅等，促进草原植被的恢复与重建，提高草原生态系统的稳定性。

②退化草原治理。对退化的草原进行围栏封育，禁止放牧，使草原植被得到恢复。同时，通过人工补播、植被重建等措施，恢复草原生态功能。

③水源保护与合理利用。建立水源保护工程，保护地下水资源，提高地下水位。同时，合理调整用水结构，减少农业用水，增加生态用水，防止水资源过度开发导致的生态破坏。

④土壤保护与改良。采取草田轮作、覆盖栽培等措施，防止草原土壤流

失，提高土壤肥力，改善草原生态环境。

⑤生物多样性保护。通过设立自然保护区、野生动物保护区等，保护草原的生物多样性，维持生态平衡。

⑥合理利用与管理。科学规划草原资源的开发与利用，实施草畜平衡制度，避免因过度放牧导致的生态破坏，实现草原资源的可持续利用。

⑦灾害防治。采取有效措施防治草原灾害，如草原火灾、病虫害等，保护草原生态免受损害。

⑧监测与评估。建立草原生态监测系统，对内蒙古草原生态环境进行定期监测与评估，为草原生态保护提供科学依据。

通过这些技术措施，内蒙古草原的生态保护取得了显著成效，草原生态环境得到了有效改善。

（二）技术创新应用及案例借鉴

蒙古国是世界上拥有最大草原面积的国家，草原资源极为丰富。然而，在过去几十年里，由于过度放牧、气候变化等，蒙古国草原面临着严重的退化和沙漠化问题。为了保护草原生态，蒙古国政府采取了一系列技术创新措施。

①无人机监测技术。采用无人机技术对草原生态环境进行实时监测，快速获取草原植被、土壤、水源等信息，为草原生态保护提供科学依据。

②植物生态修复技术。利用植物生态修复技术，种植适应蒙古国草原环境的植物，促进草原植被的恢复与重建，提高草原生态系统的稳定性。

③水源保护与合理利用技术。建立水源保护工程，保护地下水资源，提高地下水位。同时，研发节水灌溉技术，合理调整用水结构，减少农业用水，增加生态用水，防止水资源过度开发导致的生态破坏。

④土壤改良技术。研发适用于蒙古国草原的土壤改良技术，防止土壤流失，提高土壤肥力，改善草原生态环境。

与此同时，蒙古国还采取了以下措施进行草原生态保护。一是合理利用与管理，如蒙古国政府实施草畜平衡制度，科学规划草原资源的开发与利用，避免过度放牧导致的生态破坏，实现草原资源的可持续利用。二是生态旅游。蒙古国积极发展草原生态旅游，提高当地居民的环保意识，同时为草原生态保护提供经济支持。三是国际合作。蒙古国积极参与国际草原生态保护合作，引进先进的草原保护技术和经验，提高草原生态保护水平。

通过技术创新和经验借鉴，蒙古国草原生态保护取得了显著成效，草原生态环境得到了有效改善。这些成功的经验和做法值得其他国家和地区借鉴。

四、生物多样性保护

生物多样性涵盖了特定环境中生物的种类、数目及其分布的富饶度，包括遗传、物种和生态系统层面的多样性。生物多样性保护指采取必要措施维护地球生态平衡，守卫地球生命的多样性，防止生物物种和生态系统的丧失与破坏。生物多样性保护的重要性在于维持生态系统的稳定性和生产力，为人类提供食物、气候调节等生态服务。因此，绿色农业发展与生物多样性保护问题密切相关。绿色农业是以可持续发展为目标，通过环保、节能、低碳等手段，实现农业生产的生态化、绿色化。绿色农业的发展有助于保护生物多样性，而生物多样性的保护也有助于绿色农业的可持续发展。一是提高农业生态服务功能。生物多样性保护可以提高生态系统的稳定性和生产力，为绿色农业提供良好的生态环境，提高农业生态服务功能。二是促进农业技术创新。生物多样性保护为绿色农业发展提供了丰富的遗传资源，有助于推动农业技术创新，实现农业的可持续发展。三是提高农产品质量。生物多样性保护可以提高农产品的品质和安全性，提高农产品的市场竞争力，促进绿色农业发展。优化农业生产结构方面，绿色农业强调种植结构的多样化，减少单一作物的种植，有利于提高农田生态系统的生物多样性。减少化肥和农药使用方面，绿色农业推广使用有机肥、生物农药等环保农业生产资料，减少对环境的污染，有利于保护生物多样性。保护和恢复生态系统方面，绿色农业注重农田生态系统的保护和恢复，通过农田景观规划、水土保持等措施，提高生态系统的稳定性和生产力，有利于生物多样性的保护。

总之，绿色农业发展与生物多样性保护相互促进，共同实现可持续发展。在实际工作中，应将绿色农业发展与生物多样性保护相结合，实现人与自然和谐共生。

（一）生物多样性保护的技术要点

①农田生态系统规划。根据地域特点和生态需求，合理规划农田生态系统，包括作物种植结构、农田景观布局等，以提高生物多样性。

②农业生产技术优化。推广使用有机肥、生物农药等环保农业生产资料，减少化肥和农药的使用，降低对环境的污染，保护生物多样性。

③农田生态廊道建设。通过农田生态廊道建设，连接破碎化的生态系统，促进物种交流，提高生物多样性。

④遗传资源保护和利用。加强对农作物和畜禽遗传资源的保护和利用，发掘和利用地方品种，提高生物多样性。

⑤农田残体和废弃物资源化利用。合理利用农田残体和废弃物，减少对环境的污染，保护生物多样性。

⑥水土保持与生态修复。加强水土保持工作，防止水土流失；对退化的农田生态系统进行生态修复，提高生物多样性。

⑦农业生物多样性监测与评估。建立农业生物多样性监测体系，对农业生物多样性进行定期监测和评估，为生物多样性保护提供科学依据。

⑧农业生物多样性保护宣传与教育。加强农业生物多样性保护宣传和教育，提高公众保护生物多样性的意识，促进绿色农业可持续发展。

（二）创新实践及经验借鉴

①农田生态工程。在农田生态系统中，通过构建生态沟渠、生态塘、生态岛等生态工程，实现农田排水的自然净化，减少化肥和农药对水体的污染，

提高生物多样性。例如，荷兰的“绿色心脏”项目，通过在城市周边建设农田生态带，实现城市与农田的和谐共生；江苏的生态循环农业示范县项目，通过推广农田生态工程，有效降低了农田污染，提高了生物多样性；陕西的水土保持生态示范园项目，通过实施农田水土保持工程，有效控制了水土流失，提高了农田生态系统的稳定性；浙江的农业废弃物资源化利用示范县项目，通过推广农业废弃物资源化利用技术，有效降低了农田污染，提高了生物多样性；广东的农田生态修复示范项目，通过采用生态修复技术，恢复了退化的农田生态系统，提高了生物多样性。

②有机农业。有机农业强调不使用化学合成的农药和化肥，采用自然循环的方式进行农业生产，保护生物多样性。例如，湖北的有机谷项目，通过推广有机农业生产方式，保护农田生态系统，提高生物多样性；浙江的有机龙井茶项目，通过推广有机农业生产方式，提高了茶叶品质，增加了茶农收入；山东的有机蔬菜基地项目，通过推广有机农业生产方式，提高了蔬菜品质，扩大了市场份额；湖南的有机稻米项目，通过推广有机农业生产方式，提高了稻米品质，增加了农民收入；内蒙古的有机草原畜牧业项目，通过推广有机农业生产方式，提高了畜产品质量，扩大了市场份额。

③农林复合系统。通过在农田周围种植树木，构建农林复合系统，改善农田生态环境，提高生物多样性。例如，河北、四川等的农林复合示范县项目，通过在农田周围种植防护林，减少风沙对农田的侵袭，提高农田生态系统的稳定性，提高了土地利用效率，增加了农民收入。

④农牧结合。通过将种植业和畜牧业有机结合，实现农业生产的循环利用，减少对环境的污染，保护生物多样性。例如，黑龙江的生态牧场项目，通过将农作物秸秆转化为饲料，将畜禽粪便转化为有机肥，实现农业生产的循环利用，提高生物多样性。内蒙古的草畜一体化项目，通过种植优质牧草，提高饲草质量，同时将养殖业产生的粪便作为肥料，用于牧草种植，实现了农牧结合的循环发展。新疆生产建设兵团的农田防护林与养殖业结合项目，通过种植农田防护林，改善农田生态环境，同时将养殖业产生的粪便作为肥

料，用于农田防护林的种植，实现了农牧结合的循环发展。

⑤农渔共生。通过在农田中养殖水生动物和植物，构建农渔共生系统，提高生物多样性。例如，嘉兴市的稻渔综合种养项目，将水稻种植与水产养殖相结合，通过在稻田中养殖鱼类，提高了农田水资源的利用效率，同时增加了农民收入；盐城市的“稻虾共作”项目，将水稻种植与小龙虾养殖相结合，通过利用小龙虾的摄食和活动，改善稻田土壤结构，提高土壤肥力，同时减少了环境污染；佛山市的“鱼菜共生”项目，将水产养殖与蔬菜种植相结合，通过将鱼类产生的排泄物作为肥料，用于蔬菜种植，提高了农业资源的利用效率，同时改善了生态环境。

五、生物农药和有机肥料的研发

（一）生物农药和有机肥料的研发内容

①市场需求分析。首先要明确生物农药和有机肥料的市场需求，了解目标市场中农作物的主要病虫害及土壤状况，为研发提供明确的方向。

②原料来源及筛选。筛选适合的生物资源作为生物农药和有机肥料的原料，如微生物、植物提取物等。对原料进行初步的活性筛选，以确定其对目标病虫害的防治效果及对土壤的改良作用。

③生物技术研究。研究生物农药和有机肥料的制备技术，包括发酵技术、提取技术、制剂技术等。优化生产工艺，提高产品的活性和稳定性。

④产品效果评价。对研发的生物农药和有机肥料进行田间试验，评价其对农作物病虫害的防治效果和对土壤改良的作用。根据试验结果，对产品进行优化调整。

⑤安全性评价。对研发的生物农药和有机肥料进行安全性评价，确保产品对人畜安全、环境友好，符合绿色农业的发展要求。

⑥产品登记与审批。按照国家相关规定，完成生物农药和有机肥料的产品登记和审批手续，取得合法的市场销售资格。

⑦生产基地建设。建立生物农药和有机肥料的生产基地，实现产品的规模化生产，满足市场需求。

⑧产品推广与市场营销。制定产品推广策略，开展市场营销活动，提高生物农药和有机肥料的市场知名度和占有率。

⑨后期跟踪与服务。对使用生物农药和有机肥料的农户提供技术指导和后期跟踪服务，确保产品的使用效果，提高客户满意度。

⑩持续研发。不断关注市场需求和技术发展动态，持续进行生物农药和有机肥料的研发创新，以满足农业生产的不断变化需求。

（二）典型案例及经验借鉴

①微生物农药苏云金杆菌在水稻、小麦、玉米等多种作物上的应用。苏云金杆菌是具有广泛杀虫作用的微生物制剂，对不少农作物的病虫害显示出优良的抑控性，其成功研发为绿色农业的发展提供了有力支持。微生物农药的研发要注重筛选具有广谱杀虫作用的菌种，提高其对多种农作物害虫的防治效果。

②生物有机肥在蔬菜、果树等经济作物上的应用。生物有机肥通过添加有益微生物，改善土壤结构，提高土壤肥力，减少化肥的使用。有机肥料的研发要注重提高产品的肥效，改善土壤结构，提高土壤的持水性、透气性，为农作物提供良好的生长环境。

③植物源农药苦参碱在防治蔬菜、果树病虫害上的应用。苦参碱是一种植物提取物，对多种病虫害具有很好的防治效果，且对环境友好。植物源农药的研发要注重筛选具有较强杀虫、杀菌作用的植物提取物，提高其对多种病虫害的防治效果。

④复合微生物肥料在提高农作物产量和品质上的应用。复合微生物肥料通过复合多种有益微生物，实现对农作物生长的促进作用，提高农作物产量和品质。微生物肥料的研发要注重复合多种有益微生物，提高产品的综合效益，为农作物提供全面的营养支持。

总之，在生物农药和有机肥料的研发过程中，要注重筛选具有高效、广谱、环保特性的原料，优化生产工艺，提高产品的活性和稳定性。同时，要关注市场需求和技术发展动态，不断进行研发创新，以满足农业生产不断变化的需求。

以上创新实践为绿色农业发展条件下生物多样性保护提供了有益借鉴，有助于推动农业生产和生态环境的和谐发展。

第八章　农村生产关系的改革与创新

引　言

改革开放40多年来，我国乡村长时间按照分散经营的方式发展，一度实现了生产力全面解放，让乡村得到了快速发展。但在城市化快速推进背景下，乡村整体公共服务能力弱化，乡村年轻人口减少，造成当前乡村后续发展动力不足。在这样的时代背景下，提高乡村综合发展能力已经成为迫切需要解决的现实问题。党的二十大报告提出，抓党建促乡村振兴，发展新型农村集体经济。只有发展新型农村集体经济，才能实现乡村振兴战略中的生活富裕的目标。实现新农村集体经济发展，其中的重要抓手就是推进党支部领办合作社，改革农村生产关系，解决“三变”改革[①]问题，筑牢农村经济发展的制度性保障。

第一节　改革开放以来农村生产关系变化及趋势

1978年，我国进行了新一轮农村家庭联产承包责任制改革，这是新中国

① 即资源变资产、资金变股金、农民变股东。

成立以来第三次农村生产关系变革，使农业生产由新中国成立初期的集体经营又恢复到家庭经营。但随着社会主义市场经济的深入发展，特别是在建设农业强国的时代背景下，家庭联产承包责任制的局限性开始显现，特别是单个农户生产经营规模小却要面对大市场的竞争、虽保障了粮食安全但农业收益有限的问题，已经很难适应我国农村社会经济发展的现实需求。在推进乡村振兴战略和建设宜居宜业和美乡村的新时代，推进农村生产关系改革，已经势在必行。只有将分散的农户组织起来，进行股份制改革，并将农民从竞争状态转变为合作互助状态，才能化解新时代的矛盾，全面推进农业强国建设。

一、家庭联产承包责任制

1982 年施行的《中华人民共和国土地管理法》明确了土地归全民所有、土地使用权属于农民的基本权利，并于 1984 年开始在全国逐步推行土地承包制度。

家庭联产承包责任制的实施，打破了人民公社时期的集体经营模式，改变了土地经营方式和产品分配方式。将土地经营权分给农户，在产品分配上实行“交够国家的，留足集体的，剩下都是自己的”方式。这极大地激发了农民的生产积极性。农民获得了土地的自主经营权，可以根据自身需求和市场变化调整种植结构，提高农业生产效益。同时，家庭联产承包责任制也促进了农村经济的多元化发展，农民开始涉足农副产品加工、销售等领域，形成了多种经营方式并存的格局。

二、发展乡镇企业转移农村劳动生产力

随着经济的发展和城市化的加速，乡镇企业也得到大力发展。在国家政策和市场机制的推动下，一部分农民放弃传统农业的耕种、养殖，转向外出

打工、经商和参与周边的非农产业活动。农村人口的流动性增强，农村劳动力大量转移到城镇，改变了农村产业结构和农村生产格局。乡镇企业的壮大，使越来越多的农民可以在家门口找到工作，缓解了农村就业压力，促进了农村经济的多元化发展，并实现了从农业到非农业的转移。

三、农业税费改革

《中华人民共和国农业税条例》于2006年1月1日起废止。自此，“皇粮国税”这一存续2000多年的制度退出了历史舞台。农业税改革对农村生产关系产生了更深远的影响。农业税改革取消了农业税，减轻了农民负担，农民的土地使用权变得更加自由，可以根据自身需要进行土地流转，促进了土地的高效利用。农业税改革后，政府加强了对农民专业合作社的支持，促进了农民群众的合作发展，提高了农业生产的效益；改变了对粮食等重要农产品的收储制度，取消了以往的“一长两短”的粮食收购和平价补贴政策，允许市场自由竞争。这就使得农民可以根据市场需要灵活调整生产结构，但同时也使农村面临更大的资本市场侵袭风险。

四、土地流转与农村集体经济新发展

党的十八大以来，随着土地“三权分置”改革的深入推进，农业适度规模经营快速发展，各类新型农业经营主体和服务主体大量涌现。据农业农村部统计，2004年农村承包地流转面积为0.58亿亩，2012年增加到2.8亿亩，增长了3.8倍，年均增长21.6%。随着农村土地承包制度改革深入推进和“三权分置”确立，农村承包地更加有序流转。农村土地流转有力地推动了农业规模化发展，充分发挥适度规模经营在规模、资金、技术、信息、人才和管理等方面的优势和辐射带动作用，引领和加快推进现代农业建设[①]。“三权分置”改革的制度设计，体现了问题导向的制度变迁路径。习近平总书记指出，完善农村基本经营制度，要顺应农民保留土地承包权、流转土地经营权的意愿，把农民土地承包经营权分为承包权和经营权，实现承包权和经营权分置并行。这是农村改革又一次重大制度创新[②]。

第二节　改善和优化农村生产关系势在必行

一、农村生产关系改善的必要性

马克思主义认为，人类实践活动的本质不仅是自觉的，而且是自由的。这就告诉我们，主体性不仅是一种认知理性，同时也是一种价值理性，是自主、能动地变革现实的对象性活动。生产关系是经济关系中最具决定性的范畴，生产关系中的“人”，即劳动力，是最具决定性的因素。农民是农村社会的主体，农民群体有着主观能动性和强大的精神力量，有着磅礴的团结力、凝聚力，在推进乡村振兴过程中，改善农村生产关系，把“散”的农民再组织起来，发挥好农民和集体的主观能动性、激发乡村发展内生动力至关重要，这也是农村经济的重要保障，是农业现代化的重要基础和农村文明化的重要内容。

（一）农村社会经济的重要保障

在社会主义市场经济的大背景下，农村生产关系的改善尤其是农民的组织化，是农村社会经济的重要保障。农户经营分散化致使农村对社会良性资本的承接力明显下降，也使国家对农村投资的质量效益未得到理想中的体现。

① 国家统计局农村司：《农村改革书写辉煌历史 乡村振兴擘画宏伟蓝图——改革开放 40 年经济社会发展成就系列报告之二十》，国家统计局，2018 年 9 月 18 日。

② 冀县卿、熊雪锋：《农地三权分置对农业现代化的重要意义》，《光明日报》2020 年 7 月 14 日。

如今，个体式农民的生产和服务难以适应社会化生产发展需要，“单打独斗”的农民难以在现今市场下获得理想的经济收益，并且要直面市场调节失灵带来的各种风险危机。农民组织化有助于农村经济主体更好地融入市场经济体系，优化资源配置，提高农业生产效率和经济效益。同时，农村生产关系的改善也能够促进农村经济的多元化发展，增加农民收入，缩小城乡差距，推动农村经济的全面、协调、可持续发展。

（二）农业现代化的重要基础

农业现代化是提升农业生产效率、改善农民生活、推动农村经济社会全面发展的重要途径。农村生产关系的改善是农业现代化的重要基础。随着城镇化的推进，城市的虹吸效应不断显现，农村人口流向城市，农村面临年轻劳动力缺失和土地闲置的难题。在农业农村现代化发展要求的现实环境中，为解决乡村人力资源的严重缺失和闲置资源浪费的矛盾，首要的就是实现从土地闲而散向集中的转变，实现土地资源的规模化利用，形成农业机械化、集约式发展的基础。通过将包括土地在内的村各类闲置和产权长期模糊的资源整合起来，以便更顺利地利用现代农业技术，提升单位生产效率，加快农村产业的融合发展和转型升级。乡村各类资源的有效集中，依旧要先实现人的统一集中，推进村内农民的组织化，形成农民共同体，从而盘活农民手头的有限资源，推动农业生产方式的转型升级，提高农业生产的科技含量和附加值，推动农村一二三产业的融合发展，形成现代化农业产业体系。

（三）农村文明化的重要内容

农村生产关系的改善不仅是农村经济发展的需要，也是农村文明化建设的重要内容。改善农村生产关系，实现农民再组织化，对于实现农民自我管理、自我服务、自我发展具有重要意义。首先，能够帮助农民更好地利用村内资源和社会资源，提高农民集体经济效益和个人收益。其次，有助于提升农民的文化素质和道德水平，促进农村文明发展，减少内部矛盾和冲突。再次，可以壮大集体组织，提升各类农民集体文化活动的举办和承办能力，引导农民树立正确的价值观念，丰富农村物质和精神文化生活，繁荣乡村文化，形成劳动致富、互帮互助的和谐农村社会关系，孕育良好的农村社会风尚。最后，能够促进农村教育、养老、文化、卫生等事业的发展，提高农民的生活品质和社会地位，推动农村社会的全面进步。通过生产关系改革，实现集体经济重构，改变单一推动物质文明发展造成的竞争状态，转为物质与精神双进步，全面推进生态文明建设，书写中华民族伟大复兴的乡村新篇章。

二、农民组织化的意义和价值

习近平总书记深刻指出，我国农村社会处于深刻变化和调整时期，出现了很多新情况新问题，虽然错综复杂，但归结起来就是一个“散”字。要广泛依靠农民、教育引导农民、组织带动农民，激发广大农民群众积极性、主动性、创造性，投身乡村振兴，建设美好家园。[①] 这要求在乡村振兴推进过程中，坚持以农民为主体，把农民组织起来，发挥农民集体的力量。农民组织化具有经济、社会、文化和生态等多个方面的重要意义和价值。

（一）农民组织化的经济价值

农民组织化的经济价值是与农民切身利益关系最为密切的价值，也是最直接、最直观的价值。

第一，农民组织化便于资源整合，提升农村资源配置效率。通过组织化的村民集体参与，可以快速有效集中和整合农村资源，提高资源利用效率。农村资源得以更好地配置和管理，增强农村对社会良性资本的承接力。

第二，农民组织化有利于促进农村产业升级，推动农村产业现代化。农

① 习近平:《论“三农”工作》，中央文献出版社，2022。

村集体经济的发展推动了农村产业的升级和现代化。在资源整合的基础上，通过引进现代管理理念和技术，可以更顺利地利用现代农业技术，提升单位生产效率，加快农村产业各业态的融合发展和转型升级。

第三，农民组织化能够抵御资本扩张风险，增强农业竞争力。农业和农村的相对弱质性难以抵御资本天然的扩张性和侵蚀性，而组织化能够通过共同利益将农民组合起来，减少农民内部恶性竞争，通过组织化，农产品的生产、加工、销售能够更好地协同，提高农产品的质量和标准化水平，增强农业在市场上的竞争力，掌握市场话语权。通过合作社组织农业生产，新型农村集体经济能够实现规模效应。规模效应带来的生产成本降低有助于提高整体盈利水平，增加了抵御外部冲击的能力。共同采购、生产、销售等活动也能够降低成本，提高生产效益，缓解市场化浪潮下的农业低效益困局。

第四，农民组织化有助于拓宽农民增收渠道，促进农村经济发展。通过深化农村生产关系改革，在集中资源集约化生产、实行统购统销的同时，扩大农村农民从事其他生产选择的自由，实现农村集体经济和个体化经营相统一，拓宽农民增收渠道，推动农村经济的多元化发展，提高整体农村经济水平。

（二）农民组织化的社会价值

第一，提高农村就业水平。农民组织化推动农业产业链的延伸，创造出更多的就业机会，减缓农民向城市流动的压力，把农村人口留在农村，吸引社会人才流向农村进行就业创业，提高农村的总体就业水平，改变农村空心化的现实境况。

第二，加快农村基础设施完善。农民组织成为统一的经济组织体，提升了农村农民的支付能力，能将共同的资金资产统一管理支配，从而可以有计划地开展农村交通、水利、通信等基础设施和体育、休闲、娱乐场所的建设，加快基础设施建设完善和布局优化。

第三，提升公共服务水平，促进公共事业发展。有组织的生产生活活动往往伴随着社会服务体系的建设。由于农民组织化往往是本村村民的组合体，因此在考虑组织体自身发展的同时，还要承担村内部的社会责任，提供公共服务、公益服务，推动如农村养老、医疗、教育等公共事业发展，为农民提供更全面的社会服务，提高农村社会发展水平。

第四，促进社会分配平等。通过农民的组织化发展，农业收入的提高和就业机会的增加能够促进城乡发展的协同性，减少农村与城市之间的收入差距，进一步缩小社会不平等的差距，促进共同富裕和公平分配。此外，农民组织化还是巩固脱贫攻坚成果的重要举措。农民组织可以成为政府与农民之间的桥梁，有助于政策的有效传达和实施；农民组织不但为每个农民增加了物质资料保障，保障其基本生活水平，而且组织内的农民之间互帮互助，也是防范返贫的有效途径。

（三）农民组织化的文化价值

第一，农民组织化有利于传统农耕文化传承，实现乡村文化复兴。“文化自信，是更基础、更广泛、更深厚的自信，是更基本、更深沉、更持久的力量。”[①] 当前，许多富有乡土气息的乡村文化在西方竞争文化、强势文化、快餐文化的渗透和冲击下逐渐式微，而富有中华文明传统精神的农民亟须用丰厚的道德滋养和优秀传统文化的浸润，重建乡村文化自信。要建立文化自信，必须将农民组织起来，让农民在有组织的生产生活中重构集体经济和互助生活，进而不断增强对农村及传统文化的信心，促进社会主义核心价值观和乡村文化深度融合，保护乡村合作互助的优秀传统。深入挖掘、传承农耕文化中蕴含的人文精神、道德规范和民俗资源，实现乡村优秀文化的创新性发展、创造性转化，真正做到厚植乡村文明根脉。

第二，农民组织化有利于提升公共文化服务效能，丰富乡村文化新生活。

① 《习近平谈治国理政》第二卷，外文出版社，2017。

农民不仅追求物质上的富足，对精神文化生活的需求时时刻刻都存在。农民组织化能够增加乡村文化产品和服务的有效供给，为广大农民提供高质量的精神营养，不断提升基层文化服务效能，提高农民的教育、文化、健康水平和综合素质，通过文化活动、文艺演出、传统节日特色节目等方式，丰富农民的文化生活。

第三，农民组织化有利于发掘乡村文化资源，重塑乡村文化新业态。作为空间地域形态的乡村是中华文明的基本载体。乡村文化不仅具有教化培育、传递信息、提升认知、推动发展等功能，而且还是一种“精神生产力”，这种人类特有的社会活动和实践形式，可以让农民既“富脑袋”又“富口袋”。农民组织化有利于集中性、多元化、开发式地挖掘农村特色文化资源，塑造文化相关业态，彰显“文化生产力”的物质力量。

第四，农民组织化有利于唤起自立、合作、互助精神，提升农民思想道德水平；有利于培育农民自尊自信、自立自强、平和温润、达观友爱的社会文化心态；有利于帮助农民学习先进文化知识，掌握先进技能，提高农民科学文化素养。

（四）农民组织化的生态价值

农民对自己土生土长的村落是有感情的，对自己生存生活的生态环境也是有感情的，相比于其他社会群体，在追求经济发展的同时，农民自身更加珍爱村落的自然生态，更注重有机生态农业的发展。农民组织化对生态环境的价值主要体现在以下 4 个方面。

第一，生态文化传承与教育。农民组织传承和弘扬本土的生态文化，通过组织培训和教育活动，农民可以学习传统的农业知识、生态文明理念，更好地保护和传承本地的生态文化。

第二，生态旅游与农村发展。农民组织化有助于推动生态旅游和农村发展的有机结合。通过合作社等形式，农民可以规划和开发生态旅游项目，吸引游客前来欣赏农村的自然美景，实现农村经济的多元化发展。

第三，可持续农业实践。农民组织化有推动可持续农业实践，通过农业合作社、农民专业合作社等形式，从事生态循环农业生产活动，包括种养循环农业等，减少对化肥、农药的过度依赖，降低对土壤、水源和生态系统的负担。农民组织化对生态的意义主要就是通过在农村开发生态农业模式，建立生态农业发展体系来体现的。

第四，生态补偿机制。农民组织化可以集中力量整治村庄生态环境，更好地建立生态补偿机制，鼓励农民参与生态系统恢复与保护。

在整个农村生产关系改革的过程中，农民组织化的经济、社会、文化和生态价值相互交融，形成了一个多维度、全方位的价值框架。这种改革不仅能够提升农村经济效益，还有助于实现农村社会的全面进步，实现产业、人才、文化、生态、组织全面振兴，促进农村与城市的协同发展，构建更有活力、更加和谐、更可持续的农村社会。

第三节　处理农村生产关系的基本原则

正确处理农村生产关系要坚持集体主义、权利平等和互利共赢的原则，这三者相互关联、相互支撑，共同构成了农村生产关系调整的基石。

一、集体主义原则

集体主义原则强调在农村生产活动中，农民应树立集体意识，以集体和组织为主体开展生产和经营活动，通过集体协作和共同努力，实现生产效率和效益的最大化。

例如，在农业生产过程中，农民之间形成紧密的互助合作关系，通过共同融资、集体协商生产计划、交流经营经验、分享专业技术等方式，提高整体生产效率和质量。农民通过集体经营和合作社模式提高经济效益。农民可以自愿组成合作社或集体经济组织，将个体的生产活动纳入集体经营范畴。通过集体经营，农民可以共同决策、共同管理、共同分享收益，避免了因分散经营带来的市场风险。合作社或集体经济组织可以统一采购、销售农产品，提高农产品的附加值和市场竞争力，从而增加农民的收入。同时，合作社还可以为农民提供技术支持、市场信息等服务，帮助他们提高生产效益。贯彻这一原则，不仅有利于农民自身的利益，也有助于农村社会的和谐稳定和可持续发展。集体主义精神体现在农民集体协作和共同努力中，农民力量的凝聚，可以促进农业生产资源的优化配置，实现生产效率和效益的最大化，推动农村经济的持续发展。

二、权利平等原则

权利平等原则要求农民享有平等的参与机会和权益保障，不受任何形式的歧视或剥夺。土地承包经营权的平等分配是权利平等原则的重要体现。在农村地区，土地是农民生产活动的基础资源。根据相关政策法规，每个农民家庭都有平等的机会获得土地承包经营权，不论其性别、年龄、家庭背景等。这种平等的土地分配制度确保了农民在土地资源利用上的权益平等，为他们的生产活动提供了坚实的基础。比如农民在参与农业生产、经营和销售等方面享有平等参与的权利，无论是种植决策、技术应用还是产品销售，农民都有权利提出建议和参与集体决策。这种权利平等原则鼓励农民发挥自身的积极性和创造力，推动农业生产向多元化、高效化方向发展。在处理农村生产关系时，也应保障农民在土地、劳动力、资本等生产要素方面相对平等分配的权利。

农村生产关系中权利平等原则的体现是多方面的，涵盖了土地分配、农业生产、政策支持以及村级事务管理等方面。这些措施的实施有助于保障农民在生产活动中的平等权益和机会，激发农民的积极性和创造力，促进农村社会的和谐稳定。

三、互利共赢原则

互利共赢原则强调在农村生产活动中，各方应通过合作与协商，实现共同发展和利益最大化。这包括农民之间的互助合作、农民与农业企业之间的利益共享等。通过互利共赢原则，可以激发农民的生产积极性，提高农业生产效率，推动农村经济的繁荣和发展。

从生产资料和资源的配置上看，农民通过土地流转、合作经营等方式，将土地、劳动力等生产资料进行有效整合，实现了资源的优化配置。同时，农业企业、合作社等组织通过提供技术、资金等支持，帮助农民提高生产效率，增加收入。这种资源的共享和互补，使得各方都能从中受益，实现互利共赢。在农产品销售和市场开拓方面，农民和农业企业通过建立稳定的购销关系，实现了农产品的顺畅销售。企业则通过自身的销售渠道和市场网络，帮助农民扩大销售范围，提高农产品的市场占有率。这种合作模式不仅降低了交易成本，提高了经济效益，还增强了农民和企业的市场竞争力，实现了双方的共赢。在政策层面，政府也积极推动农村生产关系的互利共赢。政府通过制定一系列政策措施，如农业补贴、税收优惠、金融支持等，鼓励农民和企业加强合作，共同推动农村经济的发展。这些政策不仅有助于缓解农民的生产压力，提高他们的生活水平，还能促进农业企业的健康发展，推动农村经济的繁荣。从社会和谐的角度看，互利共赢原则也有助于促进农村社会的稳定和发展。通过加强农民和企业之间的合作，可以减少利益冲突和矛盾，增进彼此之间的信任和合作。这种和谐的生产关系不仅有利于农村经济的持续发展，还能提高农民的生活质量，促进农村社会的全面进步。

总之，权利平等和互利共赢是处理农村生产关系的基本原则。在实践中，应将这些原则贯穿于农村生产活动的各个环节，推动农村生产关系的优化和调整，促进农村经济的持续健康发展。

第四节　以党支部领办合作社推进集体经济发展

一、党支部领办合作社

党支部领办合作社，是以村党支部为核心，组织村“三委”班子、党员及部分具有创业精神的村民发起成立，吸纳村民携资源入股组建的团队，实现“三变”改革，在工商部门注册的具有市场法人主体地位的合作经济组织。

（一）政策依据

党的二十大报告对“全面推进乡村振兴”作出了一系列重要部署，强调加快建设农业强国，扎实推动乡村产业、人才、文化、生态、组织振兴。特别提出要巩固和完善农村基本经营制度，发展新型农村集体经济，发展新型农业经营主体和社会化服务，发展农业适度规模经营。具体而言，就是要在农村基本经营制度上进行巩固和完善，为农业经济提供更为健全的制度支持，其中，明确提出壮大村集体经济。我们要培育新型农业经营主体和社会化服务，以推动农业产业升级和创新，而党支部领办合作社恰是新时代更加适合农村发展的农村新型集体经济组织形式。

党的二十大报告还明确提出，坚持大抓基层的鲜明导向，抓党建促乡村振兴，加强城市社区党建工作，推进以党建引领基层治理，持续整顿软弱涣散基层党组织，把基层党组织建设成为有效实现党的领导的坚强战斗堡垒。在乡村振兴的过程中，抓党建成为最为集中的体现，特别是通过党组织领办的方式，确保了在党的坚强领导下，组织路线不偏离，为合作社的健康发展提供了坚实的保障。这种党建模式在乡村振兴中具有显著优势，确保了乡村振兴的发展方向不偏离党的指导思想；党组织领办的方式使得合作社能够始终接受上级党组织的监督和检查，强化了内部管理机制，防范了软弱涣散的可能性；最重要的是，将基层党组织建设成为坚强战斗堡垒，使得基层党组织在推动乡村振兴中发挥更为重要的作用。在党的坚强领导下，通过党组织领办实现的党建工作，为乡村振兴提供了可持续的动力和有效的治理体系。

（二）理论基础

党支部领办合作社的理论基础集中体现为组织化、合作化和内部化。在现代农业中，党支部领办合作社通过组织和合作的方式，实现了集体力量的最大发挥。党支部领办合作社如同一列奋力前行的动车，其中村书记扮演着把握方向的"车头"角色，而村干部则是战斗员，构成了"车头连接的每节车厢"。这种组织结构使得合作社能够迅猛前进，正如动车若要跑得快需要每一部分的共同发力一样。在这个过程中，合作社的内部成员充当关键角色，他们是动车内每个"车厢"的推动者，通过紧密合作、协同努力，确保合作社内部机制的高效运作，而最终的目标正是使合作社的社员能够共享成果，实现共同获益。

因此，党支部领办合作社的理论基础体现了对组织力量、合作协同和内部机制的深刻认识，使得这一模式在新时代得以蓬勃发展，为农业经济的可持续发展注入了强大的动力。这种组织化、合作化和内部化的特性，是推动农业合作社取得成功的关键所在。

1. 组织化

组织化是在一定的时间和空间中，通过某种组织形式和制度要求将一个系统中各个部分（要素）有机结合，形成一个社会共同体的过程。组织化可以充分发挥组织内部各要素的功能和作用，达到组织的整体功能大于各要素之和的良性运行状态，实现更高效的运作和更好的结果。

基于经济社会发展需要，党支部领办合作社将农民重新组织起来，形成有效组织应对市场，实现"六统一"[①]，并通过资源整合，激活农民自我发展内

---

① 即统一购买生产资料、统一种植、统一管理、统一收割、统一销售、统一核算。

生动力，合力建设和美乡村。程同顺认为，农民组织化是指农民为了更好地实现、保护和促进自身的经济利益和提高自己的社会政治地位而联合起来形成的各种经济和政治组织的行动和过程[①]。

现阶段，在长期农村分散经营的现实中，运用组织或者合作的方式，在保证农民主体性的基础上，党支部领办合作社将农民重新组织起来，党组织通过明确的组织架构，使得合作社内部的人员和资源能够有序、高效地运转。这种组织化体现了党的组织优势，为合作社的稳健发展提供了坚实基础，实现对乡村的有效治理和重建其市场主体地位。在重建乡村市场主体地位过程中，只有实现城乡的价值互换和精诚合作，才能实现真正的乡村振兴。

2. 合作化

合作就是个人与个人、群体与群体之间为达到共同目的而相互配合的一种联合行动或方式。人类是群居动物，脱离群体的个人是很难生存和发展的，原始人类有部落，需要十几二十人共同围捕猎物，这便是合作。古代提倡男耕女织，就算是一个小小的家庭仅有两个人，合作也是必不可少的；到现代，有城镇、有乡村，都是人群聚集的地方，人与人之间打交道是需要一定合作关系作为支撑的。当然，能够达成合作也是需要达到某些要求的，所谓“道不同不相为谋”强调的就是要有共同的目标、类似的志向和观点，相互之间需要沟通与协调，最重要的是两者之间相互信任。所以，要想发展，就必须合作。

发展党支部领办合作社，现在是既需要，又存在巨大潜力。在农村，个体农民增产有限，所以必须开展互助合作，而且合作社还可以帮助困难的、没有劳动力的村民。在合作社内部，各个成员通过紧密的协作实现优势互补，共同推动农业生产、经营等方面的发展。合作化不仅是组织形式上的协同，更是一种理念，通过共同奋斗、共担责任，实现共同繁荣。

① 程同顺：《论提高农民组织化程度的必要性》，《中共云南省委党校学报》2003 年第 4 期。

3. 内部化

党支部领办合作社的内部化理论主要聚焦于组织建设内部化、产业内部循环、吸引本村人才返乡创业以及农民发自内心的自信。首先，牵头主导者必须是村党支部，参与主体必须是本村村民，不允许有外村村民或其他企业、政府入股。合作社完全是由村内组织建设而成，以保障村民的权益完整性。其次，通过党支部领办合作社这一新的乡村生产关系改革的实践，将分散的农户组织起来，直接增强了乡村发展的力量，同时，生产经营必须保证农村集体土地所有权，严禁外部资本、企业入社造成农民集体资源和资产流失，让乡村产业形成内部对等循环，减少被外部经营环节“盘剥”，以直接扩大农业生产的效益。再次，村整体发展起来，将会吸引更多的本村村民返乡创业，实现人才回流，进而壮大村集体，创造更多经济效益。最后，农民靠自己的力量不断推动本村发展壮大，在村内发展，人与人之间相互尊重，农民自给自足，自信心不断提升，在村内形成“善治”。

（三）具体事项

村党支部根据本村产业基础和资源优势，在充分调研和征求拟入社成员意见基础上，研究提出村党支部领办合作社的经营项目、基本类型、融资渠道等事项，形成初步方案。

第一，制定章程。对村党支部领办合作社的组织架构、入股方式、盈余分配等事项，经乡镇党委审核后，在合作社章程中进行明确。

第二，召开设立大会。会议主要内容如下：

①由全体设立人一致通过本社章程。

②选举合作社成员代表，选举理事长、副理事长、理事、监事长、监事等合作社管理人员。

③其他需要研究的事项。

第三，会议结束后形成会议纪要，全体设立人在会议纪要上签名、盖章。

第四，提交登记。按照《中华人民共和国农民专业合作社法》《农民专业合作社登记管理条例》等法律法规规定，准备农民专业合作社登记（备案）申请书，全体设立人签名、盖章的设立大会会议纪要，全体设立人签名、盖章的章程，法定代表人、理事的任职文件及身份证明，全体出资成员签名、盖章的出资清单，法定代表人签署的成员名册和成员身份证明复印件，合作社住所申报承诺书等，按相关规定执行领取营业执照。

1. 章程细则

村党支部领办合作社章程一般需明确以下事项：

①明确村党支部领办专业合作社的名称、业务范围、成员资格、成员权利和义务等事项。

②明确出资方式、出资额，成员出资的转让、继承，财务管理和盈余分配，亏损处理，章程修改程序，公告事项及发布方式，附加表决权的设立、行使方式和行使范围等事项。

③确定组织机构及其产生办法、职权、任期、议事规则等事项，村党支部书记依法兼任合作社理事长，其他村“两委”成员在合作社内兼任理事会或监事会成员。

2. 运营制度

村党支部领办合作社先期运行资金包括：发起股东实注的入股金、社员根据个人能力意愿注入的入股金、村集体根据章程代表村集体实注的入股金（包括组织部为促进党支部领办合作社发展而注入的引导资金）。

根据《中华人民共和国农民专业合作社法》的规定，合作社成员可以用货币出资，也可以用实物、知识产权、土地经营权、林权等折股量化入股合作社，以及章程规定的其他方式作价出资。从村党支部领办合作社的实际情况来看，群众多以土地、资金、劳动力、实物作价等入股。

同时，党支部领办合作社秉持“入社自愿，退社自由”的原则。“入社自愿”主要是指合作社尊重农民意愿，不搞强制性入社，不设定百分之百入社的指标，而是充分发挥党支部组织群众、宣传群众、凝聚群众、服务群众的职责，以深入细致的思想政治工作和看得见的利益，吸引群众自觉加入党支部领办的合作社。“退社自由”即社员可以按照自己的意愿退出合作社，并依法办理相关的财产交割。但需要明确一个原则，就是“自由”不是随心所欲，而是有约束条件的，应当以不损害集体和其他社员利益为前提条件。

在党支部引领问题上，发挥村党支部对合作社的领导监管作用，特别是对于村党支部领办合作社的重大事项，要求经过村党支部的认真研究审议后，方可提交合作社成员（代表）大会审议。引导党员积极参与村党支部领办合作社，强化党员在合作社中的责任感和作用。在合作社中发掘优秀人才，符合条件的及时发展为党员、培养成村“两委”成员。

在生产问题上，一方面，党支部领办合作社经济要遵循国家战略和整体发展规划，同时在保持与国家战略规划方向一致的前提下，保持自己一定的灵活性和独立性；另一方面，参加合作社的各个家庭，其主体经营项目（尤其是农田）要服从合作社的总体计划。分配方面，在合作社法的框架内，通过理事会起草、经过全体社员通过的章程进行分配。

在经营问题上，村党支部领办合作社是作为村新型集体经济的主体的身份存在，入股的房屋、耕地等可交由合作社进行改造、运营，合作社股东优先选择合作社懂运营的人负责；村内生产经营可采用“六统一”进行。利益分配上，在合作社分配的纯收益中提取约 5% 作为发展资金，用于扩大再生产经营、弥补亏损，保障合作社自身发展壮大；提取 5% 作为公益金，用于公益事业；条件允许的可以拿出部分资金作为防返贫基金。除去留存资金后的纯收益，实行“按交易量分红”与“按股分红”有机结合，按照法律和章程制定的分配方案，经成员（代表）大会批准实施，向成员进行分配。每年盈余分配后，属于集体的盈余所得应按规定及时交村集体账户。

在财务管理上，严格执行财务会计制度，实行会计单独核算，配备专业财务会计人员，暂不具备条件的可委托代理记账机构管理。合作社签订重大经济合同及大额支出要报乡镇审核、备案。收支情况每月公示，接受农民群众监督。将村党支部领办合作社业务事项纳入村干部任期和离任经济责任审计范围。

在股权设置上，对村集体持股、发起股东持股比例上限作出规定，社员（村民）带资源入股占较大比例。在合作社成立初期，成员较少，则个人成员所占股份较多，随着合作社发展壮大，在不损害集体和社员利益的前提下，可以通过扩股等方式逐步降低个人占股比例。村党支部领办合作社接受国家财政直接补助和其他人捐赠形成的财产，可以作为村集体占股。合作社采取“六统一”模式，净收益实行按股分红，利益共享，风险共担。最根本的运行机制是股份制，以股连心、以股连利、以股连责，把农民组织起来，把资源整合起来，走组织化与市场化深度融合的新型合作化之路。

二、“三变”改革理论与实践

（一）“三变”改革理论

1.“三变”改革的概念与内容

2015年的中央扶贫开发工作会议上首次提及“三变”改革。此后，“三变”改革连续多次被写入中央一号文件，其重点是关于如何通过农民组织化加速农村集体经济发展、探索农村集体经济新的实现形式和运行机制以及如何促进集体经济市场化的问题。“三变”改革具体是指资源变资产、资金变股金、农民变股东。

资源变资产，即村集体将确权的所有山、水、林、田、湖、草、房屋、荒地、滩涂、集体建设用地（物）和基础设施等集体资源，依法进行内部折股量化，通过协议入股党支部领办合作社或村投公司，变成代表股份权利的资产。资金变股金，即村集体将各级财政投入村庄发展类资金，在不改变资金使用性质和用途的前提下，原则上转变为村集体股份以及农民持有资金或村集体自有资金，通过协议，入股合作社或村投公司，变成代表股份权利的资本金。农民变股东，即农民以确权的承包土地的经营权、宅基地使用权、自有房屋、自有资金、技术和劳动力等，通过协议或者合同方式，入股合作社或村投公司，定期按股份取得经营红利，变成股权投资人[①]。

2.“三变”改革的性质

“三变”改革是农村集体产权制度改革的重要内容。农村集体产权制度改革实际上是针对农村集体资产的产权制度进行的改革，即产权制度改革的对象是农村集体资产。“三变”改革强调资源变资产，意味着农村集体资源，特别是土地等要素，应当通过产权制度的变革，更加灵活地配置给农村集体经济体中的各个参与主体。这可能包括对土地流转、使用权的改革，使得农村集体资源的管理更加符合市场经济的原则，促进资源的有效配置。

“三变”改革是农村基本经营制度的补充和拓展。资金变股金和农民变股东意味着要引入更多的市场机制，通过将农业生产中的资金以股份的形式进行流动，使得农业经营更具有市场化的特征。农民以股东的身份参与，不仅分享经济效益，还可以参与经济决策，这有助于激发农民的生产积极性和创造性。“三变”改革，改变的是利益机制，是资源使用机制，是把农村集体和农民个人的资产盘活，是对农村基本经营制度的补充和拓展。

（二）“三变”改革实践——以东风村为例

东风村位于吉林省吉林市昌邑区桦皮厂镇东北 12.5 公里处，面积 4.5 平方公里，辖 4 个社区，233 户居民，常住人口 334 人，共有耕地 446 公顷，是一个傍山近水、居住集中、民风淳朴的美丽村庄。村屯规划合理，环境干净整洁，既有“荷香千米”的荷花塘绕村成景，又有荷花孕育的稻米远销万家。村党支部紧紧围绕富民强村、宜居宜业这一目标，明思路、聚人心、促发展，士气昂扬，敲响了乡村振兴的战鼓。

1. 党建引领明思路，唱响乡村发展基准音

曾经的东风村，村内产业单一，主要依靠水稻、玉米等农作物种植，村

---

① 杨慧莲、刘培生：《农村“三变”改革的内涵、实践、影响及扩散研究综述》，《六盘水师范学院学报》2021 年第 4 期。

民思想保守，不愿尝试新事物。村“两委”班子清楚地认识到，要破解集体经济发展瓶颈，带领大家共同致富。东风村坚持“支部主导、党员带头、群众参与、共同富裕”的理念，充分发挥党支部战斗堡垒作用，发动群众、组织群众，统一思想认识、转变陈旧观念，奠定了整体发展基调。一是走出去找路子。为了探寻适合东风村的发展路径，村党支部多次赴长春、松原等地交流观摩，学习先进经验，并与吉林乡村振兴研究院、吉林大学相关专家和科研人员紧密合作，结合村内资源开展市场调研，在尊重市场规律的基础上，科学合理地制定未来发展规划，最终确立了“乡村旅游 + 生态农业”的产业发展方向。二是重引领强合作。为了将党支部的政治优势、组织优势同合作社的经济优势结合起来，成立了东德风盛党支部领办合作社，由村“两委”带头出资 12.3 万元入股，并邀请专家学者驻村指导，不仅指导村党支部修订完善合作社章程和机制，还向村民普及授课，详细讲解了合作社发展思路、发展模式、发展前景等内容，确保村民真了解、真认可，吸引更多村民加入领办合作社中。截至 2024 年 3 月，村党支部领办合作社以资金入股 36 人，总金额 13 万元；以土地入股 9 户，总面积 42 公顷；以闲置房屋入股 10 户。2023 年 3 月，合作社召开了第一次社员大会，让村民近距离感受到党支部领办合作社运营规范、管理民主，增强合作社吸引力，不断提升村集体致富增收能力。

2. 共建共享聚人心，奏响基层治理协奏曲

东风村以美丽乡村建设为契机，对村内环境进行彻底整治，打造宜居宜业和美乡村。一是凝聚共识。村“两委”班子逐门逐户进行入户走访，宣传开展人居环境整治工作的重要性，引导和督促群众养成垃圾分类和爱护环境的思想意识，对房前屋后环境较差的农户进行重点说服教育。二是擦亮“门面”。举全村之力对鳌龙河老河道进行淤泥清理，从白洋淀引进荷花品种，将从前的死水泡改造成了风景秀美的荷花池。以重要时间节点为契机，组织党员干部及志愿者对村屯主路两侧进行树木种植、修剪和清理垃圾、杂草等，累计植树 300 余棵，清理道路 5.6 公里。三是双向带动。栽下梧桐树，引得凤凰来。随着村庄环境变好，许多游客慕名前来，千米荷花池更是成了小有名气的网红打卡地，络绎不绝的游客带动了村里农特产品的销量，提高了经济收入，让村民真真切切地感受到了“绿水青山就是金山银山”，村民爱护、保护环境卫生的积极性明显提升，实现了生态效益和经济效益双赢的良性循环，环保理念深入人心。

3. 打造生态村促农旅发展，敲响产业兴旺丰收鼓

一是探索生态农业产业。采用有机肥、不用农药、少用化肥生产农产品；发展生态发酵床养猪项目，进行生态养殖，有效解决养殖业对环境污染；学习蘑菇菌种植技术，利用育苗后闲置的大棚，利用水稻产生的稻壳种植赤松茸、猴头菌等菌类，有力拉动了村民增收。二是拓展乡村旅游产业。以“荷花打卡”为主题，发展水上游览、采荷、泛舟等旅游观光业，每年夏天观光者可达 3000 余人次；盘活利用闲置民房、宅基地，真正变资源为资产，变“包袱”为财富，完善了民宿、乡村美食主题餐厅等吃、住配套设施；鼓励本村村民充分利用河道水塘、温室大棚等发展垂钓和采摘农业，丰富村内娱乐活动，综合打造集吃、住、游、娱于一体的乡村生态游。三是塑造独特的东风品牌。在抖音、快手等热门网络平台，借助“济公老乐”“玉昌蜂”“老郎村长”等直播账号对村内特色农产品进行宣传推广。以“禾荷共生”为卖点的绿色荷花大米和农家蜂蜜已经成为东风村生态农产品代表，打出了品牌和名气，每年可为村民增收 120 余万元。

未来，东风村将继续沿着生态村的发展方向走，进一步实现生态生活，即村内所生产的产品足以村中自循环、仅有少部分生活必需品需要到他处采购，这样便可以以一个村对接城市内的一个社区，进行系统而全面的订单式农业生产，进而实现城乡融合。做好“荷经济”，把游客“领进来”，让产品“走出去”，在壮大村集体经济的同时，带动村民增收致富，把乡村振兴的战鼓越敲越响。

三、新型农村集体经济创新

（一）新型农村集体经济的概念

新型农村集体经济是一个与传统农村集体经济相对的概念。传统农村集体经济是在特定历史背景下，各合作社和社员将一切生产、生活资料归集体所有，并由集体统一经营、管理、核算和分配的经济组织形态[①]。随着改革开放和农村家庭联产承包责任制的推广，我国实行以家庭承包经营为基础、统分结合的双层经营体制，传统农村集体经济随之消失。

目前，学界尚未就新型农村集体经济概念形成较为一致的定论。《中华人民共和国国民经济和社会发展第十四个五年规划和2035年远景目标纲要》提出，要深化农村集体产权制度改革，发展新型农村集体经济。2023年中央一号文件首次从国家层面明确新型农村集体经济是什么、怎么干。笔者认为，新型农村集体经济就是通过党支部引领班子成员及村内具备创业精神的团队以相应比例注资发起，村民带资源、资产或现金量化入股，村集体以村股份合作社入股，形成股权关系清晰、收益分配合理，并在工商部门注册的市场经济主体。

（二）新型农村集体经济的特征

新型农村集体经济相比于传统的农村集体经济和传统的家庭联产承包责任制，有着生产经营市场化和党支部领导下统分结合的双层经营的显著特点。除此之外，从农村全方位发展要求的角度看，新型农村集体经济有以下几个特征。

1. 产权关系明晰

新型农村集体经济以“三变”改革为基础，通过“三变”改革，开创性

---

① 余丽娟：《新型农村集体经济：内涵特征、实践路径、发展限度——基于天津、山东、湖北三地的实地调查》，《农村经济》2021年第6期。

地实行集体所有和个体享有相结合的新产权结构，使农村集体资产产权结构清晰化。新型农村集体经济强调以集体资产归集体所有为前提，通过股份形式量化给成员，各成员自愿通过股份形式再次联合而形成，其不仅承认集体所有，还承认成员的个人份额和权能等，目的是实现集体与成员权益的有机统一。在市场经济加速发展的背景下，新型农村集体经济倡导建立合同制度，规范农民与合作社、企业等经济主体之间的关系，各方的权利和义务得到了详细的界定，产权关系在经济合作中也得以明确。

2. 治理架构科学

新型农村集体经济在治理架构上实现了产权体系的创新，通过引入股份合作制度，使农村集体经济的成员能够持有和流转股份，从而形成更为灵活、市场化的产权关系。通过自我发展或与外界合作，发展多元化的产业，推动乡村产业结构的优化。在治理架构上，注重整合资源，形成协同效应，降低农业生产的个体风险，提高农业产业链的附加值，推动农业现代化。

新型农村集体经济治理的架构还强调政府的支持和社会合作。政府通过政策引导、金融支持等方式，为新型农村集体经济的发展提供保障。总体来说，新型农村集体经济在治理架构上的科学性主要体现在责、权、利对等，成员利益清晰，变内部竞争为多方合作，将分散化的发展格局重构为系统生态化格局。可以通过村内合作、城乡合作等形式，为城乡联动提供基础保障。这一经济形态能更好地适应市场变化和农业发展需求，为农村经济提供了一种更为科学的治理模式。

3. 经营方式稳健

新型农村集体经济通过合作社等形式，实现了农民间资源、利益、责任的共享共担。通过合作社等形式组织农业生产，新型农村集体经济能够实现规模效应，其带来的生产成本的降低有助于提高整体盈利水平，增强了抵御外部冲击的能力，有助于分散和共担风险，避免了个体农户可能面临的经济风险。在面对天气、市场波动等不确定因素时，集体经济也更容易应对风险和损失挑战。新型农村集体经济强调市场导向，更加注重适应市场需求，通过灵活的经营机制，能够更快速地调整生产结构、改变经营方向，从而更好地适应市场的变化，这种市场敏感性有助于确保农村经营方式的灵活性和稳健性。

4. 收益分配合理

与传统集体经济实行平均主义分配方式不同，新型农村集体经济在分配方式上则是采取按股分红的做法。新型农村集体经济通常采用股份合作制度，通过村民出资入股的方式，实现了农民对村集体经济组织的投资，同时分享组织体的经济利益。这种制度使农民不仅是劳动者，更是合作社等组织体的股东，有权参与经营决策，分享盈利。这样的经济体制使得收益分配更为公平和合理。新型农村集体经济坚持按劳分配的原则，即按照个体农民的劳动贡献来分配经济利益，这有助于激发农民的生产积极性，促进农民更加努力地投入生产活动，从而实现农业经济的可持续发展、农村经济的收益分配更具合理性、更符合社会公平正义的原则和共同富裕的追求。

（三）新型农村集体经济创新发展的着力点

新型农村集体经济在农业现代化背景下逐渐兴起和发展，巩固提升农村集体产权制度改革成果，探索新型农村集体经济发展路径，要抓住新型农村集体经济创新发展的着力点。

1. 党支部领办农村新型集体经济

党的农村基层组织应结合实际，领导和支持农村集体经济组织，协助农村集体经济的发展。自 2018 年中央一号文件正式提出扎实推进抓党建促乡村振兴的要求，至 2023 年连续 5 年的中央一号文件都提及抓党建促乡村振兴。以乡村振兴工作为中心，要在广大农村实现“党建引领 + 集体重塑 = 共同发展”，在农村集体经济的市场化进程中，实现治理机制创新，充分挖掘和发挥集体所有制下统分结合治理模式的各自优势。农村基层党支部是乡村振兴工作中农村内部的中坚力量，加快促进农村基层党建同集体经济的实质性融合，是驱动形成新型农村集体经济发展和乡村振兴切实成效的必然要求。

2. 保证农民在新型农村集体经济中的主体地位

新型农村集体经济在股份合作中，必须保证村民的核心股，为了防止外部资本的侵占，现阶段集体经济股份合作制改革必须坚持底线：一是改革的范围严格限定在集体经济组织内部；二是股权的流转不得突破集体经济组织范围。因为集体经济涉及集体土地所有权和农民权益，而后续随着乡村振兴全面推进和城市化进程加速，集体经济股份的继承、抵押、转让、退出、参股、控股等问题也必将接踵而来，必须在谨慎应对的同时实现集体资产保值增值、股份收益保值增值。

3. 以差异化战略构筑错位竞争优势

在成本、商流、物流与城市园区经济相比不具有比较优势的前提下，农村集体经济必须强调差异化发展战略。差异化战略是企业在市场竞争中通过提供独特的产品或服务来获得竞争优势的一种战略选择。在农业和农产品领域，采用差异化战略构筑错位竞争优势，可以更好地满足市场需求，提高产品附加值，增强市场地位。以可持续和环保的农业生产方式构建差异化，符合现代社会对生态友好和健康食品的需求。采用有机农业、零农药、零化肥等环保农业模式，满足消费者对健康、环保的追求，形成独特的竞争优势。通过明确的市场定位和品牌建设，企业可以使自己的产品在消费者心中形成独特的地位。定位可以基于产品的特定特点、目标消费者的需求等因素，使产品在市场中有突出的特点、形象和优势，从而构建错位竞争优势，稳固市场地位。

4. 与县域经济协同发展提升区位优势

集体经济与县域经济协同发展能增强集体经济的产业融合度、延长产业链长度、增强新兴产业带动度和要素整合度，强化外部市场分工，实现多渠道、多类型、多元化发展，是打破城乡分割、加速城乡融合的有效路径。新型农村集体经济在农村地区具有较强的资源整合能力，通过农业合作社、农民专业合作社等形式，整合农业生产要素，包括土地、劳动力、资金等。而县域经济在区域内具有较好的资源禀赋和产业基础。农村集体经济与县域经济的其他产业形成良性互动，发挥双方的优势，实现资源的优势互补，形成合作共赢的局面，共同推动农村地区的产业结构升级，提升整体竞争力，从而提升区位优势，构建更为均衡、多元的区域经济结构。提高整体经济效益，促进城乡共同富裕。

四、党支部领办合作社引领村集体经济路径

选择与自然资源禀赋和社会经济条件相适应的发展途径，是发展壮大新型农村集体经济的基础。应坚持目标导向和问题导向相结合的原则，因地制宜，探索多样化的农村集体经济发展路径。党支部领办合作社这种农民组织化的新互助合作发展模式，已成为新时代农民组织化和发展新型农村集体经济的首要选择和重要载体。因此，学习党支部领办合作社这一农民组织化形式及农村新型经济主体的高效运作方式，抓住党支部领办合作社过程中的关键问题，明晰其正确的运作方式和引领集体经济发展的路径，并在结合广大农村的实际中有所创新和发展。

（一）贯彻“党建 + 经济”原则

1. 支部带头

党支部领办合作社应由村党支部书记带领村“三委”班子成员，以党的影响力组织群众入社。需要先由 5~10 个包括村党支部书记在内的村“三委”班子成员共同出资，遵循法定程序注册合作。首先依托的就是党的政治领导力、社会号召力，再利用党支部成员的个人信用和乡亲关系，带动更多党员和积极性高的村民入股入社。这也对村党支部提出了挑战，尤其对村书记的个人公心、担当以及能力有极高的要求。

2. 党建引领

党建引领，发挥党支部的主导作用，是党支部领办合作社的根本所在。

党支部领办合作社要求合作社理事长由村党支部书记（特殊情况下，可由党支部委员）担任，其他重要岗位也是党员占绝对优势。中国共产党的领导是中国特色社会主义最本质的特征，是中国特色社会主义制度的最大优势，党支部对村集体的领导与农村基层自治、农村自主式发展并不冲突。合作社的规划、入股、运作、经营、分红等全过程必须由党支部领导，实现党的组织和工作全覆盖，保证合作社这种集体经济根本性质不变，牢牢把握发展方向，引领合作社实现更好发展。

3.“党建 + 经济”驱动式发展

党支部领办合作社凸显“党建 + 经济”原则，实现“党建引领 + 集体重塑 = 共同发展”[①]，但不是简单的“党支部 + 合作社”模式，不能简单地将其理解为乡村治理和集体经济的相加。党支部不直接承担经营管理职责，而是融入合作性集体经济之中，把自身的领导、主导作用嵌入合作社决策、经营、监督等每个环节，可以说，党支部也是该合作社内在的一部分。这样能发挥基层党支部和村民集体双向合一的组织优势，以党带领，内部驱动，集体联动，有效地把政治引领、组团发展、群众能动性等要素融合，形成聚合裂变效应，真正实现集体壮大，收获最大的发展收益。

（二）落实集体性保证

1. 以村民为核心

党支部领办合作社的股份包含村集体股份、领办人员股份以及村民股份。为保证必须是村民核心股，村集体和入社群众股份占比不少于 51%，单个成员持股比例不可超过 20%。其中，村民可以土地、资金、劳动力、实物等入股合作社，村集体股份主要由村集体共同拥有的村内资产资源转变而成，或者通过“三资清理”把清理出的村集体资源、资产、资金入股合作社。但要注意的是，国家、政府是不以任何特殊形式参与入股与分红的，国

① 张心亮：《党支部领办合作社：运行机理与发展进路》，《河南社会科学》2021 年第 1 期。

家、政府对村集体的资金投入和补贴可以转化为党支部领办合作社集体股份部分。

2. 与外部进行合作

党支部领办合作社是农民组织起来再与外来企业或资本合作。作为一种农村新型合作互助性经济组织，它也参与整个社会的分工与协作。党支部领办合作社将村民组织起来后，可以让村集体自主经营，也可以与企业合作经营。外部企业可以为党支部领办的合作社注入发展资金，帮助其解决前期投入资金不足问题，但不能够作为外部资金入股合作社，而应以项目共建的方式，与合作社合作发展。

3. 保证合作社集体性质

党支部领办合作社在与外部资本合作时，要时刻对资本下乡进行双向风险防控，一是防止资本侵占村民利益，二是防止村民违约造成企业投资风险。

党支部领办合作社的内部成员（包括领创办的成员）必须是本村村民。党支部领办合作社的目的之一是实现村民组织化，重塑村集体经济，集中整村资源共同面对市场竞争。在合作社运营过程中，如果让非村民入股合作社，就可能造成村民土地等特殊资源流失。另外，通过这样一种内外区隔的方式，可以确保资本安全。

党支部领办合作社必须保证其集体性质，必须充分发扬民主协商、平等互利、自治管理等原则，时刻让本村村民们意识到，村党支部领办合作社是村自己的合作社，激发凝聚力、向心力，把村民们拧成一股绳，实现稳定持久的发展。

（三）做好“三变”改革工作

1. 推进“三变”改革

“三变”改革是在农村资源、资金、农民分散化与农业农村现代化、组织化、规模化、市场化发展之间的矛盾越发突出，城乡二元结构突出的背景下进行的产权制度改革。改革的目的就是让农村存量资源激活、资金聚集、农民集聚[①]。党支部领办合作社的组织、融资以及后期的运营都要围绕“三变”改革进行，“三变”改革是实现内部造血的核心。村中的山、水、林、田、湖、草、沙等自然资源均可当作村民集体资产，政府、企业的补贴帮扶资金也都是集体资金的来源。村民则以土地、宅基地等不动产及现金、劳动力、知识产权等作价入股。党支部领办合作社通过全方位整合资源、资产、资金，组织农民，既为自身存续提供源头活水，又能有效激活农村各生产要素的最大潜能，促进集体增收。

2. 重视土地经营权

在理想状态下，通过土地流转，农村集体经济组织可以实现集约式、规模化经营，提高农业生产效率和整体收入。但是，如果将村集体的土地简单外包流转出去，就面临着较大风险。比如，当土地附加收益良好时，村民们渴求收益蜂拥而上；当土地收成、销售情况不佳时，企业为了自身利益又容易扭头就走。面对这种情况，不但易出现土地处于长期超负荷或者长期闲置的状态，还会破坏合作社与企业、村民与领办人员之间的信用机制，不利于再次激起内部活力，不利于农村的稳定长久发展。因此在党支部领办合作社推进“三变”改革的过程中，绝不能把村集体入股的土地“一流了之”，而是要把党支部领办合作社以及它整合的土地当作“梧桐枝”。党支部领办合作社和村集体要把入股后集中的土地“流住”而不是“流出”，牢牢把握土地的自主管理权。

3. 保护村民有尊严而自信地生活

在上述基础上，引入企业、第三方在这片土地上规模化、集约化经营，同时通过企业科技创新和政府专项金融支持等方面的作用发挥，逐步调整农村产业结构，推动农村产业向生态化、一体化又多样化、融合化又特色化转型升级。党支部领办合作社的最佳模式是同时留足部分（如小庭院）让村民社员个体自主经营，实现增收致富和幸福生活的统一。毕竟，中国的农民生

① 耿江术：《基于“三变”改革的盘州农村集体经济融资模式优化研究》，贵州民族大学，2021。

活在乡村大地上，与土地有着深厚的感情，不能仅用单一渠道收入来衡量农民获得感。要以本村村民为本，留足一定农民自我耕作和经营的空间，保护村民们的尊严与自信，考虑村民的实际幸福感。

（四）实现整体化运作

1. 先组织后谋划

中国乡村社会既具有差序特征，也具有层次特性。从村民小组、建制村、乡镇到县域，不同层级间农民的分散程度和聚合潜力存在明显差异[①]。发展某种集体经济，前提是必须将农民组织起来。党支部领办合作社只有先把村民们组织起来，自身集体才有力量，才能提升社会地位，政府才会重视村集体的发展潜力，投入资金，在面对外部资本和市场时才有话语权。组织起来后，共同谋划，从整体视角寻找适合本村的、包括产业在内的发展方向。

2. 因地制宜发展产业

党支部领办合作社需要产业作支撑，需要合作社集体结合实际内部讨论后再作选择。产业不能等、靠、要，因为农村是村民土生土长之地，没有人比本村的人更了解当地的气候、土地以及其他资源的具体情况，也没有人比他们更了解村内每家每户的生产生活方式和擅长的方面。可以借助外部的分析，采纳建议，但要具体问题具体分析，要根据村内具体情况，深化产业制度改革，因地制宜设计产业，推动多次产业融合发展，打造自主品牌，经营农村特色产业。

3. 实现整村运营

党支部领办合作社的一个重要目标就是实现整村运营，并建立一套能够整体面对市场与社会的机制[②]。一方面，既要分散经营，保证村中各种生产服务、各类产业紧密联系、有效串联，让每一位村民都能有事可做，同时，还要避免村内每家每户之间的恶性竞争，从而形成一个和谐互助式的内部小循

---

① 李冉、刘达培：《从“散”到“合”：全面推进乡村振兴中的农民组织化》，《求索》2023 年第 5 期。
② 李恩：《生态乡村建设——中国农村生态文化建设研究》，吉林文史出版社，2020。

环。另一方面，党支部领办合作社要统一、标准化管理，通过市场化运作，积极向外开拓市场，拓展对外销售渠道，利用现代化的营销手段，提高村产品的知名度和市场占有率。实行统购统销，通过整体功能和整村运作，既能够充分利用市场机制的优势，迸发整村活力，又能够有效应对市场的冲击，实现利润共享、风险共担。

（五）追求全方位发展

1. 坚持生态发展理念

绿水青山就是金山银山，生态文明的价值日益凸显，生态振兴作为乡村全面振兴的核心要义之一，是农村发展路径选择中必须考虑的因素。保护农村生态环境、可持续利用资源，并确保农村社区的健康和可持续发展，是党支部领办合作社建设助推农村发展和乡村振兴的重要依循。在党支部领办合作社中，要培养生态农业文化理念，坚持发展生态可持续农业，鼓励支持农民采用可持续的农业技术，发展生态有机农业和庭院精细农业等，减少化学农药和除草剂的使用，保护土壤质量，并减少对环境的负面影响。合作社产业的选择，要考虑能够实现种养循环、减少污染、全域有机、生态发展，对生态体系有切实的利好性。要确保农村生态系统的健康和可持续发展，守护农村净土，让村民集体能够生活在绿色美丽的乡野大地上。

2. 复兴乡村传统文化

党支部领办合作社是以农村为土壤的组织，在传统文化和民俗等保留程度高的乡村社会，相比于法治，更需发挥的是传统文化的纽带和引领作用。党支部领办合作社可以挖掘和保护乡土文化，使之成为合作社文化的一部分，促进内涵式发展；也可以通过举办文艺活动、开展传统文化课程等方式，让村民了解和感受传统文化的魅力，进而激发他们对传统文化的热爱和传承意识，提高村民的文化水平和文明素养。用孝贤文化维系和睦的乡亲关系，在厚植乡村传统的基础上聚民心、构筑身份认同、发扬互助精神。此外，还要将传统文化融入合作社经营活动中。例如，在产品包装上使用传统文化元素，赋予产品独特的文化内涵，也可以在合作社形象宣传中凸显本村传统文化的价值，使村民们更加了解和热爱本村的文化传统，增强村民文化归属感和文化自信心。

3. 推动乡村事业发展

党支部领办合作社是促进乡村振兴的有力抓手，最终落脚点还是实现乡村各项事业的全面发展，提升农村人民美好生活幸福指数。党支部领办合作社不仅要着眼农村经济的增长，还要时刻聚焦基层民主，发扬民主协商；重视巩固脱贫攻坚成果、促进民生保障；努力营造乡创空间，打造农村人才阵地。要始终致力于提供乡村公共服务，注重发展教育、卫生、医疗、养老、公益事业。以党支部领办合作社为载体，逐步实现多产业融合发展，系统有序推进乡村各项事业，真正实现物质上、精神上的共同富裕，实现乡村产业、人才、文化、生态、组织的全方位振兴。

附录　农民专业合作社联合社示范章程①

本示范章程中的【　　】内文字为解释性规定。农民专业合作社联合社在遵守有关法律法规的前提下，可根据自身实际情况，参照本示范章程制订和修订本社章程。

________专业合作社联合社章程

【____年____月____日召开设立大会，由全体设立人一致通过。____年____月____日召开成员大会第____次修订通过。】

第一章　总　则

第一条　为促进本社规范运行和持续发展，保护本社及成员社的合法权益，增加成员社收入，增进成员社成员福利，依照《中华人民共和国农民专业合作社法》和有关法律、法规、政策，制定本章程。

第二条　本社由__________【注：列出全部发起人名称】等______个【注：三个以上】农民专业合作社发起，于____年___月___日召开设立大会。

本社名称：________专业合作社联合社，成员出资总额____元，其中货币出资额______元，非货币出资额______元【注：如有非货币出资请按具体出资内容分别注明，如以土地经营权作价出资 ** 元】。

单个成员社出资占比不得超过本社成员出资总额的百分之___。

本社法定代表人：__________【注：理事长姓名】。

本社住所：________________，邮政编码：______。

第三条　本社成员均为农民专业合作社。本社以服务成员社、谋求全体

① 农业农村部：《中华人民共和国农业农村部公告 第105号》，2018年12月17日。

成员社的共同利益为宗旨。成员入社自愿，退社自由，地位平等，民主管理，实行自主经营，自负盈亏，利益共享，风险共担，可分配盈余主要按照成员社与本社的交易量（额）比例返还。

第四条 本社成立的目的是扩大生产经营和服务规模，发展产业化经营，提高市场竞争力，不影响成员社依法享有的独立的经营权。本社以成员社为主要服务对象，依法开展以下业务：

（一）农业生产资料的购买、使用；

（二）农产品生产、销售、加工、运输、贮藏及其他相关服务；

（三）农村民间工艺及制品、休闲农业和乡村旅游资源的开发经营；

（四）与农业生产经营有关的技术、信息、设施建设运营等服务。

【注：根据实际情况填写，业务内容应与市场监督管理部门颁发的农民专业合作社联合社法人营业执照规定的业务范围一致】

第五条 经成员大会表决通过，本社依法向公司等企业投资；依法投资兴办 ________ 公司。

第六条 经成员大会讨论并决议通过，本社可以接受与本社业务有关的单位委托，办理代购代销、代理记账等服务；可以向政府有关部门申请或者接受政府有关部门委托，组织实施国家支持发展农业和农村经济的建设项目；可以按决定的数额和方式参加社会公益捐赠。

第七条 本社及全体成员社遵守法律、遵守社会公德、商业道德，诚实守信，依法开展生产经营活动。本社不从事与本章程规定无关的活动。

第八条 本社对由成员出资、公积金、国家财政直接补助、他人捐赠以及合法取得的其他资产所形成的财产，享有占有、使用和处分的权利，并以上述全部财产对本社的债务承担责任。

第九条 本社为每个成员社设立成员账户，主要记载该成员社的出资额、量化为该成员社的公积金份额以及该成员社与本社的交易量（额）。

成员社以其成员账户内记载的出资额为限对本社承担责任。

第二章　成　员

第十条　依照农民专业合作社法登记，取得农民专业合作社法人资格，从事 ______【注：业务范围内的主业农副产品名称】生产经营，能够利用并接受本社提供的服务，承认并遵守本章程，履行本章程规定的入社手续的农民专业合作社，可申请成为本社成员。【注：农民专业合作社联合社章程可自主确定入社成员的生产经营规模或经营服务能力等其他条件】

第十一条　凡符合第十一条规定，向本社理事长【注：或者理事会】提交书面入社申请，经成员大会表决通过后，即成为本社成员。

第十二条　本社向成员社颁发成员证书，并载明成员社的出资额。成员证书同时加盖本社财务印章和理事长印鉴。

第十三条　本社成员社享有下列权利：

（一）参加成员大会，并享有表决权、选举权和被选举权，按照本章程规定对本社实行民主管理；

（二）利用本社提供的服务和生产经营设施；

（三）按照本章程规定分享盈余；

（四）查阅本社的章程、成员名册、成员大会记录、理事会会议决议、监事会会议决议、财务会计报告、会计账簿和财务审计报告；

（五）对本社理事长、理事、监事长、监事的工作提出质询、批评和建议；

（六）提议召开临时成员大会；

（七）提出书面退社声明，依照本章程规定程序退出本社；

（八）向本社其他成员社转让全部或部分出资；

（九）成员大会对拟除名成员表决前，拟被除名成员有陈述意见的机会；

（十）成员社共同议决的其他权利。

第十四条　本社成员社承担下列义务：

（一）遵守本社章程和各项规章制度，执行成员大会和理事会的决议；

（二）按照本章程规定向本社出资；

（三）积极参加本社各项业务活动，接受本社提供的技术指导，按照本社规定的质量标准和生产技术规程从事生产，履行与本社签订的业务合同，发扬互助协作精神，谋求共同发展；

（四）维护本社合法利益，爱护生产经营设施；

（五）不从事损害本社成员社共同利益的活动；

（六）不得以其对本社或者本社其他成员社的债权，抵销已认购但尚未缴清的出资额；不得以已缴纳的出资，抵销其对本社或者本社其他成员社的债务；

（七）承担本社的亏损；

（八）成员社共同议决的其他义务。

第十五条 成员社有下列情形之一的，终止其成员资格：

（一）要求退社的；

（二）成员社破产、解散的；

（三）被本社除名的。

第十六条 成员社要求退社的，须在会计年度终了 ______ 个月前【注：不得低于六个月】向理事会提出书面声明，办理退社手续。退社成员的成员资格自该会计年度终了时终止。

第十七条 成员资格终止的，在完成该年度决算后 ______ 个月内【注：不应超过三个月】，退还记载在该成员账户内的出资额和公积金份额。如本社经营盈余，按照本章程规定返还其相应的盈余所得；如经营亏损，扣除其应分摊的亏损金额及债务金额。

成员社在其资格终止前与本社已订立的业务合同应当继续履行【注：或依照退社时与本社的约定确定】。

第十八条 成员社有下列情形之一的，经成员大会表决通过，予以除名：

（一）不遵守本章程、成员大会决议的；

（二）严重危害其他成员社及本社利益的；

（三）成员社共同议决的其他情形。

成员大会表决前，允许被除名成员社陈述意见。

第十九条　被除名成员社的成员资格自会计年度终了时终止。本社对被除名成员社，退还记载在该成员账户内的出资额和公积金份额，结清其应承担的本社亏损及债务，返还其相应的盈余所得。因第十九条第二项被除名的成员社须对本社作出相应赔偿。

第三章　组织机构

第二十条　成员大会是本社的最高权力机构，由全体成员社组成。

成员大会行使下列职权：

（一）审议、修改本社章程和各项规章制度；

（二）选举和罢免理事长、理事、执行监事【注：或者监事长、监事】；

（三）决定成员入社、除名等事项；

（四）决定成员出资增加或者减少；

（五）审议本社的发展规划和年度业务经营计划；

（六）审议批准年度财务预算和决算方案；

（七）审议批准年度盈余分配方案和亏损处理方案；

（八）审议批准理事会【注：或者理事长】、监事会【注：或者执行监事】提交的年度业务报告；

（九）决定重大财产处置、对外投资、对外担保和生产经营活动中的其他重大事项；

（十）对合并、分立、解散、清算等作出决议；

（十一）决定聘用经营管理人员和专业技术人员的数量、资格和任期；

（十二）听取理事会【注：或者理事长】关于成员社变动情况的报告；

（十三）决定公积金的提取及使用；

（十四）决定其他重大事项。

第二十一条　本社每年召开______次成员大会【注：至少于会计年度末召开一次】。成员大会由理事会【注：或者理事长】负责召集，并在成员大会召开之日前十五日向全体成员社通报会议内容。

第二十二条 有下列情形之一的，本社在二十日内召开临时成员大会：

（一）百分之三十以上的成员社提议；

（二）监事会【注：或者执行监事】提议；

（三）理事会提议；

（四）成员社共同议决的其他情形。

理事会【注：或者理事长】不能履行或者在规定期限内没有正当理由不履行职责召集临时成员大会的，监事会【注：或者执行监事】在____日内召集并主持临时成员大会。

第二十三条 本社成员大会选举和表决，实行一社一票，成员社各享有一票表决权。

第二十四条 成员大会须有本社成员社总数的三分之二以上出席方可召开。成员社因故不能参加成员大会，可以书面委托其他成员社代理发言和表决。一个成员社最多只能代理____个成员社表决。

成员大会选举或者做出决议，须经本社成员社表决权总数过半数通过；对修改本社章程，增加或者减少成员出资，合并、分立、解散等重大事项做出决议的，须经成员社表决权总数三分之二以上通过。【注：可以根据实际情况设置更高表决权比例】

第二十五条 本社设理事长一名，为本社的法定代表人。理事长从成员社选派的理事候选人中产生，任期____年，可连选连任。

理事长行使下列职权：

（一）主持成员大会，召集并主持理事会会议；

（二）签署本社成员出资证明；

（三）签署聘任或者解聘本社经理、财务会计人员聘书；

（四）组织实施成员大会和理事会决议，检查决议实施情况；

（五）代表本社签订合同等；

（六）履行成员大会授予的其他职权。

【注：不设理事会的理事长职权参照本条款及理事会职权】

第二十六条　本社设理事会，对成员大会负责，由_____名理事组成【注：理事会成员人数为单数，最少三人】，设副理事长_____名。理事任期_____年，可连选连任。本社理事从成员社选派的理事候选人中产生。

理事会行使下列职权：

（一）组织召开成员大会并报告工作，执行成员大会决议；

（二）制订本社发展规划、年度业务经营计划、内部管理规章制度等，提交成员大会审议；

（三）制定年度财务预决算、盈余分配和亏损弥补等方案，提交成员大会审议；

（四）组织开展成员社培训和各种协作活动；

（五）管理本社的资产和财务，维护本社的财产安全；

（六）接受、答复、处理本社成员社、监事会【注：或者执行监事】提出的有关质询和建议；

（七）接受入社申请，提交成员大会审议；

（八）决定成员退社、奖励、处分等事项；

（九）决定聘任或者解聘本社经理、财务会计人员；

（十）履行成员大会授予的其他职权。

第二十七条　理事会会议的表决，实行一人一票。重大事项集体讨论，并经三分之二以上理事同意，方可形成决定，做成会议记录，出席会议的理事在会议记录上签名。理事个人对某项决议有不同意见时，其意见记入会议记录并签名。理事会会议邀请监事长【注：或者执行监事】、经理和_____名成员社代表列席，列席者无表决权。

第二十八条　本社设执行监事一名，代表全体成员社监督检查理事会【注：或者理事长】和工作人员的工作。执行监事列席理事会会议，并对理事会决议事项提出质询和建议。执行监事从成员社选派的监事候选人中产生。

【注：不设监事会的执行监事职权参照监事会职权】

第二十九条 本社设监事会，由 _____ 名监事组成【注：监事会成员人数为单数，最少三人】，设监事长一名，代表全体成员社监督检查理事会【注：或者理事长】和工作人员的工作。监事长和监事会成员任期 _____ 年，可连选连任。监事长列席理事会会议，并对理事会决议事项提出质询和建议。监事从成员社选派的监事候选人中产生。

监事会行使下列职权：

（一）监督理事会对成员大会决议和本社章程的执行情况；

（二）监督检查本社的生产经营业务情况，负责本社财务审核监察工作；

（三）监督理事会成员【注：或者理事长】和经理履行职责情况；

（四）向成员大会提出年度监察报告；

（五）向理事会【注：或者理事长】提出工作质询和改进工作的建议；

（六）提议召开临时成员大会；

（七）履行成员大会授予的其他职责。

第三十条 监事会会议由监事长召集，会议决议以书面形式通知理事会【注：或者理事长】。理事会【注：或者理事长】在接到通知后 _____ 日内就有关质询作出答复。

第三十一条 监事会会议的表决实行一人一票。监事会会议须有三分之二以上的监事出席方能召开。重大事项的决议须经三分之二以上监事同意方能生效。监事个人对某项决议有不同意见时，其意见记入会议记录并签名。

第三十二条 本社经理由理事会【注：或者理事长】按照成员大会的决定聘任或者解聘，对理事会【注：或者理事长】负责，行使下列职权：

（一）主持本社的生产经营工作，组织实施理事会决议；

（二）组织实施年度生产经营计划和投资方案；

（三）拟订经营管理制度；

（四）聘任其他经营管理人员；

（五）理事会授予的其他职权。

本社理事长或者理事可以兼任经理。

第三十三条　本社现任理事长、理事、经理和财务会计人员不得兼任监事。

第三十四条　本社理事长、理事和管理人员不得有下列行为：

（一）侵占、挪用或者私分本社资产；

（二）违反本章程规定或者未经成员大会同意，将本社资金借贷给他人或者以本社资产为他人提供担保；

（三）接受他人与本社交易的佣金归为己有；

（四）从事损害本社经济利益的其他活动；

（五）兼任业务性质相同的其他农民专业合作社联合社的理事长、理事、监事、经理。

理事长、理事和管理人员违反前款第（一）项至第（四）项规定所得的收入，归本社所有；给本社造成损失的，须承担赔偿责任。

第四章　财务管理

第三十五条　本社实行独立的财务管理和会计核算，严格执行国务院财政部门制定的农民专业合作社财务会计制度。

第三十六条　本社依照有关法律、行政法规和政府有关主管部门的规定，建立健全财务和会计制度，实行财务定期公开制度，每月____日【注：或者每季度第_____月____日】向本社成员社公开会计信息，接受成员社的监督。

本社财务会计人员应当具备从事会计工作所需要的专业能力，会计和出纳互不兼任。理事会【注：或者理事长】、监事会成员【注：或者执行监事】及其直系亲属不得担任本社的财务会计人员。

第三十七条　本社与成员社和非成员的交易实行分别核算。成员社与本社的所有业务交易，实名记载于各该成员社的成员账户中，作为按交易量（额）进行可分配盈余返还分配的依据。利用本社提供服务的非成员与本社的所有业务交易，实行单独记账。

第三十八条 会计年度终了时，由理事会【注：或者理事长】按照本章程规定，组织编制本社年度业务报告、盈余分配方案、亏损处理方案以及财务会计报告，于成员大会召开十五日前，置备于办公地点，供成员社查阅并接受成员社的质询。

第三十九条 本社资金来源包括以下几项：

（一）成员出资；

（二）每个会计年度从盈余中提取的公积金、公益金；

（三）未分配收益；

（四）国家财政补助资金；

（五）他人捐赠款；

（六）其他资金。

第四十条 本社成员社可以用货币出资，也可以用库房、加工设备、运输设备、农机具、农产品等实物，知识产权、土地经营权、林权等可以用货币估价并可以依法转让的非货币财产，以及 _____【注：如还有其他方式，请注明】等方式作价出资，但不得以劳务、信用、自然人姓名、商誉、特许经营权或者设定担保的财产等作价出资。成员社以非货币方式出资的，由全体成员社评估作价或委托第三方机构评估作价、全体成员社一致认可。

以土地经营权作价出资的成员社应当经所在社成员（代表）大会讨论通过。通过租赁方式取得土地经营权或者林权的，对农民专业合作社联合社出资须取得原承包权人的书面同意。

第四十一条 本社成员社认缴的出资额，须在 _____ 个月内缴清。

第四十二条 以非货币方式作价出资的成员社与以货币方式出资的成员社享受同等权利，承担同等义务。

经理事会【注：或者理事长】审核，成员大会表决通过，本社成员社可以向本社其他成员社转让全部或者部分出资。

本社成员社不得【注：或者可以，根据实际情况选择】以其依法可以转让的出资设定担保。

第四十三条　为实现本社及全体成员社的发展目标需要调整成员出资时，经成员大会表决通过，形成决议，每个成员社须按照成员大会决议的方式和金额调整成员出资。

第四十四条　本社从当年盈余中提取百分之_____的公积金，用于扩大生产经营、弥补亏损或者转为成员出资。

本社每年提取的公积金，按照成员社与本社交易量（额）【注：或者出资额，也可以二者相结合】依比例量化为每个成员社所有的份额。

第四十五条　本社从当年盈余中提取百分之_____的公益金，用于成员社的技术培训、合作社知识教育以及文化、福利事业和生活上的互助互济。其中，用于成员社技术培训与合作社知识教育的比例不少于公益金数额的百分之____。

第四十六条　本社接受的国家财政直接补助和他人捐赠，均按国务院财政部门制定的农民专业合作社财务会计制度规定的方法确定的金额入账，作为本社的资金（资产），按照规定用途和捐赠者意愿用于本社的发展。在解散、破产清算时，由国家财政直接补助形成的财产，不得作为可分配剩余资产分配给成员社，处置办法按照国务院财政部门有关规定执行；接受他人的捐赠，与捐赠者另有约定的，按约定办法处置。

第四十七条　当年扣除生产经营和管理服务成本，弥补亏损、提取公积金和公益金后的可分配盈余，主要按成员社与本社的交易量（额）比例返还。

可分配盈余按成员社与本社交易量（额）返还后，如有剩余，剩余部分按照_______________进行分配。【注：可根据实际情况进行规定】经本社成员大会表决通过，可以将本社全部【注：或者部分】可分配盈余转为成员社对本社的出资，并记载在成员账户中。

第四十八条　本社如有亏损，经成员大会表决通过，用公积金弥补，不足部分也可以用以后年度盈余弥补。

本社的债务用本社公积金或者盈余清偿，不足部分依照成员账户中记载的财产份额，按比例分担，但不超过成员账户中记载的出资额和公积金份额。

第四十九条 监事会【注：或者执行监事】负责本社的日常财务审核监督。根据成员大会【注：或者理事会】的决定【注：或者监事会的要求】，本社委托＿＿＿＿＿【注：列明被委托机构的具体名称，该机构应系具有相关资质的社会中介机构】对本社的财务进行年度审计、专项审计和换届、离任审计。

第五章 合并、分立、解散和清算

第五十条 本社与其他农民专业合作社联合社合并，须经成员大会决议，自合并决议作出之日起十日内通知债权人。合并后的债权、债务由合并后存续或者新设的农民专业合作社联合社承继。

第五十一条 本社分立，经成员大会决议，本社的财产作相应分割，并自分立决议作出之日起十日内通知债权人。分立前的债务由分立后的组织承担连带责任。但是，在分立前与债权人就债务清偿达成的书面协议另有约定的除外。

第五十二条 本社因下列原因解散：

（一）因成员社变更导致成员社数量低于法定个数，自事由发生之日起6个月内仍未达到法定个数；

（二）成员大会决议解散；

（三）本社分立或者与其他农民专业合作社联合社合并后需要解散；

（四）因不可抗力致使本社无法继续经营；

（五）依法被吊销营业执照或者被撤销登记；

（六）成员社共同议决的其他情形。

第五十三条 本社因第五十二条第一项、第二项、第四项、第五项、第六项情形解散的，在解散情形发生之日起十五日内，由成员大会推举＿＿＿名成员社所属人员组成清算组接管本社，开始解散清算。逾期未能组成清算组时，成员社、债权人可以向人民法院申请指定成员社所属人员组成的清算组进行清算。

第五十四条　清算组负责处理与清算有关的未了结业务，清理本社的财产和债权、债务，制定清偿方案，分配清偿债务后的剩余财产，代表本社参与诉讼、仲裁或者其他法律程序，并在清算结束后 ____ 日内向成员社公布清算情况，向登记机关办理注销登记。

第五十五条　清算组自成立起十日内通知成员社和债权人，并于六十日内在报纸上公告。

第五十六条　本社财产优先支付清算费用和共益债务后，按下列顺序清偿：

（一）与成员社已发生交易所欠款项；

（二）所欠员工的工资及社会保险费用；

（三）所欠税款；

（四）所欠其他债务；

（五）归还成员出资、公积金；

（六）按清算方案分配剩余财产。

清算方案须经成员大会通过或者申请人民法院确认后实施。本社财产不足以清偿债务时，依法向人民法院申请破产。

第六章　附　则

第五十七条　本社需要向成员社公告的事项，采取 _____ 方式发布，需要向社会公告的事项，采取 ______ 公告方式发布。

第五十八条　本章程由设立大会表决通过，全体设立人盖章（成员社法定代表人签字）后生效。

第五十九条　修改本章程，须经半数以上成员社或者理事会提出，理事会【注：或者理事长】负责修订。

第六十条　本章程如有附录（如成员社出资列表），附录为本章程的组成部分。

全体设立人盖章、签名【注：成员社法定代表人签字】：

第九章　农业和乡村振兴的人才战略

引　言

农业农村人才是强农兴农的根本，人才振兴是乡村振兴中必不可少的重要组成部分，哪里有人才，哪里就有发展的可能。在党的十九大报告提出乡村振兴的国家战略背景下，改变年轻人外流、农村人才短缺这一现状已经刻不容缓。为此，国家就乡村人才建设出台政策，各地也在国家政策的引领下围绕乡村人才培育和人才吸引制定了配套措施，一些新型农业经营主体和乡村也相继开展了新农人培训和年轻人返乡的探索，为乡村人才振兴提供可资借鉴的典型案例。

第一节　乡村振兴与人才支持政策

一、乡村振兴离不开人才

乡村是相对于城市而言，以从事农业生产活动为主，人口分布较为分散的地区，是一个包括经济、文化、生态等丰富内容的系统性区域。乡村地区的发展与国家、社会以及民族的发展密不可分。相比于城市地区，我国乡村地区的发展较为落后，发展不平衡不充分的问题尤为突出，“乡村衰退”之势愈发明显。为此，党的十九大报告明确提出乡村振兴战略。实施乡村振兴战略，是以习近平同志为核心的党中央着眼于党和国家事业全局，深刻把握现代化建设规律和城乡关系变化特征，顺应亿万农民对美好生活的向往，全面建设社会主义现代化国家的重大历史任务。

2018年，《中共中央 国务院关于实施乡村振兴战略的意见》指出，大力推进乡村人才振兴，鼓励和支持各类人才投身现代农业建设。2022年中央农村工作会议提出，人才是最宝贵的资源，是加快建设农业强国的基础性、战略性支撑。党的二十大报告明确提出了中国式现代化是全体人民共同富裕的现代化，要加快建设农业强国，扎实推动乡村产业、人才、文化、生态、组织振兴。人才是推动乡村振兴战略、实现农业现代化和农业强国的重要支撑。近年来，随着科技的进步，农业生产方式也在发生深刻变革，农业现代化正朝着多元化的方向发展，涌现了生态农业、数字农业、智慧农业等多种新形态，对乡村人才队伍的建设提出了更高要求。人才与农业现代化的关系非常紧密，人才是农业现代化不可或缺的重要组成部分，人才的专业知识和技能对于推动农业现代化进程至关重要。

各类新型农业经营主体的蓬勃兴起和不断壮大，有效地助推了土地流转型、服务带动型等多种形式的适度规模经营稳步发展。在农业现代化的过程中，农业企业、村社、规模农户也需要加快转型升级，大多数主体也已基本完成了从家庭劳动力主导到非家庭劳动力主导的转变，这就需要更多人才的支持。第一，需要培育更多掌握现代农业生产技术和具备市场营销、财务管理、法律法规等方面知识的新型职业农民，提高农业生产效率和经营效益。第二，需要孵化更多具备创业意识和创业能力的农村创业带头人，带动更多村民就业和提高收入。第三，需要培养更多高层次和具有创新精神的农业科技人才，推动农业现代化和产业升级。

人才是乡村振兴的基石，乡村振兴的人才缺口不仅表现为“谁来种地”的问题，还包括组织建设、经济发展、生态保护和文化传承等方面的问题。

乡村振兴涉及方方面面，需要多种类型的人才，包括农业技术人才、经营管理人才、社会服务人才、文化传承人才、生态保护人才等。由于农业自身的弱质性，资金缺乏、农村基础设施落后、服务保障跟不上，乡村地区很难吸引和留住人才。一方面，城乡关系失衡，农村优质青年劳动力外流，空心化问题加剧，还有一些村干部老龄化严重、受教育水平较低，不足以支撑和带动乡村的发展。另一方面，乡村地区人才吸引困难，外来人才不愿来、进不来，乡村人才供需结构性失衡。人才不足导致乡村缺乏活力，难以自我造血，发展落后，进而更难吸引人才和留住人才，造成恶性循环，不利于乡村的持续发展。乡村人才的匮乏已成为全面推进乡村振兴需迫切解决的问题。

乡村振兴战略与乡村人才队伍建设之间是一种双向的良性互动关系，乡村振兴需要有足够的人才，人才也需要乡村振兴的机遇与平台。总之，乡村振兴离不开人才，只有加强人才培养和引进工作，建立健全人才激励机制和政策体系，才能推动乡村振兴事业不断向前发展。

二、国家农业农村人才支持战略

2021 年 2 月，中共中央办公厅、国务院办公厅印发的《关于加快推进乡村人才振兴的意见》（以下简称《意见》）指出，到 2025 年，乡村人才振兴制度框架和政策体系基本形成，乡村振兴各领域人才规模不断壮大、素质稳步提升、结构持续优化，各类人才支持服务乡村格局基本形成，乡村人才初步满足实施乡村振兴战略基本需要。《意见》从加快培养 5 类人才、充分发挥各类主体在乡村人才培养中的作用、完善多项政策措施 3 方面进行针对性部署。一是加快培养农业生产经营人才、农村二三产业发展人才、乡村公共服务人才、乡村治理人才、农业农村科技人才等 5 类人才。二是充分发挥高校、职业院校、政府、培训机构、农业企业等各类主体在乡村人才培养中的作用，共同参与乡村人才培养，解决制约乡村人才振兴的问题。三是深化乡村人才培养、引进、管理、使用、流动、激励等制度改革，完善人才服务乡村激励机制。同年12月，农业农村部编制的《“十四五”农业农村人才队伍建设发展规划》指出，到2025年，培育农业产业化国家重点龙头企业家超过2000人，返乡入乡创业人员超过1500万人，其中农村创业带头人100万人，聚焦培育建强3类10支人才队伍，谋划实施9项人才培育重大工程、专项行动和提升计划。

此外，每年的中央一号文件也涉及农业农村人才政策，体现了人才对农业农村发展的重要性，也体现了党和国家对农业农村发展及其人才建设的高度重视。表9–1梳理了2006—2024年中央一号文件中有关农业农村人才的重要内容。总的来说，中央一号文件中涉及的农业农村政策大致分为3个方面。第一个方面关于培育新型职业农民，如2012年中央一号文件第一次提出了要培育新型职业农民；2018年中央一号文件再次提出要大力培育新型职业农民，扶持培养一批农业职业经理人、经纪人、乡村工匠、文化能人、非遗传承人等；2023年中央一号文件提出实施高素质农民培育计划。第二个方面关于促进人才返乡，如2013年中央一号文件提出鼓励返乡创业者回到乡村，培育新型职业农民；2019年中央一号文件提出鼓励外出农民工、高校毕业生、退伍军人、城市各类人才返乡下乡创新创业，支持建立多种形式的创业支撑服务平台，完善乡村创新创业支持服务体系；2020年中央一号文件提出推动人才下乡，培养更多知农爱农、扎根乡村的人才，畅通各类人才下乡渠道，支持大学生、退役军人、企业家等到农村干事创业。第三个方面关于加强农业人才队伍建设，如2018年中央一号文件提出加强农村专业人才队伍建设；2022年中央一号文件再次提出加强乡村振兴人才队伍建设，发现和培养使用农业领域战略科学家，启动“神农英才”计划，加快培养科技领军人才、青年科技人才和高水平创新团队。

表9–1　中央一号文件中有关农业农村人才的政策

农业农村人才的相关内容	出处
加快发展农村社会事业，培养推进社会主义新农村建设的新型农民	2006年中央一号文件
培养新型农民，造就建设现代农业的人才队伍	2007年中央一号文件
大力培养农村实用人才，注重从农村知识青年、退伍军人、外出务工返乡农民、农村致富带头人中培养选拔村级组织骨干力量	2008年中央一号文件

续表

农业农村人才的相关内容	出处
提高村党组织带头人队伍素质，注重从转业退伍军人、务工回乡青年、致富能手等党员中选拔村党组织书记	2010 年中央一号文件
大力引进、培养、选拔各类管理人才、专业技术人才、高技能人才，完善人才评价、流动、激励机制	2011 年中央一号文件
首次提出大力培育新型职业农民，全面造就新型农业农村人才队伍	2012 年中央一号文件
培育新型农民和农村实用人才，着力加强农业职业教育和职业培训	2013 年中央一号文件
加强农村基层党组织带头人队伍和党员队伍建设，提升村干部“一定三有”保障水平	2014 年中央一号文件
引导有志投身现代农业建设的农村青年、返乡农民工、农技推广人员、农村大中专毕业生和退役军人等加入职业农民队伍	2016 年中央一号文件
深入推进现代青年农场主、林场主培养计划和新型农业经营主体带头人轮训计划，探索培育农业职业经理人，鼓励高等学校、职业院校培养一批专业人才，扶持一批乡村工匠	2017 年中央一号文件
大力培育新型职业农民，加强农村专业人才队伍建设，扶持培养一批农业职业经理人、经纪人、乡村工匠、文化能人、非遗传承人等。发挥科技人才支撑作用，以乡情乡愁为纽带，吸引支持企业家、党政干部、专家学者、医生、教师、规划师、建筑师、律师、技能人才等，通过下乡服务乡村振兴事业。实施乡村振兴“巾帼行动”	2018 年中央一号文件
培养懂农业、爱农村、爱农民的“三农”工作队伍；把乡村人才纳入各级人才培养计划予以重点支持	2019 年中央一号文件
培养更多知农爱农、扎根乡村的人才，畅通各类人才下乡渠道，支持大学生、退役军人、企业家等到农村干事创业	2020 年中央一号文件
发现和培养使用农业领域战略科学家。启动“神农英才”计划，加快培养科技领军人才、青年科技人才和高水平创新团队	2022 年中央一号文件
实施乡村振兴人才支持计划，组织引导教育、卫生、科技、文化、社会工作、精神文明建设等领域人才到基层一线服务，支持培养本土急需紧缺人才。实施高素质农民培育计划，开展农村创业带头人培育行动	2023 年中央一号文件
实施乡村振兴人才支持计划，强化农业科技人才和农村高技能人才培养使用，加快培养农林水利类紧缺专业人才，提高农民教育培训实效，推广科技小院模式，鼓励科研院所、高校专家服务农业农村	2024 年中央一号文件

资料来源：根据公开的政策文件梳理。

三、省市级乡村振兴人才支持措施

面对现阶段农村人才现状，通过各种途径破解乡村人才瓶颈制约是乡村振兴战略实施面临的首要问题。为此，各省市积极响应国家农业农村人才战略规划，围绕乡村人才培育和引进出台一系列项目措施，具体包括高素质农民培育项目、乡村产业振兴“头雁”项目、农业职业经理人项目和基层干部队伍建设项目等。

（一）培育高素质农民

2014 年，在中央财政 11 亿元资金支持下，农业部启动实施新型职业农民培育工程，旨在解决“谁来种地、如何种好地”的问题。2020 年，为全面提升农民素质素养、推动乡村振兴，启动实施国家高素质农民培育计划，投入 23 亿元资金支持各地培育高素质农民，自此实现了由新型职业农民培训到高素质农民培育的转型。2023 年 5 月，农业农村部办公厅发布《农业农村部办公厅关于做好 2023 年高素质农民培育工作的通知》，围绕重点任务、专项行动、工作要求对各省做好 2023 年高素质农民培育工作作出部署。截至 2024 年 8 月，我国累计培育高素质农民 900 多万人次。

近年来，各地政府按照党中央、国务院的决策部署，依据自身的发展优势和发展定位，推出了不同的高素质农民培训项目，也取得了一定的成效。部分省市高素质农民培育项目具体的培训对象及内容汇总如表 9–2 所示。

表 9–2　部分省市高素质农民培育项目

地区	培训对象	培训内容
河北省	重点面向种养大户、家庭农场经营者、农民合作社带头人等群体	省农业广播电视学校归纳总结出搭建合作平台共推农民教育培训模式；围场满族蒙古族自治县发挥“四大课堂”作用，实行分段式、重实训、参与式培训，形成了组织高效、务实管用、农民欢迎的“五强化”农民教育培训模式；平泉市以特色产业村、示范园区、示范合作社、农业企业为载体，围绕脱贫攻坚战略，开发出产业育人、人才兴业、助力脱贫教育扶贫模式

续表

地区	培训对象	培训内容
云南省	重点面向家庭农场主、农民合作社带头人、社会化服务专业人员、返乡创业创新人员、农村集体经济组织负责人等	依托全省农广校体系和涉农院校教育资源，重点组织开展了10项培训专项活动。在培训内容上，为保障粮食和农产品稳定安全供应，结合不同县域的优势特色产业，组织了粮油作物大面积单产提升、豇豆质量安全控制、专业农机手培训活动等。为进一步提升农民素质素养，组织了重点区域乡村产业带头人培育、“青年先锋”培育、“巾帼建功”培育以及农民素质素养提升培训活动，从而培养高素质青年农民和高素质女农民，促进农民增收
贵阳市	针对家庭农场主、农业经理人、合作社负责人等群体	开办返乡入乡创新创业培训班、农业经营管理及乡村建设培训班、家庭农场主专题培训班和农业经理人专题培训班，培训内容涵盖惠农政策解读、农事安全知识、农产品营销、新媒体推广以及果蔬类、食用菌类、养殖类等专业技术知识
吉林省	重点面向家庭农场经营者、农民合作社带头人、种养大户、乡村治理人才等	聚焦玉米和大豆产业发展及单产提升、机械化生产水平提升、农民素质素养提升、黑土地保护等重点领域，组织开展五大专项培训行动。精准认定培训机构，优化教学资源配置，充分利用省级实训基地开展实践教学，依托现代农业产业技术体系、农技推广体系等专业队伍，为技术技能提升类培育对象提供长期技术指导服务，帮助产业发展带头人获取基础设施建设、产业项目、信贷保险等方面支持
河南省	重点面向家庭农场主、农民合作社带头人和种养大户等	培训以提高生产技术技能、提升产业发展能力以及提升农民素质素养为重要方向，聚焦重点领域组织开展了七项专项行动。一是大豆单产提升培训行动；二是玉米单产提升培训行动；三是油料产业发展培训行动；四是专业农机手培训行动；五是豇豆质量安全控制培训行动；六是重点区域产业带头人培训行动；七是农民素质素养提升培训行动

资料来源：根据河北省、云南省、贵阳市、吉林省、河南省公开的政策文件梳理。

（二）培育乡村产业振兴“头雁”

2022年4月2日，农业农村部、财政部联合印发《乡村产业振兴带头人培育“头雁”项目实施方案》，提出每年为每个县培育10名左右“头雁”，用5年时间培育一支10万人规模的乡村产业振兴带头人“头雁”队伍，带动全国500万新型农业经营主体形成“雁阵”。项目首年度就培育了1.78万名“头雁”，这些“头雁”不仅在当地农业农村产业中具有一定规模优势和影响力，而且在服务创业、带农就业、推动乡村经济社会发展等方面发挥示范带动作用。近年来，为贯彻落实《乡村产业振兴带头人培育“头雁”项目实施方案》

的要求，各省份推出了不同的乡村产业振兴带头人培育“头雁”项目实施方案，取得了一定成效。学员们通过培育学习不仅能弥补自身短板，提升经营管理、市场营销、专业技术等方面的能力，还能把学到的新理念新方法与当地农户分享，推动资源共用共享，有利于建立稳定的合作发展关系和紧密的利益联结机制，实现“头雁”领航、“群雁”齐飞的“雁阵”效应，推进乡村产业振兴。部分省份乡村产业振兴带头人培育“头雁”项目具体内容汇总如表 9–3 所示。

表 9–3　部分省份乡村产业振兴带头人培育“头雁”项目

地区	承办主体	培育对象	培育内容和方式
河北省	浙江大学	该项目一共 13 期，计划培育 1000 名“头雁”，参加的学员主要是家庭农场、合作社等乡村产业发展的带头人	此次培育实行小班教学，坚持理论与实践相结合，开设的课题主题涵盖经营理念、管理知识、产业发展和农业政策等多个方面。综合使用集中授课和分散实训、线上学习与线下面授、现场体验与交流互访、案例分析与创业孵化的方法对学员进行培育，增强学员体验感，除此之外，在培育结束后会由专门的专家、教授组成的导师团对学员进行走访，向他们了解情况并进行指导
四川省	中国农业大学和四川农业大学	该项目计划每年培育 1000 名“头雁”，他们主要是经过严格遴选的有基础、有潜力并且有意愿的地方主导产业带头人	坚持理论结合实践，师资队伍中包含了涉农领域的专家、学者和企业家，并根据学员的实际问题和切身需求，合理安排课程体系，在培育方式上，采用一个月集中授课、一学期线上学习、一系列考察互访、一名导师帮扶指导的“4 个一”培育模式，培育对象还将获得资金投入、产业扶持、激励保障、跟踪服务等方面的综合支持
湖北省	华中农业大学、中国农业大学、上海交通大学	“创青春”湖北青年创新创业大赛（乡村振兴专项）、全国乡村振兴青年先锋评选活动、“百县万名四特”农村青年致富带头人培训活动，共同培育农村青年致富带头人 3600 余名	培育采取累计一个月集中授课、一学期线上学习、一系列考察互访、一名导师帮扶指导的“4 个一”模式，对带头人开展为期 1 年的定制化、体验式、孵化型培育

续表

地区	承办主体	培育对象	培育内容和方式
吉林省	吉林大学、吉林农业大学、吉林农业科技学院	省农业农村厅在全省遴选出400名发展势头好、带动能力强、培养价值高的优质农民学员	积极为“头雁”提供配套政策支持和跟踪服务，严格挑选具备条件的优质高校，精心完善课程设置，利用全国统一共建共享的“头雁”学员学习平台实现线上学习，将“头雁”项目打造成农民的MBA
山西省	中国农业大学、西北农林科技大学、山西农业大学	每年培育600名左右乡村产业振兴带头人，由公开遴选的1~3所培育机构承担培育任务	中国农业大学组织开展了“头雁”产业策划大赛、“头雁”产品推介会、中农“头雁”MBA课堂，着力提升“头雁”产业策划能力、产品营销技巧和经营管理水平。西北农林科技大学为学员建立了“头雁”发展联盟、“头雁”专家工作站，深化技术指导、产品推介和成果转化服务，扩大示范引领效应；山西农业大学在深圳市、浙江绍兴市设立了“头雁”实践基地，进一步开拓“头雁”思维，提升创新能力

资料来源：根据河北省、四川省、湖北省、吉林省、山西省公开的政策文件梳理。

（三）引进培育农业职业经理人

农业职业经理人是新型农民中生产经营型人才的典型代表，他们在现代农业经营主体中扮演着决策和组织实施农业生产经营项目的重要角色。近年来，国家对农业职业经理人的培养高度重视。农业农村部颁布的《农业职业经理人培训规范》对农业职业经理人培训工作进一步规范管理。农业职业经理人在乡村社会中发挥“引路人”的作用，推动乡村资源的合理开发和有效使用，为乡村振兴注入新的活力。尽管农业职业经理人在推动乡村振兴中起到了重要作用，但目前他们的数量、职业素养和经营管理水平等方面还不能满足乡村发展的需求。因此，需要通过强化制度设计，来进一步完善农业职业经理人的引进和培育机制，各省市也积极展开了农业职业经理人机制的探索。部分省市农业职业经理人培育及招聘项目的具体内容汇总如表9-4所示。

表 9–4　部分省市农业职业经理人项目

地区	主体对象	内容和方式
保定市	计划招收 1000 人，主要面向全国的高校涉农专业毕业生（含应届毕业生及两年择业期内未就业的大学毕业生），岗位涉及食品加工类、园艺类和养殖类	采取导师帮带的模式，邀请高校农业领域专家教授、农业科技特派员、市县农业农村局业务骨干、农业企业优秀经营管理人员等对本地大学生农业职业经理人进行帮带培养。 招聘按照网上报名、资格审核、面试、体检、公示、培训及上岗的程序进行。采取全程网办的报名方式，每人限报 1 个岗位，不设置笔试环节，面试内容包括专业素养、综合分析、语言表达能力以及心理素质等方面。农业职业经理人经过岗前培训后才能正式上岗，统一与市农发集团签订劳动合同，聘用期一般为 3 年（试用期 2 个月）。 在工资待遇上，公告中明确农业职业经理人除了享有本科生每月 5000 元、研究生每月 6000 元（含五险一金等）的生活补贴外，还可以通过与农业企业、村集体合作，获得新增收益。除此之外，大学生农业职业经理人可享受落户、购房、租房和交通补贴。同时，在事业单位招聘、职称评定、子女入学、党员服务等方面也有相应的具体政策支持
成都市	面向从事或有意愿从事农业生产经营和社会化服务的人员，由市、县分层组织培训	培育采用理论知识与实践操作学习相结合、集中与灵活分散培训相配套、系统培训与分段培训相协调的培训方式，并根据实际分配好线上线下课程时间，合理安排课程体系。参与培育的师资队伍包括涉农行业专家、教授以及具备丰富实践经验的“土专家”“田秀才”，实训基地一般选择农业科技示范基地（园区）和创新创业孵化基地等
广东省	计划招收 100 名学员，重点面向有乡村振兴工作经验的人员	开设了包括农业政策、经营管理、产业策划在内的多门特色课程。此计划分阶段实行，并根据学员特点各自安排 1 位老师。第一阶段进行理论授课，采取线下和线上授课相结合的方式；第二阶段是实训培训，通过到基地考察、驻村实训，增强培育效果，提高学员实践能力；第三阶段是互访学习，以增强学员体验感；第四阶段是后续跟踪指导，巩固培育成果
吉林省	重点培育 100 名具有现代农业发展新理念、熟悉现代生态农业产业化经营新模式的农业职业经理人，为全省现代农业发展提供人才支撑	培训班邀请农业农村部、湖北省、山东省以及吉林农业大学的院士、知名专家教授进行授课，理论培训的内容涵盖了农业职业经理人基础、涉农企业人才资源与财务管理、农产品市场、商务谈判与公共关系、现代农业企业管理、涉农经济组织的相关法律、涉农企业生产运营管理、涉农企业目标管理与战略发展、农业行业现状及趋势以及农业标准化与农产品质量安全等 10 多门课程。在 20 天中，结合结构化研讨、现场教学以及企业管理“沙盘演练”等培训方式，全方位、多形式地开展培训工作
河南省	培训对象为新型农业经营主体中的带头人、各类企业中的骨干人员、返乡创业农民工、优秀大学生村干部、回乡创业的大中专毕业生等	河南省依托河南牧业经济学院、河南科技学院、许昌学院、河南农业职业学院组成农业职业经理人培育联盟，共同组织实施培育工作，实施“农业职业经理人 + 培训机构 + 实训基地 + 专家跟踪服务”菜单式服务模式，使其成为发展现代农业的领头雁

资料来源：根据保定市、成都市、广东省、吉林省、河南省公开的政策文件梳理。

（四）加强基层干部队伍建设

基层干部也是实施乡村振兴战略的排头兵，他们的政治素质、信仰信念、工作本领直接影响乡村振兴战略的实施。2009 年 4 月，中共中央组织部印发了《关于加强村党支部书记队伍建设的意见》；2014 年 9 月，中共中央办公厅印发了《关于加强乡镇干部队伍建设的若干意见》。党的十八大以来，以习近平同志为核心的党中央高度重视基层干部队伍建设，各地政府也采取了一系列具体举措，取得了一定的成效。部分省市加强基层干部队伍建设项目的具体内容汇总如表 9-5 所示。

表 9-5　部分省市加强基层干部队伍建设项目

地区	项目名称	主体对象	内容和方式
河北省	干部“万人示范培训”工程	以村（社区）为重点的基层党组织书记	设置“4+X”培训内容体系，围绕党的创新理论、乡村振兴战略、基层治理能力和组织体系建设等，设定了若干具有河北特色的培训内容。在系列专题示范班上，以我为中国式现代化河北场景作贡献、抓党建促乡村振兴、以党建引领城市基层治理、基层党建业务能力提升等为系列专题，设置 14 个专题示范班
云南省	村干部素质学历“双提升”行动	村级干部、村级后备干部、农村致富带头人、农民专业合作社负责人等；经县级组织部门审核，招生对象也可适当扩大到符合年龄、学历条件的村（居）民小组长、村（社区）党员、致富带头人、实用技术人才和经营管理人才	课程设置围绕云南省“3815”战略发展目标，聚焦全省 15 个重点产业发展和基层治理，云南开放大学开设了云菜、云花、云果、云咖、云菌、云药等高原特色农业课程。实践教学基地选取农业龙头企业、科研院所、农民田间学校、电商直播基地、乡镇（街道）党校的现场教学基地等
四川省	新时代基层干部主题培训行动计划	县（市、区）直属部门机关干部、乡镇（街道）干部、村（社区）干部、帮扶干部、县域国有企业事业单位领导人员、乡村集体经济组织党组织负责人、非公有制经济组织和社会组织党组织负责人等 7 类人员为重点对象	培训内容上，着眼把握新发展阶段、贯彻新发展理念、融入新发展格局、推动高质量发展，统筹考虑四川省实际情况，重点实施党建引领乡村振兴、党建引领城市基层治理、党建引领民族地区发展三大主题培训计划

续表

地区	项目名称	主体对象	内容和方式
吉林省	“抓党建促乡村振兴”专题培训班	乡镇干部、村“两委”干部、驻村干部和市县党委组织部门相关人员	通过“网络培训＋现场会”的形式，以抓党建促乡村振兴为主线，紧扣发展壮大村级集体经济和党建引领乡村治理两项重要任务，为学员们提供理论支撑和实践指导，并对相关政策进行解读，为乡村干部指明工作方向，提出具体要求
济源市	“青苗培育”工程	基层年轻干部	建立“双导师帮带制”，为每名年轻干部配备1名政治导师、1名业务导师，开展“干部回家·部长谈心”，组织部部务会成员与年轻干部深入开展谈心谈话160余人次；围绕优化营商环境，聚焦解决“中梗阻”问题，建立政企干部双向挂职制度；建立年轻干部成长档案，全面收录学习培训、锻炼培养、工作实绩等成长轨迹的鲜活材料，一人一策提出培养方向和具体措施

资料来源：根据河北省、云南省、四川省、吉林省、济源市公开的政策文件梳理。

第二节　新型农业经营主体人才建设措施

一、新型农业经营主体人才支持方案

新型农业经营主体是推动农业现代化进程和乡村振兴战略的重要力量，新型农业经营主体人才对于提高农业生产效率、增加农民收入以及推动农业可持续发展等都起到了至关重要的作用。新型农业经营主体主要包括合作社、家庭农场、专业大户、涉农企业和农业劳务服务机构5类，农业人才主要包括农业科研人才、农业技术推广人才、农业生产型人才、农业经营型人才、农业技能型人才、农村实用型人才等6类。为支持和鼓励新型农业经营主体人才的发展，各地也相继出台了关于新型农业经营主体人才支持的实施方案。

（一）家庭农场相关人才支持方案

家庭农场作为一种新型的农业经营模式，对于乡村振兴具有重要的作用。为此，各地也在积极探索各种办法引导和激励各类人才支持家庭农场建设。2021年，天津市出台了《天津市引导各类人才创办家庭农场的工作方案》；2021年，上海市松江区出台了《松江区关于鼓励家庭农场参加城镇职工社会保险给予参保补贴的操作办法》。2022年，成都市出台了《成都市支持优秀人才返乡入乡创办领办农民专业合作社和家庭农场实施方案》；2022年，江苏省探索性地提出了推进家庭农场主养老保险补贴政策。部分市、区关于家庭农场人才支持的具体方案内容如表9-6所示。通过梳理各地家庭农场人才支持具体实施方案发现，天津、成都等新一线城市主要是对家庭农场的创业者进行支持，想要孵化更多家庭农场主，但两者的方式也不同，天津主要以税收优惠政策为主，成都以补贴奖励为主。上海、江苏等长江三角洲地区已经开始探索社会保险和养老保险补贴，创新了补贴方式，解决了家庭农场主及其成员的“后顾之忧”。

表9-6　部分市、区家庭农场人才支持具体实施方案

地区	方案名称	支持对象	支持政策
天津市	《天津市引导各类人才创办家庭农场的工作方案》	乡村本土能人；有返乡创业意愿和回报家乡愿望的外出农民工；优秀农村生源大中专毕业生；具有本市户籍，取得大专及以上学历证书，符合《天津市关于促进新时代退役军人就业创业工作的实施办法》要求的退役军人；取得中级及以上专业技术职称的科技人员。涉农领域优先支持	1. 税收优惠政策。各类人才创办的家庭农场从事生产经营活动，按照规定享受相应的农业和小微企业减免税收政策。自主就业退役士兵从事个体经营家庭农场的，自办理个体工商户登记当月起，在3年（36个月）内按每户每年14400元为限额依次扣减当年实际应缴纳的增值税、城市维护建设税、教育费附加、地方教育附加和个人所得税 2. 项目扶持政策。市、区有关部门应将各类人才创办的家庭农场纳入涉农项目承担主体范围 3. 金融支持政策。支持农担公司和银行等金融机构为其提供担保和贷款服务。支持各类人才创办的家庭农场参加政策性农业保险 4. 培训支持政策。家庭农场经营者每3年至少轮训1次。优先支持各类人才参加高素质农民培训 5. 创业支持政策。对于符合条件的各类人才成功创办家庭农场的，可以享受政策支持

续表

地区	方案名称	支持对象	支持政策
松江区	《松江区关于鼓励家庭农场参加城镇职工社会保险给予参保补贴的操作办法》	具有本区户籍的且与村集体经济组织或镇集体经济组织签订土地经营权流转合同且纳入家庭农场名录库管理的家庭农场的经营者、全职参与该家庭农场生产经营活动，且在外无其他全职或长期性兼职工作的第二名、第三名家庭农场经营成员	1. 对自愿申请参保且正常缴费的家庭农场经营者及第二名家庭农场经营成员给予参保补贴。第三名家庭农场经营成员可参照家庭农场经营者参保缴费，但不享受参保补贴。若缴费期间家庭农场退出经营，则从退出次月起，家庭农场经营者、第二名家庭农场经营成员缴费金额不纳入参保补贴享受范围 2. 家庭农场经营者及第二名家庭农场经营成员按照月基本缴费基数（缴费年度本市社保缴费基数的下限）计算，按参加本市城镇职工基本养老、医疗保险所缴纳金额的 60% 进行补贴
成都市	《成都市支持优秀人才返乡入乡创办领办农民专业合作社和家庭农场实施方案》	成都市行政区域内返乡入乡创办家庭农场，担任家庭农场主，取得一定工作成效并得到一定范围社会认可的高校毕业生、退役军人和农民工人才	对经过相关程序评选，获得返乡入乡创办家庭农场优秀人才荣誉的高校毕业生、退役军人、农民工给予每人 3 万元资助，主要用于规范化建设、学习培训、基础设施改善、生产技术研发改良、产品质量认证和市场推广、先进农机应用等。各区（市）县可结合实际给予适当政策支持
常熟市	《常熟市家庭农场养老保险补助办法》	按照“一户一人”，对家庭农场主或参与农场经营管理的家庭成员缴纳的养老保险予以补助；补助对象要以家庭农场为主要职业，具有相当于初中及以上学历或相应的农业生产技能；补助对象所在的家庭农场要求已被纳入全国家庭农场名录系统，依法登记注册；种植粮食作物的土地面积在 300 亩及以上，且连续经营 3 年及以上；土地经营权须通过合法途径取得，并签订土地经营权流转合同；无欠缴纳土地租金	以灵活就业人员身份参加企业职工基本养老保险的，给予的补贴标准按补贴期间江苏省适用的灵活就业人员最低缴费档次缴纳的养老保险费个人部分的 60% 确定；补贴实行先缴后补、按年发放，按照补贴期间家庭农场土地经营权流转合同的有效月数或补贴对象养老保险缴纳的月数（取两者中的低值）计算，不满 1 个月的按照 1 个月计算；鼓励缴纳城乡居民基本养老保险的人员，改为缴纳企业职工养老保险。自本办法实施起，对首次以灵活就业人员方式参加企业职工养老保险的，额外给予 2000 元 / 人的一次性奖励；对符合条件、自愿按一定标准参保且按时足额缴费的家庭农场主或成员，经市农业农村局审核确定后，根据其参保缴费情况，予以补助，补助采用先缴后补、差额补助的方式；对符合条件的家庭农场主或成员在按照上述标准进行补助测算的基础上，扣减已享受的其他养老保险补助金额后的差额部分进行补助，若其他养老保险补助金额合计已超本办法测算金额，则不再进行补助

资料来源：根据天津市、成都市、松江区、常熟市公开的政策文件梳理。

（二）合作社相关人才支持方案

各地也在积极探索引导和激励各类人才支持合作社建设。2022 年，成都市出台了《成都市支持优秀人才返乡入乡创办领办农民专业合作社和家庭农场实施方案》；2022 年，杭州市余杭区出台了《余杭区农业领域人才类补助发放实施细则》；2022 年，吉林省扶余市发布《扶余市公开招聘村党支部领办合作社专项人才公告》。部分市、区关于合作社人才支持的具体方案内容如表 9–7 所示。通过梳理各地合作社相关的人才支持具体实施方案发现，主要分为两类：第一类是对农民专业合作社人才的支持，如天津、杭州等地主要是对农民专业合作社的领办者进行支持，想要培育更多的合作社理事长；第二类是对村党组织领办合作社（村集体股份经济合作社和农民专业合作社）人才的支持，如吉林省扶余市发布村党支部领办合作社专项人才招聘公告，目的是吸引更多的大学生参与到合作社建设中来。

表 9–7　部分市、区合作社人才支持具体实施方案

地区	方案名称	支持对象	支持政策
成都市	《成都市支持优秀人才返乡入乡创办领办农民专业合作社和家庭农场实施方案》	成都市行政区域内领办农民合作社，取得一定工作成效并得到一定范围社会认可的高校毕业生、退役军人和农民工人才	对经过相关程序评选，获得返乡入乡创办家庭农场优秀人才荣誉的高校毕业生、退役军人、农民工给予每人 3 万元资助，主要用于规范化建设、学习培训、基础设施改善、生产技术研发改良、产品质量认证和市场推广、先进农机应用等。各区（市）县可结合实际给予适当政策支持
余杭区	《余杭区农业领域人才类补助发放实施细则》	全日制普通高校专科及以上学历、年龄 35 周岁以下、在余杭区直接从事农业生产经营工作，且符合以下条件之一的给予补助：在区级及以上示范性农民专业合作社工作，签订 1 年以上劳动合同并缴纳社会保险，年基本报酬不少于 2 万元；牵头兴办农民专业合作社并担任理事长，合作社被认定为区级（含）以上示范性农民专业合作社	每人每年补助 10000 元，连续补助 3 年（首次申请补助时，年龄在 35 周岁以下）。同一大学毕业生不得重复享受补助

续表

地区	方案名称	支持对象	支持政策
扶余市	《扶余市公开招聘村党支部领办合作社专项人才公告》	招聘范围为具有扶余市户籍的大专及以上学历毕业生，年龄不超过30周岁	公示无异议的考生与扶余市委组织部签订为期两年的服务协议，保证所任职的村党支部领办合作社前两年内每年为村集体创收利润达到100万元以上，两年为村集体创收利润总额达到200万元以上，两年服务期满，采取一对一组织考察方式进行定向招聘，经组织考察合格人员，编制落在扶余市乡村产业发展服务中心。前两年个人待遇参照全市新招录事业编制人员，由所任职的村党支部领办合作社负责

资料来源：根据成都市、余杭区、扶余市公开的政策文件梳理。

（三）现代农业企业相关人才补贴方案

各地也在积极探索各种办法帮助现代农业企业引进人才。2022年，杭州市余杭区出台的《余杭区农业领域人才类补助发放实施细则》中提到对现代农业企业从业者的津贴补助；2020年，重庆市铜梁区发布的《铜梁区农业科技人才和经营管理人才激励政策》中提到要加强对农业产业化龙头企业的高级、中级人才以及农创客等给予经济补贴；2020年，宁波市慈溪市和温州市分别发布了《慈溪市现代农业开发区企业引进涉农人才奖励补助实施细则（试行）》和《温州市就业创业补贴政策申报指南》，对农业企业从业者进行补贴；2022年，肇庆市封开县发布《封开县新农人助力乡村振兴人才计划》，对引进人才的农业企业进行补贴，部分市、县、区关于现代农业企业人才支持的具体方案如表9-8所示。通过梳理发现，现代农业企业人才支持政策以政府的财政补贴为主，主要面向现代农业企业的从业者和现代农业企业新引进的人才。

表 9–8　部分市、县、区现代农业企业人才支持具体实施方案

地区	政策文件	支持对象	政策内容
余杭区	《余杭区农业领域人才类补助发放实施细则》	2021 年 1 月 1 日之后到余杭区农业经营主体首次就业或自主创业，其中全日制本科及以上学历人员年龄在 35 周岁及以下，农民高级技师、高级技工、中高级专业技术职称人员年龄在 50 周岁及以下；在余杭区农业经营主体连续缴纳社保并全职工作；技术人员职称、技工证书与农业领域相关且与工作岗位相匹配	从业津贴分 3 次领取，在余杭区上述农业经营主体连续工作且缴纳 12 个月及以上社保可申请首笔津贴，之后连续工作且缴纳 12 个月及以上社保可申请后一笔津贴，具体如下：全日制本科及以上学历毕业生从业津贴总额每人 3 万元，首次 0.5 万元，第二次 1 万元，第三次 1.5 万元；农民高级技师从业津贴总额每人 5 万元，首次 1 万元，第二次 1.5 万元，第三次 2.5 万元；高级技工（一级）、中级专业技术职称人员从业津贴总额每人 7 万元，首次 1.5 万元，第二次 2 万元，第三次 3.5 万元；高级专业技术职称人员从业津贴总额每人 9 万元，首次 2 万元，第二次 3 万元，第三次 4 万元；正高职称人员从业津贴总额 12 万元，首次 3 万元，第二次 4 万元，第三次 5 万元；以上人员在余杭西部五镇（瓶窑、径山、黄湖、鸬鸟、百丈）就业创业的，再追加连续 3 次、每次 1 万元的交通补助
铜梁区	《铜梁区农业科技人才和经营管理人才激励政策》	高层次农业科技人才和经营管理人才；来铜梁创办农业经营主体，或在农业产业化龙头企业就业的农学类本科毕业生及中级专业技术职称人员；农创客等	加强农业科技人才和经营管理人才创业资金扶持，依申请审核发放最高 500 万元农业担保贷款；来铜梁创办农业经营主体，或在农业产业化龙头企业就业的农学类本科毕业生及中级专业技术职称人员，给予连续 3 年、每年 1 万元农业从业补贴；扶持农村电商发展，定期开展技能培训，支持人才、企业运用互联网 +、区块链等先进技术、理念发展现代农业，对通过认定的农创客创新创业基地给予最高 20 万元奖励；鼓励区内各类农业经营主体创新创业，对获得全国、市级乡村振兴创业创新大赛等级奖项的人才予以奖励，获全国一、二、三等奖分别按 5 万元、4 万元、3 万元给予一次性补助，获市级一、二、三等奖分别按 3 万元、2 万元、1 万元给予一次性补助
慈溪市	《慈溪市现代农业开发区企业引进涉农人才奖励补助实施细则（试行）》	本科及以上学历，年龄不超过 45 周岁，在开发区从事农业种植技术、管理工作。除首名人员专业不限外，每家企业从第二名申报人员开始计算，农学类专业人员数量要求占总人数的 50%（含）以上	园区企业可申报人数根据种植规模和产值确定，最多不超过 5 人，每年个人综合考评合格后根据成绩可补助 1 万 ~3 万元，最多可享受 3 次补助

续表

地区	政策文件	支持对象	政策内容
温州市	《温州市就业创业补贴政策申报指南》	到农业企业就业，并缴纳企业基本养老保险 1 年以上的毕业 5 年以内的高校毕业生	给予个人每年 1 万元的就业补贴，补贴期限不超过 3 年
封开县	《封开县新农人助力乡村振兴人才计划》	农业（涉农）企业引进农业技术人员（农学领域中级以上职称或全日制大学本科以上农学专业）	封开县农业技术人才引进奖设专业技术引进奖、领军人才引进奖 2 项，旨在通过以奖代补的方式，鼓励辖区内农业（涉农）企业引进农业技术人员（农学领域中级以上职称或全日制大学本科以上农学专业）以及鼓励辖区内农业龙头企业、高新企业进一步加强与省内涉农高校的产学研合作，有针对性地引进农业领军人才（农学领域副高级以上或全日制硕士研究生农学专业）；每引进 1 名农学专业技术人员补助 1 万元；每引进 1 名农业领军人才（引进人才科研团队的，团队带头人为领军人才）补助 5 万元

资料来源：根据余杭区、铜梁区、慈溪市、温州市、封开县公开的政策文件梳理。

二、新型农业经营主体如何吸引并留住人才

（一）创新机制引人才

1. 落实人才支持政策

首先，健全人才评价体系。基于新型农业经营主体的实际需求，结合人才的专业背景、工作经验、技能水平等，制定评价标准，并对相关人才进行分类评级。因地制宜，设立不同的新型农业经营主体人才扶持政策级别和类别，有效地满足不同新型农业经营主体人才的需求。其次，完善创业支持方案。新型农业经营主体的带头人在其发展过程中扮演着至关重要的角色，部分省市已经出台相关政策来支持创业。如 2022 年，成都市出台了《成都市支持优秀人才返乡入乡创办领办农民专业合作社和家庭农场实施方案》，对成都市行政区域内返乡入乡创办家庭农场或领办合作社，担任家庭农场主或合作社理事长，取得一定工作成效并得到一定范围社会认

可的高校毕业生、退役军人和农民工人才给予每人 3 万元资助。该政策对新型农业经营主体人才建设具有重要意义，值得各地借鉴和推广。再次，加强政策措施宣传。政府可采取发表政策解读文章、举办政策宣讲会、制作政策宣传册等方式加强政策宣传。新型农业经营主体人才应积极了解政策，依托政策积极申请补贴，以确保自己能够最大程度享受到政策优惠。最后，加强政策监督力度。一方面，要设计科学合理的申报程序，简化审批流程，层级评选，公开透明，保障初创新型农业经营主体的合法权益；另一方面，地方政府需统筹相关部门，发挥协调机制，成立监督部门。监管部门应该对各类农业经营主体进行日常性的检查，确保新型农业经营主体的创业者真正享受到国家的好政策。

2. 健全就业保障机制

首先，探索社会保障机制。例如，上海、江苏等地已经开始探索社会保险和养老保险补贴，鼓励家庭农场参加城镇职工社会保险和养老保险，并给予参保补贴，帮助解决家庭农场主及其成员的后顾之忧，值得其他地区参考和借鉴。其次，补充就业保障细则。关于新型农业经营主体创业者的补贴政策较多，但是关于从业者的补贴政策较少，所以要鼓励各地出台更多的保障政策。一方面，各地政府需要补充新型农业经营主体从业者的补贴政策，如提供交通补贴、住房补贴、养老保险补贴以及子女教育补贴等，满足新型农业主体人才的需求。另一方面，新型农业经营主体带头人要发挥组织带动作用，积极帮助从业者缴纳社会保险、医疗保险等，减轻从业者的负担，使他们更愿意留在这里工作。最后，建立人才服务平台。地方政府可以通过出台一系列支持政策措施，鼓励各类农业人才加入人才库，打通人才回流通道，实现人才资源的合作与共享。例如，2023 年 4 月，杨凌举办了农业人力资源共享服务平台线上推介会，通过大数据精准分析、精准匹配、精准推送的协同共享服务模式，推动各类农业人才（供给侧）与各类农业新型经营主体（需求侧）建立连接，实现高效配置和精准对接。

（二）加强培训育人才

1. 完善人才培训体系

首先，制订专项培训计划。确定人才培训目标，明确培训对象。新型农业经营主体是指在我国新形势下催生的农业组织形式，如家庭农场、农民专业合作社、现代化农业企业等。这些新型农业经营主体对人才的需求方向发生了重大变化，他们需要的是既懂专业技术，又懂管理、会经营、善贸易的复合型人才。新型农业经营主体人才培训机制的构建是一项系统的、整体的、复杂的社会系统工程，它的实施涉及组织、人事、计划、财政、农业、教育、科技等许多部门。其次，发挥多元主体作用。建立以政府为主体的培育体系，发挥政府的带动作用，优化农村教育、培训资源的配置，加强政府与各类教育培训组织的协同。由农业部门牵头，相关部门密切配合，发挥涉农院校、科研院所等机构的作用，全面实施高素质农民培育计划，实施新型农业经营主体培育计划，加强基层干部队伍建设等。校企联合和产学研结合是培养新型农业人才的有效途径之一，也是发展产教融合的必要前提。其作为一种新的人才培养模式，能够实现互惠互利的目标。最后，设立培训反馈机制。在对新型农业经营主体相关人员进行培训时，必须建立良好的培训机制，同时按照相应的工作要求进行评估审核，建立适当的质量评估体系，从整体上提升农业人才的素质，结合相应的培训机制，促进学习效率的全面提高。

2. 创新人才培训模式

首先，为数字化人才培训赋能。积极发挥互联网的作用，构建“互联网 +”开放型农业人才培养体系，构建全方位人才培养体系。借助互联网平台，现代农业人才培育应瞄准乡村产业、生态、文化、组织等各个方面，充分发挥教育信息化的作用，着力培养农业技术人才、农业创业人才等各类实用型人才。其次，拓展人才培训载体。聚焦乡村基层培育能力薄弱的短板，遴选一批优质院校，采取“一对一”帮扶策略，与需要援助的地区建立起直接的合作关系，帮助受援地加强师资队伍建设，开展技术技能培训。支持具备条件的地区整合园区、企业、院校等资源，建设乡村振兴高技能人才培育基地，打造特色技能小镇，不断提升培训基础能力。再次，丰富人才培训内容。针对乡村劳动力文化素质偏弱、需兼顾务农等实际，大力推行项目制培训模式，实现劳动者根据时间和意愿自主“点单”、政府根据需求和供给“配餐”，深化供需匹配、产训融合。最后，加强农业教学的实践性。农业由于其自身学科特征，对于实践性具有很高要求，因此要求理论教学时能够紧密联系实践、指导实践。通过职业教育和技能培训能够快速为乡村大规模输送技术技能人才。例如，在高素质农民培训项目中，围场满族蒙古族自治县发挥“四大课堂”作用，实行分段式、重实训、参与式培训，形成了组织高效、务实管用、农民欢迎的“五强化”农民教育培训模式。

（三）优化管理用人才

1. 畅通人才晋升渠道

合理、公正、多元的就业晋升渠道促使人才扎根乡村事业发展。从政策方面讲，打破身份、体制和编制等限制，为乡村人才专门制定职务晋升、职业资格认定、职业等级评定以及职称审定等措施，并赋予相应的待遇，为优秀乡村人才提供更宽广的晋升渠道和发展空间，更好地释放人才的创新动力和发展潜能。另外，基层政府还应建立适合本地需求的职业培训和晋升机制，为需要提升职业能力和技能的乡村人才提供针对性培训和学习。帮助经营主体加强与社会各界、行业协会、专业性组织的沟通交流和合作，丰富他们的职业资源，最终为地方经济、社会和文化的可持续发展提供人力资本支持。对于农业企业自身，设立科学有效的培训发展体系。首先，进行员工培训需求分析，根据员工的兴趣爱好和职业追求，为员工提供合适的培训方案。其次，明确员工晋升渠道，让他们看到发展前景和成长空间，实现自我价值。再次，给员工提供针对性的职业发展规划，支持员工通过自主学习、参与创新项目等方式，掌握新知识和技能。最后，鼓励员工参与外部培训和认证，提升个人竞争力，从而有更多选择、发展的空间和机会。

2. 设计人才激励机制

新型农业经营主体要想保持持续的活力，可以通过完善内部激励奖惩机制、提供优厚的薪酬福利、设立激励基金以及建立合理的职称评审制度等方式激励人才。首先，主体可以根据员工的职位等级和工作年限，实施股权激励计划，使其有机会分享到企业成功的果实，激发员工的归属感及责任感。另外，提供多样化的福利，包括教育资助、住房补贴和带薪年假等，以满足员工的家庭需求。其次，科学建立人才评价和激励机制，将绩效评价与晋升、奖励和部分政策福利挂钩，确保人才的贡献能得到公正评价和适当回报。经营主体需设立明确的考核指标，制定合理的考核周期，公示考核结果，并根据表现给予不同奖励，以激励人才更好地完成工作任务。在具体评价中改进评价方式，重点评价其解决生产经营实际问题的能力。另外，要保障激励机制落实到日常管理中，持续地激发人才的创新活力。最后，开展优秀人才评选、职业技能竞赛等典型选树活动，激发人才留在乡村发展的动力。

（四）完善服务留人才

1. 营造良好的发展环境

首先，优化工作环境和氛围。新型农业经营主体可以从以下几个方面入手：一是改善办公设施，如提供现代化的办公设备、宽敞明亮的工作空间以及舒适的休息区域；二是提供餐饮服务，如设立员工餐厅或提供餐补，确保员工的饮食健康；三是设置休息区，配备娱乐设施，让员工在紧张的工作之余能够放松身心。同时，营造积极向上、团结协作的工作氛围。新型农业经营主体应该鼓励员工之间的交流和合作，让他们感受到团队的力量和温暖。为了实现这个目标，经营主体可以组织各种团队活动，如户外拓展、团队建设训练等，增强员工之间的凝聚力和协作能力。此外，还可以定期举办培训和交流会议，让员工分享工作经验和学习成果，共同提升团队的整体素质。其次，关注员工的心理健康。在工作中，员工可能会遇到各种问题和困难，这些问题如果得不到及时解决，可能会给员工带来很大的压力。新型农业经营主体应该及时解决员工在工作中遇到的问题和困难，减轻员工的压力。为了实现这一目标，经营主体可以建立有效的沟通渠道，让员工能够随时向管理层反映问题和提出建议；提供心理咨询服务，帮助员工调整心态，增强自信心；组织员工参加放松身心的活动，如户外拓展、文艺比赛等，让员工在轻松愉快的氛围中释放压力。当员工感受到来自企业的关心和支持时，他们将更加积极地投入工作中，从而为企业创造更大的价值，推动企业的持续发展。

2. 用好乡愁乡情纽带

首先，积极开展活动。新型农业经营主体和基层党组织可以从实际出发，打造富有特色的农业体验活动来吸引人才。比如，家庭农场主可以组织游客参与农作物的种植、采摘等活动，同时，农业企业也可以通过开展公益活动、支持家乡建设等方式，增强与乡亲们的凝聚力和归属感。这样的活动不仅能够吸引城市人回归乡村，还能让年轻人对农业产生兴趣，愿意投身其中。此外，可以定期举办人才交流座谈会，让农村青年们进行积极交流，调动其参与的积极性，鼓励外出农村青年关心家乡发展，积极参与乡村建设。其次，发挥资源优势。新型农业经营主体应该充分利用好地方特色文化，与自身文化相融合，注重传承和弘扬乡村文化。农业企业可以通过挖掘和整理当地的历史文化资源，开发具有地方特色的农产品和旅游项目。这样不仅能够提升农产品的附加值，还能让更多的人了解和关注乡村文化，从而增强对乡村的认同感和归属感。最后，建立紧密合作。新型农业经营主体可以利用乡愁乡情这一情感纽带，建立紧密的合作关系。合作社理事长可以通过与在外务工的乡亲们保持联系，了解他们的需求和期望，然后邀请他们返乡创业或参与合作社的发展。

第三节　典型案例解析

部分新型农业经营主体和村集体在培养、集聚人才方面做了一些探索，积累了一定经验，本节以北京分享收获农场新农人培训项目、信阳市平桥区郝堂村让年轻人回流和珠海绿手指有机农园实现人才集聚 3 个典型案例进行剖析。

一、北京分享收获农场新农人培训项目

（一）基本情况

分享收获社会生态农业（Community Supported Agriculture，CSA）项目是由石嫣女士创建的一个致力于研究、推广社区食品安全的项目，该项目同时也是中国人民大学、清华大学社会学系的实践基地。农场倡导有机农业的“生态、健康、公平、关爱”四大原则，致力于重建人与土地的连接，让市民下乡、农业进城，城乡融合发展、共同富裕，做有机生活方式的引领者。自 2012 年 5 月启动以来，经过多年的发展，该项目目前已经在北京市通州区西集镇马坊村拥有 50 亩蔬菜种植基地，在北京市顺义区龙湾屯镇拥有 80 亩蔬菜种植基地和 230 亩果树基地，在黑龙江省五常市拥有 60 亩大米种植基地。

相比创立一家成功的有机农场，石嫣有更大的梦想：她希望为这些有志于从事农业的青年创造一个可以永续发展的社群环境。石嫣曾说：“我们的价值来源于土地，这个价值最终要回归土地，回归乡村。这也是为什么我们一直要求分享收获的团队要生活和工作在乡村。”为此，石嫣及其团队着手开展乡村改造的一些工作。同时，石嫣也是全国农业职业教育指导委员会委员，积极参与推动农业职业教育和新农人计划，她提出中国未来的乡村应该是具有农业生产技术经营理念的“新农人”、可以让子子孙孙长久持续耕作的“新农业”、可以让农人安居乐业的“新农村”。

为了继续推动新农人培训，培养更多的“新农人”，石嫣在 2018 年成立 CSA 创客学苑。它是从分享收获农场生长出来的一个垂直于生态有机领域的学习平台，希望帮助 10000 个真心投入生态可持续农业的人找到自己的初心，做真实的农夫，生产真实的食物，建立真实的食物社区、自然疗愈社区、自

然教育社区，走向人与自然和谐共生。学苑以耕读结合、知行合一为价值核心，通过不定期举办新农人培训、项目创新等模式，搭建人才培养体系，截至 2024 年 11 月，已经举办了 59 期新农人培训，培养了 1800 多位新农人。2019 年 1 月，农场被世界未来委员会授予“生态农业杰出实践奖”。教育是农场的使命之一，因此分享收获农场也被称为“有机农业的黄埔军校”。

（二）CSA 新农人培训模式

1. 培训对象

CSA 新农人培训的受众面很广，学员大致可归为两类：第一类，有志于从事生态农业的群体，可以是生态村建设的乡村干部、致力于为乡村振兴做实事的大学生，还可以是为食品安全负责的人，也有可能是农业创业者或为自己家餐桌负责的个人；第二类，有志于从传统农业转向生态农业的农场主，不仅包括之前从事化学农业的小农、农场主，还包括传统农副食品加工厂的厂主。

2. 师资团队

CSA 新农人培训现已组成了“温铁军教授 + 石嫣、程存旺博士 + 高校农业师资 + 全国生态农场主 +CSA 网络联盟 + 有调研经验的企划团队”的师资库，他们拥有不同的专业背景，讲授不同的课程，具体情况如表 9–9 所示。

表 9–9　CSA 新农人培训师资团队（部分）

CSA 新农人讲师	专业背景	讲授课程
温铁军	著名“三农”问题专家，中国人民大学农业与农村发展学院原院长	《乡村振兴与农业 4.0》
石嫣	分享收获农场创始人，国际 CSA 联盟联合主席	《资本化的全球食物体系问题和挑战》
程存旺	中国农业大学农业经济学博士，好农场创始人	《生态商业私董会》
梁鸣早	中国农业科学院农业资源与农业区划研究所副研究员（退休）	《优质高产的四位一体技术》

续表

CSA 新农人讲师	专业背景	讲授课程
彭蓉慧	贵州省省级科技特派员，副教授	《生态农场的评价规范＆有机产品标准》
葛文光	河北农业大学经济管理学院教授，博士生导师	《产销合作如何支持农场主？以河北产销合作联合体为例》
唐亮	亮亮家庭农场主理人，牛角堰生活村发起人，成都农业职业经理人	《全家人一起创业，家庭农场运营的精髓》
侯继春	分享收获农场技术人员	《生态农场规划与种植技术》
宋培培	天府直播策展中心运营总监，教育学院院长	《农场主如何从 0 到 1 做短视频营销》
伍松	分享收获农场市场部经理	《生态农产品电商平台搭建》

资料来源：根据分享收获农场微信公众号整理。

CSA 新农人培训导师第一类是以温铁军、石嫣为代表的教授、学者，负责从国内外大背景讲解生态农业；第二类是以梁鸣早、冼继东为代表的研究员、教授，负责生态农场具体理论方面的讲解；第三类是以唐亮、侯继春为代表的生态农业一线的农场主和生产技术人员，以带学员亲身实践的方式讲解生态农场的规划和种植养殖技术；第四类是以宋培培、伍松为代表的运营老师，负责讲解生态农场如何利用互联网短视频平台搭建 C 端。一切从帮助新农人返乡创业的角度出发，分享具有可借鉴性的案例，从产前、产中、产后全流程提供价值服务。

3. 培训内容

CSA 新农人培训模式可以概括为“真理论，重实践，从宏观到微观，从战略到战术”，探索“生态化＋社会化＋数字化”的农业培训方式。CSA 新农人培训课程分为 5 个板块。第一个板块为乡村振兴下的社会化生态农业，先从宏观层面讲解，以全球视角看待农业问题。比如，“三农”问题专家温铁军教授所讲的《乡村振兴与农业 4.0》专题，深入探究了未来的农业是社会化生态农业，是符合中国国情的农业发展模式，生态农业将是未来发展的主趋势。第二个板块为生态农业的根本，这个板块从微观的角度看待生态农业，主要是讲解生态农业的具体理论知识。比如，梁鸣早老师所讲的《四位一体技术简介与应用》专题，很多人一开始进入生态有机领域，容易用工业化的思维来做农业，并不真正在意土壤，不注重效率和盈利等，这样并不能真正发展生态农业，也不利于生态文明的发展。第三个板块为生态农业创客基本功，从商业的角度系统讲解了生态农业的发展之路。创客学苑主理人陈芸女士分享的《生态农业创业常见模式分析》专题将国内有影响力的生态农场案例进行剖析，分析底层逻辑，总结方法论，探究自己的生态农业的创业发展之路。第四个板块为落地生根，这个板块的内容由石嫣博士分享《种菜 好生活 田人合一》，主要讲解分享收获农场从建立到成长的发展之路，分享有机农场创立的经验教训。第五个板块为体验式学习，这个板块由梨园公社技术指导人员洪志挺讲授《土壤改良三部曲之堆肥实操》还有分享收获农场种植管理人员侯继春讲授《生态农场规划与种植技术》，学员们通过动手实践，实地考察，真正参与农业生产过程。

（三）新农人培训的成效

截至 2024 年 11 月，共举办了 59 期 CSA 新农人培训，共培训 1858 人，其中有 400 多位都返乡成为农场主、成立了合作社，已经成为当地生态农业生产和消费的带头人。CSA 新农人培训与 CSA 生态农业网络联合培养，贯穿农业生产、营销、管理全过程，通过 CSA 网络连接全国各地的新农人，形成产销合作的关系。CSA 新农人培训推动了绿色与可持续发展理念的推广，通过对生态农业的践行，影响更多人开展生态种养殖，将人类与自然的距离不断拉近，让环境更健康、社会更和谐、人民生活更有保障。

1. 提供多样化生态农产品

CSA 新农人培训第 31 期学员邢立刚，是天津武清重返自然生态农场的负责人。2014 年，邢立刚以 CSA 的形式租下了一小片菜地，正式进入生态农业圈。开始时，他主要依靠上网查资料、参加生态农业培训、拜访生态农场等方式了解生态农业。2021 年，他接触到了分享收获农场，在那年冬天参加了

CSA 新农人培训，这给了他很大帮助。经过这几年的学习，加上国家乡村振兴政策的落实，他的生态农场逐渐壮大了起来。

在农场成立之初，邢立刚就确立了原则，以生态种植和养殖为根本，采用生态防控，使用有机肥，不使用农药、化肥、除草剂，不使用地膜，不使用激素类药物和抗生素，不使用植物生长调节剂，不使用转基因技术和种子，在运输过程中不使用化学类防腐和保鲜手段，生产安全健康、原汁原味的农产品。在健康的生态环境中进行农业生产活动，让农业生产活动不破坏健康的生态环境，两者互相促进、平衡共生、可持续发展。

邢立刚这样介绍他的重返自然生态农场：创办于 2022 年的春天，是一个在荒地上开垦出来的农场，以保护邻里生物多样性和恢复土壤的微生物群落为主要的努力方向。大葱现在是农场的明星产品，已经通过了 267 项农残检测。秉持着“六不用”原则，邢立刚的生态农场已经成为当地生态农业推广的成功案例。

2. 发展壮大新农人队伍

CSA 新农人培训第 16 期学员张赛，是兼善生态美农场的负责人。张赛也是西南大学的创业导师，他最初用20亩土地打造兼善生态美农场，开启粮油、蔬菜、瓜果和家禽种养结合循环模式，组建了包含新型职业农民、农业专家、本地村民、公益组织和志愿者等在内的团队，采取朴门永续设计理念，落实了可食地景、移动式牧鸡厨余堆肥系统、覆盖免耕、堆肥农耕、环保酵素农耕等技术体系，因势利导，就地取材，坚持资源节约型和环境友好型的农业模式。他在接触到 CSA 生态农业之后，回到重庆，也发起组织了重庆当地的社会生态农业 CSA 联盟，影响更多的人加入其中。

目前，兼善生态美农场也在做生态新农人研习营。第一期在重庆开幕，主题为：“以小博大”做农创，低成本推动城乡要素流动。邀请到了温铁军教授和石嫣博士进行线上授课，传播生态理念。张赛老师从自己参加新农人培训学习到参与举办新农人研习营，辐射到了更多的新农人，不断壮大新农人的队伍。

3. 拓宽销售渠道

CSA 新农人培训第 16 期学员陈华丽，是在北京工作 20 年的明星化妆师，她为了守住自己的初心，毅然放弃自己的工作回乡创业。回乡创业的过程中遇到了种种困难，正苦于没有出路时，她了解到了分享收获农场举办的 CSA 新农人培训，成了一名学员，从那之后开启了生态农业创业之旅。她在村里承包了一块地种植莲子，完全按照在新农人培训时学习到的生产模式去种植，同时将莲子做成生态有机加工品进行售卖。在不断深入生态有机领域的途中，陈华丽也接触到了许多有社会责任感的志同道合的人，现在她正在打造自己的生态食疗项目，通过生态食物疗愈，帮助他人，丰富自己。

二、信阳市平桥区郝堂村如何让年轻人回流

（一）郝堂村基本情况

郝堂村位于河南省信阳市平桥区五里店南部，与湖北交界，山区面积较大。同许多村庄一样，未建立资金互助社以前，郝堂村是个经济落后、交通不便的村庄，一派萧条，交通、水电等基础设施严重匮乏。2009 年以前，村民的平均年收入大约为4000元，土地大量荒芜且缺乏资金支持进行平整经营，村民仅通过务农难以承受家庭生活的巨大开支，因此大多数年轻人转向城市寻求更多机会，导致郝堂村的“空心化”问题极其严重。此外，村级财务主要依靠政府拨款，收入渠道单一，没有任何民间社会组织，无法满足农业发展的现实需求。

2009 年以后，郝堂村迎来了转机。中国乡建院院长李昌平关注到了郝堂村，随后郝堂村以建设可持续发展实验区为契机，通过内置金融产业链，激发村庄内生动力，发展乡村旅游业，让昔日破败凋敝的小山村变成闻名全国的美丽乡村。在这个过程中，郝堂村的经济得到了发展，吸引了大量外出务工的年轻人返乡创业就业。

（二）乡村振兴的郝堂经验

郝堂村在发展建设的过程中形成了“政府支持＋专家指导＋干部作为＋村民参与＋农民合作组织”的协同发展模式。这种多元主体协助发展的模式促使人才回得来、留得住。

1. 政府支持

自 2009 年起，平桥区政府关注到了郝堂村良好的自然环境，以创建省级可持续发展实验区为契机，开始对郝堂村进行乡村旅游规划建设。政府在前期主要负责郝堂村乡村旅游发展的总体规划与投入，区政府提供 90 万元资金邀请乡村振兴设计团队，开启实验村的建设。首先，对郝堂村的主要道路进行修缮。其次，整合当地资源，铺路搭桥、修理河道，文化广场、图书馆等公共服务设施投入建设。再次，加大力度改善学校环境，提高文化教育水平。最后，政府积极招商引资，协调各方参与郝堂村建设。

另外，考虑到垃圾处理、环境整治、卫生保洁等问题，招收当地老年人作为保洁人员，不仅保证了村落的卫生环境，还为当地的老年劳动力提供了就业机会。随着郝堂村乡村旅游业的声名鹊起，农村市场需求不断扩大，政府还出台了一系列政策为返乡创业人员进行兜底，吸引了较多年轻人选择返乡创业。

2. 专家指导

平桥区政府聘请中国乡建院的李昌平和北京绿十字生态文化传播中心的孙君两位专家指导郝堂村的乡村旅游规划。

根据李昌平的设想，资金要素短缺是农村发展乏力的重要因素，他提出应以农村现有经营制度为基础，建立以村社为边界、封闭运行的“内置金融”服务体系，将农村自有资金留在村社内部，作为撬动农村其他资源、激活农村发展动力的杠杆，使得返乡青年有资金进行生产经营。孙君的宗旨是“把农村建设得更像农村”，在旧房屋的基础上进行改造；对村庄空间进行合理的布局优化，倡导村民对垃圾进行分类，改善了村庄的环境质量。

政府将郝堂村的改造服务外包给专家团队，既大大提高了效率，又为郝堂村村民提供了更加优质高效的服务，也为年轻人返乡创业提供了支持和保障。

3. 干部作为

郝堂村村委会也是参与郝堂村乡村旅游建设的重要力量，无论是“内置金融”的建设还是老百姓内生动力的发挥，无论是对接上级政策还是协调社会组织，村“两委”都发挥了极其重要的作用。

为促进郝堂村乡村旅游的多元化发展，积极承接上级政府部门的农业试验项目。在郝堂村旅游发展前期，村干部在宣传动员群众进行垃圾分类、环境整治、房屋改造方面起到了积极的作用。原支部书记胡静几乎是村庄日常事务的“总管”，她认为做干部就应当奉献、担当、苦干、无私。没有担当肯干的村干部，郝堂村的发展步伐不可能这么快。

4. 村民参与

郝堂村乡村旅游改造的主体主要是村民，随着郝堂村乡村旅游的发展以及资金互助社的成立，农家乐、乡村民宿、休闲农业等新型业态逐渐发展起来，吸引了很多外出务工人员回流，真正激发了农村内部活力。

返乡青年在与村委会和专家团队协商的基础上，对自家房屋进行翻新重建。而政府也给予了村民充分的自主权，只对其进行宏观上的指导，具体的实施交由村民自主进行。民宿、农家乐发展迅速，规模逐渐扩大，极大地带动了当地的经济发展。

村民是郝堂村建设的最大获益者，他们希望村子发展得越来越好，也会自觉去学习了解农村旅游业的相关动态及最新做法。有的返乡青年还会在自家农家乐经营的空闲时间，戴红帽子去街道捡垃圾。在文化教育方面，郝堂村先后举办了自行车比赛、摄影和书画比赛、乡村音乐会等活动。2014 年开始，郝堂村还举办村民自编自导自演的“村晚”，进行“卫生文明户”“好婆媳”“感动郝堂人物”三大表彰活动，丰富了群众的文化生活。

5. 养老互助

2009 年 10 月，郝堂村“夕阳红”养老资金互助社成立，由政府出资 10 万元，李昌平拿出 5 万元课题经费，村委会出资 2 万元，本村 7 位乡贤每人出资 2 万元，15 位入社老人每人出资 2000 元，共计 34 万元初始资金。在“夕阳红”养老资金互助社里，村民可以凭林契、地契和两名老人担保贷款，贷款所获利息的 40% 用于年终分红。村民想要贷款，必须获得老人社员的担保，这一做法提高了老人在农村的地位。资金互助社的收入盈余用于给老人养老分红及建设养老院等基础设施，为老人提供了养老服务。村里还依托“内置金融”开展了集体建设用地收储、整理和开发业务，土地增值收益使得集体经济获得了快速增长，互助社的资本规模也已经达到了 600 多万元，合作社入社老人也由当初的十几人发展到几百人。资金互助社发展至今运营较好，没有出现过一笔违约贷款。

以乡村为服务范围的村社内置金融合作社的探索，把村庄内部的剩余有效资本组织起来，以乡村传统的村规民约和道德信用作为约束机制，为实现乡村振兴提供了一条全新的发展路径，盘活了村内的闲置资产，极大激发了村内的内生动力。这一土地金融制度的创新，解决了传统银行贷款中存在的缺乏有效抵押物的问题，村民贷款难的问题得到有效缓解，村民的资金需求得到了满足，从而使得村民有资金进行生产经营，提高了收入水平。青年才俊开始返乡创业探索，并且在合作社的帮助下兴办起了各种各样的民宿、农家乐。

（三）年轻人回到郝堂村的原因

2011 年前，郝堂村外出务工者达 700 多人。自发展乡村旅游以来，市场需求不断扩大，农村内部所需劳动力数量增加，郝堂村的农村劳动力人口逐渐回流，实现了 600 多名外出务工人员返乡创业就业。

1. 发展“内置金融”，提供资金支持

不少年轻人有返乡创业发展的意愿，但苦于存在资金上的困难。“内置金

融”合作社的设立能够缓解其贷款难的问题，从而使得返乡青年有资金进行生产经营，提高了收入水平。郝堂村通过发展“内置金融”，在实现本村村民养老保障的同时，还有效地把村民组织起来，把资源资产资金集约经营起来，盘活村内闲置资产，为返乡青年提供资金支持，激活内生动力。

2. 发展乡村旅游业，拓宽本地就业空间

在政府的支持和专家的规划指导下，郝堂村通过发展乡村旅游业，拓宽了本地就业空间，从而在促进就业、提高村民收入、提升农村经济发展等方面发挥了较大的推动作用。年轻人返乡后多是经营农家乐、饭店、民宿和采摘园，也有的销售自产的农副产品。对此，政府也会对其给予一定的资金补助。据了解，在外打工一年的收入可能只有几万元，还不能照顾家里老人小孩，而现在的郝堂村已从 2009 年以前人均收入不足 4000 元，发展至很多家庭一年最少有十几万元的收入，多的可能达到几十万元。当农村劳动力可以获得较为可观的经济收入时，人才就愿意回到家乡发展。

3. 加大公共服务设施建设，改善文化教育环境

郝堂村加大公共服务设施建设，改善了居住环境和工作环境，还通过加强农村基础教育设施建设，为当地的学生提供良好的学习环境，由此促进人才稳定回流。始建于 1970 年的郝堂小学，于 2012 年焕发新的生命力，目前校区面积 30000 平方米，校舍建筑面积 2971 平方米，在校学生从 2009 年的 41 人上升至 300 多人，实现了当地儿童就近上学的目标，解决了返乡青年的子女教育问题，使其能更长久地留在家乡发展。

三、珠海绿手指有机农园如何实现人才集聚

（一）基本情况

绿手指有机农园（以下简称绿手指）创立于 2010 年，总部现位于珠海金湾区平沙镇，是一家坚持有机种植、种养循环、三产融合的 CSA 农场。绿手指现有珠海平沙种养循环基地、珠海平沙热带水果种植基地、广州从化蔬菜

种植基地、韶关食用菌和高山冷凉蔬菜种植基地等4个基地，总面积1000多亩，其中对430多亩土地进行了有机认证。在生产过程中，坚持有机生产，不使用任何化学农药、化肥、激素、化学除草剂等，每年生产100多种蔬菜和水果。在经营模式上，以CSA模式运作，即生产者与消费者风险共担、收益共享，对外招募产品份额成员，预售长期订单。此外，还承接一些农园项目、陶艺课程、亲子活动和食物教育活动等。

经过十多年的发展，绿手指从创立时仅有3人到现在有上百人，核心团队都是来自全国各地的大学生，已然成为CSA农场发展的典范。梳理绿手指的发展历程，可以进一步了解其人才集聚的过程，总结其人才发展的经验。

1. 初创探索阶段（2010—2014年）

2010年12月，3位来自中国人民大学、北京大学的毕业生创办绿手指，找熟人租赁20亩菜圃，经营利润的20%为租金，负责给10户亲戚朋友配送有机蔬菜；2011年，合伙人出走，绿手指成为夫妻店，坚持运营；2012年，研究生同学带来50万元资金加入，在珠海三灶镇租了一个300多亩的山场，为60户家庭生产和配送蔬菜。2013年4月，市委书记参观农场，电视媒体争相报道，政府帮助解决土地产权问题，增拨200多亩耕地，给予创业支持；2013年6月，注册珠海绿手指农业科技有限公司；2014年，绿手指长期订户增长50倍，稳定供应达100多户，年营业额200多万元；同年，绿手指进行股份制改革，十几个股东投入1000多万元，支持绿手指平沙镇新基地建设。

2. 曲折发展阶段（2015—2018年）

2015年，绿手指搬迁到平沙基地，签订了20年土地租赁合同，第二代管理团队加入，农场持续稳定为200余户珠海市民提供健康食物；2016年，绿手指陆续与全国300多位生态农友合作生产，团队不断壮大，核心员工发展至几十人；2017年，台风“天鸽”对基地造成重创，在消费者支持下2个月完成复建；2018年2月，农场在地有机餐厅方野农原正式开业，农场同时为800个家庭、10家幼儿园供应蔬菜；2018年11月，在广州从化良口镇开发了100多亩的蔬菜基地，蔬菜月产10000斤，与珠海基地形成互补；2018年12月，联合本地农户共同成立了绿平有机农业专业合作社，主要生产胭脂红番石榴。

3. 飞速提升阶段（2019—2023 年）

2019 年 10 月，农场主邹子龙登上《天天向上》节目，带火农场胭脂红番石榴，公众号增粉 20 万，不少年轻人慕名而来；2019 年 11 月，创建抖音号发布农场视频，搭乘新媒体快车，进一步扩大了影响力；2021 年，办公室扩建，加工厂筹建，新伙伴加入，加快合作产品开发，发展又上新台阶；2022 年，加工厂投入运行，新骨干加入有机加工产品研发，产品更加多元化；2023 年，韶关基地成立，各项业务全面开花。截至 2023 年底，绿手指年销售收入超过 5000 万元。

（二）人力资源配置现状

绿手指目前的人力资源是“老 + 中 + 青”结合的配置，当地村子的“60 后”叔叔阿姨负责种菜，村子周围的“70 后”哥哥姐姐负责生产，全国各地的大学生“80 后”“90 后”主力负责销售，他们各司其职，共同发展。

1. 公司组织架构

珠海绿手指种养循环基地是绿手指的大本营，珠海绿手指农业科技有限公司是绿手指的总公司，因此本部分主要分析该公司的人员配置情况。因加工厂初建，所以在实际运营中并没有独立管理，而是挂靠在总公司的生产部旗下，总公司组织架构如图 9-1 所示。

2. 核心员工概况

公司核心员工有 56 人，基本信息如表 9-10 所示。核心员工男女占比分别为 49%、51%，女性较多；64.15% 的员工户籍类型是农业户口，35.85% 为非农业户口，农业户口较多；81.13% 的员工学历是大专以上，受教育程度较高；60.38% 的员工在农场工作时间超过 1 年，人员流动相对较少；生产部、市场部、综合部的员工占比分别为 52.08%、43.75%、4.17%，生产技术人才较多；高层、中层、基层的员工占比分别为 4.17%、16.67%、79.16%，职位在基层的占比较多；40 岁以下的员工占比 94.34%，群体较年轻化；

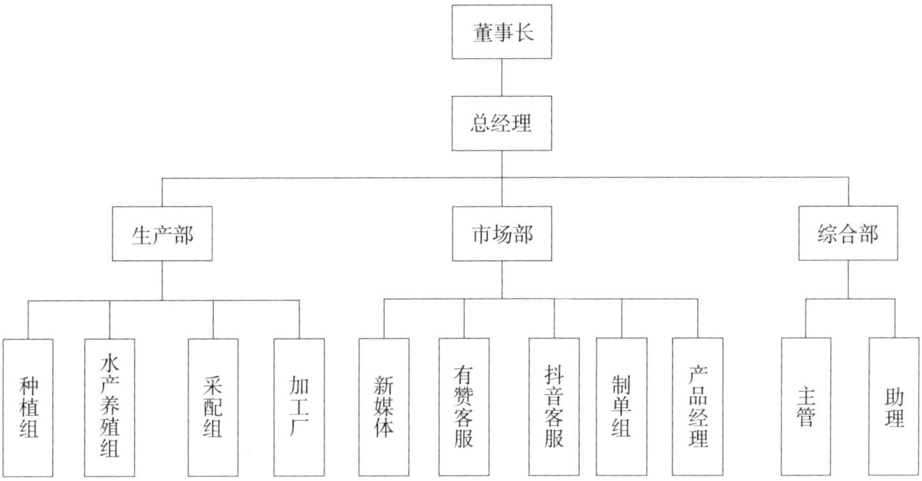

图 9-1　绿手指组织架构

资料来源：作者根据实地调研绘制。

54.72% 的正式员工的年收入约在 6 万 ~12 万元，而据 2019 年中国 CSA（社会生态农业）行业报告显示，55% 的 CSA 从业者年收入在 5 万元以下，绿手指的工资总体上高于其他同类型农场。

表 9-10　绿手指核心员工基本信息表

分类		比例	分类		比例
性别	男	49.00%	户籍	农业	64.15%
	女	51.00%		非农业	35.85%
学历	初中及以下	1.89%	工作年限	1 年及以下	39.62%
	中专及高中	16.98%		1 年以上 3 年以下	26.42%
	大专及本科	73.58%		3 年以上 5 年以下	18.87%
	研究生及以上	7.55%		5 年以上	15.09%
部门	生产部	52.08%	人员配置	高层	4.17%
	市场部	43.75%		中层	16.67%
	综合部	4.17%		基层	79.16%
年龄	30 岁及以下	47.17%	年收入	6 万元及以下	30.19%
	30 岁以上 40 岁以下	47.17%		6 万元以上 12 万元以下	54.72%
	40 岁以上	5.66%		12 万元以上	15.09%

资料来源：作者根据实地调研梳理。

（三）绿手指人才吸引经验

1. 引入职业经理人，提高薪酬福利

2015 年，农场聘用职业经理人，提升了农场的经营效率。在计薪方式上，农场采取多元化的绩效方式，例如，职业经理人设置部门年度考核指标（如份额续订数、新增份额数、蔬菜产量等），按照达标程度，员工工资会有上下 5% 的浮动，年底所有正式员工双薪，还会奖励给优秀的老员工股份，年底拿出盈利的 20% 分红。在福利待遇上，体现人文关怀，如正式员工有五险一金，享有 5 天年假，内购农场食材享员工折扣价，员工子女在园内华德福自然学园上学享学费半价等，有效激励着核心员工。

2. 优化工作环境，提供发展机会

绿手指新基地选址在城郊农业社区，毗邻海泉湾度假区，社区内有公园、便利店和药店等，距离平沙镇购物商场 4.2 公里，娱乐设施便利，可满足年轻人基本需要。另外，农场内部布局合理，园内还有年轻人交流活动中心，拥有良好的工作氛围。物质满足是基本保障，精神满足才是关键，绿手指团队年轻人多，有活力，经常举办员工团建活动，员工的归属感较高。此外，绿手指还有员工培养计划和内部合伙人制度，公司会不定期邀请一些农业专家讲授有机农业知识，积极组织员工参加政府的行业培训，有想法的员工还可以在园内创业等。

3. 利用新媒体网站，维护农场声誉

2019 年，农场主邹子龙登上《天天向上》节目，讲述“在希望的田野上”的故事，绿手指团队抓住机会，打造爆品胭脂红番石榴，扩大自身影响力。2022 年，“绿手指 F4”在湖南卫视的《欢唱大篷车》节目上表演，再次展示生态新农人独特的魅力。在新媒体快速发展的今天，绿手指并没有一成不变，而是借助各种渠道，例如，在抖音、小红书、B 站等社交媒体每天更新农场日常，还积极参加农夫市集、环保活动和行业展会等，增加了绿手指的美誉度。绿手指通过宣传企业价值观，提高员工的自信心和忠诚度，也吸引了不少青年志愿者和人才。

第十章　扎实推进宜居宜业和美乡村建设

引　言

2022 年 10 月，党的二十大报告对全面推进乡村振兴作出战略部署，提出要建设宜居宜业和美乡村。2023 年 2 月，《中共中央 国务院关于做好 2023 年全面推进乡村振兴重点工作的意见》正式发布，强调要扎实推进宜居宜业和美乡村建设。

2023 年中央一号文件提出“和美乡村”，内涵极其丰富深刻。从美丽乡村到和美乡村，一字之变、一词之差，但要求大不一样。从建设社会主义新农村到建设美丽乡村，再到建设宜居宜业和美乡村，既是乡村建设的版本升级，更是乡村发展的美丽蜕变。和美乡村进一步丰富、拓展了乡村建设的内涵和目标，更重视、强调乡村的内在和谐之美，放大原生态乡村魅力，致力留住乡风乡韵，坚持把人居环境改善作为实施乡村振兴战略的重要载体，提升村民的幸福感、满意感、获得感。

在全面开启社会主义现代化国家建设的新征程中，建设宜居宜业和美乡村是党中央在“三农”领域的重大政策创新，是全面实施乡村振兴战略的又一重大举措，是指导未来一段时间农村工作的重要抓手，具有广泛扎实的现实基础，符合广大农民的殷切期盼，需要进一步研究、谋划、贯彻落实。国家发展和改革委党组成员，国家粮食和物资储备局党组书记、局长刘焕鑫强调，和美乡村建设的重点是硬件、软件两手抓：“乡村建设既要见物也要见人，既要塑形也要铸魂，既要抓物质文明也要抓精神文明，实现乡村由表及里、形神兼备的全面提升。”

在硬件建设方面，要逐步让农村基本具备现代生活条件，以农村人居环境整治提升、乡村基础设施建设、基本公共服务能力提升等为重点，着力构建规划引领、风貌引导、农民参与 3 个机制。在尊重农民意愿、引导农民全程参与乡村建设的基础上，要适应城乡格局、乡村形态变化，把原生态的乡土特点彰显出来，把现代化生活元素融入进去，留住乡风乡韵乡愁。

在软件建设方面，着力塑造人心和善、和睦安宁的乡村精神风貌。刘焕鑫指出，要把“和”的理念贯穿乡村建设始终，滋润人心、德化人心、凝聚人心。刘焕鑫还指出，我们要整合载体，加强和改进乡村治理，将各部门的力量统筹起来，提升乡村治理效能；创新抓手，加强农村精神文明建设，增加富有农耕农趣农味、体现和谐和顺和美的乡村文化产品和服务供给，持续推进农村移风易俗。

张永江、周鸿等在《宜居宜业和美乡村的科学内涵与建设策略》一文中指出，科学把握宜居宜业和美乡村的深层内涵，需要从生活、生产、社会及生态 4 个方面系统把握，使乡村逐步具备便利的现代生活条件，农民获得更多就地就近的就业机会，乡村保持积极向上的文明风尚和安定祥和的社会环境，城市和乡村实现各美其美、协调发展，做到“四生共振”“五态融合”。

乡村振兴要考虑自然系统，顺应自然、融入自然，保护自然生态环境，通过统筹生产、生活和生态 3 个方面来提高村庄的宜居性。有条件有需求的村庄，还要服务本地村民及市民下乡休闲之所需，才能激活底层市场活力，畅通城乡经济循环。因此，和美乡村必须做到生活、生产、生态、生意“四生”同频共振，才能解决乡村产业生态经济的自我循环问题。一是建设宜居生活空间，提升乡村生活品质；二是建设宜业生产空间，实现乡村产业兴旺；

三是建设和谐社会空间，培育乡村文明新风；四是建设美丽生态空间，守护乡村绿水青山。

扎实推进宜居宜业和美乡村建设还要实现“五态融合”。在新的发展阶段，构建新发展格局，以和美乡村产业升级驱动作为切入点，侧重落地性，回归田园生活，打造田园场景，实现“五态融合”。以生态为基础，立足自然乡野的生态环境，将山、水、林、田的自然景观与乡俗、乡情、乡居的人文景观融合，构建起人与自然和谐共生的人居环境生态圈；以产态为血脉，原生态的田园要植入现代的农业、旅游业、乡创产业作为芯片，与村寨保护、乡村振兴融合发展，实现乡土田园的自我造血、自我进化；以形态为载体，原生态的村寨肌理、传统风貌建筑空间是承载乡土生活、民俗风情体验的最佳载体，如何处理好保护与发展、传承与创新之间的关系是实现田园之美的关键；以文态为特色，乡村传统文化、非遗民俗的挖掘与“IP”孵化，乡土民情、民族节庆与现代民宿旅游、娱乐演艺、乡创内容的结合，才能塑造有活力、差异化的乡土田园；以人态为灵魂，有了人的田园才具有生活的气息，才能真正吸引游客前来，必须培育一种“主客共享”的生活氛围，展现一种返璞归真的田园生活境界。

第一节　建设宜居宜业和美乡村的紧迫性

一、乡村成为中国现代化建设的短板

改革开放 40 多年来，乡村和农民为国家和城市的发展作出了巨大的贡献，与高速的城市发展协同，为整个现代化建设提供了基础性支撑。但在城市高速发展的同时，农业增长乏力，农村人口大量外流，乡村陷入持续衰落、凋敝的泥潭。

中国农业大学胡跃高教授的调查表明，当前我国单位面积粮食生产效益

为每亩 300~800 元不等，种粮已经成为最不受农民欢迎的生产选项。农村能人、农业企业很少在粮食生产上下功夫，粮食生产只剩下了规模化一条路可走，但规模化要避免欧美化。大量使用化肥、农药、除草剂等导致系列副作用，原本多样化种植的区域大多只剩下小麦、玉米等大田作物，致使乡村农业生产增长乏力，那些原本适合农业和农民的比如粮食酿造等产业，也被虹吸到城市，以致农民从事农业生产不足以维持生计，农业和非农收入严重倒挂，外出务工一个月的收入都多于在田间整年劳作所得。

因此，青壮年劳动力持续大比例进入城市，致使农村生机衰落。《2023 年农民工监测调查报告》显示，我国农民工总量继续增加。2023 年全国农民工总量 29753 万人，比上年增加 191 万人，增长 0.6%。其中，本地农民工 12095 万人，比上年减少 277 万人，下降 2.2%；外出农民工 17658 万人，比上年增加 468 万人，增长 2.7%。农民打工者只要有条件，一般也会让孩子跟随进城。一批批农民工因才智、机缘留在城市，农村老人也随后迁出。加之乡村学校撤点归并，我国农村地区普遍显露出家庭综合实力远低于全国平均水平的“末代农牧民”特征，农村社会生机越来越弱。

同时，乡村文化基础弱化，大量农村青壮年带着生产技术、生活经验进入城市，开始认识新的环境并流动生活，这对于农民工本人来说是在成长发展。但他们数以亿计，常年在外，甚至永久离开乡村，“农二代”几乎 100% 转变为城市人，这种现象在宏观上演化为乡村文化载体的销蚀与文化创新主体的逐步丧失，全社会形成了“贱农贱乡”的潜意识。我国自古以农立国，历史上的社会矛盾多为阶级矛盾，城乡对立问题不显著，但用长远发展的观点来看，我国大量乡村陷入了发展困境之中。

总之，乡村成为 40 多年来中国现代化建设中的短板，经过数十年的发展积累，现在已经到了城市反哺乡村的阶段，如何尽快将乡村建设成为宜居宜业的和美乡村成为摆在我们面前的重要任务。

二、乡村环境污染问题的危害

建设宜居宜业和美乡村，还要认识到当今乡村环境现状及其源头问题。

垃圾是跟人们的日常生活密切相关的一个严重问题。垃圾不仅在中国围城围村，也困扰着全球各国。2018 年中国停止垃圾进口，让很多国家陷入垃圾困局。

更令人担忧的是，农业的面源污染已经到了严重程度。农业面源污染通常来源于农业种植、畜禽养殖和农村生活污水 3 个方面。有研究表明，农业面源污染占总污染的 50% 以上，占面源污染总量的 68%~83%。我国大量使用化肥、农药、除草剂，一方面严重污染环境，另一方面也使食物在源头就遭受污染。在食材或食品加工储运过程中，又因为调味剂、着色剂、稳定剂、抗氧化剂、防腐剂、塑化剂、改性剂等添加剂的使用，造成食品安全问题。

食品安全领域的问题，直接或间接影响了公众健康。自 1980 年以来，我国各种恶性病、慢性病持续高发，癌症和糖尿病患者大幅增加，其中，心脑血管病成为最大的健康杀手。2021 年，有调查显示，心脑血管病是我国“第一大病”，占总死亡率的 45.5%。产生这些公共健康问题的根源是复杂的、多方面的，但食物和农业的影响不容忽视。

厨房是最好的药房，有机农业和有机食物是健康的基石，农民是守护生命健康的前沿卫士，乡村是公共健康的第一道防线。只有农业和食物健康，才有人类的大健康。乡村非生态、不健康的农业生产和生活方式带来的环境和公共健康问题目前还没有引起社会各界足够的认识和重视，帮助村民改变生产和生活方式刻不容缓。

三、乡村人居环境整治的现状和关键问题

乡村的面源污染和垃圾围村并不只是环境的问题，而是社区文化、社群、生态、政治和经济等因素综合作用的结果，所以，破解垃圾困境、整治人居

环境需要全方位的系统思维。

乡村人居环境的整治是一个系统工程，涵盖了生产生活的有序融合、物质循环、可再生低碳能源利用、环境卫生、乡村风貌和居住条件等诸多方面，最终要努力实现零垃圾、零污水、零废弃。其中，生产生活的有序融合包括农家庭院作为以家庭为单位进行农业生产的重要场所，如何处理农作物收储、动物养殖、家庭菜园花园等与人居环境的关系问题，乡村公共空间如何承担部分农作物收储功能，农村集体建设用地如何布局使用才能使农产品加工不干扰村民生活并起到提升生活品质的作用等；物质循环包括垃圾源头分类、污水源分离、农村废弃物的无害化处理和资源化利用等；可再生低碳能源利用包括利用太阳能光热转换进行取暖和制冷的空调解决方案、农村沼气站建设与利用、光电和风电利用等；环境卫生包括乡村公共区域、农家庭院、田间地头的垃圾分布、处理，以及农家厕所与公共厕所的环境卫生维护等；乡村风貌主要是整个村庄的街巷网络结构、建筑特色、文化展示传播等；居住条件主要包括宅基地状态、房屋建筑、生活供水、生产用水、冬季取暖方式等。这些问题对于改善乡村卫生、整治人居环境、建设宜居宜业和美乡村都至关重要。

因此，建设宜居宜业和美乡村的重点和难点都在于找到解决乡村人居环境治理的系统方案和路径。乡村人居环境治理，在工作内容上涵盖村民生产、生活的方方面面，在整治途径和方法上涉及文化、教育和社会治理诸多方面，在参与主体上涉及基层政府、村委、村民和社会组织等多种力量。在之前的新农村建设、美丽乡村建设等工作中，采取的一些措施和方法，让人们心目中形成美丽乡村建设就是修路、刷墙的印象，欠缺将生产、生活和居住环境系统整合的意识。因此，建设宜居宜业和美乡村的重点和难点都是找到能够从根本上解决问题并切合乡村生产生活实际需求、治理有效、村民获得感和满意度高的系统方案。

但现有的环境治理的提议更重视大规模工业的绿色生产，很少深入乡村、社区和个人层面；更多地关注外在的技术改进，很少重视改变人们的生活方式和思想意识；往往就环境保护谈环境保护，很少有跨学科思维，将公共卫生、公共健康与环境保护整合到一个项目之中。

在实际工作层面，农村环境整治工作多集中在垃圾处理、污水处理、厕所革命和村容村貌的整治工作方面，解决方案不能形成闭环，对有机生态农业这一根本性的问题还不够重视，村民的主动性也不够强，往往需要向其支付报酬才愿意参加清理村庄垃圾的劳动。

在研究层面，当前对于农村人居环境整治的研究主要关注其概念、工作内容以及有效整治的工作途径、社会治理等问题。农村人居环境整治也是乡村治理的一部分，张智发在《农村人居环境整治中存在的问题及对策》中提出农村人居环境整治工作应该由政府、乡村、企业和社会组织等利益相关方共同进行，采用以政府为主导，村民、企业和社会力量共同参与的治理模式，形成各方共同参与的公共治理体系。这个结论可以代表大多数研究的观点。

在社会组织的实践探索方面，零污染乡村建设从垃圾分类、水源净化、湿垃圾后处理、乡村自组织和农业生态升级这些乡村工作最为棘手的问题开始，系统推进农村人居环境整治工作，具有以当地人为行动主体、低成本、易启动、见效快、可持续的优势，系统解决了农村人居环境整治应涵盖的内容和工作路径的问题。

第二节 宜居宜业和美乡村建设的实践经验

一、酵道孝道零污染村庄（社区）建设的成效和经验

党的十八大以来，我国出台了一系列生态环保政策，为推动全民生态环保活动奠定了基础。在我国这样一个农业大国，村庄是重要基石，村庄的发展直接影响国家整体的发展程度，而人居环境是村庄发展的基础。

从北京市昌平区辛庄村开始，酵道孝道在2016年启动了美丽家乡·零污

染村庄（社区）建设。在乡村人居环境整治的实践中，酵道孝道探索出了行之有效的途径和方法，形成了系统的操作方案和系列标准，做出了很好的示范，让我们见证了“绿水青山就是金山银山”理念的实现，诸多村庄因为清除垃圾、改变环境带来了村容、村貌、村风的整体改变。

零污染村庄建设紧紧围绕国务院关于实施乡村振兴战略的总要求，从 5 个方面 18 个维度开展工作。①产业兴旺：友善农业、环保酵素、绿色可循环经济；②生态宜居：垃圾分类、净塑、生物多样性、水源净化、生态环保建筑、厕所革命；③乡风文明：老人被照顾、孩子被照顾、病患被照顾、文化建设；④治理有效：社会主义核心价值观、全民参与；⑤生活富裕：健康饮食习惯、食物流通、环保市集。

在环境整治过程中，制作环保酵素是关键因素之一。经过垃圾分类后，大约有 95% 的垃圾属于厨余垃圾，制作成酵素或堆肥回田，可以修复土壤，实现资源的循环利用。零污染建设给村庄带来了多方位的改变，村庄的垃圾分类、环保酵素、友善农业等各项工作均取得显著成效。①节约土地：几乎不再占用和污染土地；②减少焚烧：几乎不用焚烧；③保护资源：植物垃圾转化成环保酵素和酵素堆肥，垃圾就地转化成资源；④村庄自治：乡村农民再组织，建立了稳定的村民志愿者团队；⑤村民素质提升：村民学会了垃圾分类，提高了环保和健康意识，自愿维护村庄环境；⑥减少国家开支：垃圾分类的直接经济效益达百万元，同时为国家减少大量开支；⑦改善、消除农村污染：消除垃圾污染，水源、土地得到保护和净化；⑧推动农业转型：酵素农业的实验获得成果，小麦、水果、蔬菜种植都可以不用农药、化肥、除草剂，产量并没有降低，同时品质获得极大提升；⑨减少碳排放：河南毛庄村一个村庄全年减少碳排放超过 1200 吨，人均减碳 0.63 吨。

在多层面的成效之中，美丽家乡・零污染村庄（社区）建设在垃圾源头分类和减量方面尤为突出，其中河南毛庄村垃圾减量达到 99.7%。按 1 公斤垃圾会产生 2.06 公斤的碳排放计算，零污染建设能够对减少碳排放作出巨大贡献。美丽家乡・零污染村庄（社区）建设方案是破解垃圾困境的有效路径，是一个可以复制的、低成本的、以教育为主的可持续发展方案，值得全面推广与普及。

在全国范围内，零污染村庄（社区）建设虽不具备规模，但是已经越来越多。目前全国至少有150个村庄与社区正在开展零污染家乡建设。在这些村庄，环境没有垃圾，种植不用农药、化肥、除草剂，奠定了坚实的生态产业发展的基础，使村庄逐步稳定地成为一个产业兴旺、生态宜居、乡风文明、治理有效、生活富裕的幸福家园。河南、浙江、重庆等地均有村庄成为省市级乃至部级样板村，包括《人民日报》在内的全国各大媒体对相关村庄进行了报道。

目前已有序开展零污染建设工作的村庄（社区），包括北京辛庄村，浙江宁波箭岭村，河南新乡毛庄村、杨街村、大泉村，河南焦作东沁阳村、后杨香村、立义村，山东济南北道沟村，浙江杭州淳安千岛湖姜家镇生态村，湖南郴州桂阳县荷叶镇莲塘村，贵州贵阳保寨村，浙江杭州夏宫社区，山东青州大福地社区，山东寿光吕一村，等等。这些有代表性的村庄（社区）普遍做到了垃圾减量70%以上、70%以上村民参加垃圾分类、80%以上村民制作和使用环保酵素，村庄氛围越来越友好，留守老人和孩子得到一定程度的照顾，村庄特色手工开始复苏，传统文化得到学习传播……

在全国的零污染村庄（社区）建设中，有几个村庄尤为突出。北京昌平辛庄村是第一个试点的零污染村庄，在实施零污染村庄方案的6个月内就做到了垃圾减量70%。目前，辛庄村的案例得到北京市、区、镇各级政府的认可，辛庄村正在成为北京的样板村庄。2018—2022年，仅山东寿光吕一村一个村就有90%的农户参与制作了超过200吨环保酵素，在大棚种植上取得了不菲成绩。潍坊市委书记亲自前往吕一村考察调研，给予高度肯定，并号召全市农户学习。浙江宁波的箭岭村被当地媒体报道后，各级政府高度关注，将其确定为当地的样板村，并给予政策与资金上的大力支持。河南焦作的东沁阳村被河南的《大河报》连续4次报道，河南省环保厅厅长亲自前往考察，给予高度肯定，并号召各村镇前往学习，各级政府给予政策与资金的大力支持。河南新乡毛庄村垃圾分类也取得了可喜成绩，垃圾减量达到99.7%，新乡市委书记前往考察调研，给予高度肯定，确定毛庄村为样板村，号召各村镇前往学习，河南卫视、《人民日报》纷纷前往采访报道。湖南郴州的莲塘村是酵道孝道2019年开始建设的零污染生态村，仅用半年时间就已经初见成效，在垃圾分类、老人照顾、儿童教育、友善农业、水源净化、生态环保建筑等多个维度都有一定的推进，努力建设成为零污染生态村的参考模板，并得到当地政府的大力支持。

乡村的各种问题都是综合因素作用的结果，因此，人居环境整治也需要采用全面、系统的思维和方法。零污染村庄（社区）建设从垃圾分类、水源净化、湿垃圾堆肥、酵素制作、乡村自组织和农业生态升级等最为棘手的问题开始，全面系统推进乡村卫生工作，以村民为行动主体，低成本、易启动、见效快、可持续，系统解决了乡村卫生环境整治工作路径问题，最终实现零垃圾、零污水、零废弃、全循环。同时，充分探索、总结在乡村环境整治工作领域的经验和教训，厘清乡村振兴中人居环境整治与有机农业生产、乡风文明和文化教育的内在逻辑关系，集成完整、全面的乡村环境整治的系统解决方案，用于乡村振兴顶层设计的决策参考和实践指导，不仅为乡村环境整治和乡村振兴找到解决方案和政策依据，而且为城市的垃圾分类、污水处理等多年积累的老大难问题找到解决的方向和出路。

实践告诉我们，零污染村庄（社区）建设实际上是一项社会教育工作。有关零污染村庄建设的公益教育是撬动乡村内部改变的杠杆，可以培养乡村振兴急需的志愿和公益精神，在已有的基础上，进一步开发形式多样的环保酵素、垃圾分类、乡村传统、孝道、健康素食和绿色生态创业等公益教育内容和课程，进一步快速培养生态村民，极大提升村民和社会组织参与的能力和持续性。

总之，通过厘清在乡村振兴过程中环境整治与有机农业生产、乡村治理和文化教育的关系，提出完整、全面的乡村环境整治的系统解决方案和政策建议，指导、应用于实践，既可以有效避免政策有偏差或不接地气，又可以实现让农民不离乡土、安居乐业、过得有尊严，有助于实现乡村振兴的宏伟目标。

二、农村人居环境整治的策略与经验

零污染村庄（社区）建设紧紧围绕国务院关于实施乡村振兴战略的总要求，从5个方面18个维度展开。美丽家乡·零污染村庄（社区）建设工程是一个在全国各地都可以落地执行的方案，可以助推全国各地的乡村振兴。根据这几年的推广经验，一个村经历筹备、宣传、启动、组建团队、购买物资、有序推进、良性持续等过程，一年的开支需30万元左右。

在具体操作上，分别成立农业小组、环保小组、健康小组、经济小组和文化小组，各组开展相对应主题的课程，培训村庄的村（社区）“两委”干部和村民志愿者团队，村（社区）“两委”与村民志愿者是零污染村庄（社区）建设的主要执行团队。一个村或社区要开展零污染建设，首先是村（社区）“两委”的负责人认可和支持，这对整个进程起着关键的作用，其次是有村民（居民）愿意承担责任、组成志愿者队伍作为具体执行的团队。

各工作小组的课程可以是专门课程，也可以相互融合，一门课程可能涉及好几个组，让各组既有全局的概念，又具备专业的素质。同时，不定期举行各地零污染村庄（社区）之间的交流互动，通过交流，让每个村都获得需要的资讯与经验。

在经济方面，可以成立美丽家乡合作社，以此作为经营主体，发展一村一品，打造各村的产业品牌，协助每个村发展绿色可循环经济产业。内容包括酵素手工皂、酵素泡菜、酵素农产品、酵素食品加工企业、乡村文化旅游等，通过村庄（社区）内部的合作社来造血，支持村庄（社区）的可持续发展。

实际操作步骤可以简单概括为：村（社区）“两委”确认—组建当地执行团队—执行团队培训—宣传（海报上墙、广播、传单、村民课程）—入户—净村（社区）—撤垃圾桶（垃圾不落地）—宣传—树立榜样—培训—各维度执行—落地。

在零污染村庄（社区）建设的推进过程中，根据实际情况，还要遵循一些原则和策略。①当地人办当地事，在乡村工作，一定要调动村“两委”的积极性。村干部的心要在一起，愿意去做这件事情。同时，村干部要跟村民在一起，并组建一个当地村民的志愿者小组，做好村民志愿者小组的教育与陪伴。②零污染村庄（社区）建设指导团队与当地执行团队之间的配合与工作的对接。③在工作过程中做好存档管理，留下文字、照片、实物等工作记录，并通过记录及发布消息，传播工作过程中发生的动人故事，感动和启发更多人和村庄（社区）参与进来，一起行动。④推动环保酵素在农业领域的使用，通过培训教大家如何用。⑤在零污染村庄（社区）建设中，文化建设是灵魂，通过开展传统文化讲堂等活动，探寻和挖掘村庄传统手工、传统建筑、民间文化活动，传承中华孝道文化和家庭伦理道德，充分发挥其在凝聚人心、教化群众、淳化民风方面的重要作用。⑥零污染村庄（社区）的建设其实是一个教育的过程，只有教育先行，改变人们的思维和行为，各项工作才能持续推进。⑦不能以利益来诱导农民，不能让农民为了钱而做，而是为了健康、环境、子孙后代的未来而做。

从长远来看，要持续开展零污染村庄（社区）建设，随着工作的不断推进，有条件的地方还需要长期做好以下基础性工作。一是联合更多力量，建立人才教育系统；二是联合更多力量，完善支持和服务系统；三是不断完善方案，递交给各级有关政府部门，形成可复制的成熟的区域方案，如建设零污染镇、零污染县等；四是争取在政府相关部门立项，在各级政府的引导下向各个层面系统推进。

零污染的环境治理是一个所有人都身处其中的过程，从每个人的生活到家庭、村庄（社区）、城市、地区、国家，从个人生活到社会、能源、经济等方面，都应该朝着可持续发展的方向——“零污染”迈进，共同来完善美丽家乡·零污染村庄（社区）建设工程，为美丽中国、生态文明建设贡献力量。

三、毛庄村“百日突围”的操作方法

在全国众多的零污染村庄中，河南省新乡市朗公庙镇毛庄村不仅在环保酵素普及、净塑、酵素有机农业等方面有长足发展，而且在垃圾分类、减量方面也取得了很好的成绩。在没有政府资金投入的前提下，村民自发组织志愿者团队，实施垃圾分类，让毛庄村从一个垃圾满地的村庄变为一个垃圾减量高达 99.7%、全村 100% 参与垃圾分类的村庄。

2019 年 2 月，毛庄村在村书记带领下发起垃圾分类百日攻坚战。他们采取分片包户、开展入户宣传、撤掉垃圾桶改由义工上门收取、邀请公益团队志愿者进村带领村民制作酵素、利用道德讲堂举办培训班等措施，引导村民从“不太认同”到“高度自觉”进行垃圾分类，仅用 100 天的时间就做到了垃圾减量 95% 以上。

为了让大家接受零污染理念、主动进行垃圾分类，村里还组织义工分片包户进行入户宣传、面对面讲解，演示垃圾分类、净塑及制作环保酵素，将垃圾从最开始的干湿分类，细化分为可回收资源、不可回收资源、可做酵素资源、可堆肥资源和有毒有害垃圾五大类。毛庄村撤掉了全村 44 个垃圾桶，改由义工上门收取垃圾，节省下来的原本要付给环卫公司的清运费用于 25 名义工的劳保补贴。如今，村里的外运垃圾已经从 1320 桶减少到了 4 桶，垃圾减量高达 99.7%，真正实现了将垃圾变废为宝。

2019 年 4 月，人民网、《河南日报》共同报道了毛庄村的“垃圾革命”。2019 年 12 月，《经济日报》又对毛庄村的垃圾分类行动做了全面报道。

每天早上八点，身着红色衣服的志愿者都会骑着三轮车到村民家收垃圾，村民们会在这个时间把自家垃圾分类在门口放好。

垃圾分拣中心坐落在毛庄村曾经的垃圾填埋场，旁边的简易棚子里，旧衣物类、有毒有害类、废旧木材类、金属类、废旧电池类、玻璃类、纸板类等标识张贴醒目，“资源”被清晰标注、有序放置。从一开始细分了 21 类，到后面扩展成了 28 类，越分越细。垃圾分好后，可回收的塑料和玻璃、衣物等类别垃圾统一卖给废品公司，不可回收的垃圾则储存好请环卫公司清运。

自启动零污染村庄建设项目以来，毛庄村从以前的脏、乱、差，蚊虫满天飞，到现在整个村庄干干净净，街道上没有一个垃圾桶，人们走在街道上心情都特别愉悦。在毛庄村的零污染资源分类中心还摆放着成排的白色大桶，打开盖子，带有果香的酸甜味道散发出来，这是环保酵素的味道，将新鲜的果皮菜叶类垃圾和糖水按照比例混合就能制成环保酵素，可用来净化水源、土壤和空气。

这种做法不是简单地做垃圾分类，而是综合性系统方案，依照“五位一体”的理念，将零污染村庄的18个维度有机结合，通过村民共建美丽家园，建设零污染村庄。实施方案和流程为：垃圾在村民家源头减量与分类（三桶两箱）—垃圾不落地（全村撤垃圾桶）—上门收集（每日收集）—集中细分类（资源回收中心统一分类）—分类处理（制作环保酵素 + 堆肥 + 卖掉 + 收存 + 填埋）。

毛庄村将美丽家乡·零污染村庄（社区）建设工程与乡村振兴战略紧密结合在一起，通过使用环保酵素，发展健康生态农业，从而实现产业兴旺；通过垃圾分类，实现生态宜居；通过举办“孝道文化大餐”和“道德讲堂”，培养乡风文明；通过全民参与零污染村庄建设，引导大家进行垃圾分类，实现治理有效。最终培养村民健康的生活习惯，追求生活富裕。

毛庄村人居环境治理的成效是全方位的：一是全面杜绝使用农药、化肥、除草剂等有害化学物质；二是乡村的垃圾大幅度减量，垃圾减量超过90%；三是在水资源保护方面，乡村内部实现零污水；四是在提升公共健康方面，从项目实施的第二年开始，就医人次以每年50%的速度递减；五是在家庭支出方面，形成人与自然和谐共生、健康环保的生态生活方式两三年之后，村民人均支出明显下降。

我们来看一组数据：毛庄村有426户2056人，常住村里的有398户约1900人。村里原来有44个垃圾桶，每天都会装满，由环卫公司每天清运到垃圾填埋场，镇政府每年支付给环卫公司大约10万元清运费。在建设零污染村庄的过程中，毛庄村执行了垃圾不落地与分类的方案，撤掉了村中所有的垃圾桶，改为村民自己在家进行垃圾分类，义工上门收集。一个月时间里，没有让环卫公司清运任何垃圾，经过垃圾分类、在地无害化与资源化处理后，仅有 4 桶垃圾需要环卫公司来清运，垃圾减量 99.7%。这组数据足以证明，农村更有条件做到垃圾分类和资源的循环利用，垃圾围村（城）的困境是可以突破的。

第三节　激活乡土力量，重振乡村产业

要实现乡村振兴，首先要做到产业振兴。许多政府部门和企业都把产业振兴放在第一位，但究其本质，乡村的产业发展不同于城市化和工业化，文化才是乡村振兴的灵魂。因此，振兴乡村产业，需要首先重视传统文化和乡土文化。

一、传统文化和乡土文化的力量

北京师范大学社会发展与公共政策学院的萧淑贞认为，在人类学的意义上，区别于大自然的人类的所有活动及其产物都可以被称为文化；狭义的文化是指除了经济以外的活动及其产物。文化是“道”不是“器”、是“体”不是“用”，它渗透在经济、社会、生态等方面。有的文化形式，如建筑，人们可以看见；有的文化形式，如道德、风俗等，是看不见的。文化的力量虽然无形，但更深刻、持久，它蕴藏的可持续发展的力量在乡村表现得更加鲜明。如果说乡村是国家的基础，那么文化则是基础的基础、根本的根本。

振兴乡村，文化先行。首先要复兴乡村赖以繁荣的文化和知识体系，才能从根本上实现这一目标。文化是促进可持续发展的无形且持久的动力，乡村振兴必须植入、依靠当地文化，一定要重视当地村庄拥有的各种传统和文化资源，它们不仅会成为生态社会建设不可或缺的力量，也会成为手工技艺复活、带动产业发展的源泉。在城乡平等、互补的良性互动中，传统文化深厚和更新能力强的地方，也一定会率先促使乡村焕发活力。

那么，文化自信对应传统文化中的什么自信？传统文化和乡土文化对于生态文明建设能够起到什么样的作用？传统文化和乡土文化中蕴藏着“天人合一”的生活常识和生活技能，如食物教育、养生教育和生命教育等，以至有人说“中国传统文化的精髓集中体现在农村妇女身上”，就是指妇女传承了这些有关农业生产、健康养生和生活的知识和技能，这一部分知识与百姓生活密切相关，也是传统文化中有助于生态文明建设的重要部分。但是，除了一部分农耕文化传统比较深厚的地方，在很多地方这一部分知识目前已经被遗忘，从人们的生活中消失。

从文化角度认识乡村，不仅能够真正认识传统文化和乡土文化的价值，而且容易采取整体系统的思维和视角，更能够将普通民众视为乡村振兴的主体。

以足够的自信认识传统文化和乡土文化的价值，经过再生改造，充分挖掘其价值，无形的文化也可以创造可观的经济效益。

优秀的传统文化和乡土文化不仅能够带来民族自信和认同，也是社会建设和发展的重要动力，同时赋予人们生活的意义，乡土记忆和传统技艺在乡村的觉醒、自信中不断展现其价值和力量，令乡村更好地提振信心、聚拢人气、积蓄力量、找回自己的精气神。令人欣喜的是，当前社会各界的人们正在通过各种各样的方式，如方言电影、村史、农耕博物馆等，挖掘、坚守乡土文化的多样性。

二、传统文化和乡土文化蕴藏着大产业

乡村无形的文化蕴藏着无尽的有形财富。在乡村，文化、生活和产业的界限往往模糊，生活本身就是文化，也是产业。

在乡村，跟土地有关的产业会形成一个生态链条，撬动一个，就会带动其他，由点及面，激活整个系统。我们可以在那些手工制品、没有添加剂的有机食品中，在衣、食、住、行、游、购、娱等方面，全方位地展望未来的产业变化，看到乡村产业振兴的希望。

例如，纺织品，从化纤到棉、麻、丝、布；肥料，从化学制剂到天然、有机的生物制剂、菌肥；农副产品加工，从化学添加到手工酿造；日化洗涤，从化学合成到酵素、植物洗剂；护肤品，从化学品到植物纯露、精油等；健康养生，从依赖西医、药物到基于中医、中药、针灸、按摩的主动健康；手工产业，从工业制造到布艺、泥艺、石艺、木艺、竹艺、铁艺、蚕艺“乡村七艺”；居所，从城市到乡居、山居；自然教育，体验营、夏令营；精神需求，冥想、禅修。

在这个产业系统中，既有粮食酿造酱油、醋等乡村传统的手工业态，也有提取植物纯露、植物精油的现代产业，还有自然教育、耕读教育和禅修等文化、教育产业，目前乡村的这些产业发展趋势已经越来越明显。充分挖掘乡村传统文化和乡土文化资源也有助于解决很多现代问题，耕读教育、审美和心灵、精神需求等正在成为乡村产业的新热点。

三、山西永济蒲韩社区：以社会服务带动乡村产业

乡村是一个集社会、文化、生产、生活于一体的复合体，所以，不能以城市发展工业的思维来发展乡村产业。经济水平不高的乡村从服务小群体、小社会入手发展产业，规模虽然不大，盈利也不是很多，却能形成真正的产业生态系统。从更大范围看，因为生态产品不使用食品添加剂，制约了长途运输和长期保存，有限的覆盖半径会给其他领域留出发展机会和空间，不会造成区域、国别间的不均衡和社群贫富分化，这样的生态产业才是包容发展的，才有可能慢慢发展、形成共同体。

在为老人和孩子提供养老和教育的公共服务过程中，山西永济蒲韩社区发现妇女会针线手工活，男人会木匠、铁匠、竹编等技艺，就设立了手工屋，帮助村民找到老艺人的感觉，于是公共服务演变为一个个手工作坊。怎么把黄豆磨成豆腐、把芝麻变成香油、把柿子变成醋、把小麦变成面粉，让孩子参与、让有手艺的老人参与，这个过程也是教育。方言是大家最习惯的语言，

说起来最随意。老人随时随地都可以唱本地的地方戏曲蒲剧，社区就把喜欢唱戏的老人家聚集到戏迷屋，表演戏剧、小品。这些活动都是地方文化，看似不盈利、不赚钱，看似都是在做服务，但恰恰是这些措施真正促进了乡村的发展。

中国自古以来以农为本，乡村尤其是传统乡村，是中华文化的根系所在，也是中华文化能够延续发展到今天的重要支撑。因此，我们要从文化的视角去审视乡村，建设乡村。照顾老人不是只照顾老人的吃喝，还要把老人身上那些具有人文价值、能够传承乡土文化的元素发掘出来，让老人发挥文化传承的作用。蒲韩社区在这方面的实践非常值得推广。

上述各项手工技艺可以为现代社会提供宝贵的文化和教育资源，并形成独特的产业。这些产业原本属于乡村和农民，只有在乡村按照祖训古法生产，才能够保证这些产品的生态属性，保障人们的身体健康。如今把这些产业还给乡村和农民，可以让人们吃到、用上真正的好东西，过上健康的生活，农民也因此能够在乡村安居乐业，在家门口过上有尊严的生活。在生态文明时代，乡村制造的好食好物在很多方面都能够凸显出自身价值。

乡村的产业振兴一定伴随着生态农业和手工业的复兴，手工业技能的传承所培养造就的正是乡村产业复兴和乡村建设需要的人才。找回乡土文化和技艺，需要通过教育传承来实现，要为乡村培养人才，而不是只让乡村输出人才。要做到这一点，必须改变现有的教育观念，让被忽视多年的源自乡土的手工技艺通过进入教育体系，得到传承，让职业教育、成人教育重新走上前台，相比教育的方式、方法和载体，乡村教育的目标、主题和内容更重要。

第四节　宜居宜业和美乡村的建设和运作模式

四川浦江的明月村不仅是发展新型乡村产业的典型代表，也探索出了在宜居宜业和美乡村建设中多方力量共同投入运作的新模式。

一、乡创再造乡土

明月村是一个自然村，自古以来就叫这个名字，能给人们带来“明月几时有”的美好想象。明月村在318国道旁，是在古代的南方丝绸之路和茶马古道上的一个普通乡村，距离成都市区90公里。村子并没有非常深厚的历史底蕴，平凡而普通，2009年还是成都市的贫困村。村子面积6.78平方公里，全村有727户2218人。虽然靠近旅游资源非常丰富的成都市，但是明月村没有发展优势，没有大山大川，全部是农耕区域，2014年之前很少有游客去过。

明月村有古窑、染织等传统手工艺，在古代只是满足老百姓日常所需的技艺。明月村发现、挖掘了古老手艺的现代价值，以文创、古窑的修复为切入点，吸引了若干文创人士和文创项目进驻，激活了整个村庄，形成了文创产业，带动了生态农业的转型以及附带而来的乡村旅游，一二三产业互融互动，传统农业与精致农业、文化创意、精深加工、休闲旅游有效融合，构建了多层次的生态产业圈，形成了生态、生活、生产、生命“四生合一”的明月发展模式和资产升值、产业更新、消费升级的新乡村生活圈。

明月村的发展可以概括为3个关键词：文创、公益、新乡村。

文创，是因为明月村有古窑这样传统的手工艺，烧的都是老百姓日常用的碗和泡菜坛子等。古代没有文创的概念，只是一门手艺。明月村以文创、修复古窑为切入点，形成了文创产业，带动了生态农业的转型。

公益，是在活化村庄的过程中，有很多公益组织来到明月村陪伴当地村民成长，陪伴这个村子，共同进行社区建设。

新乡村，指城市和乡村并不是对立关系，可以从乡村出发去城市，连接城市和乡村。明月村代表的是新乡村，它既不是传统的乡村，也不是城市，而是一个连接点，连接了传统和未来，它是一个生态可持续、善待土地和自然、产业可循环、人和人之间和谐相处、既自然生长又和外界有美好连接的地方。

明月村首先吸引了以陶艺为主的文化创客，引进了36个新村民的文创项目，村民自己创业的项目也有30多个，目前还在不断增长。新老村民在这里互动融合，使明月村成为一个共创共享的幸福美丽新乡村。明月村被评为中国乡村旅游创客示范基地、四川省文化产业示范园区和四川省成都市的重大旅游项目。无论是新村民还是原村民，都在这里焕发出了非常具有创造力、非常自觉、非常生动的状态，让明月村成为生命和生活交织在一起、连接城市和乡村、超越城乡鸿沟、让人们实现自己理想和梦想的地方。

二、乡村产业的规划和发展模式

当地政府部门牵头为明月村做了整村的发展规划，首先规划了一条 8.8 公里的环线，把整个村庄都串在了一起。在规划上以古窑为依托，设有一个陶艺手工艺文创园区和一片 187 亩的国有建设用地。这块建设用地被规划成 17 部分，每部分都是散落的，保留了生态松林和竹林，种植生态雷竹、茶叶，以及传统作物，包括水稻、油菜等。最大的一部分用地是 35 亩，最小的是 3 亩，以古窑为核心，对应引进了 17 个文创项目，包括剧场、美术馆、图书馆等，都是以引进新村民和创客的形式引进社会资本，政府只负责基础设施的建设，不投资具体的实体项目。

另外，在环线周边有一些村民闲置的老房屋，也吸引了多个创客和艺术家对房子进行改造，成为一个个文创项目。原村民既是房东，可以收房租，又可以是员工，还可以通过培训去创业。在这个区域里面，有陶艺手工艺文创区，有民居创客院落，还有村民创业区。村民创业的项目也是多种多样的，有卖文创的，有开陶艺工作室的，有开染坊的，有手工制茶的，还有一些做餐饮和民宿的，业态非常丰富。

在有机农业部分，明月村邀请了很多专家，以点带面，通过培训和示范户的种植来带动整体的转型，希望在未来 3~5 年里实现整村的有机种植。

在文创部分，借助修复以后的老窑，聚集了另外一些陶艺品牌和工作室，有国家工艺美术大师，也有“80 后”陶艺家，还有篆刻传习所，呈现出多元化的状态，也有自己展出和销售的地方，所有产品的生产、设计都由新老村民共同完成。

在乡村旅游部分，明月村突出了新乡村田园生活方式。在松林中的火锅宴，可以从傍晚一直吃到深夜，客人都舍不得离开。2015 年 10 月 1 日之前，村子里没有一家餐厅，也没有一个民宿，从 2015 年 10 月开始，村民创业的热情不断被激发出来，整个业态也非常丰富。

明月村的民宿是徐木设计师设计的，基于明月村的成功，现在很多地方，包括北京、莫干山甚至泰国的一些民宿也请她去设计，所以，明月村整个产业链还包括乡村建造产业，而且培养了自己的队伍，参加全国乡村建设的策划设计。建造产业是乡村建设比较重要的部分，分为设计和建造两个部分。在设计方面，明月村一直在探索高效、低成本的实践，注重对当地文化和当地生活的多元设计，重视成本的控制和实施的操作性。设计师免费为村民制作房屋改造的导则并进行培训，经过学习导则和培训，村民如果要做一个业态或者对自己的房屋进行改造，设计师只需在重要的节点指导一下，村里的乡建生产队和村民协力就可以完成。

在建造方面，明月村一方面注重本地材料的使用，另一方面非常注重传统技艺的保护和发展。运用先进技术，在保持乡土文化、乡土建筑格局的基础上，增加舒适性，使客户来到这里有独特的体验。明月村有一个非常有名的“远远的阳光房”，它以前就是一个很普通的农家院了，现在是文艺青年拍照胜地。展室是由一个要倒塌的猪圈改造的，厨房以前就是一个阴暗潮湿的地方，现在也经常做一些很有特色的餐饮。还有一个由“85 后”设计师杨鹏飞设计的民宿获得了 UCD 最美民宿大奖。它在改造之前是一个闲置已久的院落，现在的风雨廊以前就是一个鸡笼，现在有很多文艺青年或艺术家都会去拍照，让村子和这个院子充满了活力。

在修建明月窑展厅的过程中，村子里的老木匠和老陶工非常受尊重，他们创造出了很好的作品，所以，村民对传统手艺非常有信心，村里的老人每天都跟外面的人交流，吸引了很多在外打工的人返乡。

在社区营造方面，明月讲堂是社区营造的品牌，每月一期，邀请全国在乡村建设和乡村文化领域有建树的专家和老师开办讲座，每期有 100 多人来到乡村听课，同时带动了村里的餐饮和住宿产业的发展。

此外，村里还面向村民开办了明月夜校，关注村民的创业和发展。夜校的内容根据村民的需求来定，刚开始主要讲理念，然后讲房屋怎么盖、民宿怎么开、餐饮怎么摆盘。夜校 1~2 周举办一期，村里的学习氛围非常浓厚。

在产业培训方面，新村民的工作室会对村民进行优势产业、各种技法的培训。比如，经过十几期的培训以后，有的学员已经可以自己开草木染布坊了，有的学员成为阳光坊的员工，还有的学员在染坊旁边开了餐厅，用自己染的布来做装饰。国家工艺美术大师和村里的旅游合作社组织每周六上午为村民培训陶艺。此外，还有篆刻培训，培训班学员的作品在村子里面展出，被研发成为旅游产品进行销售。

另外，为村子里的儿童办的书画培训班，每两周一期，在固定时间和地点上课，在寒假、暑假还会为孩子们开办专业的工作坊。

村子里所有的解说员都是当地村民，培训以后考核合格的上岗。现在到明月村参观考察的团队特别多，其中政府占 60%，市场团队占 40%，随团讲解的解说员每次讲解后也可以获得一份收入。明月村的发展也吸引了更多的大学生返乡创业。

三、政府、社会和村民多方力量的协调配合机制

明月村的发展模式是政府搭台、文创撬动、产业支撑、公益助推和共创共享，几方各司其职，政府负责项目的规划，组建项目运作的平台、团队，负责项目引进、基础设施建设和投入。引进的文创项目形成了文创产业，并且带动了生态农业和乡村旅游产业的发展。公益组织协同营造和谐社区，成立了旅游合作社，成为村民一些旅游项目发展的平台。

操盘手团队有两种形式，一种是政府委派、政府主导的，另一种是企业

主导的。操盘手作为中间衔接的角色，需要协调、统筹各方力量，所以，要求操盘手团队人员人格比较独立，能够只考虑事情发展的本身，不受权力和金钱的影响。在整个架构、工作模块、工作流程梳理清楚以后，操盘手团队就会逐渐隐退。

四、每一个人的明月村：真正激发村民的主体创造性

在明月村的发展中，还有生态、生活、生产、生命“四生合一”的理念。在这个过程中，很多人因此而改变，生命潜能被激发出来。新村民是一个引擎，发展了创意产业，形成了创意产业发展体系。现在有新村民 100 多名，有艺术家、陶艺家、建筑师，还有很多高校学者，他们做各种建构、设计，拥有很多粉丝，这些粉丝同时还是消费者和传播者。

明月村的目标是安居乐业，来到这里的所有人，不管是新村民还是当地村民，还是游客，都会感受到这是一个环境自然、生态友好、产业可持续发展、村民友善喜悦、与外界友好连接的地方。

很多人都关心明月村的产业发展模式可否复制。明月村在两年时间里就聚集了全国在乡村建设、设计、陶艺等领域的一批艺术家和创客，他们有共同的价值观，又互相帮助，好似一家人。明月村在这个过程中的做法和经验等都可以分享和借鉴。正因为明月村是一个很普通的村子，它的发展给了很多资源不是特别充足的村子以希望。

北京师范大学社会发展与公共政策学院的萧淑贞认为，人类在物质需求满足之后，将来一定是向精神、艺术、审美的方向发展，精神境界会越来越高。明月村将乡村变成了满足人们艺术审美需求的场所，通过从传统的、生活的、实用的手工业延伸出文创产业，提升村民的艺术审美。

乡村复兴一定不能脱离乡土文化的根。明月村现在有 20 多户村民参加了创业，从社区建设的角度看，他们比较容易与新村民相互融入。因此，明月村下一步的计划会重点放在社区营造上。

此外，明月村的建设力量主要是一些年轻人，他们以不同于前辈的方式参与乡村建设。20 世纪 30 年代以来的知识分子多是带着改造社会的理想投身乡村建设，年轻一代尤其是从城市到乡村的年轻人多是从生活出发，到乡村寻找“理想的生活”，他们崇尚先把自己的生活过好了，乡村自然就好了的理念，这使得他们以自然、轻松的态度去融入、享受乡村生活。因此，乡建外部力量的身份和心态的变化是新时期乡村建设的一个重要动向。

国家行政学院生态文明研究中心的张孝德教授认为，乡村的吸引力不是生产，而是生活，乡村的生活方式是乡村生命力的所在。近代以来，工业文明的使命是利用科技和市场的力量，有效解决高效率生产的问题。传统经济学有一个假定，财富增长等于幸福增长。但是人们发现，财富与幸福不是绝对等同的关系，工业文明时代解决了以最低成本得到产品生产最大化的问题，但如何以最低能耗实现生活幸福最大化的问题没有得到很好解决。追求以最低能耗得到幸福生活最大化是生态文明时代要解决的难题，循着这个思路就会发现，低成本的幸福生活方式在乡村。现在人们提升幸福感的最大障碍不是物质财富供给不足，而是文化、精神等供给不足。在这个背景下，乡村的价值开始被发现，而这恰恰就是乡村产业振兴之所在。

第十一章　乡村文化与精神文明建设

引　言

日本、泰国、印度和欧洲等国家和地区都有生态村，作为一种理想生活的样本，“躲进小楼成一统”的生态村吸引了不少年轻人。国际上的理想生态村在一片荒无人烟的地方从一砖一瓦建起，这些生态村提醒我们要重新认识传统，重视乡村。

中国人对生态村并不陌生，祖先曾经给我们留下了丰厚的遗产。本土、传统的文化和知识体系往往是一套系统完整的生产、生活和文化教育体系。古人将“天人合一”的宇宙观和认识论变成了生态的生产和生活方式，又通过教育传承这个文化。传统村落的生产、生活沿袭祖先的生态智慧，但人们往往日用而不知。

但原本生态的传统村落不完全符合现代的社会理想，它们如何迈向新文明，是乡村建设的一个关键问题。文化转型、社会转型和乡村振兴的宏大愿景落实到参与其中的个人身上，是身心的蜕变。实践中应在百年乡村建设传统的基础上，参照国际生态村的理念，将传统村落提升转化为生态乡村。

同时，我们期望在传统中寻求解决之道，继承中华文化，建设生态乡村，重新建立符合生态法则的生活体系。乡村是建设符合生态文明目标的新生活、新文化、新教育的策源地，乡村振兴的意义不仅停留在乡村自身的复兴，还是整个国家、社会乃至世界可持续发展的源泉和动力，因此，乡村的文化和精神建设任重道远。

第一节　以共同缔造凝心聚力

共同缔造让乡村更美。2019 年 2 月，《住房和城乡建设部关于在城乡人居环境建设和整治中开展美好环境与幸福生活共同缔造活动的指导意见》发布，多年来，全国多地已开展试点，取得了不少成就与经验。为了以共同缔造理念进一步推动美丽乡村建设，充分发挥群众主体作用，进一步推进乡村全面振兴，湖北省村镇建设协会在湖北省住房和城乡建设厅的指导下，牵头成立了设计下乡（共同缔造）专委会，积极探索可复制、可推广、可落地的工作路径、方法。从 2019 年开始尝试的微景观设计工作坊是 1.0 版本的共同缔造工作坊，经过几年的实践和提升，逐步形成了比较完整、相对成熟的落地路径和方法。

共同缔造工作坊的主要方式是：动员省内 20 多所高校设计院系师生以及社工组织、社会志愿者到一个村驻点 5 天左右，陪伴式、手把手地以较短时间教会村委、村民“五天五步”共同缔造的落地方法。

一、共同缔造工作的理念和内涵

西厢房乡建联合机构将共同缔造精神贯彻始终，坚持遵循“五位一体”理念，探索出“四力共振”的路径，围绕“一个中心、三个基本点”的重点内容开展工作。“五位一体”是指“党建为纲、群众为本、产业为要、生态为基、文化为魂”，“四力共振”是指“政府引导、村社落地、农民主体、社会助力”，通过该路径的实施，深化共同缔造的理念和内涵，四方主体凝心聚力，共同建设和美乡村。在具体工作中，每一场共同缔造工作坊都是围绕

“一个中心、三个基本点”来落地执行的。

“一个中心”就是培育乡村自治组织。首先，以党建引领的乡村自治组织是乡村建设和治理的中坚力量；其次，自治组织的培育能将工作方法转化为长效机制。在深入调研的基础上，从乡村实际情况出发，培育不同类型的村民自治组织，全体村民依照各自需求和特长爱好加入各种组织，激发群众内生动力，真正实现共同缔造、人人参与，实现横向到边的乡村自治管理。

“三个基本点”分别是人居环境共建、自治组织活动、宣传展示助力。

第一个基本点是人居环境共建。共同缔造工作坊是以乡村房前屋后环境改善、基础设施提升等实事小事为切入点，与村民需求相关、利益相关，更能调动村民的参与度和积极性，增强村民的幸福感；工作坊连接政府、高校、企业等各方资源，鼓励群众出资出力、投工投劳，以最少的成本，在最短的时间内取得最好的效果，形成共同缔造的巨大合力。

第二个基本点是自治组织活动。通过策划活动，指导村民自治组织实施活动，增强自治组织引领力，完善自治组织运作机制，实现民主化管理，做到民事民决、民事民议、民事民监、民事民管，让村里每一个人都能参与到乡村治理中来。

第三个基本点是宣传展示助力。宣传报道是工作坊的重要组成部分，不仅要展示人居环境改造的全过程和直接成果，更重要的是宣传在共同缔造过程中改变的人和发生的事。村民群众参与其中的真实感受，就是最鲜活的细节、最感人的故事。通过媒体传播，用身边事鼓舞教育身边人，用正能量吸引和召唤更多共建者，增进村民的自豪感和文化自信，营造见贤思齐、互帮互助的良好氛围。

共同缔造工作坊的内涵是秉承决策共谋、发展共建、建设共管、效果共评、成果共享的“五共”理念，以湖北省住房和城乡建设厅乡村环境微改造试点为载体，以群众房前屋后人居环境的实事小事为切入点，其实质不只是项目建设，而是组织发动群众、挖掘乡村内生动力的人心建设、组织建设、文化建设和机制建设。

概括来说，共同缔造工作坊，就是一场多维度、全方位的综合性活动。西厢房设计下乡共同缔造工作坊经历 3 年的成功探索后，2022 年开始在湖北全省推广实施，以共同缔造理念进一步推动美丽乡村建设，充分发挥群众主体作用，推进乡村全面振兴。

2022 年 3 月 2 日，湖北省财政厅、湖北省住房和城乡建设厅联合发布了《关于组织开展乡村环境微改造共建活动的通知》；6 月，在全省范围内确定了 20 个乡村作为共同缔造共建活动试点村；7 月 21 日，在麻城召开了全省美好环境与幸福生活共同缔造暨乡村环境微改造共建培训会；9—12 月，湖北省村镇建设协会设计下乡（共同缔造）专委会在全省指导实施了 30 场乡村微环境改造共同缔造活动，积极联动各方资源，联合高校、设计院、社会企业、公益组织等 40 多家机构，设计师和志愿者 800 多人走进乡村参与共同缔造活动，培训 200 多次，参与人数过万，发放村民调研表 1000 多份，媒体浏览量超过百万次，同时也和湖北经视《咵天》栏目设立了《共同缔造进乡村》子栏目，所有内容全部由专委会提供。

此次活动旨在以试点形成示范效应，通过乡村环境小节点的微改造作为共同缔造小切口，促进乡村风貌大变化，激发村民主体意识，探索一条接地气、低成本、可复制的美丽乡村共同缔造工作方式，为村庄可持续发展打下坚实的组织基础、群众基础和治理基础。

湖北省村镇建设协会设计下乡（共同缔造）专委会作为 20 个试点村乡村环境微改造共建活动的指导实施单位，积极联动各方资源，联合高校、设计院、社会企业、公益组织等众多社会机构和社会力量走进乡村参与共同缔造，以举办美好环境与幸福生活共同缔造工作坊的形式，对从走访调研、前期辅导、策划宣传到实施培训、活动落地、成果推广的各个环节进行了全过程的深入参与和指导。共同缔造工作坊活动连接了社会资源，激发了群众内生动力，推动了村民自治组织建设，点燃了“五共”星火，起到了样板示范作用，有力推动全省各地掀起了学习共同缔造、践行共同缔造的热潮。

二、共同缔造工作坊落地的方法和路径

美好环境与幸福生活共同缔造工作坊是一场多维度、全方位的综合性活动。工作坊坚持一切为了群众、一切依靠群众，从群众中来、到群众中去的群众路线，通过决策共谋、发展共建、建设共管、效果共评、成果共享，打通群众共同参与、共同创造美好环境与幸福生活的渠道，调动各方力量和资源参与共同缔造工作，打造新时代共建共治共享的社会治理新格局。

（一）前期准备阶段

1. 成立共同缔造专班

引导各地成立横向到边的共同缔造专班，参与共同缔造工作坊策划实施，协调沟通相关资源参与共建，指导监督工作坊的各项工作顺利推进。

> **案例 1：兴山县古夫镇龙池村**
>
> 兴山县成立了县级政府牵头，镇级政府主抓，县财政局、县住建局、村“两委”协同推进的共同缔造领导小组和专班。2022 年 8 月中下旬，龙池村组织村干部及村民，先后赴湖北店子坪红色基地、罗田县三里畈镇苍葭冲村等地参观考察，实地调研共同缔造理念应用到乡村治理、乡村建设和产业发展等方面的做法，学习经验，厘清思路。2022 年 8 月，湖北省村镇建设协会设计下乡（共同缔造）专委会携帮扶团队两次来到龙池村举办培训班，县镇干部、驻村干部、小组长、村自治组织负责人及部分村民参加培训，通过培训，形成共识。

2. 深入调研，倾听群众需求

组织村民代表和积极分子出去考察学习，增长见识，提升信心；坚持问题导向、需求导向，制作发放村民调研表，了解群众具体需求和急需解决的问题；召开群众动员大会，讲解共同缔造理念、工作坊具体执行过程和预期成果。

案例 2：红安县七里坪镇观音阁村

在观音阁村，共同缔造帮扶团队入户走访时，部分村民虽然不抵触，但也不太愿意透露自己真实的想法。在调研的过程中发现，观音阁村整体民风较好，村民们普遍朴实热情。诚能动人，彼此的真诚终究能够让对方感受得到。随着调研的深入，村民们也逐渐敞开了心扉，主动沟通起对村庄改造的建议和想法。

村口的方阿姨希望能够把村头的杂物间修整一下，把屋檐调换一下方向；村后的徐伯伯，希望村子在做规划的时候能够在村后修一条路，方便儿女们开车回家；刚好休假在家的秦大哥说，村里的自来水网已经用了十几年了，希望村里能够组织大家修一下，自己出钱出力都不在话下；在外务工的几位大哥看到群里热火朝天的讨论，也主动建言献策，殷殷关切家乡的发展。

案例 3：荆门市屈家岭管理区长滩办事处徐洼村

工作坊启动以来，共同缔造帮扶团队多次进村入户上门宣传，听取村民对庭院、公共空间及村基础设施等建设的意见和建议，填写意愿表，征集意见，尊重民意。

“我们村的村民来自五湖四海，逐渐融合成了一家人，希望村口建一个有特色、有亮点的标识，让大家都能认识我们徐洼村！”王大叔很认真地说道。

“俺愿意把院子拿出来共建，出钱出力都行！”杨大哥操着浓浓的北方口音积极地表态。

“只要能把环境改造好，我愿意配合把地方让出来！让左邻右舍都可以来这里休息，大家一起高兴才是真的好！”刘婆婆笑呵呵地说。

帮扶团队认真地记录着村民们的心愿，通过实地查勘、导师设计，最终确定了特色村湾标识、自建房院落改造、自建房公共绿化空间改造 3 个改造节点，形成了初步方案。

（二）决策共谋阶段

1. 引导建立村民自治组织

乡村自治组织是乡村发展的中坚力量。共同缔造工作坊紧密团结和依靠广大群众，充分发挥部分群众的领头羊作用，充分调动他们的积极性、主动性和自觉性，助力村“两委”组织村民成立工匠协会、文艺协会等各类组织，搭建组织构架，为共同缔造后续工作的开展打下良好基础。

案例 4：随县洪山镇高尖山村

结合高尖山村村落分布特征，在高尖山村已有较为完善的卫生积分制度但有些区域尚未落实的前提下，帮扶团队决定引导大家成立卫生互助小组试点。以每相邻的 10 余户人家为单位，鼓励大家共谋共议，提出自己的想法。成立小组，选出组长，划分公共区域责任人。由小组长记录小组卫生执勤情况，统计积分，每月向村委汇报，登记积分，再由村民进行积分兑换。这样就结合当地实际情况初步形成了由村委引领的逐级下沉的村民自治组织。初步形成常态化机制后，这种模式就可以由村委逐步向其他湾组推广。

在小组会上，大家各抒己见。隔壁的伯伯说：“我希望把我家后院整理出来，把家里养的鸡鸭搬到远一点的地方去，这样也不会影响到邻居们。”李大叔说：“我们就住在村头，等村头的长廊修好了，大家应该分工，每隔两天派个人去把长廊打扫打扫，这样我们这里民宿的客人也放心，我们自己住着也舒心。”

小组会临近尾声，大家庄重地在签名纸上签下自己的承诺：“房前屋后无小事，共同缔造高尖山！”

2. 改造方案由村民自己议、自己定

每一场工作坊都会综合群众意见和专家建议，在村内确定 2~3 个改造点，改造点以村民庭院、公共空间、村落标识为主，设计师根据村民需求给出初

步设计方案，由村民投票确定最终方案，真正让规划设计走进田间地头，让村民做得了主。设计之前，人人协商；建设过程，人人参与；完成之后，人人享有。

案例 5：江夏区乌龙泉街道幸福村

湖北省村镇建设协会设计下乡（共同缔造）专委会邀请了武汉工程大学艺术设计学院的师生们组成共同缔造帮扶团队，从 2022 年 8 月中旬开始，先后多次进驻幸福村开展群众调研和现场走访工作，倾听群众心声，力求帮助大家解决最迫切的痛点难点问题。

2022 年 10 月 14 日，共同缔造帮扶团队联合幸福村“两委”，在村内小广场举办了微景观改造设计方案群众沟通会，设计师共设计了 18 个方案供村民群众选择，在现场为大家详细讲解方案，听取群众意见，引导村民参与，决策共谋，以更积极主动的主人翁姿态共同推进村庄建设。

（三）发展共建、建设共管阶段

1. 树立生态建设理念，发动群众捐赠老物件

引导村民捐赠闲置不用的老物件，既是出于节点建设就地取材的考虑，也是为了更好地组织和发动群众。群众捐赠的过程，就是参与共建的过程。老物件用于村庄环境建设美化，可以增添村民心中的自豪感、荣誉感，使村民更加积极主动地去维护美好环境。

案例 6：老河口市袁冲乡夏诗荷雨村

通过一件又一件的老物件，能够让人们了解夏诗荷雨村更多隐藏的历史和故事。

王六姐阿姨家的老电视，王道忠叔叔家的牛索头，程正喜爷爷家的铁犁、缝纫机、烟斗、杆秤和粮票，刘小林阿姨家的鼓风机、木桶、陶罐和

帐钩，高杏华阿姨家的缝纫机、木柜子和陶罐，王建设叔叔家的石头门墩子和陶罐，张大哥收藏的老照片，玉姐家的老相机，童俊家明代的陶碗，王修安叔叔家的谷叉和陶罐，王修策叔叔家的牛索头和陶罐，王建伍叔叔家的马铃、木刨和牛笼，王修保叔叔家的石盆、竹篮和陶罐，黄根成叔叔家的木桶和陶罐……一次捐赠，一场展览，几乎全村的村民都参与其中。

刚开始入户调研时，村民们不明白这些老物件有什么用，工作坊团队向他们解释这些物品是现在的孩子没见过的东西，后来，村民们踊跃地捐赠老物件，他们相互述说着自家老物件的故事、相互回忆着过往的点滴生活，给孩子们讲述那时的日子。老物件虽然不会说话，但是它仿佛给这个村庄带来了新的生命。

2. 发动群众出资出力、投工投劳，以多种形式参与共建

工作坊帮扶团队引导村“两委”和村内工匠协会，组织发动群众投工投劳，让每一位村民发挥各自的优势和特长，从自己力所能及的事情做起，在家门口积极主动参与工作坊。同时引导村民就地取材，用生态建设方法进行现场施工。

案例 7：潜江市高场街道保安村

保安村共同缔造工作坊进入施工阶段时，保安村党支部书记陈吕山带领村社干部坚守在现场，调度材料、沟通协调，事事亲力亲为；改造小院的李阿姨，怕自己种的蔬菜和一些杂物影响施工的进度，就默默地清理现场；彭邦云导师堪称全能，设计绘图之余，还亲自在现场砌墙，那熟练的技艺让村里的老匠人都连连称赞；村里的工匠师傅更是辛苦，他们加班加点，任劳任怨，对设计要求有求必应，又分工有序，竭尽全力保证施工进度。志愿者也没有闲着，有人为了保证村民看明白改造效果，精益求精做效果图；有人旧物利用，把破旧闲置的旧风车改造成装饰艺术品；有人跑前跑后，记录着现场发生的一切……这就是共同缔造的施工改造场景，也是多方合作的共建战场，每个人都有自己的职责，也发挥着自己不可替代的作用。你中有我，我中有你，大家都是共建人，自觉和时间赛跑，和质量较劲。

案例8：松滋市涴市镇报德寺村

报德寺村使用“群众语言”，把共同缔造理念“翻译”成群众一听就能懂的话。“很多的事情，我们一起做”这句话，不只是写在报德寺村的宣传墙上，也印在了全体村民的心里，还落实在了全体村民每一天的实际行动中。

滴水广场旁，袁大叔每天早晚挑水去浇草坪。没有人给他安排这个差事，一切都是他自愿做的，很辛苦但也心甘情愿。住在滴水广场附近的张奶奶，享受着出门就是大广场的VIP待遇，也给自己主动加了一个VIP任务，每天早上散步时，她都会顺手捡拾附近的垃圾。工作坊团队问她村里为什么没安排个专门做清洁的人，她不可思议地摆着手说：“这都是小事，哪用专人打扫，我们自己能做的顺手就做了。”

现场施工过程中，袁文望、陈绪元、袁兴发这3位大叔原本是坐在家门口闲聊，也主动来到现场“监工”。工人们忙不过来时，几位大叔从自己家里拿来工具，二话不说就开始干活。这些事情说起来虽小，却让人深深感动。

3. 调动各方资源，凝聚各方合力

以工作坊为载体，以共同缔造为契机，充分连接高校、社会企业、公益组织等城市资源，铺设城乡资源互通渠道，搭建起设计企业、高校等与政府的合作平台，引导和支持规划、建筑、景观、市政、艺术设计、文化策划等领域设计人员下乡服务，在乡村贡献智慧和力量。同时以微信群、视频会等线上形式，在群内发布工作坊相关进展信息，让在外游子和乡贤在线上也可以参与共同缔造，发表建议。

案例 9：武穴市余川镇龟山村

本次工作坊，湖北省村镇建设协会设计下乡（共同缔造）专委会邀请了湖北中璟设计工程有限公司、武汉思成规划设计光谷分公司、湖北星火乡创规划设计有限公司、中国地质大学艺术与传媒学院、文华学院城建学部、武汉工商学院艺术与设计学院、湖北西厢房乡侬文化传播有限公司等组成共同缔造帮扶团队，共有来自 6 所高校的 14 位本科生和研究生参与共建，分别来自环艺景观、规划设计、乡村旅游、数字媒体等专业。

龟山村已经进行过一次美丽乡村改造，村内基础设施建设完成度较好，但湾内还缺少有亮点有特色的庭院空间、邻里空间和文化空间。经过共商共议，此次工作坊最终确定了三大改造任务。在工作坊期间，导师和志愿者们积极主动，充分发挥专业优势，除了完成既定改造任务，还为龟山村完成了一份旅游策划建议书。通过这次活动，高校师生们对共同缔造的理念也有了更深层次的理解。

案例 10：鄂州市梁子湖区太和镇吴伯浩村

吴伯浩村共同缔造工作坊启动之日，正值大雪节气。在这么冷的时节，吴伯浩村山头窝湾不仅全员参与，还集结了众多优秀的共建人和志愿者。

在西厢房乡建联合机构的精心统筹策划下，彭邦云导师坐镇，来自武汉职业技术学院的导师梁俊带领艺术设计学院的学生志愿者全程参与设计，来自华中农业大学社会学专业的两位志愿者参与调研，还有一位刚从英国伦敦大学城市设计专业毕业的同学也加入共建团队。

村“两委”积极配合，村民干劲十足。最后两天正好是周六和周日，很多在外工作的村民听说村湾里的共同缔造活动，也都带着孩子回到村子参与共建。吴建新和吴祥发兄弟俩回到村湾，拿起工具就开始整理路边的景观树。夏细玉奶奶的儿子吴大安回来后，响应村湾号召，对自家小院进行了整理和修葺。村民创业代表朱慧平不仅参与共建，还许诺对村湾的后续活动出钱出力，带领村民共同致富。

因工作而无法回乡的远方游子也一直关注着村湾的共同缔造活动。身在武汉的作家文君一直在共建群里为大家加油；远在广东的企业家柯慧冬专门派人赶回村湾为老人和贫困家庭发放补贴，送来温暖。短短5天，工作坊就如寒冬的一团火，把所有人从不同地方以不同形式都凝聚了起来。

案例11：荆门市屈家岭管理区长滩办事处徐洼村

共同缔造是一个需要多方联动的乡村治理过程，参与的人越多，共同缔造的力量就越大。除了徐洼村村民、屈家岭义工服务队的积极参与，工作坊还得到了屈家岭管理区财政局和长滩办事处的大力支持。财政局村财中心主任余霞全程参与，组织了财政局近20位干部群众来到徐洼村做义工；长滩办事处党委书记王治霞组织了长滩办事处机关和邻近乡村干部群众共计40余人的队伍参加，党委委员、副主任余浩鸣更是事无巨细、尽心尽力地做着每一项工作。

（四）效果共评、成果共享阶段

结合在地资源，举办文化活动，村民参与共享。共同缔造工作坊不仅是项目建设，更是人心建设的过程。通过对当地文化资源的梳理，结合村民的具体需求，以生动活泼、群众喜闻乐见的形式，在工作坊期间充分发挥妇女、儿童、老人的作用，举办“环保小卫士”“老物件征集”“拍摄村民全家福”等活动和其他关爱活动、文化体验活动，引导村民分享才艺、共享成果。

案例 12：随县柳林镇团结村

重阳节在即，在团结村工作坊结营前的最后一晚，帮扶团队组织策划了一场关爱乡村老人的饺子宴活动。我们希望在这个小山村点起一星火、筑起一层土，从此欣欣向荣，万象更新。

在筹备阶段，村里的阿姨们主动帮忙，全程参与，洗菜、择菜、切菜、拌馅，一切有条不紊。志愿者布置会场，镇村领导也前来相助，大家聚拢起来，各显其能。县委副书记、政法委书记、柳林镇党委书记姜辛辛也包起饺子来。2000 多个饺子，形态各异，却都是大家的爱心。夜幕降临，饺子飘香，有村民表演节目，有志愿者歌唱助兴，大家围桌畅谈，笑声不断。最后，当所有人走向舞台，挥动国旗，齐声唱响《难忘今宵》时，所有人融合成了一个整体，而这次共同缔造工作也达到了最高潮。

案例 13：荆州市纪南文旅区丰收村

丰收村共同缔造工作坊期间，帮扶团队趁着周六策划了一场“乡村儿童七彩梦”的现场涂鸦活动，希望引导更多家长和小朋友一起参与丰收村的共建行列，让小朋友亲自动手，打造一个专属于孩子的游戏乐园。孩子们在家长的陪伴下陆续到达涂鸦现场，充分展示自己的特长和喜好，作品或生动或抽象，都是最真实的表达，而这些作品，都将被放在丰收游园孩子的专属区域。

有时，一个小小的活动，带动的却是一大群人对于共同缔造的深刻认知。为了铭记本次共建的点点滴滴，帮扶团队在工作期间拍下了所有参与者认真工作的瞬间。一张张照片，既是辛苦的过程，也是成果和荣耀，这些照片组成了一面“共同缔造共建墙”。

案例 14：兴山县古夫镇龙池村

2022 年 10 月 10 日晚，龙池村龙眼附近的民宿院内，篝火熊熊。在龙池村文化协会、民宿协会、道德评议协会的共同组织下，很多村民端着自己在家做好的当地特色美食，来参加龙池村围炉夜话之“篝火故事会”。为了这场故事会，省级非遗传承人、龙池村文艺协会会长李作权，兴山县图书馆原馆长万宗知，兴山县文化局原局长张代久这 3 位德高望重的老人，都从县城早早赶了过来。

万宗知是龙池本地人，他这些年一直致力于收集整理家乡的故事传说，并把已结集出版的龙池故事版权无偿捐赠给了村委会。他真情呼吁：“龙池的故事源远流长，我希望每个龙池人都能知道我们龙池的故事，也能讲好龙池的故事，不仅要讲给孩子听，还要讲给所有来龙池的游客们听。”

大家吃着当地美食，聚拢在篝火旁，闻着火堆里烤玉米、烤土豆、烤红薯的香气，听 3 位老师讲述着龙池村古往今来的精彩故事。

故事会现场有个村民，一直高举着手机做直播。他对帮扶团队说：“我的粉丝绝大部分是在外地的龙池人，他们听说家乡有这样的活动，于是就拜托我直播给他们看。”闵阿姨的儿子吴启清远在广东工作，听说晚上要举办活动，他让父母很早就来到现场，在视频里听着龙池的故事。故事会结束后，他还千叮咛万嘱咐父母：“虽然我不在家，但你们一定要代我参加活动，不要拖后腿，咱们要坚决支持龙池美丽乡村的建设。”3 位老师讲完故事，坐在现场一直认真听故事的 5 岁的睿睿也主动站出来，要求给大家讲一个故事。孩子讲的故事很稚嫩，却也生动有趣，有模有样。坐在他身边的 78 岁的万宗知老师凝视着睿睿，眼神里全是鼓励和欣慰。在这一刻，在这场篝火故事会上，龙池村最年长的讲故事者和最年幼的讲故事者，似乎已经自然而然地完成了一次传承和交棒。

发放评价表，收集相关建议。为真实了解和掌握共同缔造工作坊的落地效果，进一步丰富工作坊内容，探索提高工作坊的服务质量，在每次工作坊结束的时候，帮扶团队都制作了共同缔造工作坊服务成效评价表，邀请政府和村民填写，邀请他们对共同缔造工作坊进行服务评价，给出最真实的建议。

案例 15：随县洪山镇温泉村

与节点的变化相比，更重要的是人心的感化。开营第一天，帮扶团队就改造方案征询当地村民赵爷爷的意见时，他表现出事不关己的态度。春风足以化雨，良善足以化民。几天的时间，设计师们现场指导，亲力亲为；志愿者们兢兢业业，不辞劳苦；现场的泥工、木工、篾工各展身手，有序建设；镇村两级领导也经常过来协调人员，调配物资，督促进度。整场工作过程中，没有人跟赵爷爷提过一句要求，没有人试图去指导赵爷爷他应该怎么做。在工作坊的最后几天，赵爷爷越来越多地融入团队，从看着团队干，到主动说出自己的诉求；从不愿面对镜头，到从容与团队合影；从谨慎节俭，到最后拿出他最贵的茶叶、新摘的柿子招待团队；从坚决拒绝，到最终从容地在高高的主席台上、在镇村各级领导面前、在现场几十人的大会上发言。赵爷爷的变化令人感动，赵爷爷最后的发言情真意切，他说："我还要再活 30 年，等你们再来，我泡好最好的茶，把水烧得滚滚的，等你们！"赵爷爷的发言赢得了现场所有人雷鸣般的掌声。

（五）后续跟进阶段

1. 总结经验

在共同缔造工作坊落地工作结束后，参与人员及时复盘，根据村庄的具体情况和特点，找出影响成败的关键因素和节点，发现有共性的规律，提炼经验模式，形成总结文本。

2. 回访问效

请专家团队和当地有关部门定期回访，了解相关工作落实情况，确保协商意见落地落实、取得实效。关注后续还需要进一步改进提升的方面，并持续导入社会资源，利用外部帮助，巩固共同缔造取得的成果。

3. 共治共管

各理事会发挥作用，发动村民积极维护共同缔造成果，建立长效机制。认真总结共同缔造试点扩面活动中的好经验、好做法，固化为长效机制，确保成果真巩固、可持续。按照“五共”工作法，进一步激发党员、村民、志愿者、市场主体等各类对象参与乡村治理，全面构建人人有责、人人履责、人人尽责的共谋、共建、共管、共评、共享乡村治理新格局，科学、客观、准确量化各类对象日常行为表现，通过“积分制”“以奖代补”“光荣榜”等方式鼓励人们参加公益活动。健全联系群众工作机制，切实让共同缔造成为推动各项工作在基层落地落实的重要抓手和开展农村工作、服务群众的基本方法。

4. 共享成果

因地制宜举办文化活动和村庄特产市集，组织相关单位观摩共同缔造成果，积极宣传推广，让村民在与外界的互动交流中得到认可和鼓励，进一步激发村民共创美好生活和文明村庄的积极性，增强村民的成就感、获得感和幸福感，使村民共享建设成果。

三、成功秘籍：让村民动起来

“决策共谋”让群众说出来；“发展共建”让群众动起来；“建设共管”让群众管起来；“效果共评”让群众说了算；“成果共享”让群众得实惠。共同缔造工作坊 5 个阶段的全过程，既是发动群众、组织群众的过程，也是改变人心、凝聚人心的过程。共同缔造工作坊的现场，既是节点设计施工落地的现场，也是与群众深度沟通的现场、心与心融合交流的现场、真善美流动的现场、从“他们”到“我们”的现场。

1. 转变思想是前提

内化于心，外化于行。共同缔造需要先达成共识，再付诸行动。通过共同缔造工作坊，改变自上而下“一刀切”的工作方式，帮助村“两委”、村民群众转变思想观念，政府部门由原来的“决策者”变为“辅导员”，村民由“旁观者”变为“参与者”，形成政府、社会、村社、群众协商共治、“四力”共振的局面。不少村书记感慨说，通过工作坊的举办，发现村民思想的确有变化，沟通工作做起来比之前容易多了。

2. 群众主体是核心

共同缔造的实质是组织群众、发动群众，在工作坊的全过程都要聆听群众心声，尊重村民意愿。通过一对一访谈、小组座谈、群众大会、沟通会、宣讲会等多种形式，召集群众讨论，动员群众参与，落实“以人为本”理念，引导每家每户参与乡村事务，重塑乡村公共协商机制，确保共同缔造工作坊的全过程人人参与，工作目标人人知晓，为共同缔造奠定坚实的群众基础。村民有发言权，也有决定权，从以前的“村民负责看”，变成现在的“村民说了算”。村民得到充分的尊重，自然会发挥主人翁精神，积极参与共建。这场乡村振兴、共同缔造的大戏，必须是村民走上舞台做主角，只能是群众在聚光灯下站 C 位，别人无可替代。

3. 聚合资源是重点

共同缔造是一个需要反复协商、深度沟通、寻求共识、吸引更多人参与乡村共建的治理过程。共同缔造的主体是村民群众，同时也需要发动各界资源广泛参与。工作坊的定位是“助推器”“引火柴”，要影响和感召更多人参与进来，才能实现共同缔造的火焰越烧越旺。参与的人和机构越多，共同缔造的力量才越大。

4. 宣传造势是亮点

工作坊以西厢房乡建联合机构多年重点打造的乡建大号“乡侬”为传播平台，发布工作坊宣传系列文章，策划与工作坊主题相关的线上直播课，邀请工作坊当地镇政府及村“两委”、乡贤、工作坊导师参与直播，吸引更多社会力量和社会资源的参与，并与住房和城乡建设部村镇建设司媒体部、湖北省广播电视台经济频道等宣传平台达成深度合作，宣传效果更好、影响更大、覆盖面更广。在工作坊期间，举办开营仪式和结营仪式，并邀请乡建专家进行现场授课，给当地村民普及共同缔造理念。通过宣传造势，把政府资源、社会资源、当地资源等各种因素调动起来，为共同缔造凝聚强大合力。

5. 搭建组织是难点

工作坊举办地的很多乡村，有的至今没有成立村民自治协会，有的虽然成立了各种协会却只是空架子，不能发挥实际作用，导致村民自治程度不高，自治内生动力不足，这是一个普遍存在的难点问题。通过各种协会把村民组织和发动起来，是共同缔造活动的重要着力点，只有充分发挥合作社和各协会的引领作用，打通群众共同参与谋划蓝图、共同创造美好生活的顺畅渠道，才能把共同缔造落到实处，把每个村民都纳入各类组织，让每个组织都参与共同缔造。

6. 共同缔造：实践人民中心观的地方探索

正如华中师范大学中国农村研究院教授黄振华在《共同缔造：人民中心观的实践表达》一文中指出的那样，共同缔造是一项以城乡社区为基本单元，以改善群众身边、房前屋后人居环境的实事小事为切入点，以决策共谋、发展共建、建设共管、效果共评、成果共享为基本路径的基层治理实践活动。2022 年 5 月，中共中央办公厅、国务院办公厅印发《乡村建设行动实施方案》，明确提出在乡村建设中深入开展美好环境与幸福生活共同缔造活动。2022 年 6 月，中国共产党湖北省第十二次代表大会报告将共同缔造实践活动列为全省重大工作部署，强调要以构建纵向到底、横向到边、共建共治共享的城乡社会治理体系为目标，广泛开展美好环境与幸福生活共同缔造活动，发动群众决策共谋、发展共建、建设共管、效果共评、成果共享。紧接着，湖北省下发了《关于开展美好环境与幸福生活共同缔造活动试点工作的通知》，明确提出了开展共同缔造实践活动的指导思想、总体要求、主要任务等，并要求每个县（市、区）确定若干城乡社区（农村自然湾、城市居民小区）作为试点，发动群众、组织群众，深入推进共同缔造实践活动。

共同缔造活动被写入中央文件及在湖北省域范围内的全面推进并不是偶然的。从发展历程看，共同缔造最初源于地方的实践探索。广东云浮、福建厦门、辽宁沈阳等地均在不同时期和层面推进共同缔造，并取得积极成效。广东云浮早在 2010 年便提出实施美好环境与和谐社会共同缔造行动，探索形成了“组为基础、三级联动”“以奖代补”等一系列有效机制。福建厦门在 2013 年提出“美丽厦门·共同缔造”的发展理念，并在海沧区、思明区试点推进，逐步形成了以共谋、共建、共管、共享、共评为路径的“五共”工作法。厦门的共同缔造颇为成熟，并引发了媒体和社会的广泛关注。2017 年，“幸福沈阳·共同缔造”实践活动在辽宁沈阳全面推进，其在老旧小区改造、打造优质营商环境等方面进行了诸多改革创新。值得注意的是，在总结各地经验的基础上，共同缔造获得了住房和城乡建设部的充分肯定，住房和城乡建设部不仅出台了具体的指导意见，而且在全国范围内遴选了一批试点村、连片推进村和试点县重点推进。

黄振华还特别指出，共同缔造以“决策共谋、发展共建、建设共管、效果共评、成果共享”为基本路径，有着很强的理念支撑，共同缔造核心在共同，基础在社区，关键在激发群众参与、凝聚群众共识、塑造群众精神，根本在让群众满意、让群众幸福。共同缔造能够从地方实践上升为中央政策并在湖北省域范围全面推进，其根本原因在于契合了党和国家的治国理政方略，尤其是实践和丰富了中国共产党坚持以人民为中心的发展思想，是践行人民中心观的有效实践形式。

总的来说，美好环境与幸福生活共同缔造工作坊以群众房前屋后人居环境的实事小事为切入点，以决策共谋、发展共建、建设共管、效果共评、成果共享为路径，以人民群众的获得感、幸福感、安全感为目标，是共同缔造理念的一次深入探索和落地实践，是一种有生命力、有可持续性的创新模式。该模式以小见大，以点带面，低成本、接地气、可复制，以空间改造带动乡村治理，以环境提升凝聚人心，接续乡村既有人脉、文脉，打造乡村新集体主义文化，重塑乡村新熟人社会氛围。通过共同缔造工作坊，参与各村将共治理念深入人心，共建过程人人参与，共享成果人人有份，多地依托共同缔造工作坊解决群众需求，搭建群众协商机制，破题开局，开辟乡村振兴的崭新局面。

第二节　发掘和弘扬乡村文化的历史资源

一、古村落“天人合一”的启示与文化重构①

古村落是“天人合一”的生活标本，代表了美好的生态系统。宁静安详是古村的气质特点和魅力所在，那么，古村的这种精神气质来自何处？

（一）“天人合一”的建筑特色

那些绝美的古村落至今保留着昔日的淳朴和静谧，浑然天成的场景恰如一幅幅悠远宁静的田园风光画。虽然地域不同、建筑风格不同，但古村无一例外地以谦卑的姿态藏身于大自然的怀抱中，毫不突兀和张扬。村内房屋与周围环境的对比恰如其分，人工产物与天然元素浑然一体，相得益彰，去掉哪一个都不完整。

古村落中通常有大小不一的寺庙、道观、宗祠和家庙；院落的中堂供奉有“天地君亲师”的牌位，体现着天、地、人之间的关系。古村落的安静来源于曲折往复的街巷，悠长的空间在那里被转化为悠远的时间。无论是土坯房、夯土房，还是石头房，都凝结着时间赋予的生命，安静中蕴含着摄人心魄之美，随处可见精心的雕琢之工。

① 本部分选自萧淑贞：《古村落“天人合一”的启示与文化重构》，《中华民居》2020 年第 3 期。

（二）内敛自足的中式生活

与街巷安静的气质相对应，古村落盛放着系统的中式生活美学：传统生活里的衣食住行、笔墨纸砚、琴棋书画、手工技艺，丰富多样。这样完备的系统能够摄心修身，时时刻刻、丝丝入扣地渗透在人们的日常生活中。绘画、书法、刺绣、雕刻等艺术和工艺无不指向静心、定心、安心的目标。各种各样的手工食品保留着自然味道，秉承着药食同源的理念，是工业化食品所不能匹敌的；各种草木染料取自天然植物，本色纯粹，蕴藏着中国人传统的生活智慧。

手工制品大多是就地取材，手工制作是将心灵与物联结起来的过程，感官内敛，心方能更沉静地感受世界，才能倾注、传递制作人的心性和温度。这是一场场安静的生命与物体的对话。其间保留了大自然向人类馈赠的能量，还蕴藏着精神、审美和生态生活的重要特质，具有生态文明所必需的文化教育、精神指向和审美等方面的价值和功能。

（三）审美与“物我一体”

无论是“天人合一”的规划设计，还是倾注心血的手工制作，都可凝结成内向自足的生活态度。在古人的生活中，审美趣味和才情品性通过丰富多样的“造物”全面凸显，形成一种将情感、审美和精神生活世俗化、日常化、物质化的生活美学潮流。日常生活成为人们施展才华、品味人生的作品，升华为艺术。当我们在古村落中流连忘返时，可以想象古人当年超脱而又真实的生活和审美。恰如法国思想家埃德加·莫兰所说：“我们相信人的诗意需求是最根本的，因此生活的质量是最根本的，生活革新能从每个人的日常生活开始。”这样的审美趣旨让人油然生出温情和敬意。近代著名漫画家丰子恺先生说：“我以为人的生活，可以分作三层：一是物质生活，二是精神生活，三是灵魂生活。物质生活就是衣食，精神生活就是学术文艺，灵魂生活就是宗教。”古村包蕴了前两层，它所蕴含的美能够超越世俗和市侩的评判标准，引导世人向真向善。

美国生态教育家大卫·W. 奥尔说:“我们对各种各样的丑陋处之泰然，但丑陋并不只是审美问题，更是人与人、人与土地的关系失调的信号。我认为，‘审丑’流行是社会罹患疾病最确凿无疑的信号，时下称之为‘不可持续’的征兆。”只有与自然和谐的心灵和场域才能产生诗情画意。德国哲学家海德格尔在《我为什么住在乡下》中说:“我从来不观察这里的风景，我只是在季节变换之际，日夜地体验它每一刻的幻化。群山无言的庄重，岩石原始的坚硬，杉树缓慢精心地生长，花朵怒放的草地，绚丽而又朴素的光彩，漫长的秋夜里山溪的奔涌，积雪的平坡肃穆的单一——所有这些风物变幻，都穿透日常存在，在这里突现出来，不是在‘审美的’沉浸或人为勉强的移情发生的时候，而仅仅是在人自身的存在整个融入其中之际……”这段话生动地阐释了古村落“天人合一”“物我两忘”的境界。我国历史上大量的山水田园诗、山水画所达到的不可复制的审美水准和精神高度也证明，只有在人与自然物我一体的和谐中，在对大自然的敬畏中，才能产生安静高级的审美品位。

二、乡村公共建筑的文化和精神[①]

（一）繁荣的乡村公共建筑

乡村的公共建筑是很多乡村曾经繁荣的见证，它们作为文化的物质形态体现着乡村文化。在山西省新绛县，很多历史悠久的村庄内都有庙宇、戏台、书院。这些公共建筑大小不一，最小的只有一间房。光村是其中的一个代表。

光村自建村迄今已有 3000 多年的历史。早在新石器时代，就有人类在这里繁衍生息。光村遗址属于省级文物保护单位。光村得名于一个神奇的传说。北齐时，一天晚上，光村上空突然出现五彩缤纷、耀眼夺目的光芒，人们视之为祥瑞之兆。地方上报朝廷后，这个村庄被赐名为光村。

---

① 本部分选自萧淑贞、孔京喜、蔺鸿斌等:《乡村公共建筑里的文化和精神》,《中华民居》2019 年第 5 期。

历史上，光村曾建有庙宇、戏台、书院等各类公共建筑。据有关资料记载，光村内曾建有魁星阁、三圣阁、会仙楼、乾元门城楼、千手佛阁楼、半截塔、通天桥、通灵碑、北雄山、子母池等22处重要建筑。

光村的村郊曾建有9座庙宇，规模最大的东岳庙占地10余亩，庙中供奉着东岳大帝；历史最悠久的福胜寺建于唐贞观年间，占地近7亩，供奉着如来佛祖、阎罗君、三霄娘娘、孔子、蔺相如、廉颇等。另外，还有始建于辽代的玉皇庙、财神庙，以及占地面积最大的火神庙等。村庄内曾建有15座庙宇，包括供奉着关公的关帝庙，供奉着天官、地官、水官的三官庙，供奉着鲁班的祖师爷庙，以及马王庙、菩萨庙、没爷庙、仙神庙等。

在村庄内曾建有火神庙戏台、关帝庙戏台、财神庙戏台、东岳庙戏台、玉皇庙戏台等8座戏台。位置相近的戏台在节日里会同时演出，进行“斗戏”，热闹非凡。

光村还曾建有众多书院。比如，翰林书院、思绎书院、忠恕书院、慎修书院、养翼书院、履中书院、崇德书院、耕读书院、咸孚书院等。除此之外，还有绣章堂书房院、薛家新院书房院、赵家“十八座院”书房院、北楼院书房院、四串院书房院5座私塾。

经过历代乡贤的不断修葺和建造，至20世纪40年代，光村形成了以护村城池为屏障、寺庙和豪宅大院为核心景观的古建筑群和浓厚的地方文化。2010年，光村获“中国历史文化名村”荣誉称号。

如今，光村的村北部有北雄山、玉皇庙、福胜寺、半截塔、通灵碑，村南部有子母池、火神庙、碑顶柏。其中，北雄山位于光村西北部的乾元门。它东起福胜寺西北隅，西至土崖，长约500米，高10余米，上宽五六米，广植古柏苍楸。

新绛县阳王镇刘裕村内也有众多文化类公共建筑。村中的五王祠中供有尧、舜、禹、后稷、伯益，洪积寺内供奉着文殊菩萨、普贤菩萨。除此之外，村中还有文昌阁、魁星阁、夫子庙、南庙、北庙、新庙、东三官庙、西三官庙、关帝庙、姑姑庵、观音堂、财神庙等古建筑。

乡村是中国传统文化的根基所在，公共建筑承载着乡村的灵魂。从文化的意义上来看，让人很难不去羡慕、留恋像光村、刘裕村这样有着信仰和精神灵魂的乡村。

（二）乡村的灵魂和中心

光村、刘裕村里众多公共建筑其实是古代新绛、运城乃至全国乡村公共建筑的缩影。

文化的内核是人类精神和智慧的结晶。公共建筑作为文化的一种物质形态或符号，具有潜移默化地影响人、塑造人的作用。

山西的乡村建筑围绕着两个中心修建：一个是住宅大院，它不仅与个人有关，而且更多地与家庭、家族有关，比较私密，注重生活；另一个是寺观庙宇或者神殿，它们是一种精神的象征。

在古代，乡村没有丰富的物质，没有舒适便利的生活，但却有一个富含意义的世界。

耶鲁大学的一位哲学教授曾说，建筑有一种伦理功能，能把我们从日常的平凡中召唤出来，召唤我们追求一种更好的、更接近理想的生活。在存有寺庙、书院等公共建筑的乡村里，我们可以更容易地理解从修身、齐家到治国、平天下的进阶路程：借助寺庙修身，在宗祠里齐家，走出去平天下。如此，从个人到家庭，到社会，自然地构筑起了社会管理的价值体系。

这些盛放文化和精神的公共建筑是乡村的灵魂和中心，标志着乡村曾经达到的精神高度和富足程度，是乡村精神文化繁荣的见证。

物质的富庶并不能必然地带来精神的富足。如果不以物质的丰匮为标准，那么古时的乡村堪称最富有的乡村，它们丰富、饱满、安宁、祥和。

（三）乡村公共建筑的文化和教育功能

建筑能为精神提供安放空间，比如，散布在农村中的寺庙就为农村生活提供了丰富的意义。即使小如一村，公共建筑也拥有强大的文化凝聚力，能发挥道德教化、文化传承和陶冶灵性 3 个层次的功能。

光村内的《整齐村社碑记》中记载："凡有志于人心风俗者，太上变化之，其次愧厉之，其次整齐之。变化之，则有以民其迹；愧厉之，则有以感齐心；整齐之，则有以一其志。是故变化不待于愧厉；愧厉不待于整齐。而由整齐而愧厉而变化，此亦善风俗者斩磨而致之一端也。"这段话说明，道德教育是人们生活的一部分。外在的提醒可能会让人有不自然、不自由的感觉，但却拥有完整的道德教育作用。"整齐之"指的就是共同信仰的道德教化作用。

福胜寺的修缮碑记中记载："古有福胜寺者以振乾纲，非徒为邀福计……得山川钟毓之灵，为一村文脉之所系焉。"在古绛州（今新绛县），文运旺的村庄都会修建魁星阁。当地的一首民谣唱道："绛州才子牛毛多，各处都建魁星阁。"修建魁星阁就属于乡村文化建设。

《重修福胜寺序》中记载："修理神祠为作福第一事，为世人言之也；然修理神祠不为作福计，为高人言之也。"通常认为，中国人的宗教信仰其实是信奉各种各样具有超越自然、超越人世力量的掌管财、官、祸、福的神灵，具有强烈的利己性和现实的功利性。"修理神祠为作福"，或为升官，或为发财，或为求平安、祛病消灾、谋求现实利益，还达不到精神信仰的境界。对于普通人而言，民间宗教对于他们的意义在于"祈福"；对于"高人"而言，修建神祠的目的是净化人内在的神性和灵性，建构个人的精神世界。

光村村民蔺永茂回忆："自从记事起，我就知道光村是新绛最好的村庄，因为这里的人们有自己的信仰。"这个只有几百户人家的小村庄有着丰富的精神世界。其中儒学起了很大作用，宗族教育也起着重要作用。在光村，即便是住宅建筑，如薛家大院，其中的匾额、楹联等都对人具有启迪教育作用。

公共建筑给社会提供了一个或多个中心，每个人通过他们的住所与这些中心产生联系。如果说欧洲小镇的终点或者高峰是教堂的塔尖，那么古代中国的乡村中心则是庙宇，庙宇是人们精神聚会的场所和灵魂的道场。

作为精神、文化载体的公共建筑能够提供好的社会教育和国民教育。从社会管理的角度看，公共空间潜移默化的道德教育主要表现在：以最小的社会代价唤醒人们的自觉、自治，从而走向有序的社会管理。在这些建筑面前人们不能不叹服，乡村本身已成为一个强大到无所不包的社会和文化系统，每一种社会关系都被安排得天衣无缝。新绛县仁美村的名字取自《论语·里仁》中的“里仁为美，择不处仁，焉得知”一句。“里仁为美”，乡村如果有仁厚的风气，就是美好的所在。

在古代中国，乡村是国家发展的根基。乡村里遍布着各类文化建筑。了解乡村里的文庙、寺庙、书院等公共建筑的社会教育作用，有助于我们更深入地了解中国的乡村，进而了解古代中国之一隅。最重要的是，通过了解旧时的乡村，让我们更好地去善待现在的乡村。

三、一念一清静：审美与精神自足

有专家说，中国传统文化最可观者有二：其一是伦理精神，主要来自儒家特别是孔子；其二是艺术精神，主要来自老庄道家。伦理精神和艺术精神如同车之两轮、鸟之两翼，两者相辅相成，构成了中国文化主体意识的独有内涵，中国礼乐精神的教化贯穿在传统文化的超功利的艺术精神之中，将外在的要求与内在的自由、伦理与艺术精神二者融为一体，使中国文人的生活达到了超越自由的境界，中国古代乡村文人的生活方式追求的不是西方式的个体自由，而是比自由更高的自在。乡村生活也有自由，是与自然合一的自由，不是与自然对立的恣意妄为。

“美学”一词从18世纪的德国哲学系统里面发展出来，在拉丁文中，它的原意是感觉学，意思是我们的视觉、听觉、嗅觉、味觉、触觉的“五感”有非常细腻、敏锐的感受性。艺术精神既体现于各种艺术实践活动中，也渗透在社会、人生各个领域。对国家而言，审美是一种历史积淀，内在深沉地反映了一个国家历史、文化的特点；对个人而言，审美是一种精神品质和修养。

（一）安静内敛自足的东方美学

在不同于注重伦理的另一个层面，中国文化也是一种艺术的文化，更倾向于灵性的文化。不同于西方的写实、张扬，中国古典艺术整体呈现出安静、内敛的特点，在传统绘画中，上留天之位，下留地之位，由隐而显，由虚而实，虚处传实、虚实相生，心怀旷幽，意境深远。

因此，艺术代表看待世界的一个角度，审美也成为一种生活方式。艺术审美起着很强的降低欲望、安顿身心、精神自足的作用。美学家张世英说："人生有四种境界：欲求境界、求知境界、道德境界、审美境界。审美为最高境界。"蔡元培先生说：审美观念随着修养而进步，修养愈深，审美程度愈高。其实，中国的古典艺术不偏重追求过高的境界和技巧，更多地在追求"但识琴中趣，何劳弦上声"的能够安顿心灵的格调和意境。于个人素养而言，在于心性、格调、情志之颐养，精于审美之人不会让尘芥之物侵扰生命的安养。

美能够涤荡人的心灵，改变人的精神面貌，唤醒人们对内心的尊重，让人在自足中品尝到生命中最甜的滋味，因而去尊重生活，在日常中活出神圣感、崇高感。

（二）"物我一体"的东方生活美学

在内向自足的审美趣味中，古代中国发展出一个系统的东方生活美学的生活方式：衣食住行、笔墨纸砚、琴棋书画，几乎无所不包。同样地，这样一个强大的生活系统也是将摄心、修身时时刻刻、丝丝入扣地渗透在人们的日常生活中，绘画、书法、刺绣、雕刻等各种手工、玉佩之类的装饰无不指向静心、定心、安心的修养目标。中国的传统文化虽然没有强烈的宗教色彩，但却是在信仰中传承的。

在古人的生活中，趣味和才情通过丰富多样的"造物"得以全面凸显，随之而来的则是一种将情感、审美和精神生活世俗化、日常化、物质化的生活美学潮流，日常生活由此成为彼时之人施展才华、品味人生的“作品”，生活变成了艺术，艺术也是生活，终至成为营构润饰生活的素材。到晚明时代，中国的生活美学在景观、文学、戏曲、园林、设计、书画、清玩、家具、雕塑等方面达到审美的顶峰，后人在体验那些一往而深的审美意趣时，可以想象古人当年超脱而又真实的生活和审美，这样的审美文化让人油然而生温情与敬意。

安静下来才能发现美丽的风景。古人这样安静内敛的审美品位和特征背后的人生观和生活态度，只有在与大自然“天人合一”的“物我一体”中才能产生出来。中国美学也是传统农耕文明的产物，审美意趣主要指向乡村、田园和自然山水，“草木敷荣，不待丹碌之彩。云雪飘扬，不待粉铅而白。”自然、山水、田园主导了中国人的审美趣味，甚至被赋予了作为精神家园的神圣价值，这也是乡村和乡村生活富有诗意的所在。

（三）乡村：人类的精神家园

美国生态教育家大卫·W. 奥尔说：“当一地的人造环境与纯粹自然世界的比例超过某个临界点时，人们对此地就只有住处的感觉。人们会觉得这个住处熟悉或者可爱，却并没有感到与大自然连接的归属感。对‘一方水土’的感觉，需要更直接地接触当地的自然元素，如泥土、风景和野生动物。”

在世界上，与中国古代士人对于乡村的热爱能够媲美的非英国人莫属。如果读过美国作家华盛顿·欧文《英国的乡村生活》就会理解，英国人对于乡村生活的热爱也由来已久，经过 17 至 19 世纪绅士阶层的“壮游”（Great Tour）之后，英国乡村已经是自然、人文、建筑和民情风俗现代性融合的结果。华盛顿·欧文正是通过自己横跨美洲和欧洲的“壮游”，才会有这样的论断：英国各阶层的人士散布于全国各地，即便是穷乡僻壤，你也会见得到各色人等；乡村社会是高尚人士更加贴近心性的选择，城市仅仅是谋生借居的地方。

北京师范大学刘成纪教授指出，在中国美学史上，这种努力也存在，主要体现在起于魏晋、兴于唐宋、大盛于明清的文人造园运动。生活在都市的士人通过园林筑造，为自己营造出乡居生活的审美幻象，从而使原乡焦虑得到抚慰。与此一致，现代城市美学中的“园林城市”观念，其目的也不仅仅是解决城市的绿化问题，而是通过将乡村元素植入城市，使人们在城市也能获得家园感。

第三节　大力活跃乡村文化生活和教育

从一个“行善事”的念头，到改变一个山村、一群人，乡野艺校的年轻人聚焦乡村振兴中较少受关注的精神世界，在福建省屏南县前汾溪村进行了一场特别的美育试验。在心中种花，在乡野织梦，对这群新青年而言，新农村广阔天地大有可为。

乡野艺校是由中国美术学院毕业生毛华磊、王润家创立的社会美育公益品牌，同时也是关注社群教育的青年实践团队。他们以乡土为学院，扎根乡村现场，深度融入社群生活中，展开社会美育的本地行动，以美育教学、田野调研、社区营造、助农宣传等作为主要工作内容，以社会美育实现艺术知识再生产，以文教产业助力乡村振兴，用美育行动服务社区治理与城乡融合。

乡野艺校以“1000 个美育计划”为行动要领，展开了“乡村美育课堂”“今晚吃什么？”“节日快乐”“生态农业 1+N”等社区营造项目，形成了多向度、跨专业的工作生态，不断强化文教产业的新引擎作用，为前汾溪村实施乡村振兴提供持续的动力。

2019 年，中国美术学院社会美育专业的毛华磊、王润家因毕业创作结缘屏南县前汾溪村，“好山好水好无聊”是毛华磊对这里的最初印象。村内仅剩的 230 余名村民绝大多数是老人和孩童，尽管有着小桥流水人家的田园景致和古色古香的闽东民居，时间在前汾溪村却像静止了一样。这里有着许多“空心”乡村的缩影，凋敝、老朽，缺少生气，年轻人待不了几天就想往外跑。寂静的山村、匮乏的精神生活让初来乍到的毛华磊感到“窒息”。他发现，这里有着浓浓的孤独感：仅有的几个小卖部里没多少新品，老人家做一顿饭可以吃两三天，大多数人晚上六七点钟就睡下了，这让毛华磊想到了自己的家乡，固执地留在乡野的人们似乎并不“快乐”。

能不能在这里做点有创意的事？不甘寂寞的他想用艺术教育的思路为静谧的山村带来点青春色彩。在导师陈子劲、和文朝的指导下创办了乡野艺校，以文教助力乡村振兴。几年来，在“乡村美育课堂”“今晚吃什么？”“节日快乐”等一系列项目的助推下，前汾溪村正在由内向外进行着一场美丽的蜕变，这个名称里的乡、野、艺，正好契合他们在前汾溪村进行毕业设计的主题以及在乡村田野里展开的艺术实践。

一、社会美育做什么

毛华磊他们在村里进行了一系列的实地调研，从中挖掘、整理出一些问题：跟很多的现代乡村一样，前汾溪村同样面临“空心化”的挑战，留下的居民基本以老年人和留守儿童为主；村里唯一的小学师资匮乏，课程设置单调，无法照顾到儿童广泛的兴趣需求，生源更是不断流失；村里的社区氛围沉闷，村民间的交谈内容多集中于家长里短式的“口水文化”；对于传统民俗和节日，村民们感受不到和自己的关联；大多数村民受教育程度偏低，往往会采取放纵、压迫式的沟通方式，与家人和孩子的关系疏离……

在经过 1 个多月的调研后，他们发现了这些表象之下的各种问题，其中最直接的还是教育和社区关系的问题。在乡村振兴的大背景下，青年人能够在乡村做什么？如何以自身所学推动乡村振兴？乡野艺校找准了方向——社会美育，从自己擅长的专业和领域出发，以美育为抓手，先开展“乡村美育课堂”项目，再慢慢从学校教育延伸到家庭教育、社区教育以及后来的村庄改造等。乡野艺校以社会美育为出发点，目前在当地展开了 5 个社群服务项目。

第一个项目是“乡村美育课堂”。乡村美育课堂主要面向孩子。如同陶行知、蔡元培在美育背景下强调生活力一样，现在要唤醒社区生活力，最关键的就是孩子。前汾溪小学只开设语文、数学两个主科，其他课程开展得比较少，不利于促进孩子的全面发展。乡野艺校开设了丰富多彩的美育课程，打开孩子们的认知，丰富他们的视野，让他们更加热爱生活，拥有快乐的童年。

第二个项目是“今晚吃什么？”它是乡村美育课堂的延伸，主要面向村庄内的家庭。家庭教育直接影响孩子的成长和发展，乡野艺校通过一桌美食拉近与各家庭之间的关系。和村民共同制定菜谱，像一家人一样，共同准备，共进晚餐。在过程中，村民会诉说家庭的故事、个人成长经历、社区发展史。了解到家庭氛围、个人特质后，也能更加有效地分享美育观念，这样的形式也能帮助青年梳理村庄发展脉络，完善地方文化拼图，和村民共同畅想社区未来发展的可能性。

第三个项目是“节日快乐”。儿童的成长离不开优质的社区环境，村民们每天除了做一些农活，闲暇时间就是打牌唠嗑，全年只有祭灶和正月十三才集体热闹一下，村民们也不清楚节日的由来，节庆意识淡化，文化不自信，村庄凝聚力薄弱。

于是，在儿童教育、家庭教育的基础上，乡野艺校进一步推出了“节日快乐”项目，希望能够通过大大小小的节日活动活化村庄，优化社区氛围。在这个过程里让老人、妇女、青年、孩子扮演好他们的角色，去呈现自身和村庄的故事。2021 年“三月三”前汾溪村山水生活艺术季，他们用 100 米的稻草龙把全村凝聚起来，老人可以使用传统手工艺制作龙骨架，妇女可以做编织，年轻人可以舞龙。

2021 年 8 月 4 日，适逢传统七夕节，乡野艺校策划执行了一场“七夕快乐”的大型灯光秀表演。这场表演从绕村流淌的汾溪水中的艺术装置开始，这是一架具有年代感的古老织布纺机，由村子里的一位老人家主动捐出，当晚，利用灯光将七夕传说中爱人之间红丝牵连的抽象意象和乡村自然山水的具象内容进行结合，表达出一种向上生长的力量。这是前汾溪村史上第一次灯光秀表演，全村的老少几乎都来了，外来的车辆更是不少，很多身在外地的前汾溪人也通过抖音直播观看了表演。

2021年的除夕“国宴”，可以说是一场将“节日快乐”和“今晚吃什么？”两大项目整合完成的活动。2021年，乡野艺校团队在村里过年，面向全国征集食材，推文发出不到1周，就收到来自十几个省份的食材，堆得像小山一样高。这么多食材怎么处理？他们就用这些食材做一场美食展览，邀请村民参与，共同创作。因为食材来自全国各地，所以，取名为“国宴”。只是吃饭，也没意思，于是又把村里的孤寡老人、留守儿童组织起来，愿意参加的每个家庭各出一道菜，并组织村民参加节目表演。起初邀请30余人参与活动，最终来了400余人。“国宴”就这样诞生了，也有了小春晚的雏形，他们与村民们一起度过了一次难忘的除夕之夜。

接着再把节日的知识转化成独有的美育课程，给孩子们播下节日的种子，让孩子在这个过程中产生对社区的归属感。打造“节日快乐”项目，一是挖掘传统，很多已有的节日没有被充分利用；二是加强对节日的认知，村民们这方面的意识较弱，需要通过节日活动的开展多加引导；三是创造新的节日，在合适的契机下进行节日创新。2021年10月，乡野艺校策划了“新·村民节”，通过“新·村民节”把新村民介绍给老村民，让老村民更好地了解新村民。为什么要创造“新·村民节”？以前有人打着专家、学者的名号来到村庄，嘴上说帮助村庄发展，实际上为自己谋私利，村庄文化遭到破坏，村民生活也并未得到提升，导致村民比较排斥外来人员。乡野艺校用心经营社区关系，慢慢打开村民们的心结，使他们愿意接纳外来人员。“节日快乐”项目营造了优质的社区环境，使村庄精神面貌焕然一新，增强了村民凝聚力，让社区充满生活力。

第四个项目是“生态农业1+N”。乡野艺校将美育和农业进行结合，提升村民生态种植观念以及农产品包装意识。鼓励村民郑阿土一起开辟了6~8亩生态水稻试验田，从开荒到产品包装设计全程参与，种出来的大米品质好，也卖出了好价格。村民以前没有包装意识，拿个袋子装一下就直接卖掉了。如果大米品质好加上文创设计为产品赋能，原本每斤只卖 5~6 元的产品，现在能卖到 8~10 元，让村民们发现农产品销售的更多可能性，对农业生产也能有更多的期许。在前汾溪村的“一亩田”认筹项目中，通过驻村第一书记郑莉的帮助，有 160 多亩田被 24 家宁德市直单位认领。

第五个项目是“村庄改造”。乡野艺校参与村庄的改造，如外立面设计、导视系统升级、古道修缮、房前屋后空间优化等，像对待自己的家乡一样，亲力亲为，在现场进行指导，相互配合，提高工作效率。乡野艺校始终认为，想进入村庄，要先把自己的身份农民化，才能更有效地开展工作，但是方向也要明确，要保持一定的高度和要求，否则就不是引导村民而是被村民同化了。

总而言之，乡野艺校不断发现问题，尝试解决问题，几个项目就这样陆续诞生了。他们面向整个乡村，通过公共文化建设和艺术活动，构建乡村美好生活和人与人的美好关系。“节日快乐”和“今晚吃什么？”的最大特色与目标就是带领、激发当地的村民共创和参与每一场活动。他们成功的秘诀就是最大限度地开发和利用在地资源，并整合各方力量参与执行，除了村民们，还有高校师生志愿者、当地政府干部等。

乡村美育之路任重道远，乡野艺校的年轻人从最初的懵懂到慢慢积累实践经验，以社会工作的手法，从重建社区开始，探索出一条新的社会美育路径。

二、社会美育怎么做

乡村美育是社会美育的一部分，在乡村，可以通过各种公共美育活动塑造大众认同、文化认同的审美价值观，培养人认识美、感知美、创造美的能力。美育不是只面向村民，还要植入社会问题和社会关系中，与乡村生产、生活、生态互动共生。

经过 3 年的实践，毛华磊最大的感触是，艺术就是用专业的态度把一件事做到极致。中国的文化根植于乡村，美丽中国就是运用艺术的力量修复、激活和再造乡村这个场域。美丽中国一定是脚踩在大地上，是能够扎根的，而不仅仅有上层建筑，否则就是空谈，没有任何实质性意义。

面向村里的孩子们，乡野艺校推出了乡村美育公益课堂，将自然与生活连接，用废弃的材料做拼贴画、认识昆虫并为它们写诗、探索一棵野草的“一生”……这些美育课程最大的特色就是充分利用前汾溪村现有的自然资源，同时结合当地的民俗文化，随处都可以是课堂：村头的小卖部，田间的大树下，流淌的溪水，村民的家里……上课的互动形式也是灵活多样的：玩泥巴、编草绳、画脸谱、做美食……通过美育课程的学习，孩子们发现原来世界可以是这样的、也可以是那样的，可以激发出他们的想象力、思考力、创造力。孩子们从只有语文和数学课程的世界走出来，远离电子产品，探寻草木花树中的自然奥妙，感受流水的温度、清风的气味，发现世界的美好。村小的老师感慨，孩子们变得更加活泼、更加开朗、更加自信了。

（一）让乡村生活有盼头

在村里慢慢扎下根，乡野艺校的年轻人们渐渐被村民们接受，他们也感受到村民们对改变的渴望。

60 多岁的吴登梅和“忘年交”们一起做饭，讨论菜谱，个人成长史、家族史和社区发展史在食物中娓娓而出，埋藏在家庭菜单中的种种回忆竟在灶台庖厨间激活。吴登梅说：“有他们在，日子更有意思、更有盼头了。”这种奇妙的体验被大家口耳相传，越来越多村民抢着邀请这些年轻人来家里做客。毛华磊被拉进了许多村民的家族群，一起研发独属于每个家庭的菜单。

“你吃到的不仅是一道菜，更是这个家庭的故事。”毛华磊说。“今晚吃什么？”项目的尝试让这片土地上的人真正接纳了他们，甚至隔壁村的村民们都能叫出团队每个成员的名字，邀请他们到家里吃饭，门口不时会堆有乡亲送来的蔬菜水果。

在乡野艺校的带动下，村民们有了丰富的休闲活动。陪伴，让留守者不再孤独，让沉默的山村多了许多热闹。

（二）立足乡土

乡野艺校根植于前汾溪传统文化，挖掘传承非遗习俗。在2019年由前汾溪村民委员会与中国美术学院学子共同策划的第一届“前汾溪三月三民俗文化节”的基础上，乡野艺校经过两年的文化挖掘与节日创新，于2021年重塑了前汾溪村的“三月三祭水节”民俗活动。在前汾溪村民委员会的支持下，乡野艺校团队组织村民，耗时10天合力做了一条百米长龙，时隔70多年重现舞龙祈福传统。80位村民在农历三月初三当天回村舞龙，村里的男女老少齐聚前汾溪两岸围观。那天震撼的场面让一位80多岁的奶奶情难自禁，哭着感谢乡野艺校：“我活了一辈子没有看过这么真实的一条龙，谢谢你们让这么多新鲜的东西在我们身边发生。”

在乡野艺校看来，他们通过一个个美育项目，一步步完成了村庄的田野拼图，也不断激发村民“打开自己”，发挥群众智慧。土叔郑振如和妻子枫叶就是“被打开”的人。毛华磊回忆，初来前汾溪村时，土叔还是个沉默寡言的乡下汉子，是个沉闷无趣却有着好手艺的“能人”。几年间，随着乡野艺校“玩”的花样越来越多，土叔和枫叶女士不知不觉成了“编外”力量。他们会和年轻人们一起熬夜讨论、参与项目，还会开直播做木工雕刻，无师自通地用稻草扎出各种工艺品。

“村民们越活越年轻，越来越自信了。”每逢节日，越来越多的村民会自发地参与、执行活动方案，迸发出自己的创意。走在前汾溪村，男女老幼会热情地和外来游客打招呼，人情味显而易见，因为生命力和幸福感正在这个小小的村中源源不断地流淌。

（三）与村民探索新未来

乡野艺校希望能让外来者融入，保护本地人不被边缘化。为此，他们开始思考如何把作品留在大地上，并构画着一个能走得更远的未来。事实上，乡野艺校和许多公益性团队一样“用爱发电”，缺少经济效益支撑。毛华磊认为，从长期来看，健康可持续的发展需要公益和商业两条腿走路才能形成良性循环。

目前，团队正着手将田野实践经验转化为精品研学课程，提供美育研学培训。与前汾溪谷社会美育综合实践基地合作，同时，开发乡野艺校衍生产品，与村民们一起，探索文创赋能农产品的渠道，引导村民们在从生产到销售的过程中优化农产品品质，提升附加价值。

在乡野艺校团队的背后是他们的老师陈子劲，在他的眼里，美就是一种生产力。他认为，“美与艺术”具备社会性和服务性，尤其是在乡村，需要以“美与艺术”为媒介，扎根田野去做丈量和梳理，再用艺术家的想象与一系列社会性艺术实践，和当地村民共同建设美好的乡村生活。他说，他和他的学生们可以被视为一群作为社会工作者的艺术家，或许也可以称为社会（性）艺术家。他们所做的还远称不上成功，只能称他们为先行者。

乡野艺校提出的“1000 个美育计划”源自最初来到前汾溪村的师生们共同遇到的困境，那就是如何让村民们认识和接受他们，而被别人接纳并且喜爱的最好方式，就是帮助别人解决问题。

首先，从儿童出发，开设乡村美育课堂。将乡村儿童视为美育计划的首要对象，显然是非常重要的第一步。即将退休的郑瑞盈校长目前是前汾溪小学唯一的全科老师，“以前学校所有的课都是我来上，关于素质教育的课肯定没有这么多丰富的内容，孩子们现在真的很幸福，他们的眼界拓宽后，人也会变得自信”。12 岁的郑国武和他 9 岁的弟弟每个周末最重要的事情就是被爸爸或妈妈从县城接到村子里上美育课。作为土生土长的前汾溪村孩子，兄弟俩目前都在屏南县城上小学，却已跟随“乡村美育课堂”上课 3 年多了。郑国武说自己特别喜欢画画，以前在外面也报过一些相关的课程，比如油画类的，而他在县城的小学里也有美术课程，但和家乡村子开设的课程相比，他还是更喜欢后者的形式与内容，“学校和培训班里很多都是用‘死板板’的方式，一味地让我们临摹，不像这里可以学习到更多，学习不仅是在教室里，还可以在任何地方，像这次的课，我们还会学习做好吃的，我第一次知道，葡萄叶可以吃哦”。2023 年 8 月，郑国武和弟弟还参加了“乡村美育课堂”的升级版“自然美育夏令营”。在这次夏令营中，有 5 个从福州来的孩子，在他们面前，郑国武觉得很自信，经过这么多年的美育课程，他所学习到的，比这些城里的孩子可能多得多。“我会有更多的思考，比如制作这个‘好吃的树’绘本，我会想到如何更好地打开，是不是可以在封面设计一个扣子……”得益于大量的大学生志愿者和众多合作高校的师生力量，以及中国美术学院每年的毕业实践团队，美育课程的研发与执行有不少的外部资源。据不完全统计，“乡村美育课堂”目前已经开设了近 200 节课程。这些美育课程最大的特色就是充分利用前汾溪村现有的自然资源，同时结合当地的民俗文化，随处都可以是课堂。

其次，面向整个乡村，构建人与人的美好关系。相较于“节日快乐”，村民们对“今晚吃什么？”的参与更加轻松和投入。活动的流程很简单，他们会提前选择好村里的一户人家，接下来在与主人们的闲聊中获取他们的传统美食记忆，和他们共同制定菜谱。“第二天下午，带上采购的食材，我们就去确定好的村民家，与他们一起做一顿晚饭，借此了解当地的美食文化，并和村民们一起回味村子的变迁，还可以共同畅想一下未来。”程欣说，饭桌上的“口述历史”，也给这些乡村家庭中的老人和孩子提供了一个沟通和相互了解的机会。活动结束后，我们还会帮村民们用思维导图梳理出他们的家族史。因为村民们都是郑姓，通过梳理后的人物关系，往往会找到村民与村民之间在家族上的共同渊源。

除夕“国宴”整合了上述两种活动。这场活动名为“国宴”，演绎的过程类似于“村晚”的筹备与执行，既要向村民们征集表演节目，又要准备天南海北各类美食汇聚而成的晚宴，在这个过程中，挑战无处不在。“首先是要说服村民们参与，他们在刚开始时并不完全理解和接受我们的提议，因此我们费了很多的功夫。其次还要征集和准备美食材料，这一年的除夕大家都没有回自己的家，各自请家人朋友寄来天南海北的食材，学习如何烹饪。同时，还要帮助村民准备和排练晚宴上的表演节目，真是手忙脚乱……”最终，还算圆满地完成了这场活动，与村民们一起度过了一次难忘的除夕之夜。

最后，最大限度地开发和利用当地资源。“节日快乐”和“今晚吃什么？”带领并激发当地的村民共创和参与每一场活动。毛华磊还特别提及，每一场活动，他们都会最大限度地开发和利用在地资源，并整合各方力量参与执行。

“七夕快乐”就借助了同样来自中国美术学院的年轻团队的创意与执行。2021 年 4 月举办的“三月三祭水节”民俗活动则利用了村子里到处可见的稻草作为材料，组织 70 多位村民共同编织制作了一条 100 多米长的草龙，同时还为村民们编排了舞龙表演节目，并得到了当地政府的大力推广与配合。

对于陈子劲和他的学生们而言，美育的对象不只是儿童，更应该是整个乡村。“1000 个美育计划”的源起和最重要的目标都是要融入当地人的生活，与村民们成为朋友，甚至家人。这也同样是他们对乡村社会美育的根本性理解与界定——发现并构建人与人的美好关系。现在，一切美好都正在发生。

三、社会美育助力乡村革新成效

3 年后，当毛华磊他们再次走在村子里，随处都是笑着和他们打招呼的村民，孩子们更是和他们打成一片，其中一个孩子甚至将自己的微信名改成了“阿毛的小跟班”。

17 岁的郑杨焜和村子里一群年纪相仿的孩子都曾经是很“宅”的沉迷于手机游戏的叛逆少年，目前却是阿毛团队的铁杆志愿者，“无论什么事情，只要喊一声，他们都会结队来帮忙”。这个暑假，这群少年更是在毛华磊他们的带领下，设计制作了一辆流动餐车，学习制作一些简单的夏季甜品和小吃，比如当地特色的冰粉等，在晚上轮流推着餐车售卖。这个被称为 MoKoMing 莫空鸣（屏南话意为“不要瞌睡”）的创业小队，无论是前期制作，还是产品售卖，以及吆喝推广、财务管理，都由孩子们分工协作完成，郑杨焜的奶奶说：“我的孙子现在真的懂事了很多。”

看到了孩子们的改变，家长们主动要求“今晚吃什么？”到自己的家里来办，有什么好吃的都要留给毛华磊他们，有什么需要帮忙的都是不计回报。郑国武的父母每遇活动需要，都会免费提供烧烤场地和各种材料，甚至直接上场帮他们；宝弟的妈妈同样是毛华磊他们的热心场外成员，有钱出钱，有力出力。毛华磊说：“村民们或许受教育程度不高，但一旦他们认可了我们，就会把我们当成朋友，甚至家人，我们也把这里当成了第二故乡。”

对于当地政府，如今的前汾溪村也被打上了“节日村”和“美育村”的标签，从而有别于屏南当地其他特色乡村。“节日就要快乐起来，无论是什么形式、什么内容，都是为了让村民们感受到快乐。”有了阿毛他们定期策划执行的这些活动，乡村里有了人气，当地的媒体平台频繁报道关于前汾溪村的新闻，越来越多的人看见了前汾溪村，村民们也时常会到基地里走走逛逛，看一看孩子们的展览，他们甚至开始学会写诗、拍短视频、关注公众号……

原本并不懂得什么是公共文化建设的村民们在参与和体验一次次活动后感慨道：“原来，我们家家户户里不起眼的老物件，通过这些美院教授和大学生们一摆弄，真是挺美来着。”“我们的孩子搞出来的作品，比起城里孩子一点也不差。”“没想到我们每天在吃的这些土特产有一天会上电视，而且看起来真的很不错。”

社会美育最终能给乡村带来怎样的革新，目前还很难给出明确的答案。在陈子劲和毛华磊的理想蓝图中，未来的前汾溪村将继续以乡土为学院，扎根于乡村社区的现场，深度融入本地社群的生活，努力实现乡村的现代化。

从乡村美育课堂升级到各类主题的儿童美育研学营；从“节日快乐”衍生出各类乡村文创活动策划与执行；从“今晚吃什么？”的情景式田野调研延伸出以乡村文旅 IP 为目标，开发多个古村落沉浸式体验项目……他们将继续带领村民共同参与、共同生成，活跃乡村社区生活，从而吸引越来越多的本地人回来，以及越来越多的城里人前来驻留。

第四节　建设乡风文明的和美乡村

乡风文明是乡村振兴的重要内容之一，是建设和美乡村的重要体现。乡风文明是指村民的思想、文化、道德水平不断提高，乡村的教育、文化、卫生、体育等事业发展逐步适应农民生活水平不断提高的需求。中华文明根植于农耕文明。乡村振兴，既要塑形，也要铸魂，要形成文明乡风、良好家风、淳朴民风，焕发文明新气象。2018 年党的十三届全国人大一次会议提出，要推动乡村文化振兴，加强农村思想道德建设和公共文化建设，以社会主义核心价值观为引领，深入挖掘优秀传统农耕文化蕴含的思想观念、人文精神、道德规范。

在这些指示精神的引领下，在神州大地涌现了一批乡风文明的示范村庄，其中，山东省济宁市邹城市钢山街道后八里沟村、泰安市肥城市汶阳镇西徐村是其中比较有代表性的范例。

一、孟子故里扬起文明新风

后八里沟村位于孟子故里山东省济宁市邹城市，隶属于钢山街道，村庄面积 2 平方公里，现有常住人口 3 万余人，其中老户村民 1760 人。2005 年以来，后八里沟村大力实施孝善治村、文化兴村、产业强村，以社会主义核心价值观为引领，以树文明村风、提升村民精神文明素质为重要抓手，通过定规矩、树家风、办报纸、开夜校、建场所等有力举措，将乡风文明与村民生活和村庄发展深度融合，精心打造了“孝善后八”“书香后八”“红色后八”“国学楼栋”等一系列特色鲜明、亮点突出的文明实践品牌，努力培育文明村风、良好家风、淳朴民风，以乡风文明助力乡村振兴。后八里沟村先后荣获“全国文明村镇”“全国民主法治示范村（社区）”“中华孝善模范村”“最美志愿服务社区”等 20 余项荣誉。

（一）以孝善治村破题，凝聚人心，提升乡村治理水平

2005 年，后八里沟村“两委”班子换届后，大力整治村里的不文明现象，坚持孝善治村，凝聚人心，汇聚力量，推动村庄实现高质量发展。

一是立好规矩。村“两委”结合村情、依照民意制定后八里沟村村规民约，着重提出每位儿女必须尽到赡养义务，从对老人的供养标准、福利待遇、探望次数等方面制定具体标准。2006 年开始，硬性要求每位儿女每周至少两次为父母做家务，每户子女必须统一向村委会缴纳 50 元赡养费，月初由村委将50元和集体配发的营养物资及生活费一并发放到老人手中。除本村村民外，后八里沟村还为集体企业员工增设“父母工资”，每月将 1200 元直接汇款至父母账户，将赡养义务由“定性”变为“定量”。同时，严格要求村民自觉保护环境、维护公共卫生，党员、村干部带头，天天有清扫，周周大扫除，引导规范停车，打造美丽舒适的村庄环境。

二是树好榜样。从 2005 年开始，持续开展“十大孝星”“好媳妇、好婆婆”“孝善家庭”等评选活动，大力倡导家庭和睦之风，村民在耳濡目染中，精神面貌焕然一新。每年对各类热爱集体、尊老敬老、创业致富等先进模范人物予以隆重表彰、广泛宣传，用身边的事、身边的人教育引导村民，后八里沟村多户家庭被评为山东省“孝心家庭”、济宁市“孝心家庭”。同时，村里创建孝老爱亲微信群，通过“晒爹妈”的方式，引导全体村民在微信中晒出自己孝老爱亲的图片，挑选优质孝老照片在村内展览，年底制作孝善相册，对孝老爱亲先进家庭予以表彰激励。

（二）以全民教育为先，优化学风，提高村民文化水平

学风兴，则村风正。后八里沟村将村民的教育学习作为一项重要工作来抓，加大投入力度，以务实的举措推动村民文化水平整体提升。

一是创造良好学习条件。2009 年，在建设的二代为民服务中心设立 400 平方米的阅览室，2019 年，高标准建设了 3000 平方米的村级大型图书室，收

藏各类书籍10万余册，为村民提供温馨舒适的现代阅览服务，被评为“全国示范农家书屋”。村集体出资70万元，为每家配送了价值1500元的书橱，并定期发放购书卡，村民只要购买正版的、积极向上的书，经村里验收合格，村集体就为村民报销购书款的80%，以此鼓励村民多读书、读好书。

二是保障公平学习机会。2007年，后八里沟村成立“村民夜校”，聘请专家学者、优秀离退休教师为村民授课，提升村民整体文化水平。同时，创新实施“人人上夜校，个个是老师”教学模式，鼓励党员干部、村民走上讲台，介绍心得体会，分享人生经验，在全村形成“人人爱学习，人人有学上”的浓厚氛围。从2006年开始，分批组织村民外出学习，每个家庭成员轮流参加，到先进地区长见识、找差距、学经验。每年寒暑假期间，组织村里中小学生赴大城市开阔眼界、学习新知，开展实地教育。为新考入大学的学生发放奖学金，标准为8000~20000元，鼓励村里的孩子认真学习、积极向上，实现人生价值。

（三）以文化引领入手，浸润人心，提升村民文明素养

以文化人，润物无声。后八里沟村将文化引领作为培育乡风文明的有力抓手，全面提升村民精神文明素质。

一是大力度加强文化阵地建设。村集体投资3000万元建设社会主义核心价值观主题公园，悬挂“两学一做”、社会主义核心价值观系列展板；出资4000万元建设党史村史教育展览馆，教育村民不忘历史、奋发前进，展馆全年对外开放，有免费解说员为所有宾客细心解说，平均每月到访宾客1000余组，成为普及农耕文化、开展精神文明教育的新阵地。注重打造文化景观带和文化活动圈，建设以“孝、悌、敬、诚、善、恭、礼、谦、宽”为主题的孝贤广场、以孝贤文化典故和村庄孝贤模范为主线的孝贤文化一条街，在小区重要出口处设立文化德育一条街，涵盖二十四孝、先进模范人物、法律常识等，让村民耳濡目染，提高自身素质。

二是多举措强化文明示范引导。后八里沟村是一姓村，村民都姓宋，村

民家家户户悬挂村委会统一出资制作装裱的“宋氏祖训”牌匾，户户晒家风家训。2008 年起，在居民楼每个单元设置孝善文化牌，设置“丑善评议榜”，在村中心广场设置红色光荣榜和白色曝光台，好事表扬、丑事亮相，引导村民崇德向善、见贤思齐，掀起人人为善的新风尚；谱写《孝德歌》，老少人人传唱，潜移默化，让孝善文化入耳入心。2008 年，后八里沟村创办村报《鑫琦之声》，至今已累计发行 300 余期，除了刊发优秀传统文化、时政新闻、法律法规等，还通过稿酬补贴方式鼓励村民积极投稿，讲好身边故事。

（四）以传承美德为要，践行初心，积极承担社会责任

后八里沟村大力弘扬优秀传统美德，提升老年儿童福利待遇，同时，将视野扩展到村庄以外，以践行社会责任为己任，造福百姓，回馈大众。

一是践行敬老爱老，厚植村风民风。自 2005 年开始，后八里沟村将福利分配向老少倾斜，在经济困难的初期，村里把有限的收入用于改善五保老人住房，每月为老人儿童发放营养品。现如今，后八里沟村为老人和孩子增配了股份，每月 1 日将价值 300 元的营养品和生活用品发至每位 60 岁以上老人手中，备齐老人日常所需的米面油、肉蛋奶等，根据季节提前为老人添置新衣，定期为老人理发、洗澡、修脚、查体。每逢春节、元宵、中秋、重阳等重要节日，村委会为全村老人发新衣服、唱大戏，每月举办“百寿宴”，让老人们欢聚一堂，按年龄段送上 5000~10000 元不等的生日贺礼。每年为 60 岁以上老人发放 5000 元的保健敬老金，通过一系列措施，让村民耳濡目染、潜移默化，逐步养成孝老敬亲的良好习惯。

二是发展公益事业，勇担社会责任。大力弘扬“奉献、友爱、互助、进步”的志愿服务精神，成立党员干部、退役军人等 9 个志愿服务组织，吸纳 600 余名志愿者，每年开展志愿服务 120 余次，平均每人每年志愿服务达 450 小时。每年出资 800 余万元在全市范围内组织开展“鑫琦助学”、爱心募捐等大型公益活动；2015 年出资 1000 万元设立山东省首家精准扶贫救助基金；2017 年出资 60 万元倡导启动邹城市扶贫基金；为山东省老龄事业促进基金会

捐款400万元；2020年初向邹城市慈善总会捐款500万元，助力打赢疫情防控阻击战。

经过十几年的努力，后八里沟村从远近皆知的贫穷村、落后村转变成为全国闻名的文明村、富裕村，村民精神文明素质实现大幅提升，村集体固定资产达到近60亿元，村民年人均收入5万余元，村庄先后荣获“全国文明村”“中国美丽乡村”“全国民主法治示范村”“中华孝善模范村”“中国雷锋村”等20余项国家级荣誉，村党委书记宋伟荣获2020年度全国最美退役军人称号，在中央宣传部、中央文明办举办的2021年度学雷锋志愿服务“四个100”先进典型评选活动中，后八里沟村荣获“最美志愿服务社区”称号，成为全济宁市唯一入选的先进典型。

二、擦亮书香文化品牌，用好公德积分

2023年8月16日，山东省农业农村厅公示了37个全省“文明乡风建设”典型案例，其中，山东省泰安市肥城市汶阳镇西徐村“聚力乡风文明 共建和美西徐”作为全市唯一典型案例成功入选。

近年来，西徐村深入推进乡村精神文明建设，以新时代文明实践站为阵地，以“一约两会一榜”为抓手，以“积分制”激励模式为依托，全面培育文明乡风、良好家风、淳朴民风，探索出一条符合村情建设的移风易俗新路径，推动实现乡村治理有序有效、乡风民心崇廉向善、乡村振兴稳步推进。先后荣获全国文明村、山东省乡村振兴“十百千”工程示范村、省级美丽宜居村庄、省级美丽乡村示范村、省级卫生先进村等6项省级以上荣誉、10余项泰安市级荣誉。

（一）建好“九个一”文明实践站

西徐村是著名书法家欧阳中石的故里，西徐村大力挖掘弘扬欧阳中石书法文化艺术资源，建好“九个一”新时代文明实践站，推动形成了散落在群

众身边的“一站多点”的乡风文明阵地，擦亮“中石故里、书香西徐”文化品牌，推动文明实践凝聚群众、引导群众、以文化人、成风化俗。

西徐村设立了“一院一墙一讲堂”。“一院”即西徐书院。设置书法展览室、书法练习室，目前书院存有书法作品1000多幅。“一墙”即高标准彩绘文化墙。涵盖中石书法、移风易俗、新二十四孝等内容，总长400余米。“一讲堂”即“肥乐宣”大讲堂。依托乡愁记忆馆、民俗博物馆、文明实践广场，开展“肥乐宣”理论宣讲、乡风教育、移风易俗等系列活动。

西徐村还成立了“一队一团一协会”。“一队”即移风易俗志愿宣讲队。以村党支部书记为队长、村“两委”成员为带头人，与群众在广场上、院落里围坐在一起，聊家常、话诉求，开展移风易俗微宣讲，让“小板凳”凝聚起“大文明”。组建各类文艺队，建设村民健身广场、农家书屋、农村幸福大院等多个文化活动阵地，在潜移默化中改变村民观念。“一团”即中石文化志愿服务艺术团。整合民间豫剧团、秧歌队、腰鼓队等文艺团体资源，通过群众喜闻乐见的文艺形式宣传移风易俗政策，倡导喜事新办、节俭养德、文明理事的社会新风尚。“一协会”即欧阳中石农民书法协会。挖掘村内及周边书法爱好者、吸纳外地书法家、发展农民书法家百余人。

开展“一训一节一市场”活动。“一训”即乡风文明提升培训。针对不同年龄阶层群众，开展文明礼仪、孝善文化等培训活动，传播文明、教化群众。“一节”即国粹文化艺术节。自2018年起连续3年举行国粹文化艺术节，邀请中石先生亲传弟子赵培等先生及各地书法爱好者50人现场挥毫泼墨，为广大群众送上高品质的艺术大餐。“一市场”即书画文化大市场。通过开发扇面、字画卷轴、文房四宝等特色文化艺术品，吸引周边及外地游客参观消费，壮大集体经济。

（二）发挥“一约两会一榜”作用

西徐村坚持把村规民约、道德评议会、红白理事会作为农村“治风”的有力抓手，把“红黑榜”作为“治风”的“风向标”，不断提升乡村治理效能和群众精神风貌，提高乡村文明程度，绘就乡风文明新画卷。西徐村采取了3个行之有效的做法。

一是完善村规民约，“约”出文明好乡风。西徐村以解决村民群众普遍关心的热点问题以及阻碍本村发展的痛点问题为切入点，通过村“两委”干部入户调查，广泛征求群众意见，制订出符合村情民意的村规民约，内容涉及社会治安、村风民俗、移风易俗、邻里关系等。同时，邀请镇组织、司法、民政等部门负责人对本村村规民约的制定进行全程指导，针对性强、可操作性强，并在村级组织活动场所等显眼位置进行上墙张贴注重宣传到户并强化执行。

二是完善自治组织，“议”出和谐新气象。西徐村充分发挥村民自治作用，将基层党组织建设放在首要位置，开展党员挂门牌、亮身份、作贡献活动，发挥移风易俗表率作用。推选威望较高的老党员、退休教师等组成红白理事会，以道德评议会、红白理事会为重要载体，通过摆事实、讲道理，持续推进移风易俗、破除陈规陋习，为乡村精神文明建设提供持续动力。一方面，把本村德高望重的老党员、新乡贤、致富能人等纳入红白理事会，根据实际制定红白理事会章程和办理标准，除陋习、立新规。为破除婚丧嫁娶中的不良风气，修订增加婚丧简办等内容，全村统一标准，不准大操大办，白事不成席、不扎纸、不用吹鼓手，极大地减轻了村民的物质负担和精神压力，明确婚丧红白事操办标准，事前告知办事群众婚丧事宜办理规定，事中对操办规模现场监督，事后与事主一起算“节支账”。同时，通过线上、线下等方式广泛开展宣传教育，倡导婚事新办、丧事简办、反对封建迷信。另一方面，在充分听取民意的基础上组建道德评议会，严格遵循评议程序，定期挖掘和选树道德模范，并对村里出现的不道德做法、不文明现象等进行评议。

三是深化“一榜”成效，“评”出文明好榜样。村里充分利用宣传栏普及健康知识和孝道文化，开展“文明健康、有你有我”公益广告宣传，村民茶余饭后散步时可以随时观看，使公益广告内容入心入脑，并以实际行动践行孝道文化和文明行为，使家庭更加和睦、邻里更加团结、乡风更为淳朴。通过道德评议会，定期开展“善行义举四德榜”“好媳妇、好婆婆”“文明家庭”“美丽庭院”等群众性精神文明创评活动，真正把事迹最突出、成绩最显著、群众最公认的典型榜样评选出来，让少数人带动大多数人，让广大村民学有榜样、比有标杆，形成了你追我赶、争当模范的浓厚氛围。上红榜的公示表扬，上黑榜的通报批评。同时，以一季上一榜、一榜管三月为原则，及时在文化广场、村委大院等场所张榜公示，并按季度为上榜的村民发放物质奖励。如今，在“一榜”的激励下，西徐村志愿服务、诚实守信、尊老爱幼、守望相助的正能量蔚然成风。

（三）用好“积分制”激励模式

西徐村将“积分制”引入乡村文明建设，集物质奖励与精神奖励于一体，鼓励村民全方位全过程参与，携手共建文明有序的乡村风貌。通过亮积分、比积分、兑积分等形式，村民积极参与村庄治理，自觉遵守村规民约，弘扬文明新风。

一是定好积分策略。西徐村把乡风文明各事项、指标量化，重点围绕人居环境、家庭美德、邻里和睦、政策知晓、志愿服务等方面进行评分推行，并按照月积分、季张榜、年表彰的形式，对每家每户量化考核。同时，还将村民主动参与道德评议会、红白理事会等基层自治组织纳入积分制管理。

二是巧用积分超市。积分超市是使用村集体资金建成的，采用一月一评比、一月一兑换的模式。群众通过环境卫生整治、文明实践志愿服务、乡风文明评比活动等获取积分，在爱心积分超市可以用积分兑换洗衣粉、洗洁精、电饭煲等生活用品，开在家门口的“积分超市”让村民看到了参与积分制管理所带来的实惠，激发了群众参与乡风文明建设的主动性和积极性。

第五节　以创造赋能文化乡村[①]

福建省很多地区正在致力于将乡村建设成为人们的文化和精神故乡，这些丰富生动的案例具有无可替代的独特性。

乡村文明承载着中华民族的历史记忆、文化乡愁。据统计，2023 年我国常住人口城镇化率已经超过 65%，福建省更是达到 72% 以上。许多人离开乡村进入城市，他们离自己的故乡可能很远，但是每一个不同的乡村都是他们抵达精神原乡的途径。

或妖娆，或刚毅，或遗世独立，在蓝天、古屋、流水、长廊的映衬下，福建省宁德市屏南县熙岭乡四坪村成片火红的柿子树一扫冬日肃杀，成了寒冬里最温暖的风景，引来众多游客。据熙岭乡统计，旅游最高峰时单日进村车辆达 8000 辆左右，人数达 3 万人以上。可以说，“我在屏南有喜柿”创意活动点亮了四坪村。

像四坪村一样，福建省的许多乡村被文创点亮，堪称经典。

一、用文化唤醒乡土意识

当前不少乡村给人的印象是凋敝和颓败，村庄“空心化”日益严重，偌大的村子只有老人留守，空置的房子有的已经倾圮，杂草丛生。村民们自己都嫌弃家园，能搬的都搬到新房或者进城了。

有人说，熟悉的地方没有风景。可在艺术家眼里，这些田野、老屋都是宝贝。在厦门黄厝村，艺术家看上了这里的乡间、田野、古厝、古窑址，他们觉得这里的农耕文化保留得特别好。他们呼朋引伴，来村里开工作室，把黄厝打造成艺术家的聚落。现在有各门类的 32 家文创工作室入驻，修缮了数 10 座古厝，还建了公共艺术空间乡村艺术馆。村中散布的边角地、古厝残壁，

① 本节摘编自谢艳荔:《文创点亮乡村》,《福建日报》2024 年 1 月 3 日第 2 版。

也被打造成流动的微型艺术馆。当地村民震惊了，在他们眼里的“废物”原来还可以这么用，这么美。

艺术工作者在用行动逐步引导村民重新发现乡土之美，潜移默化地影响村民的审美感知力。在以城市为中心的话语体系中，本应丰富多元的乡村正变得衰败落后或者“千村一面”。艺术家进乡村，让村民对自己生活与熟悉的村庄进行再认识，重新感知并发现故乡之美，重新认识乡村的文化价值，特别是挖掘乡村文化的审美价值、历史价值、情感价值与生态价值，重新建立人与乡村的联系，让人与历史、人与村庄产生强烈共鸣，发生碰撞，从而唤醒乡村。

南宋时，建阳是全国三大刻书中心之一，书坊村历史上曾经“以刀为锄、以版为田”。如今，书坊村深入挖掘文化基因，打造了墨色建本文化街区——康宁古街，并建起了建本蜡像动态展示馆。古街改造好以后，将原本分散的文旅资源有机融合起来，众多游客和研学团队纷至沓来，还衍生出古书籍、小人书、装饰画等建本文创作品。

同济大学建筑与城市规划学院教授杨贵庆认为，一个具有历史人文积淀的村庄要实现乡村振兴，必须精准把握其“文化穴”，而所谓“文化穴”是最能体现一个村庄历史人文特色并可赋予创新价值的场所空间。找准“文化穴”，既是找到每个村子自己的文化底蕴，也是寻找到村民的文化认同点，从而在情感价值上实现回归。

永泰县嵩口镇的改造焕新遵循“二八法则”：20% 启用新东西，80% 借助已有资源，用最小预算、最小破坏的针灸式改造活化古镇，从既有村落和日常生活中挖掘传统的生活方式、审美理念，留住“嵩口人自己的古镇”，实现与现代生活重新对话。嵩口镇鹤形路是很有特色的一条路，这条路上有郑氏家族的龙口祖厝。古镇的焕新也凝聚起郑氏族人的心，他们募资修葺了龙口祖厝，坍塌的几间房被改造成一个大空间，变成族内新的公共活动和议事场所。

古村的保护活化不仅是物理层面的房屋修复，还要恢复村民的家园意识和文化自信。以新的视野发现、以艺术的手段挖掘这些破败古村的价值，通过由表及里的文化赋能和持久深入的融合互动，让村民收获自信，让日益边缘化的村庄重建文明复兴的优势。

二、用创意激活乡村经济

“我在屏南有喜柿”等一系列活动像冬天里的一把火，把本是淡季的屏南冬季旅游带红火了。

屏南县熙岭乡四坪村现有柿子树1600多棵，产量丰富，然而，有不少树木因无人打理，自生自灭，有的在核心区的柿子又被树主摘掉，让游客无景可赏，造成资源的闲置浪费。2023年乡里国企出资3万元，把柿子树从村民手里流转过来，让村民不要摘柿子，留给大家当作景观来欣赏、来拍照、来认养，还能做成文创产品。这样，柿子就从传统的“一产”变成了“多产”，既可实现三产带一产，还可与文创联动，延伸出“屏南喜柿”等创意产业。

这是一个创新的思路和改革，把生态资源转化成了优质资源。乡里国企出资入股，村里的合作社、新老村民以“共创共治共享”的方式进行可持续运营，多元主体形成利益共同体，激发村庄内生动力，打造强村富民的实践主体与组织基础。

泰宁县上青乡崇际村是又一个把美好生态、古老传统变现的典型案例。村庄保留着大量原生态的桥廊亭阁，还有上青古乐等非物质文化遗产，正是写生创作的好去处。2023年11月到12月，短短1个月，小小的崇际村来了3批写生团队，多的有200余人，有的一住半个多月。这些人的到来也带动了村里的民宿、餐饮、特产及人手的需求。泰宁的文旅业发展得比较成熟，现在需要更多观光旅游之外的增量，写生业态能留得住人，能产生消费，写生作品还能宣传泰宁，一举三得。这里成为许多美术院校的写生基地，目前来泰宁的师生稳定在一年5万余人次。

当地文化作为一种特有的文化资源，对乡村经济具有巨大的促进作用，它可以提供素材、创造业态、塑造品牌。只有加强对当地历史的探索和尊重，对特色文化的深入理解，古老的乡村才有可能跨过历史的鸿沟与现代生活双向奔赴。如果再加上数字技术的赋能，乡村就有望插上振兴的翅膀。

2015 年，雷希颖在家乡政和县推出“大话熹游”文化 IP 项目。在这个朱子文脉绵延相承的地方，“大话熹游”团队探索出了一种“互联网 + 本土文化”赋能地方发展的新模式。项目运营至今，已创作超 2000 幅 IP 衍生作品。先后推出了《茶》《礼》《节气》等 100 余部动画短片，同时还打造了 60 余种 100 余款涵盖茶、酒、竹、瓷等地方特产的文创产品。

雷希颖深谙流量对于乡村的意义，在互联网时代，流量既是一种全新的资源，更是一种有效挖掘乡村资源的手段。文化 IP 作为一种文化载体，更具传播性。他们挖掘并结合不同村庄的文化内涵，搭建从点到面的 IP 矩阵联动平台，让网络流量转化为村落“留量”。

当今有的乡村在完成硬件设施改造后，急于引流、急于创收，但却常常陷入事与愿违的尴尬境地。其实乡村发展要个性化，仅仅创收是不够的，要以艺术介入，再加上产业引导、空间改造，因地制宜保护和发展好在地文化，让传统文化得到再生的机会，才能实现乡村产业的永续经营。

三、用共创重建和美村庄

大约 10 年前，屏南县熙岭乡的龙潭村还是一个凋敝、衰败的村庄，全村仅有百余人留守，而四坪村留村人口最少的时候只有 18 个人常住，转变发生在 2015 年。

这一年，艺术家林正碌、程美信来到屏南，开始了他们的乡村美育建设工作。农民拿锄头的手也拿起了画笔，“人人都是艺术家”活动吸引了全国各地的人前来体验艺术创作、感受乡村古韵，有的人选择留了下来。

随后，屏南县成立了传统村落保护与发展工作领导小组，在全省率先为

“新村民”颁发居住证，为试点村的“新村民”增设村民委员会专岗和村民代表席位等，积极引导“新村民”与“老村民”深度融合，并让“新村民”参与村级公共事务管理，增强他们的归属感和幸福感，营造出有情怀有温度的新型乡村社区。

从2015年至今，屏南县已在龙潭、四坪、漈下、厦地、前汾溪、前洋等10多个传统村落开展形式多样的乡村文创与艺术乡建，呈现“人来、村活、业兴、文盛”新气象。龙潭村常住人口已突破千人，各种业态日益兴旺。

“青山云雾一重重，雨廊长长似卧虹，土墙黛瓦新颜焕，柿柿如意挂朱红……”这首《云四坪》是四坪村的村歌，是2021年北京的爱故乡团队与当地新老村民深度融合后集体创作的，描绘的都是当地的风景和故事。村歌的创作过程被称为“歌声中的群众路线”，“共创”是其中最大的特点。村歌的集体创作过程就是凝聚人心和淳化民风的过程。

四坪村还是全国首个“四民”村庄。所谓“四民”是指：老村民、新村民、荣誉村民和“云村民”。其中，“云村民”指虽未在乡村生活，但通过线上线下相结合的方式参与乡村发展的人，那些认养了“喜柿”或认购了《云四坪》数字产品的人也成为“云村民”。多元群体的有效参与，让更多的资源集中在四坪。

在乡村发展的三要素“钱、地、人”中，人是关键一环，村庄发展需要多方合力。福建大力推进建设“两岸融合发展示范区”，吸引了许多台湾团队加入乡建乡创的队伍。在厦门市海沧区就活跃着这样一群台湾青年。海峡城乡发展基金会理事长李佩珍在海沧做乡村、社区改造工作已经10年，她和院前社的村民一起规划、改造院前社。她说服村里“整日游手好闲”的青年一起动手让村庄变得更好。在李佩珍的带领下，他们依靠自己的付出改变了村庄的面貌，也改变了自己。在李佩珍的鼓励下，一批“80后”“90后”台湾青年在赤土社进行乡村改造。他们的工作从入户调查、沟通交流开始，持续通过修缮书院、组建腰鼓队等活动加强与村民之间的联系，帮助村民“走出小家、共建大家”。这批年轻人扎根海沧村社，在这里安家，把父母亲也接来，在乡野追梦筑梦圆梦，他们在乡村振兴中见证两岸融合，在点亮乡村的同时也点亮了自己的人生。

四、乡村文创背后的观念转变

中国历来有“耕读传家久，诗书继世长”的传统，体现了古人对乡村教育和文化传承的重视。当前，一些地方出现“逆城市化”流，吸引更多资源回流乡村，让古村再次焕发生机成为可能。在这个过程中，乡村文创成为连接城乡的有效媒介，也是文化振兴的有效手段和主要内容。

文化振兴在推进中也面临一些难题，如村民参与度不高、传承创新能力不足、文旅产业无中生有不接地气、没有特色产品留不住人、文化供需错配、各地“千村一面”等。

西南大学乡村振兴战略研究院副院长潘家恩教授从事乡村建设研究和实践 20 多年，对乡村文化振兴问题有着深入的思考。他认为这些问题的背后，有更根本的观念问题需要转变。

第一，乡村文化振兴不仅仅是硬件问题。新农村建设到现在 20 多年了，很多村庄硬件建设有长足进步，但是精神生活却没跟上，没有公共的文化空间、共同的乡村活动，各地的文化特色待挖掘、民俗活动待重振、农民的审美意识待唤醒、文化自信待重建。

第二，乡村文化振兴不仅仅是生产问题。建设宜居宜业和美乡村是全面推进乡村振兴的一项重大任务。从“美丽乡村”到“和美乡村”，从提法的变化可以看出，乡村建设更加强调全面，强调整体，要求要“由表及里，形神兼备”。乡村不应该只是满足城市的生产基地，它同样也可以是高品质生活的目的地。

第三，乡村文化振兴不仅仅是农民问题。越来越多的实践正努力探索着：为主动下乡开扇门，为在地建乡搭平台，为被动返乡留条路。潘家恩认为，要外发促内生、内联促外连，本地人、外地人，农民、干部都要动起来。

这里面有 3 个方面：第一个是人口。今天乡村中的人越来越少了，怎么解决让人回流的问题？第二个是人才。要秉持“实用即人才”的理念，打破体制壁垒，不唯学历、不唯职称、不唯资历，同时发掘农村当地人才。第三个是人气。很多地方硬件修得很好，却发现引不来人，或者“有人流没有现金流”“只打卡不刷卡”。

第四，乡村文化振兴不仅仅是乡村问题。乡村振兴不能就乡村谈乡村，一定要站在城乡融合的角度来看乡村振兴。从“乡土”到“城乡”是一个重要转型。随着基础设施完善、交通条件改进、移动互联网和数字技术在乡村全面普及，城乡在硬件上的差距逐渐缩小，乡村的价值就凸显出来。乡村振兴，文化同行。乡村不再是人们要逃离的地方，乡村也可以有高品质的生活。

2023 年 2 月，福建省住房和城乡建设厅印发《关于以闽台乡建乡创合作为抓手助力乡村振兴和两岸融合的指导意见》，明确提出以服务本地村民为中心，兼顾城乡融合，探索乡村振兴新路。福建省住房和城乡建设厅村镇建设处原处长王德福认为，这个指导思想明确了当前乡建乡创工作的核心，推动人们转变观念。以服务本地村民为中心，首先满足当地村民的需求和期待，而不是仅仅为游客服务。比如建设长者食堂、图书馆等公共空间，可以满足当地不同人群的需求；建设观景空间小汀步、小平台等，当地人可进入、可享有；建设产业空间，开发特色农产品、小吃，当地人可购买、可增收；打造特色人文空间，当地人有共鸣、有感动。所有这些，当地人都可用、可享、可玩、可吃，同时也能够服务外来的游客。农村新的生活方式建立起来后，本地的村民乐于回归，城里人也乐于来到乡间品味别样的生活，达到城乡共享，促进城乡融合。

第十二章 坚持和深化党的领导及乡村善治

引 言

党的二十大报告提出，要加快建设农业强国，扎实推动乡村“五大振兴”，即产业振兴、人才振兴、文化振兴、生态振兴、组织振兴。在全方位夯实、做强粮食安全，确保中国人的饭碗牢牢端在自己手中的基础上，还要推动新型农村集体经济发展，在这个过程中，要始终坚持党建引领。在推动农业强国建设的过程中，特别突出宜居宜业和美乡村建设，真正让农村变得更强，让农民变得更富，就地过上现代文明生活。

坚持和深化党的领导是实现社会主义农业农村现代化的根本途径，乡村善治是建设农业强国的重要目标。乡村善治是指在农村地区实现良好的治理，确保社会秩序、经济发展和居民生活有序进行。乡村善治的关键包括有效的农村治理机制、农村社区的参与和自治、经济发展等方面。这也涉及农村基础设施建设、农业发展、土地利用规划等方面的工作。党的领导是制定和实施推动农业技术创新、改善农村基础设施、加强农村社会保障等有利于农业农村现代化的政策和战略的根本保证。

乡村善治是建设农业强国的重要目标，乡村善治强调通过良好的治理模式实现农村社会的有序发展，包括发展乡村自治、法治、德治相结合的治理体系，以保障农民的合法权益，提升乡村社区的凝聚力和发展活力。乡村善治过程中要注重农民和农村社区的参与，通过激发其自主性和创造性，可以更好地解决农村面临的各种问题，促进经济和社会的可持续发展。

习近平总书记在中央农村工作会议上指出，全面推进乡村振兴是新时代建设农业强国的重要任务，人力投入、物力配置、财力保障都要转移到乡村振兴上来[①]。党的领导与乡村善治两个方面相互关联，党的领导为乡村善治提供了制度和组织上的保障；乡村善治是实现农业农村现代化和建设农业强国的基础。这一理念体现了中国政府在促进农村发展和现代化进程中的整体战略。

第一节　加强和深化党的领导

一、坚持和加强党的全面领导

党的领导是中国特色社会主义最本质特征和最大优势。党的领导能够确保国家政策制定和资源调配的有效性。党组织具有完善的决策机制和政策执行能力，能够协调各方资源，推动乡村振兴战略的落实。同时，党的组织网络覆盖全国各地，能够动员和组织大批党员干部投入乡村振兴工作中。通过统筹安排资源和力量，可以更有效地解决乡村面临的问题和挑战。

党的全面领导有助于加强农村基层治理能力，提升乡村发展的整体效率和质量。党的组织可以推动农村治理体系和治理能力现代化，促进乡村社会稳定和进步。党的领导可以鼓励和推动乡村改革创新，激发乡村经济的活力，实施新型农业经营模式、发展现代农业科技，推进乡村产业结构调整和升级。

① 《习近平在中央农村工作会议上强调　锚定建设农业强国目标　切实抓好农业农村工作》，《人民日报》2022年12月25日。

党的全面领导有利于监督政策的贯彻执行，确保乡村振兴战略不断向前推进。党的领导能够加强对各级干部的指导和考核，保证政策落地见效。在乡村建设的广阔大地上，在全国范围内，我们看到了独龙村、十八洞村等村镇的崛起，如今在北方地区也涌现了在党的领导下实现发展的村落，这再一次证明了坚持和深化党的领导对促进乡村振兴的重要性。

（一）聚焦基层治理，提升基层党组织服务群众的能力

党建引领乡村振兴，需注重提升基层党组织的服务能力。如何进一步释放基层治理效能，不断提升乡村治理现代化水平，满足乡村振兴过程中人民群众的多元诉求，并将党的领导与村民自治深度融合，内蒙古自治区伊金霍洛旗围绕以上方面进行了持续探索。

一是着眼群众个性化需要，满足百姓多元化诉求。在脱贫攻坚取得全面胜利、物质生活日益富足的同时，满足人民群众对美好生活的向往成为党建引领乡村振兴的重要目标。伊金霍洛旗在推进乡村文明提升行动过程中，通过党组织引领、财政资金购买、社会组织提供服务的方式，充分发挥社区自治活力，最大限度地满足居民群众日益增长的个性化、专业化服务需求。阿勒腾席热镇全域推出社区暖心事，将其作为创新基层党建和社区治理的制度载体，重点围绕社区基础设施建设、扶贫救助、文化素质教育、创业就业帮扶等多个领域，以解决居民群众身边的小事、急事、难事为切入点，不断提升社区居民幸福指数。

二是凝聚文化振兴的思想共识，提升乡村治理现代化水平。伊金霍洛旗各乡镇不断健全完善村规民约和红白理事会等“一约四会”管理机制，在村一级推广“文明实践＋积分管理”的激励约束机制，组织开展道德模范、最美家庭、“十级文明户”等典型评选活动，多措并举培育文明乡风、推进移风易俗。以红庆河镇乌兰淖尔村为例，为提升乡村治理效能，村“两委”推动实施“树乡风、强民智”工程，通过配套专项经费，设置了村居卫生保持、邻里友爱互助、矛盾纠纷调解、温良恭俭、与人为善等多项奖励性标准，同

时还明确涉黑涉霸、信奉邪教、品行低劣等一票否决因素，通过引导全村村民融入基层治理，既提升了村规民约的实操性，又使农村陈规陋习得到有效遏制，切实提高了农民群众的整体素质。苏布尔嘎镇敏盖村同样创新建立“文明实践积分兑换超市”，通过物品礼遇、评选礼遇、政治礼遇等多种方式，将村民遵纪守法、文明善行等实践活动与参评典型、发展党员等个人荣誉挂钩，推动乡村文明建设。

三是促进党的领导与村民自治有机统一，共建共治共享助力乡村振兴。加强党对基层治理的领导，必须充分发挥农村基层党组织的领导核心作用，并不断健全自治、法治、德治相结合的乡村治理体系，让人民民主体现在村民自治的全过程。伊金霍洛旗坚持把发展枫桥经验作为社会治理的总抓手，构建“一站多元绩效三九五”基层矛盾纠纷化解模式，在全旗形成了“小事不出村、大事不出镇、矛盾不上交”的矛盾纠纷化解新格局。以苏布尔嘎镇为例，建立起嘎查村“两委”领导、群众参与的议事协商形式，组织群众民主推荐村民代表，努力实现村民代表社会身份多元化、社会角色多样化。在应对化解乡村矛盾纠纷中，提升村民民主协商、民主决策、民主管理、民主监督的积极性、主动性，创新推广用老百姓的“法”平老百姓的“事”的新乡贤模式，组建成立矛盾纠纷调解服务中心，吸纳“两代表一委员”（党代表、人大代表、政协委员）、“五老人员”（老党员、老干部、老教师、老知识分子、老政法干警）、专家学者、专业技术人员、城乡社区工作者、大学生村官等参与矛盾纠纷化解，用以案定补的形式发放相应的案件补贴，既提升了村民自治民主化程度，又激发了乡村自治力量，在基层党组织的领导下，进一步释放村民自治的民主效能。

（二）加强基层党建，提高党支部的经济引领力

党建引领乡村振兴，还需加强党支部的经济引领力。在乡村建设中，村镇企业与集体经济贡献是较大的，党支部要发挥对合作社的领导、领办作用，在党支部的领导下可以依靠“三变”改革发展集体经济，推进集体致富。然

而非公有制主体对于乡村建设也有一定的意义和影响。党支部也应该对私营的农业企业、农业合作社进行鼓励，帮扶支持，一同为乡村振兴形成合力。如在脱贫攻坚期间，陕西安康市全市各级党组织累计引导1473家非公企业党员职工与建档立卡贫困村结成对子，实现992个贫困村与民营企业结对帮扶全覆盖。通过“支部+X+贫困户”“三变”改革、“公司+基地+农户”等模式参与与自身业务发展相关的贫困村产业建设，促进企业、农户、市场三方有机连接，实现农民增收、企业增效、盘活资源。创新推进“产业园+兜底园”扶贫模式，让贫困户在家门口就业。通过基层党组织的效能，为村民提供就业的同时，也弥补了民营企业力量集中度不够、没有形成统一的协调推进机制，协调沟通不足、政策把握欠准的问题。这种由党组织出面与民营企业谈合作、谈就业、谈市场的方式让企业与农民均感受到了基层党组织的作用，最终实现了合作共赢的效果。

（三）聚力产业发展，提升基层党组织富民强村水平

乡村振兴，重点是产业振兴。伊金霍洛旗充分发挥党组织在产业发展中的政治引领作用，千方百计发展壮大村集体经济，把基层党组织建设成为带领群众增收致富的坚强战斗堡垒，让乡村振兴迸发出新的活力、展现出新的面貌。

做实精准帮扶，助推乡村振兴事业全面铺开。将党的政治优势和组织优势转化为乡村振兴的服务优势，伊金霍洛旗建立了“常委包镇、县级领导包片、部门包村、干部包户”的四级联包机制，把产业兴旺作为实现巩固拓展脱贫攻坚成果同乡村振兴有效衔接的重要手段，确保党建最大政绩和乡村振兴头号民生高度融合。在发挥人才振兴作用、激发农牧民建设家乡事业方面，伊金霍洛旗不断优化人才待遇和生活保障，打造了“青青客舍”和多功能劳动力资源市场等综合服务型人才安居保障项目，以优质服务和廉价租金营造良好人才聚集氛围，吸引更多优秀人才来旗发展；支持乡土人才牵头组建农民专业合作社，鼓励农牧民在乡村基础设施建设上投工投劳，对财政支持的

小型项目（如城市园林绿化、市政维护等），优先安排村集体经济、农牧民合作社作为建设管护主体；着力培养本土人才队伍，依托敏盖白绒山羊、红庆河蔬菜、蒙泰乌驴等特色产业，带动400余名农牧民就地创业就业，打好了“乡情牌”，念对了“人才经”，不断激发外来优秀人才和本地农牧民投身乡村建设、共筑美好家园的奋斗热情。

做优村企共建，助推嘎查村集体经济发展壮大。伊金霍洛旗坚持把产业发展作为乡村振兴工作的重中之重，做足产业振兴的基础文章。创新推行“红色领航”和“百企帮百村”行动，自2018年以来每年设立1亿元产业引导资金，培育扶持乐享百万头生猪养殖、敏盖白绒山羊育种等一批特色产业项目，市级以上农牧业龙头企业达到39家，与农牧民利益联结率达到75%，大幅提升农牧民年均收入。与此同时，全面推广“国有公司+龙头企业+合作社+农牧户”的增收模式，全旗村集体经济全面实现“破五清零”，经营性收入达到3.3亿元。伊金霍洛镇的龙活音扎巴村创新利用农村闲置资源，打造乡村文化旅游新体验，成为村企联建推动乡村经济发展的一大亮点。依托便利区位交通优势，推出“幸福田园——土地认养、果树认养、家畜认养”项目，带动村集体经济发展，先后有5个村被农业农村部评为“中国美丽休闲乡村”；与旗文旅集团合作，实施“自然见学基地”项目，接待学生团队到村研学，创造乡村就业岗位；在具备条件的情况下，村企联合流转闲置宅基地并改造成为具有一定特色、舒适、现代的居所，打造“居养游植商”的新型乡村社区群落，发展乡居公寓式物业，确保农民闲置宅基地持续稳定收益，让农村集体经济火起来，让农民百姓兜里鼓起来。此外，伊金霍洛旗还大力发展采摘体验、休闲观光、研学旅行等生态产业，打造一批田园休闲项目，建成自治区首条音乐公路，推动旅游业与农牧业深度融合。

做好消费帮扶，助推全旗广大农牧民增收致富。伊金霍洛旗充分发挥党委政府居中协调、信誉保障、技术指导、方向引领的宏观调控作用，着力提升农牧民生产和对外经营销售“两个组织化”水平，不断改善百姓的收入情况。旗级层面以旗属国有企业云东集团为平台，统一订单收购、统一销售配送、统一质量检测，创立“天骄臻品”区域公用品牌，培育发展了壕赖苏羊肚菌、云岭小杂粮、布拉格肉鸽等现代农牧业精品，让优质农畜产品卖上好价钱。镇级层面组建非营利化的专业合作服务社，组织种植养殖大户和农牧民开展订单化生产，做到稳定供应。村级层面组织农牧民与合作服务社签订订单协议，落实订单任务。2020 年，旗属国有企业云东集团与驻地央企、国企和能源企业签订了长期合作协议，协议金额 3.2 亿元，带动贫困户年均增收 5000 元以上。由此推动从“农民种什么卖什么”向“市场需要什么种什么”转变，把农牧民紧紧关联到产业链、供应链、价值链上，并形成党委政府居中信誉担保、生产方质量产量可靠、采买方价格规模稳定的良性循环，助力乡村振兴。

二、牢记初心使命，推进自我革命

党的十九大报告提出，中国共产党人的初心和使命，就是为中国人民谋幸福，为中华民族谋复兴。不断增进人民福祉、实现人民幸福，是党的初心和使命的集中体现与现实反映。践行党的初心使命，就必须始终坚守人民立场。广大村镇领导成员和乡镇建设一线的党员同志在工作中应该坚持人民立场，坚持为人民服务的精神。在脱贫攻坚、乡村建设的战场上涌现了一批批在党的领导下牢记初心使命、敢于担当的干部同志，正是因为有这样的带头人、领头雁，才让乡村振兴在高质量发展的道路上行稳致远。党的二十大报告指出，经过不懈努力，党找到了自我革命这一跳出治乱兴衰历史周期率的第二个答案，自我净化、自我完善、自我革新、自我提高能力显著增强，管党治党宽松软状况得到根本扭转，风清气正的党内政治生态不断形成和发展，确保党永远不变质、不变色、不变味。为保证党组织在党支部领办合作社中的建设性作用、在乡村振兴中的重要作用得以有效实现，在乡村振兴中的各级党组织和党员应牢记初心使命，推进自我革命，保证领导能力和水平。

无论在哪个年代，勇于自我革命都是中国共产党最鲜明的品格和最大的优势，坚持自我革命能让党员干部在工作中不断淬炼自身信念，永葆对党的忠诚之心，把工作开展得更加扎实有效。如今，脱贫攻坚已顺利收官，乡村振兴的号角已经吹响，在推进乡村振兴过程中，更加需要党员干部拿出不怕苦不怕难的韧劲，在工作中审视自身，利用自我革命助推乡村振兴。

勇于自我革命，全面提高工作作风，助力乡村振兴。随着乡村振兴工作的推进，身处基层的党员干部应当意识到自身的责任重大，决不能在最关键的时刻掉链子。虽然脱贫攻坚取得了良好成效，但如何巩固拓展脱贫攻坚成果同乡村振兴有效衔接，是一个值得深思的问题。在工作推进过程中，需要基层干部，特别是党员干部率先垂范，发挥带头作用，勇于自我革命，在工作中迎头赶上，遇到困难要从自身找原因，切实改善工作作风，将为人民谋幸福这个目标践行到实处，真正为人民群众干实事。

勇于自我革命，牢记初心使命，推动乡村振兴向更深层次发展。中国共产党人的初心和使命就是为中国人民谋幸福、为中华民族谋复兴，而乡村振兴正是一项能惠及广大人民群众的民生事业，在推进乡村振兴过程中，需要广大基层干部及党员干部不能有畏难情绪，要勇于自我革命、自我完善、自我提高，并在此过程中及时发现问题、追根溯源、找准症结，从而对症下药地解决问题，将问题扼杀在摇篮中，使乡村振兴这项事业向更深层次推进，巩固好脱贫攻坚已有成果，做好乡村振兴有效衔接工作。

同时，应该强化农村党员的带头作用。新型农村合作社是在基层党组织的领导下成立和发展的，党员理应肩负起应有的职责，进一步发挥其在农业生产、乡村治理各个环节中的带头、示范和引领作用。在合作社的建立与发展过程中，党员应该主动担当起组织者、带头者、建设者、贡献者的责任，形成党支部引领、合作社推动、党员带头、群众参与的良好格局，实现农村党建工作与经济工作有机结合，有效破解当前农村发展工作面临的难题。

实践充分证明，中国共产党能够带领人民进行伟大的社会革命，也能够进行伟大的自我革命。党员要永葆蓬勃朝气，永远做时代先锋、民族脊梁，在推进乡村振兴工作过程中，更要将自我革命进行到底，当好人民的公仆。

三、坚持“两个结合”，增强自信和自觉

“两个结合”即把马克思主义基本原理同中国具体实际相结合、同中华优秀传统文化相结合，是习近平总书记在庆祝中国共产党成立 100 周年大会上的重要讲话中明确提出的重大理论观点[①]。习近平新时代中国特色社会主义思想是“两个结合”的最新成果，要坚持不懈用习近平新时代中国特色社会主义思想铸魂育人，努力培养堪当民族复兴重任的时代新人。“四个自信”即中国特色社会主义道路自信、理论自信、制度自信、文化自信，“四个自信”是一个有机统一体，既相对独立，又相辅相成。事实证明，乡村振兴不仅仅是经济层面的问题，也涉及农村社会的全面发展。在实施各项政策和计划时，需要考虑到农民的实际需求和观念，尊重农村文化传统，激发农民的积极性和创造力。通过与农民群众的思想观念相结合，可以更好地推动各项措施的实施，并提高其可持续性。在乡村振兴过程中，党要保持对中国特色社会主义事业的自信。这种自信源自党的理论指导、成功的治理经验和党的坚强领导。通过坚持党的领导，充分发挥社会主义制度的优越性，能够更好地应对各种困难和挑战。在乡村振兴中，要增强各级党组织的自觉性，主动适应农村经济社会发展的新变化，及时调整政策和措施。同时，也要引导农民在发展中保持自觉性，提高他们对乡村振兴的参与度和自我管理能力。在中国特色社会主义道路上，在马克思主义指导下，弘扬中华优秀传统文化并充分发挥党的领导作用，根据中国乡村具体情况采用因地制宜的方式，深度挖掘优秀传统文化，助力乡村振兴。

党的二十大报告指出，只有把马克思主义基本原理同中国具体实际相结

---

① 《庆祝中国共产党成立 100 周年大会在天安门广场隆重举行》，《人民日报》2021 年 7 月 2 日。

合、同中华优秀传统文化相结合，才能正确回答时代和实践提出的重大问题，才能始终保持马克思主义的蓬勃生机和旺盛活力。乡村振兴作为国家战略，是全面推进中国式现代化至关重要的一环，也是马克思主义基本原理“两个结合”永不干涸的营养源泉。

作为具有深厚的历史基础、理论基础和实践基础的创新理论，“两个结合”对于基层党员助力乡村振兴工作有着非凡的思想指引意义。新征程上，面临新挑战，基层党员应该持续深化“两个结合”，坚持自信自立、守正创新，为推进和美城乡建设和乡村振兴事业强势赋能。

辩证思考，坚守马克思主义的中国本土化。从美丽乡村到和美乡村，既反映了中央政策的一脉相承，又符合新发展阶段我国乡村建设的新特征和新要求。乡村要振兴，就要顺应人民群众对美好生活的新期待。推进乡村振兴战略，基层党员要深刻意识到，这是中国共产党百年实践探索的重要经验启示，是马克思主义方法论和马克思主义政治经济学在中国乡村的生动实践体现；要坚持人民至上，科学规划乡村振兴的目标任务和实施路径，统筹推进乡村经济、政治、文化、社会、生态文明建设，这是不断发展变化、能以量变引起质变的国家重大发展战略，是将唯物辩证思考问题的工作做法常态化，是推进马克思主义中国化时代化的规律性认识。马克思主义政治经济学的基本立场就是“发展为了人民”，与我们党的初心使命是一致的。我国要全面建成社会主义现代化强国、实现第二个百年奋斗目标，以中国式现代化全面推进中华民族伟大复兴，基层党员应牢固树立以人民为中心的发展思想，将这份初心落实到日常的每一项具体工作、每一个细枝末节上，久久为功、滴水穿石。

学用贯通，坚持从乡村实际情况出发的实践路径。推进乡村振兴，需要经验的积累、实践的积淀和时间的检验。基层党员身在一线，切忌急功近利、好高骛远，要明白掌握规律、徐徐图之方为赋能乡村振兴之上策。客观认识地方现状，决不听喜不听忧、看表不看本，透过现象看本质，抓住核心产业发展规律；合理分配具有差异性的乡村资源，认识和尊重客观规律，实施

“一村一策”精准帮扶，盘活乡村集体经济；积极贯彻“三农”政策，常听、常看、常问、常思考，以实事求是的态度探索乡村长足发展的创新路径。如长沙市望城区乌山街道团山湖村借助“雷锋精神孕育地”人文资源和山水特色优势，在原有美丽宜居村庄建设和现代都市休闲农业产业基础上全面改造升级，以“拾光农场·重走雷锋路”为主题开展乡村研学，重点布局雷锋精神沉浸式研学、智慧生态农业、绿色水生态等产业融合，深入建设团山湖雷锋精神教育实践基地和“水美湘村”体验地，打造了集红色研学、乡村观光、民俗体验、运动休闲等于一体的红色研学旅游体验地和乡村休闲度假地。

深挖互融，持续发掘传统文化精神标识。乡村振兴，应该是经济和精神的双重振兴。基层党员应俯下身子，去发掘传统乡村文化宝藏，形成传统文化标识，打造有地方特色的乡村文化体系。要看得多、想得全、做得实，乡村传统文化包括但不限于村落文化、民间音乐、传统工艺、习俗观念等，基层党员要与乡民融为一体，将自身作为乡村的一部分去感知和体悟乡村文化底蕴及精神内核，感受乡村文化魅力所在，遵循发展规律，提取淬炼区域乡村文化品牌。例如，长沙市望城区乌山街道金树村就将辖区内资源加以整合，通过“党总支＋村企合作＋农文旅”的产业融合模式，厚植乡村产业这篇振兴文章，围绕总体规划和线路打造具体标志性的“金树牛”品牌项目，形成项目带动产业、产业助推项目循环，探索出了一条组织助富、党员带富、产业兴富、农民致富的乡村振兴共富新路径。

第二节　建设以党支部为核心的乡村治理体系

乡村治理是国家治理的重要组成部分，治理有效是促进农业发展、稳定农村秩序、维护农民权利的重要保障。创新乡村治理体系，走乡村善治之路。善治，既是治理过程，也是治理目标，更是治理方式。新中国成立以来，特别是改革开放以来，我们党领导人民对乡村治理这一重大历史课题进行了艰辛的探索，我国乡村治理从传统管理逐步走向现代治理，实现了价值自觉，形成了善治导向。走乡村善治之路是在中国共产党领导人民从“立国”到“富国”再到“强国”的伟大历程中孕育形成的，体现了理论、历史、文化、现实四重维度的有机统一。深入探究新时代乡村善治之路的生成逻辑，对于深刻把握中国共产党治国理政的内在规律具有重要意义。

乡村善治是一种结果，通过政治、自治、法治、德治联动融合，建立起乡村均衡全面发展的新格局。乡村善治以构建符合国情特点、更加完善有效、多元协同共治的新型乡村治理体系为主题，其形成有理论之源、文化之根、历史之基及时代之变四重维度。乡村善治的形成源于对马克思主义经典论述的深刻体悟与创新发展，对中华优秀传统文化蕴含的治理智慧的继承，对我们党在各个历史时期积淀的历史经验的学习借鉴和传承赓续，对新时代乡村治理的新特征新要求的全面理解和准确把握。通过上述四重维度构筑新时代乡村善治之路，是当前乃至今后一个时期乡村治理实践的科学指南，为推进乡村治理体系和治理能力现代化提供了重要理论支持。

一、政治——党建引领的发展方向指导

乡村政治是一种制度建设，是在当今乡村治理中有效采用等级梯度治理，并有效调节控制节奏，找寻到适宜的适度的发展空间、发展模式与发展速度。“十四五”时期，我国全面开展脱贫攻坚行动，并在干部群众的努力下，实现了这一世界壮举，打赢了这场让世界瞩目的攻坚战。这一切，都是在党的全面领导下完成的。但伴随着时代发展，在国家从脱贫攻坚向乡村振兴战略转换过程中，却发现推动乡村全面振兴没有标准答案。在乡村振兴过程中，为了加强党对乡村振兴战略的全面领导，需要做到几个加强：一是加强基层党组织自身建设；二是提升集体经济引导带动功能；三是加强党的建设中的文化建设，激发党员干部的奉献精神，提升基层党组织的凝聚力。

二、自治——集体参与的内生动力激活

乡村自治是一种自我管理，即乡规民约在其中发挥关键作用。众所周知，乡村是实行基层群众自治制度的重要地点和主要场所。在自我管理中、在邻里关系的处理中、在日常生活中，需要通过集体的智慧来凝聚合力，制定乡规民约的举措就是一种重要的尝试和探索。乡规民约即适用于本乡本地的规约。这种举措历史悠久，周代就已经开始出现乡约的雏形。元代的书中记载道："乡约曰：凡同约者，德业相劝，过失相规，礼俗相交，患难相恤。"清代的《儒林外史》中记载道："未几复官，请告里居，立乡约以整顿风俗，其法甚严，莫敢不遵。"可见，乡约在社会治理中的作用是历史悠久的。着眼于当今社会，我们可以让优秀乡规民约、家风家训文化在家庭建设、乡村治理、法治建设、精神文明建设等方面发挥最大效应，产生深远影响，除了提高对其价值和作用的认识，还应该深入开展乡规民约、家风家训的普查、征集、挖掘，全面梳理文化遗产资源，重新认识和定位乡规民约、家风家训文化的当代价值。充分推动"两个结合"，将传统文化与乡规民约、家风家训文化有机结合，加大研究和传播推广力度，努力让乡规民约、家风家训"活"起来。最终还要把乡规民约、家风家训文化的传承发展与乡村振兴战略紧密结合。

三、法治——法治体系前置的乡情维系

古人云："立善法于天下，则天下治。"法律作为约束、规范人类行为，维护社会稳定的工具，为国家和个人的发展都提供了极大的保障。在乡村振兴中，法律的作用更加不能忽略。我国出台《中华人民共和国乡村振兴促进法》，是贯彻落实党中央决策部署、保障乡村振兴战略全面实施、全面推进和美乡村建设的重要举措，是适应全新的历史发展阶段、推动实现"两个一百年"奋斗目标的重要支撑，是充分总结乡村振兴实践、完善和发展中国特色"三农"法律体系的重要成果。出台《中华人民共和国乡村振兴促进法》，为

全面实施乡村振兴战略提供有力法治保障，对于促进农村全面进步、农业全面升级、农民全面发展，实现中华民族伟大复兴中国梦，具有重要意义。2020年，中央全面依法治国委员会印发《关于加强法治乡村建设的意见》，指出把法治乡村建设作为全面依法治国和实施乡村振兴战略的基础工作来抓。2021年中央一号文件指出，民族要复兴，乡村必振兴。全面建设社会主义现代化国家，实现中华民族伟大复兴，最艰巨最繁重的任务依然在农村，最广泛最深厚的基础依然在农村。2021年，中共中央出台的《法治中国建设规划（2020—2025年）》明确指出，在全面建设社会主义现代化国家新征程上，必须把全面依法治国摆在全局性、战略性、基础性、保障性位置。

乡村振兴与法治乡村建设都是事关党和国家事业发展的重大战略，法治是国家治理体系和治理能力现代化的重要依托，要高度重视运用法治思维和法治方式来推进乡村振兴，保障农村经济社会全面健康稳定发展。在乡村振兴中可以用法治乡村建设守护公平正义。“闻有国有家者，不患寡而患不均，不患贫而患不安。”公平正义是社会发展的目标之一，是实现个体尊严的重要保障，是维持社会稳定的关键所在。党的十九大报告提出，我国社会主要矛盾已经转化为人民日益增长的美好生活需要和不平衡不充分的发展之间的矛盾。农村的主要矛盾也随之发生转变，乡村振兴的发展应当以不平衡不充分问题为导向，把促进公平正义、增进人民福祉作为出发点和落脚点。社会主义法治把公平正义作为一切法治实践活动的价值追求，而法治乡村建设作为推进全面依法治国的基础性工作，实现公平正义是其本质要求。用法治乡村建设鼓励守法诚信。“人无信不立，业无信不兴，国无信不强。”诚信是中华民族的传统美德，更是社会主义核心价值观的重要内容，蕴含着深刻的伦理精神和法理逻辑。用法治乡村建设激励内生活力。充满活力是社会稳定发展的前提，而社会活力的最重要的表现就在于能否为各个参与者的利益发展提供稳固保障。用法治乡村建设实现和谐有序。和谐有序是对农村发展环境的整体描述，是治理有效的集中体现。乡村振兴在法治保障下，坚持以人民为中心，实现人与自然、人与社会、人与自我和谐有序。在乡村振兴中面对合作与纠纷，法律无疑是最好的调解工具。让村民懂法知法用法，让乡村发展在法律的指导和保护之下行稳致远。

四、德治——修身以德的文化思想觉醒

乡村德治是一种文化建设，文化是民族生存和发展的重要力量。没有中华文化的繁荣兴盛，就没有中华民族的伟大复兴。党的十九届五中全会提出，传承弘扬中华优秀传统文化，党的二十大将传承弘扬中华优秀传统文化摆在了更加重要的地位，因为这是推进社会主义文化强国建设、提高国家文化综合实力[①]的重要内容。传承弘扬中华优秀传统文化，必须坚持创造性转化、创新性发展。世世代代的中华儿女培育和发展了独具特色、博大精深的中华文化，为中华民族克服困难、生生不息提供了强大精神支撑。在乡村振兴中，德治是先导，强调德治，要从弘扬社会主义核心价值观做起，重点培育良好村风民风，发挥身边榜样示范带动作用，发挥乡贤道德感召力量，以充分释放德治教化的治理效能。云贵川地区气候潮湿爱酸辣，东北地区冬季寒冷喜腌制菜品，端午包粽子、赛龙舟，中秋团圆赏月，重阳敬老登高，等等，这些民俗文化代代传承，造就了中华民族的精神传统和人文品格。弘扬优秀民俗文化，可因地制宜弘扬孝贤文化、状元文化、少数民族文化、地域文化等。在吉林省，吉林大学李恩团队为梅河口市西太平村打造的吉乡农创园，形成民宿 + 研学的文旅模式，就是对优秀传统文化应用的具体体现，不仅做到了增收致富，还对增强中华民族凝聚力有着重要意义。全国乡村建设中还出现了安徽省黄山市徽州区西溪南村、福建省宁德市屏南县龙潭村等充分利用优秀民风民俗为乡村建设赋能的代表村镇，让乡愁留住人，让民风道德文化吸引人。

---

① 一段时间以来，我们把文化作为软实力来分析和实践，但历史，特别是近当代历史实践充分证明，在整体发展过程中，文化更具强制性，是硬实力的体现。在当前错综复杂的国际环境下，文化更是一种综合实力的体现。

五、善治——四治联动融合的乡村善治

乡村善治是一种和合大同，即均衡共进。习近平总书记指出，基层强则国家强，基层安则天下安，必须抓好基层治理现代化这项基础性工作[①]。基层治理是国家治理的重要内容，即对在国家治理体系纵向结构中处于末梢的社会生活进行有效引导、规范，包括基层组织建设和基层群众权利保障等内容。《中共中央关于党的百年奋斗重大成就和历史经验的决议》指出，健全党组织领导的自治、法治、德治相结合的城乡基层治理体系，推动社会治理重心向基层下移，建设共建共治共享的社会治理制度，建设人人有责、人人尽责、人人享有的社会治理共同体。政治、自治、法治、德治既相互独立又紧密联系，坚持多管齐下共同发挥作用，走好符合中国国情的基层社会治理之路，能够充分发挥中国特色社会主义制度优势，建设既充满活力又和谐有序的美好社会。让乡村治理在党的领导（政治）下将自治、法治、德治有机结合，实现乡村善治，实现美丽乡村的建设。

乡村治理是国家治理的基石，乡村治理水平的高低直接关系到国家治理现代化的实现进程。走乡村善治之路，是新时代乡村社会现代化发展的必然要求。当前，中国已经由“乡土中国”向“城乡中国”转变，由脱贫攻坚向乡村振兴转变，原本基于血缘和地缘构建的自然关系被打破，传统乡村秩序逐渐“退场”，乡村治理目标、治理主体、治理重点、治理策略、治理结构等都发生了新的变化。因此，必须立足新的时代方位，在党的领导下，坚持以人民为中心，坚持把马克思主义基本原理与中国乡村实际相结合，与中华优秀传统乡土文化相结合，创造性转化、创新性发展乡村本土历史文化资源蕴积的历史传承、文化传统，吸收借鉴其他文明的优秀成果，以开放的视野、包容的精神和辩证的思维认识，运用已有的治理智慧和知识资源，推进现代乡村治理逻辑的自主性优化和适应性调整，最终走向更具生机活力的善治之路。

---

① 《习近平春节前夕赴贵州看望慰问各族干部群众 向全国各族人民致以美好的新春祝福 祝各族人民幸福吉祥祝伟大祖国繁荣富强》,《人民日报》2021 年 2 月 6 日。

案例 16：五治并施，固本强基打造基层治理新气象

吉林省东辽县安石镇朝阳村是一个美丽而富饶的地方，它依山傍水，自然资源丰富。该村面积达 6.4 平方公里，土地面积为 5700 亩，辖有 7 个自然组，共有 502 户，总户籍人口为 2200 人。其中，朝鲜族和满族人口分别占全村人口的 48% 和 15%，这是一个典型的以少数民族为主的多民族混居村落。

一、案例背景

朝阳村在推进乡村振兴工作中发挥了党组织的战斗堡垒作用，通过持续推进“五治”融合基层治理模式、组织群众等措施，实现了乡村美、民风好、农民富的目标。村庄还获得了全国精神文明村、全国法治示范村、全国乡村治理示范村、全国乡村旅游重点村等荣誉称号。未来，朝阳村将继续发挥党组织的战斗堡垒作用，以“乡土、乡情、乡愁”为纽带，持续推进乡村治理现代化，努力绘就一幅产业兴旺、生态宜居、乡风文明、治理有效、生活富裕的美好画卷。

二、主要做法

（一）坚持政治引领，带动产业发展

朝阳村实施“创业带富”工程，党员带头发展产业并带领村民致富的经验成为乡村振兴的典范，建立了一系列工作制度机制和乡村治理的基础性工作，以确保村庄的健康发展和富裕程度提高。他们在发展经济的同时也注重生态保护和社会和谐，坚持绿色农业、新型工业和旅游服务业的发展模式，实现了三产融合的发展蓝图。朝阳村的成功经验不仅为其他农村地区提供了宝贵的借鉴，也为推动乡村振兴战略的实施起到了积极的促进作用。经过多年的不懈努力，朝阳村的经济发展取得了显著成效，人均收入和集体经营收入的快速增长证明了这一点。他们还积累了丰富的管理经验和资源整合能力，为实现更高水平的小康社会打下了坚实的基础。

（二）激发自治活力，改造治理引擎

朝阳村通过完善村民自治制度和提升民主意识，激发了村民参与乡村治理的积极性和主动性。不仅建立了各种平台和机制，加强了党员干部带头执行规章制度和服务群众的意识，还利用乡贤在经验、资源等方面优势，让乡贤成为村庄基层治理的新力量。此外，在推进经济发展和社会进步的同时，也注重生态环境保护和历史文化传承，使村庄逐渐形成了和谐共处的人文环境。同时，不断探索创新自治方式和方法，如开展“微改革”“小切口”等举措，推动乡村治理体系和治理能力现代化。朝阳村的成功经验和做法为其他农村地区提供了借鉴，也为乡村振兴战略的实施起到了积极的促进作用。现在，整个村庄呈现出团结稳定、欣欣向荣的良好局面，村民们已经养成了依法自治、民主管理的自觉性，并积极参与村庄各项事务的管理和决策。

（三）强化法治保障，筑牢基层治理底盘

朝阳村强化法治保障，从增强群众法律意识出发，多种角色、多种方式促进村民法治水平提升。他们建设了各种普法宣传阵地，定期召开村民普法大会并组织各种形式的法律知识宣传活动。该村还依托“百姓说事点”，采用一套口诀和方法及时了解群众需求，做到经常性普法和面对面答疑。在平息化解矛盾纠纷过程中，朝阳村的党支部书记韩丽总结出了一套独特的调解方法，注重对症下药讲实效，将法治教育融入百姓日常生活。这些措施的实施不仅提升了乡村治理硬实力，也为其他农村地区提供了借鉴和启示。朝阳村通过强化法治保障，筑牢基层治理底盘，为乡村振兴战略的实施打下了坚实的基础。

（四）注重德治新风，打通治理脉络

朝阳村注重德治新风，通过多种举措弘扬社会主义核心价值观和乡村文化。兴建了各种教育阵地、博物馆等，深入挖掘传统文化资源，举办丰富多彩的文化活动，如农民运动会、演出队表演等，营造了良好的乡村文化氛围。同时，成立了红白理事会并制定了相关规章制度，引导村民简办红白喜事，节约资金；并通过评选文明家庭、文明示范户等活动，发挥道德典型的引领作用，进一步净化社会风气。该村还积极推动移旧风、易陋习、讲文明、树新风的行动，鼓励村民积极参与村庄事务的管理和决策，增强了村民的归属感和凝聚力。这些措施的实施不仅促进了乡村文化的繁荣和发展，也为乡村振兴战略的实施打下了坚实的基础，同时也为其他农村地区提供了宝贵的借鉴和启示。

（五）打造智治平台，激活乡村治理中枢

朝阳村打造智治平台，实现便民服务、乡村治理线上融合，该平台不仅提供全面的信息展示和人口管理功能，还为村民提供了远程会诊、慈善救助等优质医疗服务。该平台还有矛盾调解、健康乡村、智慧党建等多种功能，涵盖了农村基层治理的各个方面。通过智能化手段提升乡村治理水平，推动了农村党员教育和管理监督向纵深发展，加强新型经济组织和社会组织的党建工作，也促进了乡村振兴战略的实施。在平台上，村民可以足不出户了解全村情况，享受便捷的服务，也可以参与到村庄事务的管理中来，增强了村民的归属感和凝聚力。朝阳村的“智治平台”是新时代数字化乡村治理系统的重要组成部分，也是推动乡村振兴的重要举措之一。

三、取得成效

在农村发展方面，朝阳村通过大力发展具有特色的三产融合产业，带动了当地经济的发展，提高了村民的收入水平。同时，该村也注重生态保护和发展绿色农业，为可持续发展提供了有力支持。这些举措不仅促进了当地的经济发展，也为乡村治理打下了坚实的基础。

朝阳村的案例也体现了基层社会治理的重要性。党建工作不仅要在党内开展，更要发动广大群众积极参与其中，形成全民参与的良好氛围。在此基础上，多种手段相结合的综合治理方式才能够取得更好的效果。探索完善出新的基层治理格局，是加强基层社会治理的关键所在。此外，强化法治建设、德治教育等也是提高基层治理水平的必要手段。

以优化综合治理为落脚点，多措并举引领政治、自治、法治、德治和智治的融合发展。通过探索和完善党建引领、全民参与、齐抓共管的基层治理新格局，乡村治理成效得以凸显。这表明党建工作在推动乡村振兴战略中发挥了重要作用，体现了加强基层社会治理的重要性，有助于实现更广泛的政治稳定和社会和谐。

第三节　巩固和完善党领导下的乡村社会秩序

一、打造具有极强战斗力的堡垒

习近平总书记指出，乡村要振兴，关键是把基层党组织建好、建强[①]。基层党组织要成为群众致富的领路人，确保党的惠民政策落地见效，真正成为战斗堡垒。中国式现代化发展离不开农业农村现代化，农业农村现代化的根本是实现乡村振兴，实现乡村振兴的关键在党，关键在于强化农村基层党组织建设，加强和改进党对农村基层工作的全面领导，提高农村基层党组织建设质量，把基层党组织建设成为农村百姓致富的领路人、农村惠民政策的落实人和真正的战斗堡垒。加强和改进党对农村基层工作的全面领导、对基层党组织的全面领导，主要体现于基层党组织的领导力和引领力。为了让农民能够尽快适应市场经济环境，冲破分散经营带来的农业发展困境、重构适应共同发展的制度体系、建设生态文明，就必须从农村领导团队建设出发，将带领农民实现和美乡村建设的“火车头”建设好，才能带领农民走出过去自由竞争的发展误区，实现精神与物质双重共同富裕。

重庆市万州区积极开展主题教育，着力加强村级党组织建设，筑牢乡村振兴战斗堡垒，取得显著成效。2024 年 1 月，《光明日报》报道了万州区贯

① 《习近平在江西考察时强调 解放思想开拓进取扬长补短固本兴新 奋力谱写中国式现代化江西篇章》，《人民日报》2023 年 10 月 14 日。

彻落实通过铸魂增智提升一批、示范引领激励一批、动态评估调整一批、积势蓄能储备一批“四个一批”来加强村级党组织建设，全面打造乡村振兴的号召力、领导力、战斗力，在党支部领导下，推动乡村全面振兴工作，并于2023年实现万州农民人均可支配收入增速居重庆第一。主要做法是选拔优秀干部加强党组织建设，全面发展有责任担当的人才加入党组织，并培育新乡贤参与乡村振兴，突破常规为村“两委”注入致富能力。经过这一系列加强基层战斗堡垒作用的举措，全面加强基层党组织带领村民自主推进乡村振兴的能力。更重要的是，这些新的基层党组织在完成产业发展和增加农民收入的同时，更花大力气解决农村发展中的民生问题[①]。

二、制定切实可行的发展规划

作为一个集体，特别是一个相对稳态的乡村发展，更需要有一个整体全面的发展规划，用来规范和引导乡村的长远发展方向，逐渐推进具体发展内容，为每个阶段发展提供有效方法。这样会让村“两委”带领村集体保持着稳定的发展方向，不会因为基层政府领导干部的轮换而改变执政方法，造成偏离正确的发展方向，并且能够保证村领导班子的统一，并确保能够保持方向稳定。通过规划，可以深入了解村庄存在的问题、农民的需求，避免盲目拆建，造成资源浪费。而且，乡村特色风貌的保持需要针对性规划的帮助。中央文件强调，要加强村庄风貌引导，保护传统村落、传统民居和历史文化名村名镇，独特的乡村风貌是宝贵的财富，科学的村庄规划能够立足现有基础，保留乡村特色风貌，避免“千村一面”。乡村的发展需要规划的引领，符合乡村实际、符合村民需求的乡村规划，既能成为乡村发展方向的指南针，又能成为乡村建设的工程图。

“乡村具有独特的文化基因，面对各具特色的村庄，规划师必须俯下身

① 张国圣:《筑牢乡村振兴“战斗堡垒”》,《光明日报》2024年1月19日。

子，结合乡村自然本底、地形地貌、空间特色等因素，把新时代的乡村建设成为别具风格的山水田园、承载着乡愁记忆的文化载体。”江苏省自然资源厅总规划师朱凤武说。

三、建立农民自己的社区保障机制

建立党支部领办合作社，让广大农民找到归属感。建立党支部领办合作社，可以利用村民建立起来的属于自己的组织寻找到自我存在的依托，让其感受到家的氛围。同时，党支部领办合作社是以农民为主体组织起来的农民自己的组织，通过合作社实现有组织的农民的整体合作和共同参与治理，通过村民之间产业综合发展实现内部共赢式保障机制。郡县治，天下安；村社治，郡县安。农村作为基本的社会治理单元，是全面深化改革、实现国家治理体系和治理能力现代化的重要基础。村级治理与社区治理虽有共同之处，但侧重点不同，农村注重发展，社区在于服务。在社区保障中应深化治理理念，明确治理目标，夯实治理基础，形成治理合力并不断优化治理路径，真正深化和巩固基层群众自治制度为乡村建设赋能。故应围绕健全村级治理体系发力，通过各方努力、参与配合和长期不懈地坚持创新，夯实基础，深化“三治”融合，大力推进农村社区建设，建立社区保障机制。

建立农民社会保障新机制需要多方共同努力。政府需要加大对农村社会保障的政策支持力度。通过制定相关法规，明确农民的权益，并规定相应的福利待遇。此外，政府还可以优化农村社会保障体系的运行机制，加强对农村社会保障基金的投入和管理。鼓励农民合作社积极参与农民社会保障的建设与管理，通过集体力量筹集社会保障资金，为农民提供更多的保障福利。农民组织可以发挥监督作用，确保农民社会保障新机制的有效运行。推进城乡一体化进程，将城市居民和农民社会保障制度更加紧密地结合起来，实现制度的融通和资源的共享。

创造农民社会保障新机制将对乡村振兴产生积极的影响。首先，新机制的建立将提升农民的生活品质，使农村地区的居民更加安心。其次，新机制的实施可以增强农民的获得感和幸福感，进一步激发农村地区的发展活力。此外，新机制的创造也将吸引更多的人才流向农村地区，推动农村经济的发展。同时，农民社会保障新机制的实施也将为乡村振兴战略的进一步推进提供坚实的基础。

四、文化自觉与农村生态文化

在农村进行生态文化建设，既有了物质生产的明确方向，也有了人与自然和谐共生的精神导引。在通过农民合作组织与农村基层政府的耦合协作来保障文化政策的有效实施后，更重要的是通过发挥中华传统文化之精髓——中华传统孝文化的作用来发掘农民的文化自觉。中华传统孝文化在广大农村有着深厚的群众基础，尽管现代科技文化冲击了中华传统孝文化的影响力，但其根基仍在，只是需要国家和政府以及广大生态文化推崇者努力推动，将中华孝文化发扬光大。家庭是社会的细胞，家庭和谐就实现了社会整体大部分的和谐。由孝至爱，从家庭开始，孝顺父母、关爱兄弟、热爱国家、关注自然，有了这种逐步向外的扩展行为，才能够修身，达到自我和谐。加强文化大发展大繁荣，在创新优秀文化产品的过程中，将适合农村和谐关系建设的文化创新产品通过有效机制和形式传递到农村，与中国农民固有的勤劳善良和坚忍结合起来，重新塑造我国农村生态文化的文化自觉。

在发掘和保护原有生态文化资源的基础上，生态文化村紧密结合区域特点或民族特色，在继承中创新、在创新中发展，不断丰富生态文化的时代内涵。通过实施文化便民惠民悦民工程，建设农村文体广场、文化活动中心、农家书屋、农民书画院、村文史博览室、群众文体娱乐组织等，使村民文化生活常态化、多样化。

江苏省扬州市邗江区甘泉街道长塘村在建设中保留了 12 个自然村落的原

有风貌。房屋内部是现代化设施，屋外是生态美景。村里投入200多万元建设公共活动、健身活动场所，每年组织广场舞、太极拳、送戏下乡等文体活动，建设“三字经”展示墙、庄台文化墙、廉政广场、家风长廊等，弘扬文明乡风，倡导中华美德。

贵州省黔南布依族苗族自治州荔波县茂兰镇瑶麓村村民敬畏自然、崇尚科学、诚信友善、热情好客。村内有青瑶山歌、瑶族医药等多种非物质文化遗产，设有瑶族打猎舞场、凿壁谈婚房等民族特色景点。

尊重自然、顺应自然、保护自然，是各生态文化村在建设中的共同坚持。追求人与自然和谐共生、协同发展，重视村落原生态自然景观特别是古树名木和野生动植物的保护。通过组织开展“干净人家”“美丽庭院”“文明村民”等创评活动，引导村民积极参与植树造林、抚育管护、自然保护。

五、深化文化引领与教育功能

乡村建设中的文化引领，对乡村的发展和繁荣起着重要的作用。乡村是传统文化的重要承载地，通过挖掘和传承乡村传统文化，可以增强乡村居民的文化认同感和自豪感，促进社区凝聚力和归属感的形成。同时，乡村文化具有独特的地域特色和民俗风情，通过开展乡土文化体验活动和文化旅游，可以吸引更多游客和投资，带动乡村经济发展，增加农民收入。通过发展乡村文化产业，包括传统手工艺、乡村民俗表演、文化产品销售等，可以为乡村提供就业机会，促进乡村经济多元化发展。加强乡村文化教育，传播科学知识和先进文化观念，提高村民的文化素质和科技水平，是乡村振兴的重要支撑。在乡村建设中，将文化景观融入美丽乡村建设，打造具有地方特色和文化内涵的乡村景观，可以提升乡村形象和吸引力，促进乡村旅游发展。

乡村建设中的文化教育具有助推器作用。文化教育可以帮助村民了解和传承本地区的传统文化，包括乡土风情、乡土建筑、乡土手工艺等，弘扬乡村的历史和民俗，增强村民的文化认同感和自豪感。通过文化教育，可以培养村民的良好文化素质和道德观念，提升他们的文化修养和品位，促进社会和谐稳定。文化教育不仅包括传统文化的传承，还应该包括现代科学知识的普及。通过开展科普宣传和科学教育活动，提高村民的科技水平和信息素养，助力乡村经济发展和乡村振兴。文化教育可以促进乡村教育事业的发展，包括学前教育、义务教育和成人教育等，提升乡村教育质量，培养更多的人才，为乡村振兴提供人才支撑。通过组织文艺演出、读书活动、艺术展览等，可以丰富村民的文化生活，提升村民的精神文化生活水平，增强社区凝聚力。

文化在乡村建设中具有重要的引领作用，可以促进乡村经济发展、增强社区凝聚力、提升乡村形象，推动乡村全面振兴。因此，在乡村建设规划中，应充分重视文化因素，加强文化引领，实现乡村建设的可持续发展。文化教育不仅有助于传承和弘扬传统文化，还能够促进乡村居民的文化素质提升，推动乡村的全面发展和进步。因此，在乡村建设规划中，应当注重文化教育工作的开展，为乡村振兴提供坚实的文化支撑。

参考文献

[1] 曹晨娟 . 归乡与扎根：知识型青年返乡就业的困境与政策支持——基于社会资本视角 [J]. 宜宾学院学报，2024，24（1）：100–108.

[2] 陈娆 . 农业经济管理 [M]. 北京：高等教育出版社，2012.

[3] 陈雯晶 . 基于价值创造的企业投资效益管理体系建设分析 [J]. 会计师，2022（1）：51–53.

[4] 池田秀夫 . 制造堆肥的要诀和实际制作方法 . 2015.

[5] 富兰克林・H・金 . 四千年农夫 [M]. 程存旺，石嫣，译 . 北京：东方出版社，2016.

[6] 高尚宾，李季，乔玉辉，等 . 中国生态农场案例调查报告 [M]. 北京：中国农业出版社，2018.

[7] 高旺盛 . 面向未来中国农业科技重大使命与重点任务 [J]. 中关村，2023（12）：42–45.

[8] 胡情祖，陈忠莲，周朋 . 现代农业生产与经营管理 [M]. 北京：中国农业科学技术出版社，2016.

[9] 赖荣，刘云，韩琪 . 以技能人才振兴助推乡村振兴——四川省职业技能人才队伍建设实践探索 [J]. 西南交通大学学报（社会科学版），2024，25（2）：67–81.

[10] 李纪明 . 投资学 [M]. 杭州：浙江大学出版社，2014.

[11] 李中东 . 农业可持续发展技术概论 [M]. 北京：中国财政经济出版社，2002.

[12] 李卓，张森，李轶星，等 . “乐业”与“安居”：乡村人才振兴的动力机制研究——基于陕西省元村的个案分析 [J]. 中国农业大学学报（社会科学版），2021，38（6）：56–68.

[13] 梁鸣早 . 生态农业优质高产“四位一体”种植技术手册 [M]. 北京：中国农业科学技术出版社，2022.

[14] 林万龙 . 农业项目投资评估 [M]. 北京：中国农业出版社，2021.

[15] 刘芬，洪超怡，屈成，等 . 产教融合背景下高职院校农业人才培养研究 [J]. 安徽农学通报，2024，30（5）：100–102.

[16] 刘贺 . 乡村振兴战略视域下乡村人才队伍建设研究 [D]. 沈阳：辽宁大学，2023.
[17] 刘萍，姜汉杰 . 黑龙江省乡村人才振兴制约因素与路径探析 [J]. 黑龙江农业科学，2023（12）：117–120.
[18] 陆恒 . 返乡创业新动向背后的深层内涵与思考 [J]. 农业经济，2018（11）：68–69.
[19] 陆若辉 . 现代生态循环农业技术与模式实例 [M]. 杭州：浙江大学出版社，2016.
[20] 美国项目管理协会 . 效益实现管理实践指南 [M]. 傅永康，罗继平，杨俊，译 . 北京：电子工业出版社，2020.
[21] 强敬雯，王晚晴，唐曼玉，等 . 黑水虻转化厨余垃圾及产品应用相关研究进展 [J]. 饲料工业，2023，44（6）：25–32.
[22] 秦冬梅，车振冬 . 人才政策现状及优化建议 [J]. 人才资源开发，2023（18）：6–8.
[23] 孙百鸣 . 农业经营与管理 [M]. 北京：中国农业出版社，2010.
[24] 孙茂竹，姚岳 . 成本管理学 [M]. 3 版 . 北京：中国人民大学出版社，2019.
[25] 土壤与农业可持续发展国家重点实验室 . 可持续农业土壤管理 [M]. 北京：科学出版社，2021.
[26] 王登 . 现代企业经营中经济效益管理策略分析 [J]. 现代经济信息，2020（3）：44–45.
[27] 王京刚 . 项目管理实用必备全书 [M]. 北京：民主与建设出版社，2015.
[28] 王龙昌 . 农业可持续发展理论与实践 [M]. 北京：科学出版社，2015.
[29] 王兴仁 . 农业“八字宪法”新解 [J]. 农机科技推广，2013（6）：5–6.
[30] 温铁军 . 第十五届社会生态农业 CSA 大会寄语 [C]. 2024.
[31] 吴思佳 . 基于“智能农业云”项目的智慧农业发展新模式研究 [J]. 南方农机，2023，54（24）：116–118.
[32] 萧淑贞 . 古村落“天人合一”的启示与文化重构 [J]. 中华民居，2020（3）.
[33] 萧淑贞 . 乡村公共建筑里的文化和精神 [J]. 中华民居，2019（5）.
[34] 谢蕊蕊 . 我国生鲜农产品冷链物流“最先一公里”发展探讨 [J]. 商业经济研究，2022（2）：114–117.
[35] 谢艳荔 . 文创点亮乡村 [N]. 福建日报，2024–01–03.
[36] 徐逸寒，李青原，张睿 . 乡村振兴视角下的新型农业经营主体培育发展策略研究 [J]. 山西农经，2023（23）：115–117.
[37] 杨秋林 . 农业项目投资评估 [M]. 4 版 . 北京：中国农业出版社，2008.

[38] 杨英，周建龙，罗平．成本管理与控制全流程实战指南 [M]. 北京：人民邮电出版社，2015.

[39] 尹应武，保雄伟，李德中，等．生物基磺酸盐在土壤沙漠化治理中的应用研究 [J]. 现代农业科技，2021（1）：185–192.

[40] 张孝德．耕读蕴含的时代价值 [C]. 2023.

[41] 赵晨．乡村振兴视域下加强乡村干部队伍建设的路径 [J]. 乡村科技，2020，11（35）：45–46+49.

[42] 赵丽生．小微企业管理指南 [M]. 大连：大连出版社，2013.

[43] 赵天涛，梅娟，赵由才．固体废物堆肥原理与技术 [M]. 北京：化学工业出版社，2017.

[44] 赵晓，王宇雄．乡贤文化融入农村青年社会责任教育的路径探析 [J]. 文化学刊，2021（2）：132–134.

[45] 赵晓峰．新型农业经营主体发展与农业现代化 [N]. 中国社会科学报，2023–09–19.

[46] 赵玉亮，史雅楠．十九大以来乡村人才振兴研究文献综述 [J]. 安徽农业科学，2019，47（24）：7–9+12.

[47] 钟义，闫书贵．农业经营与管理 [M]. 北京：高等教育出版社，2023.

[48] 周大辉．乡村振兴背景下云南农业职业经理人培育探析 [J]. 遵义师范学院学报，2023，25（6）：60–62+71.

[49] 周惠珍，陆文婷，陆盛德．基于全流程的精准配置型投资效益管理体系 [J]. 中国总会计师，2021（10）：62–66.

[50] 周伦理，王黎，赵其国．区块链 + 农业应用 [M]. 北京：中国农业出版社，2020.

[51] 周小平．广州市厨余垃圾资源化利用现状及建议 [J]. 再生资源与循环经济，2023，16（12）：30–32.

[52] 周翼虎，陈会广，方婷婷．乡村振兴背景下农民工迁移决策机理研究 [J]. 中国农业资源与区划，2023，44（10）：78–86.

[53] 邹承东．中办、国办印发加快推进乡村人才振兴意见吸引各类人才在乡村振兴中建功立业 [J]. 农村经营管理，2021（3）：15–16.

后 记

正如我在序言中所袒露的编写初心，农业企业、乡村干部、农业生产合作社组织、种养大户及农民是乡村振兴依靠的基础力量，提高这一群体的综合素质，对于实现乡村振兴具有基础性意义。本书的目的就在于提高他们的认知能力和水平。

为此，我们进行了深入的调查研究，根据缺什么补什么、弱什么强什么的原则，一共设置十二章。涵盖党和国家农业农村政策，农产品市场开发与营销，农业生产方式的创新与转型，农业生产效率的提升，农业技术的创新与应用，农业的绿色发展与资源的综合利用，集体经济组织的建设，乡村振兴的人力资源开发与配置，乡村、乡容、乡貌的建设，乡村文化的继承与发展，党对乡村振兴工作的领导，等等。我们组织吉林大学、西南大学、河北农业大学、北京师范大学、吉林省人民政府发展研究中心、吉林省粮食和物资储备局、吉林省税务局等十余个单位，以及多位具有较高学术造诣和实际工作经验的专家、学者、领导，参与此书的编写工作。

全书每章作者依次为：第一章祝业辉，第二章王琳，第三章郎毅怀，第四章陈琮，第五章雷庆勇，第六章张赛，第七章谢军军，第八章李恩，第九章葛文光，第十章、第十一章萧淑贞，第十二章陈义。祝业辉、郎毅怀协助主编陈义做了大量统筹工作。

在《乡村振兴培训概要》即将付梓之际，我们由衷地感谢中国发展出版社给予的热情指导和大力支持！吉林省百翔教育信息咨询（集团）有限公司、长春市机械工程技工学校、吉林省湘商人才发展服务研究院等单位，秉承社会大义，为此书的出版提供了资金支持，在此一并表示感谢！

诚然，为乡村振兴工作第一线的基层干部和广大工作者编写培训资料，目前在全国还是初步尝试。由于我们的经验不足，需要进一步增强内容的针对性和实用性，继续向深、向细、向实研究，敬请广大读者在使用本书的过程中，提出宝贵的修改意见，我们将不胜感激。

陈义

2024 年 12 月